IDEAL LIBRARY

新 지식의 최전선 2

문화와 예술, 경계는 없다

김봉석
김영삼
김지윤
김홍탁
김 훈
마정미
박경미
박선형
박신의
송미숙
유운성
유지나
윤재갑
윤준성
이명기
이상헌
이석호
이주현
정용도
정형탁
최혜실
한상돈
한창완
한필원
홍성남

이상의 도서관 12

한길사

이상의 도서관 12

지식의 최전선²
문화와 예술, 경계는 없다

지은이 · 최혜실 외 24명 공동집필
펴낸이 · 김언호
펴낸곳 · (주)도서출판 한길사

등록 · 1976년 12월 24일 제74호
주소 · 413-756 경기도 파주시 교하읍 문발리 520-11
　　　www.hangilsa.co.kr
　　　E-mail: hangilsa@hangilsa.co.kr
전화 · 031-955-2000~3　팩스 · 031-955-2005

상무이사 · 박관순 | 영업이사 · 곽명호
기획 및 편집 · 이현화 윤은혜 박근하 | 전산 · 김현정 | 저작권 · 문준심
마케팅 및 제작 · 이경호 | 관리 · 이중환 문주상 장비연 김선희

출력 · 지에스테크 | 인쇄 · 타라 TPS | 제본 · 일광문화사

제1판 제1쇄 2008년 5월 10일

값 16,000원
ISBN 978-89-356-5877-0　03300

이 도서의 국립중앙도서관 출판시도서목록(CIP)은
e-CIP 홈페이지(http://www.nl.go.kr/cip.php)에서 이용하실 수 있습니다.
(CIP제어번호: CIP2008001403)

:: 존 마에다

테크놀로지는 우리의 상상력을 멈추게 할 것이다. 나는 그것이 두렵다.

:: 조르제토 쥬지아로

디자이너의 역할은 디자인을 요구하는 제품
이나 물품을, 사람의 마음을 끌고, 설득하여
효율적인 제품으로 만드는 데 도움을 주는
것이다. 제품의 형성은 그 본질과 관련이 있
다. 그 품질을 명백히 표현하여 대다수의 사
람들을 만족시킬 수 있는 아름다운 제품으
로 만드는 것이 중요하다.

:: 야수마사 모리무라

미술관은 아마도 미술 작품의 무덤일 것입니다. 이러한 생각
에서, 나는 '부활된 무덤'으로서의 공상미술관을 불러내고
싶은 것입니다. 나의 목적은 발굴된 것과 부활한 것의 진정
한 논리적 관계에 대하여 생각하고자 하는 것입니다.

예술 작품의 형식을 연다는 것, 그것이야말
로 내가 언제나 내 활동 속에서 시도하고 있
는 것이다.

우리의 역사에 관한 모든 담화의 저변을 관통하는 언어는 보
편어이다. 투쟁을 기록하고 있는 언어이기 때문이다. 투쟁만
이 역사를 만든다. 투쟁만이 우리를 존재케 한다. 투쟁 속에
서만이 우리의 역사가 숨을 쉬고, 우리의 언어와 존재가 살아
난다. 투쟁은 우리가 서 있는 곳이면 그 어디서나 우리가 무
엇을 하고 있는 상관없이 시작된다. 그 투쟁을 통해서 우리는
한때 마틴 루터가 수백만 민중 속에서 보았던 한 노도가 된
다. 꿈꾸기 위해서 잠자는 민중의 노도가 아니라 세상을 변화
시키기 위해서 꿈꾸는 민중의 노도 말이다.

나는 작가가 자신의 작업을 설명해야만 한다고 생각하지 않습니다. 그것은 왜 세상에
비평가와 저널리스트가 존재하는가에 대한 답입니다. 나는 만들고, 그 작업 자체가 말
을 하게 만들고, 다른 사람들이 그것을 알아내게 합니다.

:: 하모니 코린

만일 바그너가 지금 살고 있었다면, 그는 아마 음악 대신
에 영화로 작업을 했을 것이다.

:: 스와 노부히로

나의 영화는 '사건'이라고 할 수 있다. 과거는 돌이킬 수 없고 미래는 아직 없는 것이
다. 하지만 현재는 또 금세 과거가 되어버린다. 시나리오는 쓰여진 것이기 때문에 이미
과거가 되어버린다. 난 돌아갈 수 없는 과거가 아니라 현재—지금, 영화 속의 현재와
지금을 찍고 싶다. 난 인간에게 존재하는 어떤 진실을 보고 싶다.

:: 데이비드 핀처

나는 사람들에게 엔터테인먼트를 제공하는 것, 쿠키를 제
공하는 것에 별 관심이 없다. 세상에는 여러 종류의 영화
가 있다. 난 관객을 불편하게 만드는 영화가 좋다. 난 전
혀 영웅적이지 않은 영웅이 좋다.

지성의 키를 키우는 새로운 지식의 향연

• 책을 펴내며

『新지식의 최전선』은 1999년에 발간된『지식의 최전선』과 2002년에 발간된『월경하는 지식의 모험자들』을 지적으로 계승한 후손이다. 한국 사회의 지성 독자층에 신선한 자극과 경이로운 개안의 경지를 제공했다는 평을 들은 앞선 두 책이 나온 후, 거의 10년 만에 펴내는『新지식의 최전선』은 전작을 계승한 전면 개정판이면서 완전히 새로운 기획물이라고도 할 수 있을 것이다. 다시 말해 온고지신(溫故知新)을 실천한 저작이다.

『新지식의 최전선』에서는 이전에는 최신 연구결과로 제시되었다가 이미 사회의 주류 담론으로 자리매김한 주제들을 빼고, 새롭게 부상한 문제의식과 첨단논의를 추가하였다. 우리는 전체 기획과정을 '지성의 지도제작'(intellectual cartography)이라고 상상하면서 기존의 지형을 보완하고, 새로운 영토를 측량하고 기록하였다. 이런 과정을 거쳐 전체적으로 얼추 30~40퍼센트의 원고가 새롭게 추가되거나, 변화한 현실에 맞추어 대폭 개정을 거쳤다.

두껍게 한 권씩으로 나왔던 기존 판본의 형태가 총 네 권의 산뜻한 시리즈로 탈바꿈하였다. 내용도 바뀌고 자태도 바뀐 것이니 '환골탈태'

(換骨奪胎)를 실천한 셈이다. 우리 기획자들은 '온고지신'과 '환골탈태'의 정신이 현대 학문의 근본적 연속성과 영구적 진화성을 동시에 보여준다고 믿는다. 그 정신이 이 출판기획에 처음부터 끝까지 속속들이 배어 있음은 두말 할 필요도 없다.

『新지식의 최전선』은 모두 네 권으로 구성되어 있다. 각 권은 인문·문화·사회·과학 영역을 다룬다. 이 네 영역의 꼭지들은 모두 21세기 현대학문의 '성장판'에 해당하는 주제를 포괄하고 있다. 성장판이 자극을 받으면 키가 자라는 것처럼, 이 책에 실린 글들은 현대 학문의 첨단 이론과 논의를 통해 독자들의 상상력을 자극하여 독자들의 '지성의 키'를 키울 목적으로 기획되었다. 돈과 성공을 향한 맹목적 질주가 삶의 전부인 것처럼 생각되는 시대에 이 같은 지성의 기획은 결코 만만한 시도가 아닐 것이다.

또한 이 책은 모든 학문의 자양분이 될 수 있는 기본적 교양학문과 직업적 성격의 응용학문을 대별하여 주로 전자에 주의를 기울였다. 이것은 넓은 의미의 인문교양, 즉 문과(文科) 학문과 이과(理科) 학문을 모두 포괄하되, 기초학문으로서의 교양을 중시하는 자유교양교육 또는 인문교양교육(liberal arts education)을 지향한다는 의미가 될 수 있다. 기획자들은 한국 대학교육에서 앞으로 더욱 중요해질 인문교양교육의 경계와 폭을 미리 제시한다는 의욕을 갖고 필진 선정과 원고 청탁에 만전을 기울였다.

인문학 영역에서 독자들은 21세기를 열어갈 새로운 사상의 향연을 만나게 된다. 지성적 사유의 융숭함을 맛보고 인간의 집단적 기억이자 미래적 포부이기도 한 '역사학'의 앞날을 미리 내다본다. 또한 인간의 상징체계를 규정하는 문화의 다층적 코드와 의외성을 탐구하는 시간을 가질 것이다. 이런 예비적 고찰을 터전으로 하여 '여성'이라는 아이콘의 구체성과 전복성을 발본적으로 사색하는 기회를 경험하게 된다. 그리하여 독자들은 문화와 신성과 속성이 어우러지는 경지, 즉 현 존재로서의 인간과 초월 존재로서의 신성이 개별적이고도 복합적인 '세계 텍스트' 내에서 교호하는 현장을 목격하게 될 것이다. 인문학이 학문체계에서 차지하는 길잡이로서의 위치를 우리는 늘 기억하면서 이 꼭지들을 선별하였다. 그리하여 인문학의 1권을 마칠 때쯤 우리 독자들의 지적 상상력이 네 권 전체의 여정을 너끈히 감당할 만큼 확대되어 있을 것을 기획자들은 희망한다.

새 술은 새 부대에 담아야 한다. 이것이 문화 영역을 다룬 2권의 기본적인 접근이다. 우리는 이제 문화현상의 외연 자체를 새롭게 형성되는 하나의 지속적 생성체로 보아야만 하겠다. 문화는 인간 활동을 가르는 전통적인 구분들이 새롭게 규정되고 융합되고 재주조되는 지속적 미완의 영역이다. 그런 의미에서 기술과 과학이 생활의 현장에서 문화로 기술되고 해석되는 과정을 우리는 하나의 통과의례로 이해할 필요가 있다. 우리는 환경을 적극적으로 창출하고 그것의 문화적 의미를 재구성하는 디자인이라는 영역에 보다 적극적인 지적 관심을 기울일 때가 되었다고 믿는다. 그와 함께 우리의 육성과 표현에 21세기형의 구체적인 옷을 입혀주는 디지털 내러티브란 것이 있을 수 있는가 하는 질문을 우리는 던진다. 그 대답을 우리는 미디어·광고·애니메이션·인터넷·게임 등의 키워드를 통해 알아보려고 한다.

세계를 1세계, 2세계, 3세계로 나누는 것은 이제 과거의 일이 되었다. 포스트식민주의 시대의 현 세계는 서구-선진 '소수'의 세계와, 비서구-개발도상 '다수'의 세계로 구분된다. 과거 제3세계의 대체어인 '다수세계'(Majority World)는 모순의 세계다. 인구로는 다수세계이면서도 부와 영향력에 있어 소수세계적 특성을 갖고 있는 것이다. 선진국의 대체어인 '소수세계'(Minority World) 역시 모순성을 가지고 있다. 수적으로 소수이면서도 헤게모니·군사·정치 등에서 엄청난 영향력을 가진 메가급 세계인 것이다. 이제 세계는 다수세계가 창조하는 수많은 작은 문화들과, 소수세계가 생산하는 대량소비 문화의 혼종과 변이를 목격하고 있다. 이것은 다시 지구화라는 거대한 과정 속에서 갈등·생존·혼효·배제·인입의 화학작용을 거치고 있는 중이다. 이제 우리는 이 책갈피 안에서 미술관에서, 스크린에서, 카메라의 렌즈를 통해, 이미지의 융합을 통해 새로운 자국–세계 문화의 제내적(inter-mestic) 창조를 목도하고 그것을 이끌어갈 일군의 예술가들을 만나게 된다.

사회를 다룬 3권은 우선 정치지리학의 궁극적 범위인 '행성적 과정'(planetary process), 즉 지구화의 윤곽을 그려본다. 지구화에 대한 이념적 논쟁의 수준을 높인 이번 기획에서 필진들은 지구화의 역사적 특수성과 장기지속성, 그리고 그것의 지정학적 권력의 속성을 짚어내고 분석한다. 또 한편, 인간이 궁극적으로 사회 내의 존재라면 그것의 물적 존재기반과 생산의 문제는 인류가 생존하는 한 영원히 지속될 수밖에 없는 질문이다. 여기서 우리는 노동, 자본, 자치, 다원주의의 꼭지점을 통해 인간의 물적 토대를 규정하는 체제의 디자인을 간파할 수 있다.

물적 토대에 대한 질문은 자연스레 그 토대가 작동하는 상징체계와 상부구조에 대한 관심으로 이어진다. 그것이 브랜드이건, 마케팅이건, 상품에 대한 새로운 기표(記表)이건 우리에게 이미 상품화사회의 압도적 영향력은 현실 이전의 존재론적 전제가 된 듯하다. 상품화사회에 대한 비판적 상상력으로 충전한 우리의 지성은 상품화사회의 인간화, 재인간화에 관심을 기울이지 않을 수 없다. 그것은 한편으로 탈상품화로, 다른 한편으로 복지체제의 재구성으로 이어진다. 민주화 이후의 민주주의를 모색하는 한국 사회에서 아마 가장 강력한 정치적 키워드 중의 하나가 '인간화된 사회' 즉 '복지사회'라고 할 때 그것에 대한 우리의 첨

예한 의식은 이 시대 정치의식의 고갱이가 된다.

만일 복지가 인간욕구의 권리적 성격과 그것의 충족에 대한 공동체의 의무로 이루어진 독특한 체계라면 그것을 구체화할 정치의 영역은 여전히 우리의 본질적 물음이 되지 않을 수 없다. '인간은 정치한다', 이 명제를 통해 우리는 정당·대중민주주의·자유주의·현실주의의 오늘과 내일을 그려보고 상상해야 할 지적 의무를 진다. 사회 영역의 마지막은 '경제인'(Homo Economicus)의 탐색으로 장식할 것이다. 경제인은 '이성인'인가? 이성적 인간의 정의는 무엇인가? 인간이 사회적 동물이라면 인간의 집단적 속성과 개별단자로서의 합리성 사이에 존재할 수밖에 없는 긴장을 어떻게 해석할 것인가? 경제학은 이러한 도전에 어떻게 답하고 있으며 인간의 법 체계가 이런 응답의 중요한 일부가 되는가?

한국의 우주인 이소연이 우리의 지구귀속적 의식의 한계를 과감히 벗겨주었다면 이제 우리는 더욱 더 정치한 과학의 눈으로 우리의 존재조건과 환경을 생각해봐야 하겠다. 우주를 향한 이벤트형 관심이 우리의 출발점이었다면 이제는 우주 속의 우리 존재에 관해 이번 기획이 선사하는 지적 성찰에 몰입할 시점에 이르렀다. 우주의 신비가 무엇이며, 우주의 시나리오로 우리 미래를 예측하는 것이 가능한가? 이런 질문은 당연히 과학의 본질에 관한 역사학적·인문학적·철학적 질문으로 이어진다. 인간과 비인간의 이분법을 넘어서고 근대와 비근대의 단층선도 넘어서는 어떤 지점에서 과학의 미래 궤적을 꿈꿀 수 있는 것일까?

또한 우리는 우리 내부의 우주, 인간 의식의 코스몰로지(cosmology)에 시선을 줄 필요가 있다. 우리가 우리 스스로를 바라보고 인지하게 하는 뇌, 그것은 인간의 재귀적 속성(reflexivity)을 궁극에서 규정하는 기관이다. 뇌를 향한 우리의 탐구가 도달하는 지점은 무의식의 세계이다. 자아와 개인성은 정신분석학의 대상에서 이제 포스트 정신분석학적 탐구의 대상으로 전화하느냐 하는 분기점에 놓여 있다.

그런가 하면 과학은 이제 순수한 상상력과 유희와 기쁨과 탐색이 융합하는 영역으로도 발전하고 있다. 나노의 극미세계가 주는 흥분과 로봇과학이 선사하는 SF적 유토피아(또는 디스토피아?)를 한자리에서 음미할 수 있는 기획은 흔치 않을 것이다. 이제 우리는 장구한 여정의 끝자락에 도달하여 인간의 육신적 한계, 생로병사의 비밀을 과학의 렌즈로 규명한다. 게놈 프로젝트가 생명의 미래를 예시하고 있는가? 생명과학의 윤리와 과학 발전의 해묵은 질문은 신과학의 개척지 앞에서 어떻게 진화하고 있는가?

우리는 독자들이 『新지식의 최전선』 전 네 권을 독파할 때쯤이면 21세기형 새로운 지식의 나무에서 뿌리내린 새로운 질문과 의문과 비판적 모색의 불면의 밤이 펼쳐질 것으로 예상하고 있다. 이것이야말로 기획자들의 의도가 성공했는지의 바로미터가 될 것이다. 새로운 의문과 비판에 대해 『新지식의 최전선』이 앞으로 어떤 모습으로 독자들을 만나게 될지, 그것은 순전히 독자들이 이 책을 통해 어떠한 경지의 깨달음에 도달하느냐의 여부에 달려 있다고 하겠다.

"인류를 제대로 연구하려면 책을 보면 된다." 알도스 헉슬리의 말이다. 인류가 쌓은 문명의 금자탑의 수준은 바로 책이라는 매체의 수준과 통한다는 뜻이다. 우리는 『新지식의 최전선』이 헉슬리의 금언을 입증해줄 진지한 모색이었음을 믿고 싶다.

2008년 5월
조효제 · 황희경 · 최혜실 · 이우경

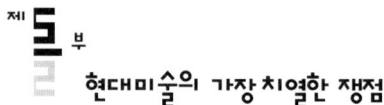

제 5부
현대미술의 가장 치열한 쟁점

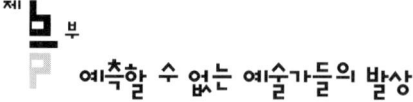

제 6부
예측할 수 없는 예술가들의 발상

제7부
스크린이 새 세상을 예언한다

新 지식의 최전선⁴
나노에서 우주까지, 과학이 만드는 길

제 **1** 부

새로운 기술로 생활을 디자인한다

컴퓨터 공학과 그래픽 디자인의 결합

컴퓨터로 생각하고 예술을 창조한다

김지윤
건국대 교수 · 디자인학

컴퓨터는 표현의 매체이자 도구이다

급속히 발전하는 뉴 미디어와 정보기술 분야에서 MIT 미디어 랩은 세계적으로 인정받는 독보적인 연구소로서 명성을 얻고 있다. 미디어 랩은 MIT 건축공학과 교수 니콜라스 네그로폰테와 MIT 총장이며 케네디 대통령의 과학 자문을 역임한 제롬 위즈너에 의하여 1985년 가을에 설립되었다.

통신산업의 급속한 성장을 에너지로 하여 컴퓨터와 출판, 방송 등 인간 사회의 모든 커뮤니케이션 미디어에 거대한 융합 현상이 일어날 것을 예견한 그들의 생각은 이제 현실이 되었다. 미디어 랩은 디지털 기술을 이용하여 인간의 사고와 표현, 그리고 커뮤니케이션을 확장시킬 수 있는 다양한 방법을 연구하고 개발하는 데 역점을 두고 있다.

인지과학, 전자음악, 그래픽 디자인, 비디오, 홀로그래피 그리고 컴퓨터와 인간의 상호작용에 이르기까지 연관성 없이 독자적으로 존재하던 분야들이 미디어 랩을 통해서 서로 연결되고 융합하며 시대를 앞서가는 새로운 패러다임을 생산해내고 있다.

▲ 존 마에다

존 마에다(John Maeda)는 MIT 미디어 랩의 교수로서 컴퓨터를 표현의 매체이자 도구로 이용하는 디자이너이며 아티스트이고, 또한 컴퓨터 공학자로 세계적인 명성을 얻고 있다.

그는 또한 미디어예술과 과학분야의 소니경력개발교수(SCDP)로서, '미학과 계산 그룹'(Aesthetics and Computing Group)을 지도하며, 컴퓨터 공학과 그래픽 디자인의 자연스러운 결합을 통해 사용자와 상호작용할 수 있는 작품 창작에 몰두하고 있다.

'미학과 계산 그룹'은 1996년 뮤리엘 쿠퍼 교수의 시각언어 워크숍을 모태로 만들어진 실험적인 연구 스튜디오이다. 짧은 기간 동안 미학과 계산 그룹은 다양한 실험적인 프로젝트들을 선보여 여러 공모전에서 수많은 상을 수상하였다. '미학과 계산 그룹'은 컴퓨터 기초기술을 소개하는 이벤트와 워크숍을 통한 미술과 디자인 커뮤니티의 확장에 심혈을 기울이고 있다.

지금까지 그는 그림 물감들이 공간에서 날아다니는 것을 표현한 '타임 페인트'나 마이크를 통해 받아들여진 관람객의 음성을 이용한 그래픽

의 변화를 모티프로 한 '반응하는 광장들'과 같이 관객과 작품 간의 인터랙티브한 관계를 보여주는 다양한 작품을 발표해왔다. 또한 포스터 등 인쇄매체의 디자인에서도 기존의 정형화된 디자인 기법을 탈피한 창조적인 발상과 표현기법으로 주목받고 있으며, 디지털 콘텐츠와 다양한 재료를 이용한 공예품과 가구도 제작하였다.

테크놀로지는 모방이 아니라 창조여야 한다

1966년 미국의 시애틀에서 이민온 두부 장수의 아들로 태어난 마에다는 어릴 때부터 수학과 그림에 뛰어난 재능을 보였지만, 엔지니어가 되기를 원했던 아버지의 뜻에 따라 1984년 MIT에 입학하여 컴퓨터 공학을 전공하여 석사학위를 받았다.

MIT 미디어 랩에서 박사과정으로 연구를 시작한 그는 폴 랜드와의 만남으로 일생의 전환기를 맞이하게 된다. 폴 랜드로부터 영감을 얻은 그는 컴퓨터 공학을 연구하던 MIT를 떠나 그래픽 디자인을 공부하기 위하

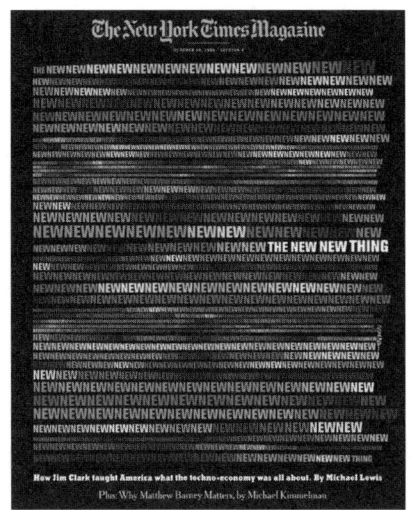

『뉴욕 타임즈』 표지 디자인, 1999.10.

여 일본의 작은 미술대학으로 떠난다. 도쿄 근교의 츠쿠바대학에서 직접 손으로 그리고 쓰며 디자인과 예술을 공부한 그는 디지털 매체와 인쇄물을 위한 실험적이고 상업적인 작업들로 수많은 디자인상을 수상하였다. 1996년 가을 MIT로 다시 돌아온 그는 미디어 랩의 디자인 담당 교수로 '미학과 계산 그룹'을 지도하게 된다.

마에다가 디자인과 예술 분야에서 세계적으로 주목받는 핵심적인 이유는 그가 예술과 디자인, 그리고 테크놀로지를 근본적으로 개념화하여 융화시키는 몇 안 되는 인물 가운데 하나이기 때문이다. 지금까지 테크놀로지는 비인간적이며 예술은 인간적이기 때문에 예술과 테크놀로지는 상반되는 개념으로 인식되어온 것이 사실이다. 예술과 테크놀로지의 관계를 상호 독립적으로 생각하는 경향은 1930년대 독일에 만연해 있던 예술의 반기술적 개념에 대한 발터 벤야민의 저서 『기술복제시대의 예술작품』에서 찾아볼 수 있다. 그는 예술에서 기술의 문제를 무시하고 예술을 단지 정신적인 작용의 영역으로만 보는 반기술적 개념을 비판하였다.

예를 들어 사진은 광학, 화학, 기계공학 등 테크놀로지의 발전을 그대로 함축하여 발전하는 분야로서, 이러한 발전이 감각의 의미와 변화에 직접적인 영향을 미치게 되는 것은 분명하다.

사실 현대의 멀티미디어 디자이너들은 최첨단 컴퓨터와 다양한 소프트웨어를 사용하지만 테크놀로지의 개념에 대해 생각하는 디자이너는 많지 않다. 소프트웨어에 대한 관심은 유행처럼 번지고 있지만 그것의 기초가 되는 테크놀로지에 대한 관심이 없는 상태에서 소프트웨어에 열광하는 것은 허망한 것이다.

마에다는 디지털 미디어와 테크놀로지의 발달이 디자이너의 상상력을 위축시킨다고 주장한다. 사람들은 컴퓨터 테크놀로지의 발달이 디자인에 혁신을 가져다줄 것이라고 믿지만, 오늘날 DTP(Desk Top Publishing) 시스템을 통해서 디자인되고 출판되는 책과 잡지는 컴퓨터가 없던 시대에 나왔던 것들과 다르지 않으며, 컴퓨터는 디자이너의 도구를 변화시켰을 뿐, 새로운 그 무엇도 창조하지 못했다는 것이다. 오늘날 디자이너들이 가장 널리 사용하고 있는 소프트웨어 중 하나인 포토샵과 일러스트레이터를 이용한 결과물이 기존의 사진이나 그래픽 이미지와 달라진 것은 없고 사진합성은 예전에도 있었으며 단지 간편해졌을 뿐이라고 말한다.

마에다는 컴퓨터의 한계를 지적하며 대부분의 디자이너들이 소프트웨어를 사용하여 작품을 제작하는 것에 반대한다. 소프트웨어는 다양한 기능을 제공하는 것처럼 보이지만 사실은 이미 만들어진 기능에 작가의 상상력을 가두고 있으며, 결과적으로 표현의 한계에 다다르게 만든다는 것이다. 또한 이미 요리된 인스턴트 식품을 먹는 것처럼, 소프트웨어를 사용하는 것은 프로그래머가 만든 상상력의 세계 안에서 헤엄치는 것과 같다고 강조한다. 그는 컴퓨터가 이전의 붓과 물감을 대신하는 것이 아니라, 그 자체가 새로운 상상력을 자아낼 수 있는 매체가 되어야 한다고 생각한다.

I. D. Magazine을 위한 Absolut 보드카 잡지광고, 1999.

마에다는 자신의 디자인 철학을 일본의 목조건물을 예로 들어 설명한다. 고대 일본에서는 절을 짓는 궁목수를 '미야다이쿠'(宮大工)라고 불렀는데, 현대 목조건물이 50년을 채 버티지 못하는 것에 반해, 이들이 나무를 사용해 지은 절은 천 년이 넘도록 그 위용을 자랑하며, 오늘날 세계에서 가장 오래된 목조건물이 되었다. 천 년을 지탱하는 절을 지을 수 있는 기술의 비밀은 재료에 대한 이해에 있다. 궁목수는 절을 지을 나무를 직접 고르는데, 남쪽 벽에 쓸 나무는 산의 남쪽에서 자란 나무를 쓰고, 서쪽 벽을 지을 나무는 산의 서쪽에서 자란 나무를 썼다. 이처럼 나무의

본성을 잘 살려서 적재적소에 사용하는 것이 중요하다. 이와 마찬가지로 디자이너도 재료를 충분히 숙지했을 때만이 진정한 창작활동이 가능한 것이라고 마에다는 말한다.

마에다는 오늘날 디자이너들이 컴퓨터로 생각하고 예술을 창조하는 것이 가능하다는 것을 깨닫지 못하고 있다고 지적한다. 디자이너들은 프로그래밍이 매우 어렵고 불가능한 것으로 생각하고, 프로그래머들은 자신들은 결코 디자이너가 될 수 없다고 생각한다. 그는 컴퓨터를 단지 사용하기 쉽고 시간절약을 위한 편리한 기능을 제공하는 도구로만 이용하지 말고, 재료로서 그 성질을 올바로 잘 살펴 사용할 것을 강조한다.

'수를 이용한 디자인'(Design By Numbers, 이하 DBN)은 시각디자이너와 예술가를 위한 컴퓨터 연산 디자인의 기초 학습을 목적으로 만들어졌다. 이것은 디자이너와 예술가에게 컴퓨터 연산의 개념을 교육하려는 마에다의 지속적인 노력의 결실이라고 할 수 있다. 그는 미디어 아트와 디자인의 질적 향상은 오직 디자인과 기술 두 분야를 통합적으로 가르칠 수 있는 교육 시스템의 구축을 통해서만이 달성될 수 있다고 주장한다.

초보자도 쉽게 무료로 사용할 수 있는 시스템을 구축하고 영어로만 만들어진 컴퓨터 프로그래밍 언어를 세계 각국어로 제공하기 위해서 그는 완전히 새로운 컴퓨터 언어를 만들었다. DBN은 프랑스와 독일어에 이어 곧 한국어로 만들어진 버전도 제공될 것이라고 한다. 마에다는 복잡하고 난해한 디자인 소프트웨어보다는 자신이 이해하기 쉽고 사용하기 편리한 단순한 것을 원하는 디자이너를 위하여 쉽게 사용할 수 있는 프로그램을 디자인한 것이다.

컴퓨터와 인간의 감각 상호작용

DBN은 C나 JAVA와 같은 일반적 목적을 가진 프로그래밍 언어가 아니라, 컴퓨터의 기초개념에 친숙해질 수 있도록 디자인되었다. DBN은

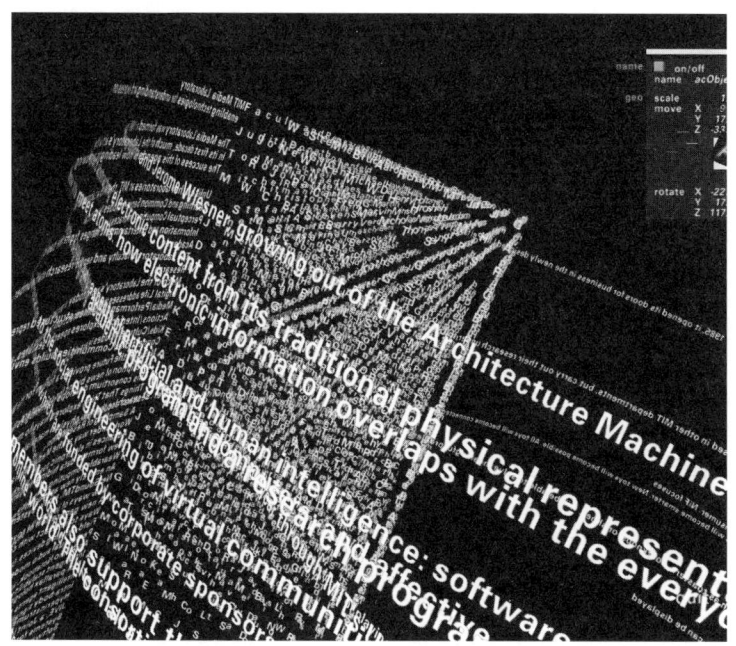

DBN을 이용한 그의 작품은 움직이는 선들, 여러 가지 점과 면으로 구성된 다양한 도형과 숫자와 문자의 반복과 연속에 의해 만들어지는 예기치 못한 시각적 경험을 관객에게 보여준다.

무료이며 다양한 운영체제에서 사용할 수 있고, 초보자도 이해하기 쉬울 뿐만 아니라 웹에서 즉시 사용할 수 있다는 장점을 가지고 있다.

DBN은 프로그래밍 언어뿐만 아니라 프로그래밍 환경도 포함하고 있다. 프로그래밍 환경은 프로그램을 작성하고 작동시켜볼 수 있는 독특한 공간으로 구성되며, 프로그래밍 언어는 드로잉에 필요한 컴퓨터 프로그래밍의 기초 개념을 소개한다. 변수와 조건문으로 이루어진 컴퓨터 공학적 창의력은 점·선·면과 같은 시각 요소를 엮어서 이미지를 생산해낸다.

DBN 시스템은 세 부분으로 구성되는데 그 첫 번째 구성요소는 DBN 소프트웨어이며, 웹에서는 물론 개인용 컴퓨터에 다운로드 받아볼 수 있는 완전한 DBN 환경을 제공한다. 두 번째 구성요소는 MIT출판사에서 간행된 DBN 서적으로, DBN 언어를 단계별로 학습할 수 있을 뿐만 아니라 예제와 상세한 설명도 곁들이고 있다. 세 번째 구성요소는 DBN 코스웨어로 디자인 교육에 DBN을 사용하고자하는 교육자를 위해 제작된 확장성이 뛰어난 웹사이트 제작도구이다.

DBN을 이용한 그의 작품은 움직이는 선들, 여러 가지 점과 면으로 구성된 다양한 도형과 숫자와 문자의 반복과 연속에 의해 만들어지는 예기치 못한 시각적 경험을 관객에게 보여준다. 이는 관객의 상상력을 자극하고 움직임의 기본 원리를 이해하고자 하는 동기를 유발하게 된다.

마에다는 그래픽 연산의 가장 기초적인 개념인 반복성과 연속성을 통해 그의 상상력을 표현하고 있다. 그의 작품들은 소프트웨어를 사용한 작업들과 달리 복잡하거나 난해하지 않으며 가볍고 유쾌하기까지 하다. 웹이나 멀티미디어에 관한 전문지식이 없는 일반사람들이나 어린아이까지도 마우스를 움직이며 즐거워한다.

그의 작품에서 쉽게 찾아볼 수 있는 점·선·면과 문자들의 수많은 복제와 반복, 그리고 연속은 벤야민의 『기술복제시대의 예술작품』을 떠올리게 한다. 벤야민은 디지털 테크놀로지의 새로운 문화혁명의 핵심인 복제는 비트의 반복되는 기호라고 이야기하는데, 마에다 교수의 작품도 이러한 비트의 반복에 의한 복제로 해석될 수 있으며, 이러한 반복되는 기호들은 커뮤니케이션의 소통체계로서 의미를 지닌다.

마셜 맥루안이 인간과 다양한 자극을 주고받을 수 있는 새로운 테크놀로지의 가능을 이야기했던 것처럼, 마에다는 그의 작품에서 컴퓨터와 인간이 서로 공유할 수 있는 감각의 상호작용성에 주목하고 있다.

과거의 디자인이 재현에 머물렀다면, 현대의 디자인은 재현의 양식을 넘어섰고, 지금 우리 곁에 새롭게 다가오는 멀티미디어 디자인은 적극적으로 세상을 이해해나가는 하나의 방식이자 세상을 구성해가는 작업이다. 멀티미디어 디자인은 전통적인 디자인의 틀에서 벗어나 많은 것을 실험해나간다. 다양한 미디어와 테크놀로지를 접목시키고, 사용자를 적극적으로 개입시키며, 공간적 한계에서 벗어나 새로운 경험을 창출해낸다.

끊임없이 변화해가는 디지털 테크놀로지 환경 속에서 언제까지나 인간의 테크놀로지화라는 비관론과 테크놀로지의 인간화라는 낙관론 사이에서 혼란스럽게 방황할 수는 없다. 이제는 더이상 테크놀로지로부터 도피할 곳도 없다. 폭력적으로 쏟아져나오는 소프트웨어의 기술적 노예가 되지 않기 위해서는 컴퓨터와 소프트웨어의 환상에서 벗어나야 한다. 컴퓨터를 디자인의 재료로 이해하고 사용할 수 있는 힘을 길러야 한다. 마에다처럼 컴퓨터를 가지고 놀아보자.

김지윤 한양대학교 응용미술학과와 같은 대학 대학원을 졸업했다. 로체스터공과대학 디자인대학원에서 멀티미디어 디자인으로 석사학위를 받았으며, 정보기술대학원에서 인터랙티브 멀티미디어 전문자격증을 취득하였다. 현재 건국대학교 예술문화대학 커뮤니케이션디자인 교수로 있다. 저서로는 『웹디자인』『디지털 영상 편집』이 있다.

보이지 않는 디지털의 실체를 보이게 한다

김훈
성신여대 교수 · 디자인학

디지털이 만들어내는 급격한 변화

'디지털'은 알게 모르게 우리 주변의 모든 것에 직접 또는 간접적으로 영향을 주고 있으며, 어느새 우리 생활 깊숙이 들어와 이제는 아주 자연스러운 개념이 되어버렸다. 디지털은 우리들이 일반적으로 알고 있듯이 기본적으로 0과 1이라는 2진수로 이루어져 있으며, 전자화된 형태로 이미지 · 소리 · 문자 등을 표현할 수 있다. 이런 특성으로 인해 디지털은 이미지의 복제와 변형이 용이하며, 전송이 가능하고 데이터의 보존이 영구하다는 여러 가지 장점이 있다.

과거에도 새로운 기술이 기존의 개념과 행동양식을 변화시킨 예는 무수히 많다. 한 예로 전화라는 통신수단의 발전은 문자를 사용하는 편지를 대치하게 되면서 커뮤니케이션 수단의 변화를 넘어 사람들의 생각하는 방식에까지 많은 영향을 끼쳤다. 그리고 필기도구 역시 동양과 서양의 문화 사이의 많은 차이를 낳았다. 즉 딱딱한 필기도구인 펜으로 대표되는 서양의 경필(硬筆)문화와 부드러운 붓으로 대표되는 동양의 연필(軟筆)문화가 그것이다.

❝ 그러나 디자인이라는 전문분야 하나만 놓고
보더라도 그 과정에서 요구되는 것은 기술 이외에도
디자인적인 논리와 감각까지를 포함한다.
디지털 시대에 디자인이 단순히 이미지를
만들어내는 것에 한정된다면 별 다른
매력이 없는 단순 정신노동에 불과할 것이다. ❞

디지털의 중요한 특징은 이전의 아날로그 시대의 기술적인 성과가 눈에 보이며 손에 잡히는 것과는 달리 단지 0과 1이라는 전자화된 숫자로 이루어져 있기 때문에 눈에 보이지 않는다는 점이다. 이것은 종전의 아날로그적인 생각으로 보면 존재하지 않는 것이겠지만, 디지털 기술은 실제 우리 생활의 여러 가지 분야에서 그 모습을 똑똑히 보이고 있다. 우리가 말을 하면 그것은 음성적이고 개념적인 것이지만 그 말을 종이에 문자로 기록한다면 눈으로 볼 수 있고 손으로 만질 수 있는 실체로 변한다. 그러나 이것을 전자화된 숫자로 기록해서 모니터의 화면에 문자로 나타나게 한 것은 실체인가 아니면 존재하지 않는 것인가? 결국 우리들은 디지털 기술로 인해 '실체'에 대한 생각을 바꾸어야 할 상황에 놓인 것이다.

보이지 않는 디지털의 실체를 보이는 것으로 만들어주는 곳에 디지털 디자인이 있으며, 풍요로운 디지털 기술의 결실을 사람들이 누릴 수 있도록 하는 것이 디지털 디자이너의 역할이다. 지금 이 시각에도 디지털 미디어는 급속도로 발전하고 있다. 컴퓨터 하드웨어의 급속한 성능

향상은 디지털 미디어의 실용화를 가속화하고 있으며 나아가 디지털 미디어는 디자인에 크게 영향을 미치고 있다. 디지털화된 이미지는 인류 역사상 가장 오래되고 중요했던 인쇄문화의 근간을 흔들어 인쇄매체의 시대에서 바야흐로 영상매체의 시대를 열어가고 있는 것이다.

한편 디지털 디자인 미디어의 확산은 디자인의 제작과정은 물론 디자인 환경도 크게 변화시킬 것으로 기대하고 있다. 디지털 디자인 미디어에는 인쇄매체와 같은 전통적인 디자인 미디어에서는 찾아볼 수 없는 새로운 자극이 있다. 이와 같은 새로운 자극에 대해 디자이너도 새로운 개념의 디자인을 추구하게 될 것임을 쉽게 짐작할 수 있다. 이제 새로운 표현수단으로서의 디지털 미디어는 효율적으로 디자인을 진행시키기 위해 디자이너의 독창적인 아이디어를 여러 가지 다른 각도에서 살펴볼 수 있게 하는 동시에, 디자이너의 무한한 창의력을 자극해 우리가 이제까지 접해보지 못했던 다양한 시각 정보와 새로운 개념의 제품을 창조해내는 출발점이 되고 있는 것이다.

더욱 강력해진 컴퓨터 그래픽이 디지털 디자인 시대를 연다

디자인 분야에서의 디지털 개념은 외형적·내용적으로 많은 변화를 가져왔으며 이미지를 창조하는 표현수단으로서 중요한 역할을 한다. 디지털을 대표하는 컴퓨터로 조형표현을 하는 것을 '컴퓨터 그래픽'(CG: computer graphics)이라 부른다. 그러나 초기의 컴퓨터 그래픽에서는 지금 우리가 일반적으로 사용하는 개인용 퍼스널 컴퓨터(PC)를 사용하는 것이 아니었다. 더 정확하게 말하면 스탠드얼론(stand alone) 형식의 메인프레임 컴퓨터, 즉 대용량 컴퓨터를 사용했으며 '그래픽'도 일반적인 그래픽 디자인을 의미하는 것이 아니라 정지영상 및 동영상을 뜻하는 것으로, 종합하면 컴퓨터 그래픽이란 대형 컴퓨터를 이용한 영상표현을 의미했다.

공상과학영화 '스타워즈'에 사용된 컴퓨터 그래픽은 광활한 우주의 이미지를 그대로 옮겨놓았다.

　이렇게 컴퓨터 그래픽의 의미가 한정적이었던 이유는 컴퓨터 그래픽이 발생한 당시 개인용 컴퓨터의 기능이 지금처럼 강력하지 못했고, 그 기능도 문자발생 위주의 사무용 컴퓨터를 벗어나지 못했기 때문이다. 따라서 '그래픽'을 표현하기 위해서는 엄청난 용량의 대형 컴퓨터가 필요했던 것이고, 그 표현 대상도 지금과 같이 우리 생활과 밀접한 디자인 분야가 아닌 특정 전문분야로 국한되었다. CG라 부르던 새로운 분야는 주로 광고의 동영상제작 및 영화제작에서의 특수 영상표현, 산업생산과정에서의 복잡한 도면의 설계와 생산에 관련된 CAD(computer aided design)/CAM(computer aided manufacturing)의 활용이 주가 되었다.

게임 그래픽에서 컴퓨터 그래픽의 표현은 디자이너의 상상력이 중요한 요인이 된다.

그 이후 PC가 지금처럼 강력하고 다양한 기능을 갖추게 되면서 점차 컴퓨터를 이용해서 화상을 표현하는 범위가 넓어지게 된다. 대표적인 예로 대형 컴퓨터와 PC의 중간 형태인 워크스테이션 등이 개발되면서 기존의 CG작업이 훨씬 보편화되는 동시에, 이전에는 특수한 분야에서만 활용되던 화상작업이 좀더 일반적인 분야에까지 적용되기 시작한다. 1980년대 개인용 컴퓨터의 전문화·고급화가 급속히 이루어지면서 퍼스널 컴퓨터에서도 서서히 화상작업이 이루어지게 되는데 대표적인 예가 매킨토시 컴퓨터를 사용한 출판디자인 작업이다. 이것은 DTP(desktop publishing: 전자출판)라 불리며 앞의 CG와는 구별되는 것이었다.

그리고 점차 출판디자인뿐 아니라 기존의 디자인 작업에까지 컴퓨

이제 평면적으로 움직이는 그림이 아닌 3D로 제작한 애니메이션이 입체영상을 제공한다.

터를 사용하기 시작했다. 그러나 이때까지만 해도 그래픽을 표현하기 위해서는 고성능의 컴퓨터가 필요했고, 그 작업과정도 컴퓨터에 대한 전문적인 교육과 지식을 요구했다.

1990년대 들어 멀티미디어라는 개념이 도입되면서 점차 개인용 PC에서도 문자뿐 아니라 화상 이미지 및 음향과 동영상 등의 작업이 가능하게 되었다. 멀티미디어의 도입은 디자인 분야에서 단지 기존의 그래픽 작업을 디지털 방식으로 수행하는 것에서 벗어나 새로운 영역의 그래픽을 발생시켰다. 즉 인터랙티브(interactive : 상호작용)한 특성을 가진 CD 타이틀의 제작이나 e-book 등 새로운 개념의 디지털 미디어가 속속 생겨나기 시작했으며, 이것을 CG나 DTP와 구별해서 '디지털 디자인'이란 명칭으로 부르기 시작했다.

1990년대 중반 인터넷이라는 네트워킹을 통한 정보혁명이 일어나면서 컴퓨터로 표현되는 그래픽의 범위는 더욱 확대되어 이제껏 보지 못했던 현란한 이미지의 시대를 열어가고 있다. 따라서 지금의 디지털 디자인은 앞서의 CG 및 DTP의 개념을 모두 포함한, 그야말로 디지털 형식으로 만들어진 모든 표현을 뜻하는 포괄적인 의미로 정립되어가고 있는 것이다.

디지털 디자인은 기존의 디자인과 어떻게 다른가?

디지털의 개념은 종전의 디자인을 송두리째 바꿔놓는 결과를 가져왔다. 디자인을 하는 데 사용했던 모든 도구가 디자이너의 작업대에서 사라지고 대신 컴퓨터가 그 위치를 점하게 되었으며, 디자이너의 표현기술은 비중이 낮아진 대신 컴퓨터 사용능력이 필수적인 것이 되었다. 디자인 작업에 소요되는 제작비용과 시간이 대폭 줄어들고 종전의 복잡한 디자인 과정이 대폭 생략되어 컴퓨터에서 디자인 작업이 완료되는 즉시 생산으로 연결되는 디자인 과정의 단순화가 또 한 가지 커다란 실질적 변화이다.

디지털 기술은 이처럼 기존의 디자인 작업과정에만 영향을 준 것이 아니라 디지털의 특성에 따른 새로운 디지털 미디어를 발생시키고 있다. 즉 멀티미디어, 인터랙티브, 네트워킹, 시뮬레이션, 가상공간 등의 새로운 개념이 디자인과 결합함으로써 기존의 디자인 영역을 넘어 여러 인접분야에서 디자이너의 역할을 만들어내고 있다. 그 대표적인 예로서 만화, 애니메이션 분야가 디지털 게임으로 발전하면서 그래픽 표현의 리얼리티와 예술성에 대한 새로운 요구가 디지털 디자이너의 역할을 더욱 중요하게 만들었으며, 영화산업에서의 그래픽 표현은 상상력과 창조성이 뛰어난 디자이너를 필요로 하게 되었다. 건축 디자인에서는 '제3의 공간'으로 불리는 가상공간 개념이 등장하면서, 더욱더 창조적인 조형

건축 디자인에서 가상공간의 설계가 가능해진 것 역시 디지털 디자인에 힘입은 것이다.

능력과 상상력을 요구하게 되었다.

　한편 디지털로 인해 새롭게 발생한 대표적인 분야로 인터넷 홈페이지에 관련된 웹디자인(web design)을 들 수 있다. 웹디자인은 기존 인쇄 매체의 편집 디자인과 비슷하지만 인터랙티브한 특성이 있기 때문에 사용자의 독서심리와 행동양식을 충분히 고려한 기능적이고 감성적인 디자인이 되어야 한다.

이외에도 멀티 미디어 개념과 하이퍼텍스트(hyper text) 개념이 결합된 전자책(e-book) 디자인, 멀티미디어의 특성을 최대한 활용하는 프리젠테이션(presentation) 그래픽, 2차원 평면상에서의 움직이는 그래픽 표현이 주가 되는 모션 그래픽 등의 새로운 디자인 영역이 열리고 있다. 이처럼 디지털에 의해서 디자인 각 분야의 제작과정이 단순화되고 인접분야로의 적용이 확대되며, 나아가 새로운 부문에서의 디자인 활동이 활발하게 이루어지고 있다.

디지털 시대에 적합한 디자인 개념은 무엇인가

이제까지 컴퓨터를 중심으로 디지털 디자인에 대한 여러 가지 내용을 살펴보았다. 그러나 디지털 디자인을 말하면서 간과해서는 안 될 중요한 것은 '디자인' 자체가 가지고 있는 고유한 본질이다. 많은 사람들이 컴퓨터만 사용하면 저절로 그림이 그려지고 음악이 만들어지는 것으로 오해하고 있다. 과거에는 기술적인 제약에 따라 전문가가 아닌 일반인이 디자인 관련분야에 기초적인 교육 없이 접근한다는 것은 거의 불가능했다. 그러나 최근 모든 전문분야의 기술과 지식이 컴퓨터에 의해 통합된 환경에서 과거의 기술적인 한계는 허물어졌고, 따라서 일반인도 기본적인 컴퓨터 활용능력만 있다면 비교적 손쉽게 시각표현에 접근할 수 있게 되었다. 예를 들어 전에는 글자를 멋있게 디자인하기 위해서는 글자도안(lettering)의 기초적인 교육을 받거나 그 분야에서 다년간의 경험이 있어야 했지만 이제는 기초적 훈련이 없어도 누구나 간단히 키보드를 두드려서 글자를 모니터 상에 표현한 후 마우스를 클릭해서 원하는 글자의 크기, 위치, 색상 등을 조정하고 프린터로 출력할 수 있다.

이렇게 디자인의 기술적인 부분이 쉬워지면서, 이제까지는 디자인의 소비자였던 일반인들이 능동적인 생산자의 역할을 하려는 의욕이 넘치게 되었다. 심지어는 컴퓨터를 이용하면 모든 것이 가능해질 것으로 생각하는 경향이 일반화되면서 특히 신세대들에게 디지털 디자인은 디지털, 정보화, 이미지 등 여러 가지 첨단 요소를 골고루 갖추고 있는 분야로 각광받고 있다.

그러나 디자인이라는 전문분야 하나만 놓고 보더라도 그 과정에서 요구되는 것은 기술 이외에도 디자인적인 논리와 감각까지를 포함한다. 디지털 시대에 디자인이 단순히 이미지를 만들어내는 것에 한정된다면 별다른 매력이 없는 단순 정신노동에 불과할 것이다. 앞서 말했듯이 표현기술은 컴퓨터 그래픽에 의해 훨씬 접근이 용이해졌으나 디자인 논리를 습득하는 것은 별도의 디자인 교육을 받아야만 가능하다. 디지털 시대의 디자이너는 기본적으로 디지털에 기반을 둔 표현기술적인 능력을 바탕으로 한 뛰어난 상상력과 창조성을 가장 중요한 능력으로 인정받을 것이며, 디지털 시대의 디자인 개념을 이해하고 새로운 디지털 미디어에 적합한 감성과 표현능력을 갖추어야 하는 것이다.

김훈 서울대 미술대학 응용미술학과를 졸업하고 같은 학교 내학원에서 석사 · 박사학위를 받았다. 인피니트 그룹의 아트 디렉터를 맡은 바 있으며, 세종대 교수를 거쳐 현재는 성신여대 산업디자인과 교수로 있다. 제6회 CS Design Award 국제부문 금상을 수상하였으며, 개인전도 연 바 있다. 저서로는 『그래픽디자인의 새로운 패러다임—디지털디자인』이 있다.

자동차 디자인의 현재

예술과 과학, 디자인으로 만나다

이명기

세종대 교수 · 자동차 디자이너

디자인이 생활을 만든다

빠르게 변화하는 사회구조와 생활환경 속에서 다양해진 소비자의 욕구를 충족시키고 제품이 갖는 독특한 캐릭터를 창출하기 위해서, 현대의 디자이너들은 더욱 새로운 아이디어를 지속적으로 시도해야만 한다.

지난 20세기는 기술의 획기적인 진보와 더불어 산업화로 인한 다양한 측면에서 디자인의 성장이 이루어졌고, 시대의 흐름에 따라서 그 의미와 스타일이 각기 다른 양상으로 변화되어왔다. 오늘날의 삶과 문화적 환경은 거의 모두가 디자이너에 의해 창조되고 만들어진 것들에 둘러싸여 있다고 해도 과언이 아니다. '바늘에서 우주선까지', 그 어느 것도 디자인을 배제하고는 생각할 수 없는 시대, 디자인을 떠나서는 모든 산업의 성장을 기대할 수 없는 시대가 온 것이다.

건축을 비롯하여 각종 생활제품에 이르기까지 실용적 생활을 위한 다양한 디자인의 제품조형 추구는, 과거 단순한 기능 위주의 디자인에서 점차 더욱 풍요로운 삶과 여유를 가져다주는 개념으로 인식의 변화를 보여주고 있다. 다시 말해 지난 150여 년의 디자인 역사를 비추어보면,

ff 현재까지의 나의 작품을 평가하는 것이
당연하다고 생각한다. 그러나 나의 캐릭
터는 내 과거보다는 미래에 대해 말하
는 것이 더 적합하다. **ff**

▶ 조르제토 쥬지아로

초기의 100여 년 간은 부가장식으로서의 디자인 개념이 일반적이었고,
다음으로는 기능적 표현형태로서의 디자인, 1930년대의 양식(스타일)
으로서의 디자인, 1980년대는 사회적 기술로서의 디자인, 21세기 초기
현재는 글로벌 마켓 경쟁 속에서 경영전략과 비즈니스로서의 디자인으
로 그 의미와 역할의 개념이 변화되어왔다.

자동차 디자인의 흐름

이와 같은 맥락에서 자동차 디자인은 지난 100여 년의 역사속에서 시
대적 · 사회적 변화와 요구(Need)에 따라 다양한 스타일로 변화되어왔
다. 초기의 말 없는 마차와 같은 단순한 기능 위주의 기계적 이미지에서
점차 기술발전에 의한 구조 개선으로 외형의 변화를 이루어, 1940년대
를 전후로 철판프레스 공법으로 스피드를 위한 유선형의 스타일이 가
능해졌다. 이후, 1950년대 세계대전 이후 미국의 '크롬도금의 시대'로
일컬어지는 호사스러운 장식의 시대를 거쳐 1960년대 들어서는 기술
의 발전에 따른 성능의 향상과 함께 과장되고 과시적인 것을 제거한 효

율적인 디자인을 추구하였다.

1970년대는 두 차례의 에너지파동(Oil Shock)을 겪으면서 에너지 절약 및 환경과 안전을 생각하는 경제성을 고려한 자동차 디자인이 새로운 전기를 맞이하여, 이른바 '소형자동차 전쟁'의 양상으로 점차 실용적 디자인이 연구되었다. 1980년대는 미국 및 유럽국가가 주도했던 자동차 개발 선진국에 일본이 추가되어 세계 자동차시장이 새로운 양상을 띠기 시작했다. 스타일에 있어서 공력학 개념의 에어로다이나믹 스타일링이 주도되었으며, 1970년대의 딱딱한 이미지에서 벗어나 점차 부드럽고 유연한 형태의 디자인을 갖추게 되었다.

1990년대에 들어 전 세계적으로 전기, 전자를 비롯한 IT(Infomation Technology) 기술력이 비약적으로 성장했고, 이에 힘입어 자동차 스타일은 과거에는 기술적인 문제로 시도하지 못했던 컨셉트카(Concept Car) 개념의 디자인을 적용하기 시작하였다. 스타일에 있어서는 디자이너의 의지가 많이 반영된 자유곡면을 이루는 근육질과 같은 유기체적 형상이 자유롭고 광범위하게 적용되었다. 1990년대 중반부터는 전반적인 자동차 디자인의 트렌드가 샤프(Sharp)한 에지라인(Edge Line)과 자연스런 곡면이 조화된 스타일로 변화되었다. 또 과거 1950~60년대의 유행한 화려한 스타일이 복고풍(retro) 이미지로 재생산 및 재적용되어 최근 스타일의 대표적 트렌드로 자리 잡고 있다.

코치빌더, 쥬지아로의 출현

이탈리아 코치빌더(Coachbuilder: Carrozzeria라고도 하며, 차체 디자인 전문업체를 말함)들은 1945년 이후부터 20여 년 간 꾸준히 활동해왔으나 1970년대 에너지파동(Oil Shock) 이후 점차 쇠퇴하였다. 당시 소규모의 자동차 생산업체들은 거의 피아트(Fiat)의 통제 하에 들어갔고, 대량생산 자동차만이 스타일리스트의 유일한 디자인 대상이었다.

조르제토 쥬지아로(Giorgetto Giugiaro)는 당시 이러한 상황에서 초창기 선배 스타일리스트들이 이루지 못했던 공백을 채우게 되었다. 그는 5년 간의 베르토네(Bertone)와 2년 간의 기아(Ghia)에서의 실무 디자인 경험을 통하여 이탈리아 코치빌더의 실무를 익힘으로써 디자인 컨설턴트로의 전환 방법을 알게 되었다. 그리고 자동차 디자인 연구에 있어서 다분히 차의 외관을 미적으로 아름답게 꾸미는 스타일리스트가 아닌 기술적 연구를 동반한, 근본적으로 새로운 형태를 추구하는 디자인 접근방법의 필요성을 깨달았다. 그는 선구자적인 노력과 연구로 현존하는 최고의 자동차 컨설턴트로 성장했으며 세계적인 명성을 얻게 되었다.

한국 최초의 독자 모델 포니 개발

쥬지아로의 공헌은 기술을 바탕으로 한 스타일링의 추구로 예술적인 미와 과학을 잘 혼합시키는 디자인 방법에 있다고 하겠다. 일찍이 미술전문학원과 이공계 기술학교를 수학한 그는 두 분야의 지식을 통합하여 합리성에 근거를 둔 보편성 있는 조형적 디자인을 추구한다. 그는 오늘날 전 세계 자동차 디자인계에 있어서 빼놓을 수 없는 인물 가운데 가장 중요한 위치를 차지하고 있으며, 1999년 말 미국 라스베이거스에서 있었던 세기의 차 선정위원회에서 '20세기 최고의 카디자이너'로 선정되는 영예를 누리기도 했다. 또한 쥬지아로는 우리나라 최초의 독자 모델인 현대 포니(Pony1)의 디자인을 맡아 한국의 자동차 디자인 발달에 결정적인 영향을 주었던 인물로도 기억된다.

쥬지아로는 1938년 8월 7일 이탈리아 토리노 근교의 가레시오(Garessio)에서 태어났다. 프레스코 화가였던 할아버지(Luigi)와 역시 화가였던 아버지(Mario)로 이어지는 예술가 집안에서 자라나 어려서부터 자연스럽게 예술적 감성과 감각을 익히며 성장했다. 화가였던 집안

쥬지아로는 자동차 디자인 연구에 있어서 다분히 차의 외관을 미적으로 아름답게 꾸미는 스타일리스트가 아닌 기술적 연구를 동반한 새로운 디자인 접근법을 깨닫게 되었다.

의 영향으로 순수미술을 전공하던 쥬지아로는 튜린(Turin)의 미술학교와 기술학교(technical design)를 수학하였고, 17세가 되던 1955년 국립예술 아카데미를 졸업함과 동시에 피아트의 스타일링 센터에 입사했다. 피아트의 디자인 책임자였던 단테 지아코사(Dante Giacosa, 초대 피아트 설계자)가 졸업작품전에 내놓은 쥬지아로의 자동차그림을 보고 그를 불러들인 것이다. 자동차에 대한 지식을 쌓아가며 본격적인 디자인을 시작할 준비를 하던 그는 1959년 말 수많은 코치빌더들을 양성, 배출한 자동차 디자인의 명가(名家) 베르토네(Bertone)의 디자이너로 자리를 옮겼다. 21세의 나이에 누치오 베르토네(Nuccio Bertone, 1914~97)에게 재능을 인정받아 전격 발탁된 것이다. 여기서 그는 1960년 그의 공식 첫 작품인 고든 GT(Gordon GT, 양산차 이름은 Gordon Keeble)를 비롯하여 1963년 그의 최초의 드림카(Dream Car)라고 할 수 있는 알파 로메오 테스투도(Testudo)를 내놓으면서 점차 명성을 얻게 되었다. 이후 줄리아 GT, 페라리 250 등을 선보였다.

그의 나이 27세 되던 1965년에는 기아(Ghia)의 스타일링 센터와 프로토타입(Prototype) 부문 책임자로 자리를 옮겨 경영에도 참여하였

쥬지아로의 공헌은 기술을 바탕으로 한 스타일링의 추구로 예술적인 미와 과학을 잘 혼합시키는 디자인 방법에 있다고 하겠다.

다. 1966년 튜린모터쇼에 출품한 데 토마소(De Tomaso)의 망구스타(Mangusta), 마세라티(Maserati)의 기블리(Ghibli) 모델은 단순화한 커브와 세련된 라인 처리로 쥬지아로가 새롭게 강조한 단순화한 조형미의 특징을 보여주었으며, 관람자들의 이목을 집중시키며 깊은 인상을 남겼다. 그는 새로운 디자인에 대한 정열로 기아에서 2년간 13대의 차를 디자인하였고 그중 다섯 대가 상품화되었다.

1967년 회사의 경영권이 아르헨티나 출신의 데 토마소(De Tomaso)에게로 넘어가자 독립을 한다. 그 당시 쥬지아로는 자동차구조 제작에 있어서 보편적 방식인 이미 만들어진 샤시시스템(Chassis System)에 차체를 얹는 설계디자인 방식에 의문을 품고 차체(Body)와 샤시(Chassis)가 하나로 구성되는 새로운 설계방식의 자동차 디자인을 구상하게 되었다.

1968년 10월 쥬지아로는 베르토네에서 같이 근무했던 엔지니어이자 현재까지도 파트너로 일하고 있는 '알도 만토바니'(Aldo Mantovani), 비즈니스 매니저인 루치아노 보시오(Luciano Bosio)와 함께 자동차를 비롯한 산업디자인(Industrial Design) 전반에 걸친 디자인을 수행하

1968년 10월 쥬지아로는 자동차를 비롯한 산업디자인 전반에 걸친 디자인을 수행하기 위해 이탈
디자인이라는 회사를 토리노에 설립한다.

기 위해 이탈 디자인(Ital Design)이라는 회사를 토리노(Torino)에 설립한다. 컨셉트카 및 양산차 디자인은 쥬지아로가 책임을 맡고 엔지니어링은 만토바니가 맡는 튼튼한 공조체제 속에서 그의 독특한 디자인 연구는 지속적으로 꽃피우게 된다.

본질적으로 쥬지아로 디자인 방법의 독창성은 차체외형의 한계가 있는 자동차 실내디자인(Interior Design)에서 스페이스와 편안함과의 상관관계나 에어로다이나믹과 조형성 등의 조화를 통한 라디에이터그릴과 같은 부수적인 것에서부터 전체적인 것에 이르기까지 '문제해결'의 양상에 초점을 두었다. 그가 수행한 각각의 프로젝트들은 이러한 문제해결을 위한 논리를 각 차의 성격에 부합하는 디자인 컨셉트를 적용하여 수행하였다. 특히 그는 자동차 유리창(Glass Area)의 면적이나 철판의 두께, 라인(line)이 만나는 부위의 처리, 눈에 잘 띄는 계기판 디자인 등에서 합리적인 기능적 디자인을 추구하여 디자인이 단지 겉모양의 아름다움의 차원을 넘어선 생산의 한 수단으로의 역할을 실천하였다.

1970년대 에너지 파동을 겪으면서 쥬지아로는 연비효율이 우수한 성능의 경제성 및 제조기술을 향상시킬 수 있는 모델 개발을 추구하였다.

컨셉.트카-Formula
Hammer, Turin,
1996.

당시로는 매우 혁신적 스타일이었던 알파로메오 카이만, 마세라티 부
메랑과 같은 쇼카(Show Car)는 에어로다이나믹을 적용한 쐐기형
(Wedge Style)디자인으로, 자동차 전면 유리창(Windshield)의 경사
각을 작게 하고 그에 따라 자동차 앞부분의 모양도 쐐기형으로 함과 동
시에 지면으로부터 아주 낮게 디자인하였다. 쥬지아로가 독립하여 진
행한 첫 프로젝트인 1971년의 알파수드(Alfasud) 디자인은 모든 부위
에서 세심하게 합리성을 고려한 에어로다이나믹 스타일의 훌륭한 걸작
으로 통한다.

쥬지아로는 1968년 비자리니(Bizzarini) 만타(Manta), 1969년에는
첫 양산차인 스즈키(Suzuki) 캐리(Carry), 1972년에는 007영화에도
등장한 스포츠카인 로터스(Lotus) 에스프리(Esprit)를 디자인하였고,
1974년에는 그의 명성을 전 세계에 알린 그의 대표작 폴크스바겐(VW)

골프(Golf)를 디자인했다. 이어서 1980년 피아트 판다(Panda)와 우노(Uno)를 히트시키며 산업디자인계의 최고 영예인 영국의 골든콤파스(Golden Compass) 상을 수상하였다.

피아트 판다는 '차를 처음 구입하는 사람(First-car Buyer)을 위한 값싸고 편안함을 주는 디자인'의 컨셉트를 창안하여 차량 외부 디자인은 단순미와 개발비용의 절감을 실현한 반듯한 라인의 조형을 기초로 한 평면유리창을 적용하였다. 실내디자인에 특히 초점을 둔 그의 판다 디자인은, 이동시킬 수 있는 좌석 등 사용자의 용도에 따라 변화시킬 수 있는 가변성 있고 심플한 기능과 미를 갖춘 편리한 실내기기 디자인을 실현하였다.

1970년대 후반부터는 산업디자인 분야에서도 명성을 떨쳐 유명한 니콘 F3와 F4 카메라를 디자인하였고, 전자제품은 물론 화장품 용기와 음식에 이르기까지 다양한 상품을 디자인하였다. 1981년부터는 자동차를 비롯한 다양한 운송시스템 및 산업제품을 디자인하는 쥬지아로 디자인(Giugiaro Design)이라는 독립회사를 설립, 전 세계적으로 디자인 컨설팅을 확대하여 오늘에 이르고 있다. 1984년 7월 쥬지아로는 지난 40여 년간 전 세계를 무대로 하여 산업디자인 발전에 큰 영향을 끼친 공로를 치하하여 유럽 최고의 디자인 교육 대학원이며 자동차 디자인교육 분야에서 명성을 떨치는 영국의 왕립예술원(Royal College of Art)으로부터 명예박사 학위를 받았다. 또한 이탈리아 디자인협회(Association of Italian Design, AID)로부터 그의 폭넓은 디자인 업적을 기리는 두 번째 골든콤파스 상을 수상하였다.

1998년 이탈 디자인 설립 30주년을 기준으로 한 공식 기록만 하더라도 전 세계 유명 모터쇼의 컨셉트카 출품을 포함한 양산자동차 디자인 약 160여 대와 200여 건의 각종 유명 산업디자인 제품을 디자인하여, 쥬지아로는 20세기를 주도한 가장 대표적인 자동차 및 산업디자이너로

피아트-Panda offroader. 1980.

평가받고 있다.

한국 메이커와도 각별한 인연을 가지고 있는 이탈 디자인은 1969년 현대자동차 및 1995년 제네바 국제모터쇼에 출품된 컨셉트카인 'Bucrane'을 필두로 대우자동차와도 디자인 개발 협력관계를 맺은 바 있다. 1974년 발표된 현대 포니 1을 시작으로 스텔라(1983), 엑셀/프레스토(1985), 소나타(1988)까지 현대자동차의 독자모델 제작의 기틀을 잡아주었으며, 대우는 1996년 11월에 선보인 독자모델 라노스 (Lanos)세단형을 시작으로 레간자(1997), 마티즈(1998), 매그너스 (1999) 등을 디자인하였다.

현재 이탈 디자인은 세 개의 생산라인을 갖추고 연간 150대의 프로토타입(Prototype)을 만들 수 있다. 최근에는 스페인과 미국 캘리포니아에 디자인 스튜디오를 더 세웠으며 현재 두 사람의 아들인 파브리치오 쥬지아로(Fabrizio Giugiaro)와 마르코 만토바니(Marco

Mantovani)가 뒤를 이어 이탈 디자인의 경영에 관여하고 있다.

이탈 디자인, 기술적 활용과 예술적 아름다움의 결합

쥬지아로가 중심이 되어 이끄는 이탈 디자인 연구소는 1968년 2월 13일에 설립된 후 한국 최초의 독자모델인 포니로부터 대우 마티즈, 레간자, 매그너스 등을 컨설팅한 성공적인 디자인 센터로 창업 이래 세계무대에서 항상 시대를 리드하는 디자인을 선보였고, 급변하는 자동차업계에서 현재 최고의 코치빌더로 디자인 업계를 이끌고 있다.

지난 30여 년간 수많은 명차를 탄생시키며 디자인 업계의 견인차 역할을 해온 이탈 디자인은 그들만의 확고하면서도 차별화된 사업을 전개하여 자동차, 상용차, 농기계, 건설기계 등에 이르기까지 제조사에 독특한 제안을 해왔다. 아울러 자기들만의 체제를 확립하면서 디자인에서 자동차 공학으로까지 영역을 넓혀나갔고, 지금은 프로토타입 제작부터 자동차에 관련된 모든 프로젝트를 취급하고 있다. 또한 이탈 디자인은 그들의 이론적 해석과 기술을 바탕으로 세련된 서비스를 제안하고, 자신들만의 색깔을 지켜나가며 항상 진보된 디자인을 선보여왔다.

1980년대 초 이탈 디자인은 시대의 흐름에 따라 컴퓨터화된 디자인을 위해, 디자인 연구기술과 설계를 비롯한 전 라인의 장비들을 첨단 시스템으로 교체하여 CAS(Computer Aided Styling), CAD(Computer Aided Design), CAE(Computer Aided Engineering), 그리고 CAM(Computer Aided Manufacturing)과 같은 장비들을 언제든지 운용할 수 있게 빈틈없이 갖추었다. 이런 기술적 진보에 의한 이탈 디자인의 성과는 1986년부터 나타나기 시작했고, 1997년에 새로 건립된 신사옥에는 더욱 첨단화된 컴퓨터시스템의 디자인 장비(Computer-Integrated System)를 갖추어 단지 기술적인 면만이 아닌 조직 전체가 체계적이고 유기적인 시스템으로 재정비되었다. 이와 함께 진보의 과정 속에 종합적인 프로젝트를 관리 · 경영하는 능력까지 향상시켜, 이전까지는 공급자에 의해 선택의 여지가 없었던 부분에도 고객이 참여할 수 있는 양방향성을 띠고 있다.

이명기   서울대학교 미술대학 응용미술학과를 졸업하고 영국 왕립예술원(Royal College of Art)의 Industrial Design Department에서 운송기기디자인(Vehicle Design Course)으로 석사학위를 받았다. 쌍용자동차 디자인실 실장을 역임(무쏘, 뉴 코란도, 이스타나, 체어맨 및 모터쇼 컨셉트 모델 디자인 등 디자인 총괄)하였으며 연구논문으로 「자동차 디자인의 미래트렌드 예측에 관한 연구」 「Retro Design 동향고찰」 「소형 SUV 컨셉트카 디자인연구」 등과 번역서로 『디자인 원리』가 있다. 현재 세종대학교 예체능대학 산업디자인학과 교수로 몸담고 있으며, 한국디자인학회 및 한국디자이너협회 정회원으로 활동 중이다.

21세기 패션계의 3인방

이주현 · 박선형
연세대 교수 · 의류학 | 연세대 박사과정 · 의류학

21세기 패션계의 젊은 파워

본 장에서는 21세기의 세계 패션산업계를 이끌어갈 패션 디자이너 3인 방, 이세이 미야케(Issey Myake), 장 폴 골티에(Jean Paul Gaultier), 후세인 카라얀(Hussein Chalayan)을 소개하고자 한다. 이 세 명을 선정한 기준은, 결코 패션계 안에서만 통용되는 특정 디자이너의 영향력이라든가, 언론 매체를 통한 유명세라든가, 그에게 투자된 자금 규모라든가, 그의 이름을 내건 브랜드의 연 매출액의 규모라든가 하는 따위는 아니다. 널리 이름이 알려져 있으면서 현재 활동 중인 패션 디자이너들 중에서 선정하기는 하였으나, 외면적인 지표보다는 그 디자인의 특성이나 활동 등을 통해 판단할 수 있는, 각 디자이너의 문화적인 영향력이나 중요도 측면에 기초하여 이들을 선정하였다. 여기에서 문화적인 영향력 등을 선정 기준으로 삼은 것은 첫째, 패션을 거대한 문화적 흐름의 한 부분 또는 한 단면이라고 보는 시각과 둘째, '현대사회에서 일어난 다양한 변화 중 문화가 가장 압도적으로 현대 패션에 영향을 미쳐왔다'는 패션 분야의 공감대와 셋째, '21세기는 곧 문화의 시대'라는 예견 등에 기

▲ 이세이 미야케　　　　▲ 장 폴 골티에　　　　▲ 후세인 카라얀

초를 두었다.

　돌이켜보면 지나간 20세기는 과거의 그 어느 시대보다도 패션 트렌드
가 빠르고 변덕스럽게 변화했을 뿐 아니라, 그 어느 시대보다도 널리 많
은 사람들에게 대중화된 시대였다. 이러한 20세기 패션의 흐름은 20세
기의 사회경제적 배경뿐 아니라, 20세기 특유의 문화적 배경으로부터 영
향을 받아 전개되었다. 위에서도 말한 것처럼, 20세기 특유의 문화적 흐
름은 패션계에 미친 영향이 실로 '거대하다'라고 표현할 수 있을 만큼 지
속적이면서도 지배적으로 전개되었으며, 이러한 패션과 문화의 관계는
이미 21세기 패션의 방향타 구실을 톡톡히 하고 있다.

　여기서 잠시, 앞으로 전개할 내용에 대한 이해를 돕기 위해 20세기 이
래의 현대문화의 요체에 대해서, 그리고 그것이 패션에 영향을 미쳐온
양상에 대해서 설명을 해두고자 한다.

　요컨대 20세기 문화는, '모더니즘'(Modernism)과 '포스트모더니즘'
(Postmodernism)이라는 두 가지의 커다란 흐름으로 구성되어왔다. 본
디 이러한 문화적 양대 흐름은, 적어도 조형 관련분야에서는 회화나 조

소와 같은 순수예술 분야부터 이른바 '혁신'이니 '낡은 틀을 깨는 새로운 시도'니 하는 개념으로 시작된 후 인접분야로 확산되었고, 종국에는 문화계에 별반 관심을 가지지 않은 일반인들의 사고방식이나 태도에도 서서히, 그러나 '거대한' 영향을 미쳤다. 그 영향을 받은 인접 조형분야들 중 일반인에게 가장 가까이에서 영향을 미친 분야는 건축이나 실내장식, 패션과 같은 생활미술적 또는 상업적 특성을 띤 장식미술 분야였는데, 이들 분야에서 현대문화의 양대 흐름이 추구하는 이상향에 따른 스타일이 창출되었고, 일반인은 이 스타일을 자신들의 생활 속에 받아들이는 방식으로 문화적 변화를 흡수하였다. 20세기 초에서 현재에 이르는 패션의 주요 변화는, 언뜻 보기에는 방향성도 없이 변덕스럽거나 지나치게 변화무쌍한 듯 보이지만, 자세히 들여다보면 패션의 변화는 이러한 문화적 양대 흐름 중 어느 한 가지와 번갈아 조우하면서 그때그때의 사회경제적 배경과 요인과 혼합되어 나타난 결과였음을 알 수 있다.

이러한 현대문화의 양대 흐름 중 하나인 '모더니즘'이란, 기계문명과 그것에 기반을 둔 합리주의 사고와 단일론적 논리, 산업 미학적 미감 등을 받아들이는 문화적 활동이나 관점, 사조 등을 말하는 것으로, 이러한 흐름은 20세기가 시작되면서 등장하기 시작했다. 좀 극단적으로 표현하자면, 모더니즘의 요체는 기계문명의 발달을 낙관적으로 생각하고 심지어 기계문명을 발달시킴으로써 인간은 유토피아를 실현하게 될 것이라고 믿으며, 이러한 사고와 직접 연관되어 있거나 그 부산물적 성격을 띤 스타일을 수용하는 태도를 의미하는 것이었다. 거장 피카소(Picasso)를 통해 이미 잘 알려진 입체파(Cubism) 회화——사실 피카소는 입체파의 시조가 아니며, 입체파의 실질적 시조는 브라크(Braque)로 평가되지만——라든가, 마티스(Matisse) 등의 야수파(Fauvism) 회화 등은 이러한 모더니즘의 흐름 속에서 탄생한 스타일이며, 좀더 극단적인 회화 장르의 사례를 든다면 '하드에지'(Hard edge) 화풍——여러분은 한 번쯤, 몇 개의 단순한 네모꼴 등으로만 화면이 구성된 하드에지 스타일의 현대 회화를 본 적이 있을 것이다——을 들 수 있다. 이와 같이 20세기 초에 순수예술 분야에서 시작된 모더니즘 사조는 기능적이면서 간결한 것을 아름답다고 보는 현대인의 미감을 형성시키는 결실을 보았으며, 오늘날 기능적이며 간편한 패션스타일이 대중에게 받아들여지는 초석을 마련하였다. 또한 거기서 더 나아가 최근에는, 모더니즘은 장식과 기본적 신체 보호 등 의복 본연의 기능 외에 특별한 성능이 포함된 의상들——예를 들면 형상기억형 의복——을 대중이 수요하는 데 중요한 기반이 되었다.

반면 현대문화의 또 다른 흐름인 '포스트모더니즘'이란, 모더니즘의 입장이나 시각에 반기를 드는 입장으로서, 기계문명에 대한 낙관론을 부정하고 합리주의를 추구하지 않는 대신, 인본주의적 시각과 태도를 우선시하는 사조이다. 또한 이 사조는 모더니즘이 추구하던 단일 논리를 부정하고 다원주의(Pluralism)적 관점을 취하며, 인공적인 것과 간결함을 중요시하던 모더니즘의 산업 미학적 미감을 고집하는 대신, 고전적이며 자연주의적 미감과의 크로스오버(cross-over)를 중요시한다. 포스트모더니즘이 지닌 또 한 가지의 특징은 이른바 '해체주의'적 경향으로, 종래의 장르 구분방식을 더이상 고집하지 않고, 장르와 장르를 혼합하는 방식을 통해 새로운 세계의 구성을 지향한다.

이러한 포스트모더니즘의 영향이 반영된 장식미술 스타일은 각종 절충적 표현방식을 통해 다양하고 새로운 미감을 창출해왔는데, 예를 든다면 동양과 서양의 스타일을 믹스한 스타일이라든가 현대풍과 전통적 요소를 뒤섞은 스타일, 또는 사회적인 비주류에 속하는 하위문화의 전형적 스타일——이를테면 펑크 스타일 같은 것——이 주류문화 또는 고급문화에서 차용되는 경우, 여러 장르의 기술을 혼합함으로써 만들어진 신종상품 등을 들 수 있다. 아마도 현대인이라면 누구나, 동양에 근원을 둔 젠(Zen) 스타일이 서구 사회에서 크게 유행하는 경우나, 클래식 음악 연주가가 대중음악을 연주하는 경우, 일부러 저급하게 메시지를 표현한 광고, 가구처럼 디자인된 가정용 전자기기를 흔히 보아왔을 것인데, 이를 받아들이는 대중의 태도 또는 대중이 받아들일 것이라고 예견하고 미리 이를 기획하는 사람들의 사고에는 포스트모더니즘이라는 문화에 대한 시각이 그 바탕에 깔려 있는 것이다.

이처럼 20세기 내내, 모더니즘은 현대 패션에 '기능성의 추구'과 '단순성의 미감'이라는 키워드로 반영되어온 반면, 포스트모더니즘은 '다양한 장르의 혼합', '전통과 현대의 만남', '세계주의'(Cosmopolitanism) 등을 중심으로 현대 패션에 영향을 미쳐왔다. 이 양대 문화사조는 약 10~15년을 주기로 서로 교차하면서 패션에 지배적인 영향을 미치다가, 1980년대부터는 양자의 영향력이 교대하는 주기가 약 5년 정도로 단축되는 경향을 보여왔다. 또한 디지털 기술이 대중화되고 본격적인 디지털 시대가 전개되기 시작한 1996~98년 무렵부터는, 이들 사조가 같은 시기에 동시에 영향을 미치기 시작했을 뿐 아니라 패션에 반영된 양상도 더욱 심화되어서, 디지털 기능을 내장한 의복이 세계적인 패션쇼 무대에 등장하는가 하면(이것은 주로 모더니즘의 영향으로 보인다), 때에 따라 가방이나 의자로도 사용할 수 있는 다기능형 의류제품이 시판되기에 이르렀고(이것은 양대 사조로부터 모두 영향을 받은 것으로 해석된다), 포스트모더니즘의 영향을 받아 4~5개 민족의 상징적 장식요소가 한 스타일 내에 복합된 의상이 유행하기에 이르고 있다.

미야케, 동서양을 혼합하고 전통과 현대의 만남을 주도하다

이세이 미야케는 일본에서 출생한 세계적인 패션 디자이너로, 주로 유럽과 일본에서 디자인 활동을 전개하면서 디자인을 통하여 동양과 서양의 혼합, 전통과 현대의 만남을 끊임없이 시도해온 포스트모더니스트다. 그러나 반대로 내면적으로는 현대 의상의 중요한 요건인 기능성과 단순성을 자신의 디자인에 충실히 담고자 꾸준히 노력해온, 다분히 모더니스트적 태도를 겸비한 디자이너로도 평가된다.

그는 1938년에 히로시마에서 출생하여, 대학에서 그래픽 디자인을 공부했다. 미야케는 본래 패션 학도가 아니었지만 대학을 졸업하면서 개최한 일종의 퍼포먼스와 같은 컬렉션('A Poem of Material Cloth and Stone': 1964, 도쿄 개최) 때부터 의상에 관심을 가지기 시작하고, 1965년부터 파리 의상조합학교에서 패션 디자인을 공부하였다. 파리에서의 수학을 마친 후 그는 유명 브랜드 지방시(Givenchy) 등에서 디자인 스태프로 근무하면서 유럽 패션의 흐름을 익혀나갔다.

미야케가 지닌 패션 디자이너로서의 재능과 문화에 대한 통찰력은 이미 이때부터 그 진가를 발휘하기 시작했던 듯하다. 파리에서 굴지의 패션 브랜드에 근무하던 그는 서구 패션계의 관점에 대해 이견을 제시하기 시작했다. 즉 그것은 당시 서구 패션계가 인체—특히 여성의 신체—와 의복의 미를 평가하는 시각이 대단히 편협하게 경직되어 있다는 지적이었다.

그는 서구 패션계가 가지고 있는 미에 대한 개념은 엘레강스(elegance)라는 기준에 편중되어 있으며, 파리의 고급 패션계가 만들어내는 패션은 지나치게 무겁고 이지적인 것들이라고 생각하였다. 이러한 서구 패션계의 한계점에 대한 그의 생각은, 이후 그가 전개해나간 패션 디자인의 본질에 중요한 기반이 되었을 뿐 아니라, 훗날 그의 디자인이 서구 패션계에 큰 영향을 미치게 되는 출발점이 되었으며, 그의 디자인 세계가 현대문화의 맥락에서 중요한 위치를 차지하게 되는 데에도 크게 영향을 미쳤다. 이 시기부터 서구 패션의 틀을 벗어난 스타일을 동경하기 시작한 미야케는, 1969년에 미국의 뉴욕으로 건너가서 패션디자이너로서의 경력을 쌓다가 1970년에 도쿄로 귀환하여 새로운 패션 생애를 열어가기 시작했다.

도쿄로 귀환한 후 미야케는, 일본 문화의 본질을 그의 디자인의 근원으로 삼고, 일본 역사의 다양한 상징(Symbol)들을 재구성한다는 개념으로 디자인을 전개하기 시작했다. 그는 이 시기부터 일본의 전통문화에 뿌리를 두고 패션 디자인을 전개했을 뿐 아니라, 그의 패션 철학—즉 의복은 착용자의 신체를 속박해서는 안 되며, 의복을 착용함으로써 착용자의 신체는 더욱 자유로워져야 한다는—을 확고히 다지고 이에 기초하여 디자인 활동을 전개해나갔다. 즉 그는 의복을 '제2의 피부'(the second skin)라고 보고 의복형태는 착용자의 신체형태에 따라 달라져야 한다고 생각했다. 서구 패션계가 천편일률적으로 추구해왔던 경직되고 무거우며 이지적인 이미지 일색으로부터 탈피하여 가볍고 활기차면서도 자유로운 자신만의 독특한 디자인을 추구하였다.

이세이 미야케의 디자인 세계는, 전반적으로 볼 때 종래의 서구 중심의 미감 기준을 해체하고 거기에서 과감히 벗어나 일본의 전통문화를 현대 서구 패션의 요소와 접목시킴으로써 현대문화의 흐름을 반영한 새로운 스타일과 미감을 창출하는 방향을 모색해왔다.

이러한 시도를 줄기차게 펼쳐온 그의 과정과 방식은 다음과 같다. 미야케는 1970년에 자신의 이름을 내건 디자인 전문회사 '미야케 디자인 스튜디오'(Miyake Design Studio)를 설립하고, 일본의 전통문화를 현대의 서구패션과 접목시키기 위한 다양하고 실험적인 시도를 전개하기 시작했다. 가장 먼저 손을 댄 일은 직물디자인 부분이었는데, 그는 일본의 전통장식이나 전통직물에 많은 관심을 가지고 전통과 현대, 동양과 서구의 믹스를 전개하였다. 그는 그 첫 시도로 1970년에 개최한 자신의 첫번째 패션쇼에서 문신(tatoo)에서 영감을 받아 디자인한 직물과 그것으로 만든 의상을 선보였다. 이 디자인은 일본 야쿠자들이 몸에 새기는 전통 문신과 서양의 유명 가수였던 재니스 조플린(Janis Joplin), 히피 기타리스트로 유명한 지미 헨드릭스(Jimi Hendrix)의 얼룩 문신을 혼합한 것으로서, 이른바 '동서양이 조화된' 직물 디자인이었다. 또한 그는 일본의 전통적 소재를 현대에 맞추어 리메이크하는 작업을 전개하기도 했는데, 그 첫 작업으로 8세기경 나라시대의 북부 일본 농촌에서 노동복으로 사용되었던 소재—면 직물을 일정하게 누빈 것—를 리메이크하여 개발한 후 이것을 그의 패션에 사용하기도 하였다. 또한 그는 일본의 전통복식 소재뿐 아니라 다양한 문화의 상징들을 혼합 또는 절충하여 한 스타일 안에 담는 세계주의적 디자인을 창작하기도 했는데, 예를 들어 1977~78년 시즌을 위한 패션쇼에서 그는 모로코 전통복식의 요소를 활용한 디자인을 선보였다.

직물에 대해 다양한 시도를 전개하는 한편, 1970년대 중반부터 미야케는 의복의 형태와 구조를 중심으로 새로운 시도를 활발히 전개하기 시작했다. 앞에서 이미 언급한 바와 같이, 그는 서양 복식—특히 파리 고급 패션계의 패션—의 형태는 지나치게 완벽하고 복잡, 정교하며 인체를 속박한다고 보고, 여기에서 탈피하여 새로운 의복의 형태를 개발하고자 노력하였다. 이를 위해서 초기에는, 기존 의류의 형태를 단순화하거나 기존의 의류가 담고 있는 프로포션을 재창조하는 작업을 수행했다. 이때 그가 많이 사용한 방법은 단순한 사각형 천 한 장을 몸판으로 하고 거기에 소매만 붙인다거나, 기존 의복의 형태에 커다란 손수건 같은 사각 천을 붙인다거나 하는 식으로, 주로 입체적 형태를 중요시하는 서구 의복의 구조와 평면성을 중요시하는 동양 의복의 구조를 접목시킨 것들이었다. 1978년 그는 그때까지 자신이 새롭게 시도한 내용을 담은 저서 『동양과 서양이 만나다』(East meets West)를 출간했는데, 이 책의 제목만 보아도 미야케가 어떤 의도에서 이러한 시도들을 전개했는지를 짐작할 수 있다.

1980년대부터 미야케는 그의 디자인을 두 갈래의 방향으로 나누어 새롭게 전개하기 시작했다. 그 두 방향 중 하나는 포스트모더니즘의 해체주의적 시도들을 전개한 것으로서, 주로 소재를 사용하여 새로운 미감을 창출하기 위한 시도를 다양하게 수용하는 것인데 반해, 두 번째 방향은 모더니즘적 입장에서 실용적이고 단순한 의상을 만들어내는 것이었다.

그중 첫 번째 방향에 대해 먼저 얘기한다면, 그는 이 시기부터 대단히 해체주의적인 태도로 새로운 의복 형태를 창조해나가기 시작했다. 1983년에 연 'Body works' 전시회에서 그는 주로 일본 사무라이가 전통 갑옷을 착용한 모습을 현대적으로 각색하고, 대나무나 등나무 같은 소재를 사용해 만든 다양한 육체(body)들을 보여주었는데, 이 전시회는 그가 그동안 추구해온 바와 같이, 서구의 미감 기준으로부터 탈피하여 새로운 미감을 창출하는 전환점이 되었다. 즉 그가 이 전시회에서 보여준 사무라이 풍의 육체들은, 그가 그동안 추구하던 바대로 서구적 미감의 기준이 되어온 서양인의 이상적 인체 프로포션을 부정하고, 일본 전통문화의 상징—사무라이의 과장된 육체—으로부터 이상적 신체의 기준을 다시 찾아내고, 이를 중심으로 새로운 미감을 창출하려 노력한 결과물이었다.

그가 전개한 두 번째 디자인 방향, 즉 기능적이며 단순한 의상을 만드는 활동은 1988년에 그가 개최한 전시회 'A-UN collection' 때부터 본격화되었다. 'A-UN collection'에서 그는 'Body works'에서처럼, 철사, 등나무, 케이블 등으로 만들어진 과장된 바디들을 선보였다. 이때부터 그는 이러한 실험적 시도를 그저 시도에 그치게 하지 않기 위해, 갑옷을 착용한 사무라이의 모습과도 같이 과장된 육체를 새로운 미감의 기준으로 삼고, 이 새로운 육체에 자유와 활기를 불어넣을 수 있는 패션디자인의 방법을 연구하기 시작했다. 그는 과장된 육체를 속박하지 않으면서도 실용적이고 단순한 의상을 디자인하기 위해, 먼저 적절한 소재를 실험하였다. 이를 위해 그가 처음 시도한 것은 신축성 있는 소재로 만든 일종의 바디스타킹이었는데, 얼마 동안 시도한 후 이러한 패션이 매우 한정된 시장에서만 판매가 가능하다는 점을 알고, 이 시도를 중단했다. 그

1983년 열린 'Body Works' 전시회. 서구의 미감기준으로부터 탈피하여 새로운 미감을 창출하는 전환점이 되었다.

후 미야케는 과장된 육체를 속박하지 않으면서도 활기차고 단순하며 실용적인 디자인을 가능케 하는 소재로, 플리츠(pleats) 저지— 접힌 주름이 많이 잡혀 있는 저지 천—에 주목하기 시작했다.

 미야케가 플리츠 저지에 주목한 것은 이때가 처음은 아니었다. 'Body

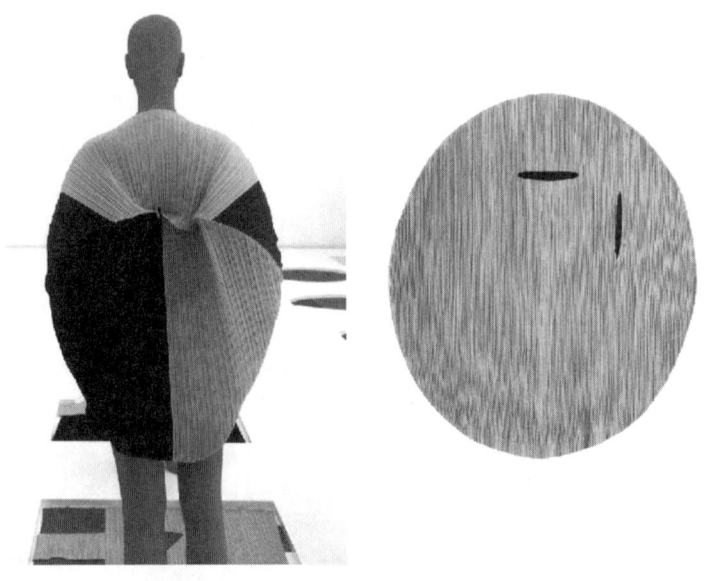

폴리에스터 플리츠 저지 소재를 사용함으로써 입체적인 인체를 속박하지 않으면서도 구조적으로는
단순하고 평면적인 의상을 만들 수 있었다.

works' 전시회에 그가 전시했던 작품들 중 「Rattan body」에 착용된 스
커트는 넓은 저지 천에 수많은 잔주름을 잡아 만든 것으로, 커다란 신체
를 전혀 속박하지 않는 소재와 형태로 만들어져 있었으며, 이는 1988년
부터 미야케가 전개하기 시작한 'Pleats Please' 프로젝트의 진원지가
되었다. 그는 폴리에스터 플리츠 저지 소재를 사용함으로써 입체적인 인
체를 속박하지 않으면서도 구조적으로는 단순하고 평면적인 의상을 만
들 수 있었다. 이 플리츠 의상들은 그가 창안한 새로운 이상적 육체에도
무리없이 적용되었을 뿐 아니라, 가볍고 세탁하기에도 편리한 의상으로
평가받았다.

　1990년에 미야케는 도쿄에서 'Pleats Please' 전시회를 열고 이 프로
젝트의 결과를 발표하였는데, 이 전시회는 대성공을 거두었고 이후 그의

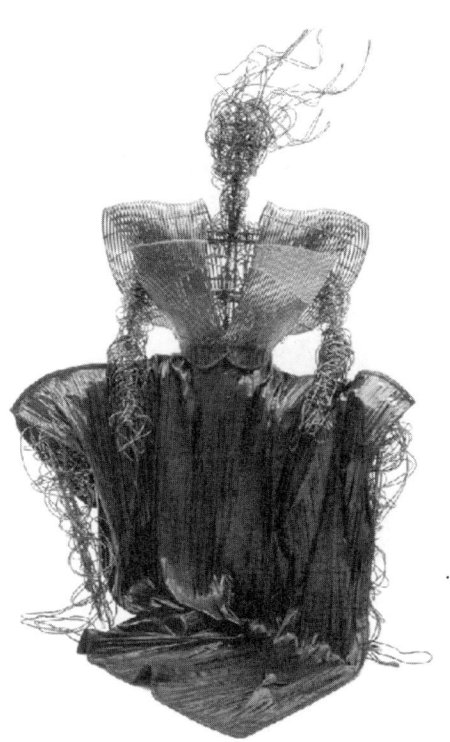

'Body Works' 전시회에 전시했던 작품, 「Rattan body」. 이는 1988년부터 미야케가 전개하기 시작한 'Pleats Please' 프로젝트의 진원지가 되었다.

플리츠 의상은 전 세계적으로 널리 인정받기에 이르렀다. 그후 그는 'Pleats Please' 프로젝트의 결과를 바탕으로 하여 기존의 브랜드들과는 매우 다른 독특한 캐주얼웨어 라인 'Pleats Please'를 런칭하였다. 플리츠 기법을 울이나 린넨, 면 등의 다양한 소재에 확대적용하여 전개하였고, 플리츠 기법을 변형한 트위스트(twist) 기법—주름을 잡되 손으로 구기거나 일부를 변형시키는 가공을 하는 기법—을 개발하여 현재까지 디자인에 적용해오고 있다.

미야케는 자신의 디자인이 일본의 전통문화에 그 뿌리를 두고 있으나 더이상 일본적인 디자인이 아니며 세계적인 것이라고 말한다. 한편, 전통을 현대화할 수 있는 유일한 수단은 테크놀로지를 사용하는 것이라고 말하기도 하였다. 이러한 그의 말에서 엿볼 수 있듯이, 미야케는 현대문

1990년 도쿄에서 'Pleats Please' 전시회가 대성공을 하고 그 결과를 바탕으로 캐주얼웨어라인 'Pleats Please'를 런칭하였다.

화와 패션을 가늠하는 문화의 양대 흐름 중 포스트모더니즘에 상당한 비중을 두면서도 어느 한쪽만을 고집하기보다는 양대 흐름 간의 적절한 균형이 반영된 패션을 추구해온 것으로 보인다. 그러나 무엇보다 중요한 것은, 미야케가 말했듯이 그가 추구해온 장르 구분의 해체와 새로운 스타일의 창출은 21세기에도 지속될 것이며, 이는 테크놀로지를 통하여 더욱 심화되고 가속화될 것이라는 점이다.

사회의 규범을 비웃고 깨뜨리는 디자이너, 골티에

장 폴 골티에는 프랑스 출생의 세계적인 패션 디자이너다. 1971년 유럽의 유명 패션 브랜드인 장 파투(Jean Patou)에 입사하여 패션 디자이너의 인생을 시작한 후, 1978년에 처음으로 자신의 이름을 내건 컬렉션을 개최하며 유럽의 패션계에 본격적으로 데뷔한 이래 승승장구해왔다. 그의 이름을 내건 여성복 및 남성복 브랜드와 향수도 또한 전 세계적으로 유명하다. 이 장의 서두에서 언급했던 현대문화의 양대 흐름이라는 시각으로 보면, 골티에는 단연 포스트모더니즘의 영향을 받은 패션 디자이너라 할 수 있다. 이유는 다음과 같은 그의 디자인의 특징에 있다.

전반적으로 볼 때 골티에의 디자인 특징은, 쉽게 표현해서 '좋지 못한'(bad) 또는 '점잖지 못한'(disgrace) 패션을 창조해내는 재주에 있다. 한마디로, 그는 매우 해체주의적인 사고를 저변에 깔고 사회의 엄격한 규범이나 금제 같은 것들을 비웃는 태도로, 패션을 통해 자신의 생각을 표출할 수 있는 모든 방식을 취하는 것처럼 보인다.

골티에의 해체주의적인 디자인 세계를 자세히 들여다보면 다른 디자이너들과 분명히 구분되는 몇 가지의 특징들을 찾아낼 수 있다. 그 가운데서 가장 두드러진 특징은 페티시즘(Fetishism)적인 디자인 경향이다. 본래 사전적인 의미에서의 페티시(fetish 또는 fetich)란 '물신숭배' 또는 '성욕도착의 대상'을 의미하는 것으로, 심리학적 의미에서의 페티시즘이란 이성의 신체 일부나 옷 따위에서 만족을 얻는 변태심리를 의미한다. 패션에서의 페티시즘 또는 페티시즘 패션이란, 노출하거나 강조하는 것이 사회적으로 규제되어 있는 신체 부위를 디자인을 통해 오히려 강조함으로써 역설적이면서도 새로운 미감을 부여하는 방식이나 스타일을 의미한다.

이러한 페티시즘은 거슬러올라가면 펑크(Punk)에까지 관련된다. 여기에서 잠깐 펑크와 펑크 패션을 살펴보자. 1970년대 영국이 본산지인 펑크 문화는 본디 주류사회의 금제나 엄격한 규범 등을 부정하고 이를 무너뜨리기 위한 메시지를 다양한 방식으로 표현하기 원하는 집단의 하위문화였으며, 이른바 펑크족들은 자신들의 가치나 사고방식을 통해서만이 아니라 헤어스타일, 화장, 옷차림, 생활용품 등 라이프스타일에 관련된 것들을 통해서도 자신들의 메시지를 표현하였다. 즉 그들의 의복이나 화장, 헤어스타일 등은 주류 사회가 좋아하지도 인정하지도 않는 소위 '안티'(anti) 풍의 것들이었는데, 여기에는 특히 섹스(sex)에 관련된 사회적 금제를 비웃는 스타일들이 많았다. 이러한 펑크 패션은 1980년 대에 들어서면서부터 그 강도가 희석되어 주류 패션에 영향을 미치는 인 플루언스(influence)의 하나가 되었다. 즉 펑크 패션은 '섹스(sex)에 관련된 사회적 금제를 부정하는 스타일의 추구'라는 점에서는 페티시즘 패션의 원조격인 셈이다. 하지만 펑크 패션이 한 하위문화 그룹의 스타일이나 그와 유사한 스타일을 가리키는 말이라면, 그에 반해 페티시즘 패션은 성적 표현에 대한 억압을 타파하는 패션 코드를 의미하는 것으로, 좀더 개념화된 용어라 하겠다.

다시 장 폴 골티에의 페티시즘 패션 경향으로 돌아가면, 그는 다음과 같은 페티시즘 계열의 의상을 끊임없이 창작해왔다. 섹시함의 상징이라 불리는 가수 마돈나가 입고 공연을 해서 유명해진 일명 '콘 브라'(cone bra)시리즈는 여성의 성적 상징 부위인 가슴에 뾰족한 뿔 모양의 브라를 사용하여 가슴을 더욱 강조함으로써, 표현에 대한 규제를 허물고 역설적인 미감을 만들어냈다. 또한 그는 여성용 속옷의 한 가지인 코르셋을 응용한 코르셋 드레스(corset-inspired dress) 등을 여성용 의상으로서뿐 아니라 남성용 의상으로 만들어내기도 하였다. 그런가 하면 역시 속옷인 팬티(under-pants)를 디자인 아이디어로 활용한 겉옷을 창작하였으며, 착용자가 알몸 상태인 것처럼 보이게 하는 'cat suit'(온몸에 달라붙는 일종의 바디스타킹 같은 의상)를 만들기도 했다.

골티에 디자인의 두 번째 특징은 진정한 의미에서 양성적(androgyny) 패션을 지향한다는 것이다. 그는 여성복 라인뿐 아니라 남성복 라인도 성공적으로 전개해왔는데, 특히 그의 남성복 라인에는 기존의 남성복에서는 볼 수 없었던 파격적인 스타일들이 심심찮게 등장한다. 즉 그는 성별 구분과 성 역할에 따라 전통적으로 성립되어온 기존의 남성복 코드——예를 들면 일반적으로 남자는 스커트를 입지 않는다든가 하는——

골티에의 해체주의적 디자인
세계의 가장 두드러진 특징은
다름아닌 '페티시즘' 이다.

를 무시하고 양성화된 남성복 스타일을 다양하게 제시하였다. 1985년
에 그는 '남성을 위한 클래식한 스커트'를 발표하기도 하였고 이후에도
이 같은 경향의 남성복을 꾸준히 전개하여, 남성복의 소프트화에 기여
하였다.

　그의 디자인 중 대중적으로 가장 인기를 얻은 것은 세 번째 특징을 강
하게 내포한 디자인들이다. 세 번째 특징이란, 각 민족의 고유 문화를 상
징하는 민속풍을 키치적인 컨셉트와 섞어서 만들어낸 골티에 특유의 에
스닉 룩(ethnic look)이다. 패션에 있어서 키치(kitsch)란 고급문화의 상

골티에는 착용자가 알몸 상
태인 것처럼 보이게 하는
'cat suit'(온몸에 달라붙는
일종의 바디스타킹 같은 의
상)를 만들기도 했다.

징과 저급문화의 상징을 의도적으로 뒤섞는 표현을 의미하는 것으로, 고
급스러운 패션을 일부러 저급하게 표현하여 새로운 미감을 의도하는 경
향을 의미한다.

　1978년에 파리 패션계에 본격적으로 데뷔한 골티에는, 1980년대 말까
지는 위에서 말한 것처럼 페티시즘 패션과 양성적 패션을 중심으로 자신
의 디자인 세계를 엮어내다가 1990년대에 들어오면서 '에스닉 룩+키
치'를 주된 컨셉트로 삼는 쪽으로 전환하였다. 이러한 새로운 스타일 경
향은 1990년대 중반에 들어서면서 절정에 달했는데, 예를 들면 1994년
에 골티에는 '문신'(Les Tatouages)이라는 제목의 여성복 컬렉션을 열

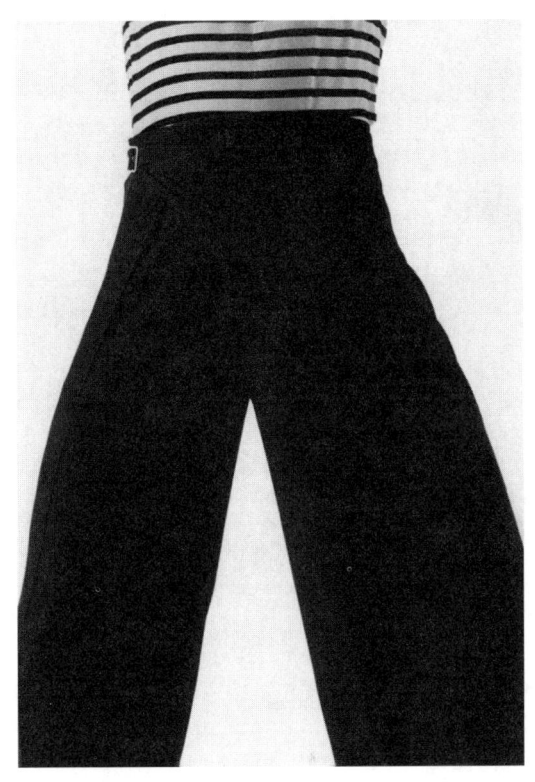

1985년에 그는 「남성을 위한 클래식한 스커트」를 발표하기도 하였고 이후로도 이 같은 경향의 남성복을 꾸준히 전개하여, 남성복의 소프트화에 기여하였다.

고, 모델들이 옷을 입은 것이 아니라 알몸 또는 속옷만 걸친 몸에 문신만 한 것 같은 스타일을 발표하였다. 이 스타일은 단순히 에스닉하기만 한 디자인이라기보다는 무엇인가 의도적으로 저급하게 표현되었다는 느낌, 어쩐지 펑크 스타일을 닮은 구석이 있다는 생각을 하게 되는데, 바로 이 것이 골티에 고유의 에스닉＋키치 풍의 디자인 경향이다. 그는 이후에도 각 민족의 민속문화의 상징을 한데 혼합하면서도 특유의 키치적으로 풀어내는 스타일을 전개함으로써 1990년대 중반의 세계 패션계를 제패하는 스타가 되었다.

이와 같이 골티에는 사회적 규범이나 금제를 타파하는 패션 코드를 제

1994년에 골티에는 '문신'이라는 제목의 여성복 컬렉션을 열고, 모델들이 옷을 입은 것이 아니라 알몸 또는 속옷만 걸친 몸에 문신만 한 것 같은 스타일을 발표하였다.

시하고, 문화권과 문화권의 경계뿐 아니라, 고급문화와 저급문화의 경계까지도 무너뜨리며 새로운 스타일을 제시하는 방향으로 디자인 활동을 전개해왔다. 이러한 디자인 경향으로 인해 해체주의 패션 또는 포스트모더니스트 패션의 대부로 지칭되고 있다.

오늘날 우리가 매일매일 입고 생활하는 의상들 거의 대부분이 20세기 초까지는 이 세상에 존재하지도 않았거나 또는 매우 저급한 스타일로 분류되었다는 사실을 돌아본다면, 새로운 패션 코드를 제시해온 골티에가 21세기의 패션에 어떻게 기여할 것인가에 대해 다시 한 번 생각하게 될 것이다.

난해하고 이지적인 디자이너 카라얀

후세인 카라얀은, 앞서 언급한 다른 두 디자이너에 비한다면 데뷔한지 얼마 되지 않은 신예 디자이너라 할 수 있다. 그에게 있어서 디자인 컨셉트는 의상 그 자체보다 중요하다. 그래서 그는 난해하고 이지적인 디자이너라고 불리기도 한다. 그는 컬렉션을 기획할 때 역사와 철학을 연구하여 현존하는 종교의 문제나 민족의 고립과 압제에서 영감을 얻는다. 만일 그의 디자인이 급진적이라고 평가된다면 그것은 그의 디자인이 아방가르드(avant-garde) 사조와 같은 것에 근원을 두고 있기 때문일 것이다.

카라얀은 1970년 사이프러스의 수도인 니코시아(Nicosia)의 터키인 가정에서 태어났다. 그는 어린 시절부터 자신이 속한 지역사회가 그리스인 기독교 사회와 터키인 이슬람 사회로 대립되는 것을 보면서, 또 다른 측면에서는 남자와 여자로 양분되어 대립되어 있는 것을 보면서 자라났다. 열두 살 되던 해인 1982년 부모가 이혼하자 그는 아버지를 따라 영국으로 이주하게 된다. 처음에 그는 건축을 공부하려 했으나, 인체와 어우러지는 제품을 만드는 데 관심이 생겨 의상으로 진로를 바꾸게 되었고 결국 1989년 런던의 성마틴예술대학(Central St. Martin's College of Art and Design)에 입학하여 패션을 공부하게 된다.

그곳에서 그는 패션 디자인을 공부하는 다른 학생과는 대조적인 모습을 보였다. 패션 잡지를 보지 않았으며, 옷 그 자체와 그것을 만드는 일보다는 아이디어에 더 많은 관심과 노력을 쏟았다. 그의 졸업작품은 옷이 망가지는 모습을 보여주는 것이었는데, 땅 속에 옷을 파묻어 닳고 헤어지게 만들었으며, 그 위에 쇠부스러기까지 뿌린 것이었다. 이 작품은 런던 패션을 이끌어가는 패션 하우스(fashion house) 중 하나인 브라운스(Brown's)의 쇼윈도에 전시되었다.

졸업 후 잠시 에버레스트(Timothy Everest)와 일했던 그는 1994년

1998년 S/S 컬렉션인 'Between'에서 카라얀은 자신의 종교에 대한 관심을 보여주었는데, 모델들에게 나무로 깎은 헬멧 형태의 얼굴 가리개를 쓰게 했으며 쇼의 마지막에 머리에는 이슬람의 전통의상을 뒤집어쓰고 하체는 벗은 채 모델들을 도열하게 하였다.

자신의 이름을 내건 브랜드를 런칭하였다. 이듬해 그는 런던 패션 디자인 대회(London fashion design award)에서 수많은 경쟁자를 물리치고 'Absolut'라는 회사로부터 자금을 끌어들이게 되었고 1995년 '런던 패션 주간'(London Fashion Week)에 참가하게 되었다. 카라얀은 그의 컬렉션에서 사진이 인쇄된, 빨 수 있는 종이와 같은 혁신적인 직물로 만든 옷이라든지, 흙 속에 묻어두었던 텍스타일을 사용하여 고정관념을 파괴하는 의상을 발표하였다.

카라얀의 패션쇼는 보편적인 캣워크(Catwalk: 패션쇼)라기보다는 퍼포먼스(Performance)나 설치미술 쪽에 가깝다. 아이디어를 중요하게 생각하는 그는 컬렉션을 발표하는 형태도 자신의 생각을 표현하는 이벤트로 만들어낸다. 1998년 S/S 컬렉션인 'Between'에서 그는 자신의 종교에 대한 관심을 보여주었는데, 모델들에게 나무로 깎은 헬멧 형태의 얼굴 가리개를 쓰게 했으며 쇼의 마지막에 머리에는 이슬람의 전통의상을 뒤집어쓰고 하체는 벗은 채 모델들을 도열하게 하였다. 쇼에서의 이러한 충격적인 장면을 통해 그는 이슬람 여인의 삶과 그들의 전신을 감싸고 있는 규제를 형상화하였다. 그는 종교적인 사람은 아니지만 이처럼 종교가 사람들의 인생에 미치는 영향에 큰 관심을 보이는데, 이는 그의 어린시절과 관계가 있다. 한 잡지사와의 인터뷰에서 그는 "난 여자를 사랑합니다. 나의 어머니가 자라난 환경에서는 어머니가 여자였기 때문에 기회가 주어지지 않았고, 그것이 내게 기회에 대한 열망을 불어넣었죠"라고 말한 바 있다. 무대 위에서 그러한 이벤트를 벌임으로써 그는 사람들에게 사회에서 종교와 신체, 그리고 여성의 위치를 생각하도록 만들고 있는 것이다.

공간에 대한 개념 역시 그의 작품세계에서 빼놓을 수 없이 중요한 위치를 차지한다. 의복은 인체를 감싸는 작은 공간을 조성하며, 건축이나 실내환경은 인간을 감싸고 있는 더욱 큰 공간이다. 그는 이러한 공간의 경계를 허무는 시도를 하였다. 2000년 S/S 컬렉션인 'After Words'에서 그는 덮개가 씌워진 가구가 놓인 무대—마치 거실과 같은—를 기획하였다. 모델들은 무대로 나와 가구 덮개를 벗겨 드레스로 변형하여 입었고, 탁자는 스커트로 변형되었다. 즉 여기에서 그는 문화와 기술이 자연에 작용하듯 공간 역시 시간과 상호작용한다는 점을 보여준 것이다.

카라얀은 옷을 자신의 생각을 형상화하는 매개체로 간주하고 있으며, 그의 디자인은 이전의 옷에 대한 인습과 관념을 벗어나 그의 아이디어를 표현하는 데 충실한다. 그 결과 그의 작품에는 다른 디자이너나 역사의 영향이 전혀 반영되지 않았다. 그는 트렌드를 추종하지 않고 철학자이자 사색가로서 자신의 디자인을 기획했으므로 그의 디자인은 색다른 경향을 띠게 되었다. 의상을 봉투 형태로 접어서 우편으로 부칠 수도 있는 「Airmail Clothing」(2000)이나 리모컨(remote controller)에 의해 차 문짝처럼 들어올려지는 「Motorized Airplane Dress」(1999)와 같은

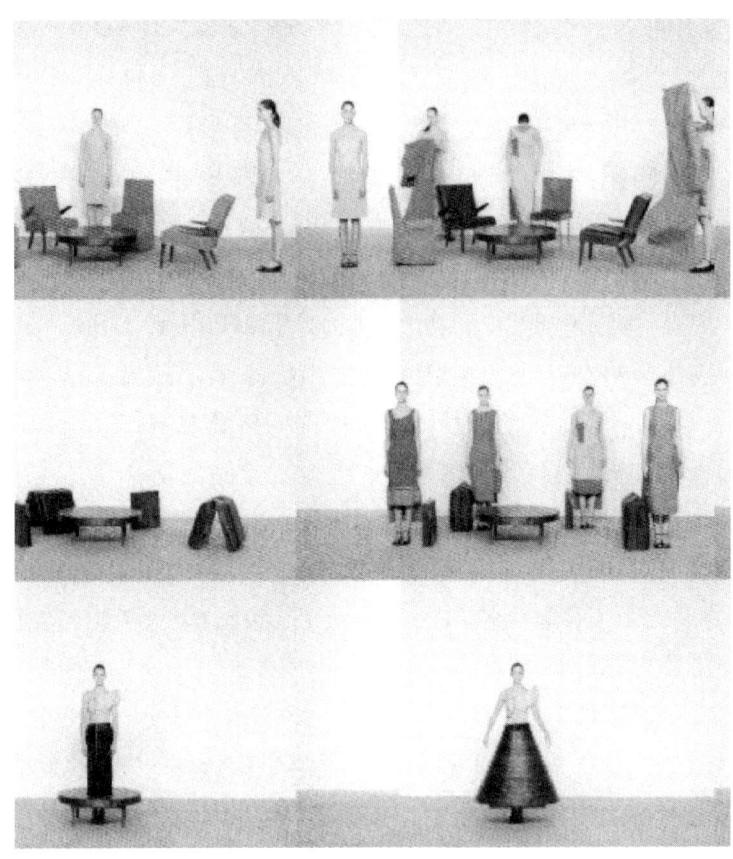

2000년 S/S 컬렉션인 `After Words`에서 문화와 기술이 자연에 작용하듯 공간 역시 시간과 상호 작용한다는 점을 보여주고 있다.

디자인은 이러한 그의 뛰어난 아이디어를 보여주는 구체적 사례들이다.

카라얀의 '혁신적 패션 스타일'이 주목받는 진정한 이유는, 그의 스타일이 문자 그대로 혁신적이기 때문이라기보다는, 20세기 패션의 흐름을 잇는 일종의 '문화적 진보'로 여겨지기 때문일 것이다. 덧붙이자면, 그의 패션 스타일은 물론 혁신적이기는 하지만, 그것은 모더니즘의 영향을 받은 실험적 태도를 반영하는 동시에, 의류와 산업기기라는 두 이질적 장

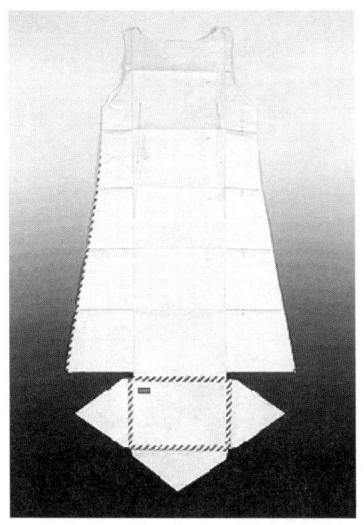

의상을 봉투 형태로 접어서 우편으로 부칠 수도 있는 「Airmail Clothing」(2000).

르가 혼합되는 포스트모더니즘적 속성도 내포하고 있으며, 20세기를 이끌어온 양대 문화적 흐름이 교차하여 새로운 패션 코드로 출현한 것이기 때문에 주목을 받는 것이라 할 수 있다.

다시 말해 카라얀의 패션 스타일들은 21세기 패션의 한 맥락을 이어갈 '의류+기계'라는 신종 의류의 출현을 예고하는 신호탄이라는 점에서 주목할 만한 가치를 지닌다. 카라얀이 시도해온 '의류+기계'형의 신종 의류는 '착용형 컴퓨터'(wearable computer) 또는 '디지털 패션'(digital fashion)'이라는 이름으로 세계의 도처에서 연구되어왔으며, 1990년대 후반부터 본격적으로 개발되고 있다. 1990년대부터 착용형 컴퓨터를 본격적으로 개발하기 위해 선봉에 나선 연구 집단은 미국 MIT대학과 조지아 공과대학, 카네기 멜론대학의 연구소들이며, 2000년 경에는 리바이스사와 필립스사가 공동으로 개발한 「Industrial clothes」(의복+휴대전화+MP3 플레이어)가 발표되기도 했다. 그리고 2002년 10월에는 컴퓨터

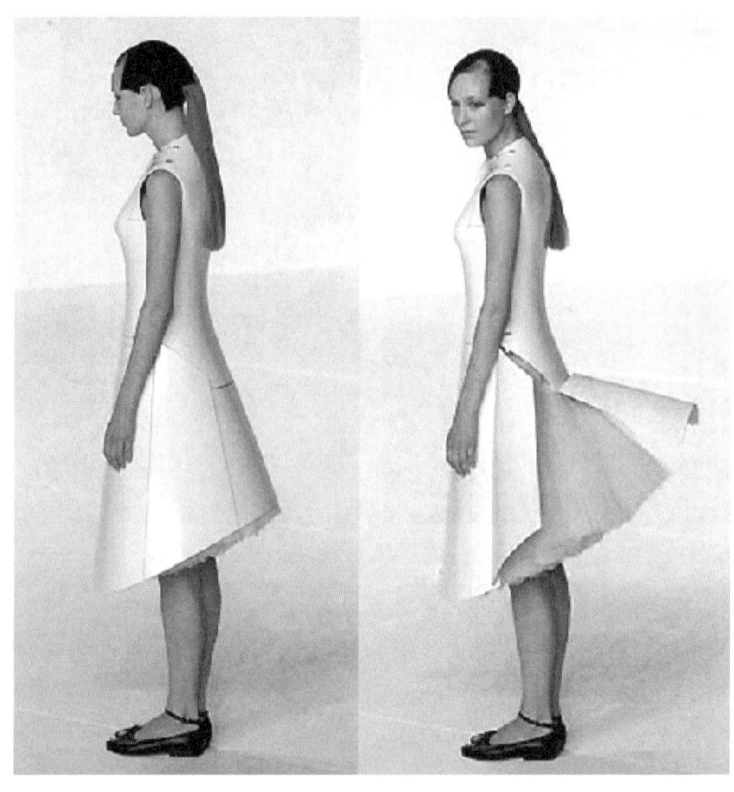

리모컨(remote controller)에 의해 차 문짝처럼 들어올려지는 「Motorized Airplane Dress」(1999).

관련 기술을 출품하는 국제 박람회에서 Infinion technology사와 독일의 패션 스쿨 간의 협업에 의해 개발된 일반 의류 형태의 착용형 컴퓨터(겉모습은 남성 수트 등 일반 의복과 구분이 가지 않지만 PDA, 안경 타입의 모니터 등을 내장하였다)가 선보여 지대한 관심을 모았다. 그리고 착용형 컴퓨터에 관한 연구는 해외뿐 아니라 국내에서도 수년간 꾸준히 전개되어왔다.

　'의류+기계'라는 신종 컨셉트는 우리가 이미 익숙해져 있는 20세기를 지배한 제품류와 유사한 것은 분명 아니다. 그러나 20세기를 지배한 제품 중 일부인 자동차나 비행기, 컴퓨터와 각종 미디어 기기들이 19세기에는 아예 존재하지도 않았거나, 또는 대단히 혁신적인 '신종'이었음을 생각할 때, 그리고 그러한 20세기의 '신종'들이 20세기부터 오늘에 이르는 패션 스타일에 막대한 영향을 미쳐왔음을 고려할 때, '의류+기계'라는 신종 컨셉트를 그저 공상과학적인 것이라고만 일축할 수는 없을 것이다. 더구나 앞서 지적한 것처럼, '의류+기계'라는 컨셉트는 장르와 장르 간의 절충과 혼합을 통해 시너지 효과를 추구하는 포스트모더니즘의 태도뿐 아니라, 과학기술의 발달을 긍정하는 모더니즘적 시각도 수용하는 것이다. 20세기의 문화적 흐름에 충실히 연계된 패션코드임을 생각한다면, 이 컨셉트의 출현이 21세기에 일어난 돌연변이적 사건이라기보다는, 오히려 문화적인 진보의 한 국면으로 받아들여질 가능성이 크다는 점을 수긍하게 될 것이다.

포스트모더니즘과 모더니즘의 영향이 주도해온 현대 패션의 방향은 21세기에는 분명 또 다시 선회하게 될 것이며, 지금까지 소개한 현대 디자인의 3인방은 그들 자신의 혁신성이나 탁월함보다도 그들의 활동이 패션의 미래를 예고하는 변화의 지표라는 점에서 주목할 가치가 있다.

이주현 뉴욕시 소재 He-Ro group 산하 Bill Blass사 등의 디자인실에서 근무했으며, 현재 연세대학교 의류환경학과/인지과학 협동과정 교수로 있다. 의류환경학과에서는 의류디자인 및 의류상품기획 분야를 담당하며, 인지과학 협동과정에서는 디자인과학 분야를 담당하고 있다. 연세대학교 '웨어러블 컴퓨터 리서치 콤플렉스'에서 착용형 컴퓨터를 연구 개발하고 있다.

박선형 숙명여자대학교 의류학과를 졸업하고, 연세대학교 대학원에서 석사학위를 받았다. 석사 논문은 「웨어러블 컴퓨터 개념을 기반으로 한 의류상품 디자인의 가능성 탐색」이며, 현재는 연세대 의류환경학 박사과정 중에 있다.

새롭고 다양하게 의상의 역사를 바라본다

김영삼
중앙대 교수 · 의류학

시대적 산물로서의 복식사 연구

복식사는 종합학문으로서 그 학문적 기반은 의류학과 역사학에 있다. 의류학은 19세기 후반 이후 서구에서는 가정학(home economics)의 의류분야에서 파생되기 시작하였다. 한국에서는 1929년 가정학이 국내에 처음 소개된 이후 의류학은 단지 가정학이라는 테두리 안에서 기술교육에 역점을 두었으나 1960년대 중반 이후 그 학문적 영역의 발전이 시작되었다. 또한 다른 학문을 이용하여 사료(史料)를 고증한다는 측면에서 정치학 · 사회학 · 경제학 · 심리학 등의 다양한 역사보조과학들이 응용되고 있다. 이러한 의류학의 발전과정과 인접 학문과의 교류를 통하여 복식사는 그 학문적 체계를 수립하기 위해 노력해왔고 그 연구방법의 경향도 다양해지고 있다. 서양복식사의 경우, 복식의 항목별 시대적 고찰과 더불어 예술양식의 미학적 고찰에 이르기까지 그 연구방법에서 다양화를 추구하고 있다.

우선 복식사(服飾史, Costume History)와 복식의 역사(The History of Costume)를 구별하는 것이 중요하다. 먼저 복식의 역사는 복식사

❝ 에덴 동산의 나뭇잎에서 오늘날에 이르기까지
복식의 변천과정에는 수많은 변화들을 만들어낸
필연적 연관성 및 역사성이 있다.
그것은 자연적 · 지리적 환경의 암시이고,
사회적 변화이며, 그 시대의 인간 심리의 표현이다.
즉 사람들은 복식의 역사를 통해 현재 우리의 모습을
인식할 수 있다는 점에서 복식의 역사가 가진
학문적 중요성과 다양한 연구방법의 출현을 기대할 것이다. **❞**

라는 학문의 연구대상을 지칭하는 표현이다. 미술사와 마찬가지로 복식사는 그보다 더 일반적인 교양분야인 역사학의 한 가지이다. 역사와 마찬가지로 복식사도 고고학 · 인류학 · 사회학 등과 같은 다른 분야들과 밀접하게 연관되어 있다.

복식사의 연구는 한 시대의 복식이 어떠한 과정을 통하여 생성되었으며, 그 시대에 어떠한 형태로 나타났고, 어떠한 변화과정을 통하여 현대에는 어떠한 형태로 이어져왔는가를 고찰하는 것이다. 또한, 각 시대의 사회 · 문화적 배경이 복식의 변화에 어떠한 영향을 미쳤는가를 규명하며 시대적 변천에 따른 복식의 구조적 전통성과 복식 전반에 관련된 기술의 유형을 파악하는 것이 복식사 연구의 주된 과제이다.

복식사 연구의 네 가지 방법

복식사 연구의 가장 기본이 되고 이상적인 연구방법은 복식의 실물을 관찰하는 관찰법이다. 복식학자들은 도서관 서베이 방법(library survey method)을 통한 역사적 연구방법(historical research

서양복식에 나타난 동양복식의 특성과 요소에 대한 변화과정을 밝히는 것은 역사적 연구 방법에 속한다. 왼쪽으로부터 1900년대 다카시마야(Takashimaya) 의상 디자인, 1920년대 폴튀니(Fortuny) 의상 디자인, 1990년 발렌티노 의상 디자인.

method)을 가장 많이 이용하고 있지만, 실물기초의 관찰(object-based research)은 복식학자에게 복식의 역사적 · 미적 현상을 통찰할 수 있는 독특한 기회를 제공한다. 복식은 그 시대 양식(style)의 문화적 표현이기 때문에 복식 실물 자체에 구현된 외형적 자료는 문화적 증거로서 가치가 있다. 그렇기 때문에 유형적 문화를 연구하는 데서 그림이나 삽화 등을 이용한 수동적 방법보다는 문화적 증거인 복식 실물 자체를 연구하는 것이 가장 적극적으로 자료를 활용하는 방법이다.

　이러한 관찰법의 단계는 설명, 추론, 결론의 세 단계로 나뉜다. 설명의 단계에서는 복식 자체의 내재적 정보를 관찰하여 물리적 치수 · 성분 · 소재 등을 기술한다. 만약 복식이 장식되어 있다면, 디자인과 모티프 등을 기술한 후에 대상의 형태 · 컬러 · 소재 등을 기술한다. 이 단계에서 가장 힘든 것은 하나의 복식에 대하여 얼마나 많은 세부

아르누보 시대의 곡선적인 건축, 실내장식의 특징과 곡선적 특징을 적용한 의상(위)과 아르데코 시대의 직선적인 건축, 실내장식의 특징과 직선적 특징을 적용한 의상(아래)과의 비교의 예.

항목을 기술하는가에 있다. 지나치게 세부적인 사항은 복식의 전체적 고찰에서 초점을 벗어날 위험성이 있기 때문이다. 추론의 과정에서 복식학자는 외부적 지식을 이용하여 대상을 추론한다. 이 과정에서 주관이 개입되어 연구대상의 해석에 편파적이 될 위험이 있으므로 연구자는 연구대상에 대한 충분한 사전지식뿐 아니라 선입견이나 편견 없이 관찰에 임하는 자세가 필요하다. 이상적인 것은 이러한 문화적·개인적 선입견에 주의하여 마지막 단계인 창조적 결론에 도달하는 것이다. 이러한 연구방법은 자료의 접근 용이성으로 인하여 주로 의상 박물관 큐레이터들이 이용하고 있다.

복식사 연구방법 가운데 가장 많이 사용되는 역사적 연구방법은 사료를 문헌에서 찾아내는 작업이라는 측면에서 문헌연구(documentary research)의 범주에 들어감과 동시에 사료를 비판적으로 평가한다는 측면에서 비판적 분석연구(critical analysis)의 성격을 띠고 있다. 과거의 사회·문화적 배경과 복식들에 대한 문헌자료 등을 수집하여 그것을 비판적으로 평가해서, 어떠한 일들이 일어났었는가에 대한 정확한 기술(記述) 및 복식에 대한 기술, 그리고 동시에 그러한 배경과 복식들 사이의 관계를 밝히는 연구과정이다.

또한 복식 변화의 과정을 고찰하여 현대와 미래의 복식 유형을 예측·제시하기 위하여 사용하기도 한다. 예를 들어, 서양복식에 나타난 동양복식의 특성과 요소에 대한 시대별, 품목별 변천을 고찰하여 변화과정을 밝히는 연구나 서양 남성의 속옷의 변천을 고찰하는 연구 등에 사용한다.

그리고 복식사에서 비교법은 복식의 시대적·내용적·형태적 차이점과 공통점을 규명하는 데 사용된다. 역사연구법에서의 비교법은 사료비교와 역사현상비교 두 가지로 나눌 수 있는데, 복식사에서는 문헌자료가 되는 고문서(古文書), 실록(實錄), 사기(史記) 등을 해석하는 능력과 문헌자료의 신뢰성이 가장 중요한 요소로 작용한다. 또한 역사현상비교는 비교대상의 각 시기·사회·문화적 비교를 통하여 연구한다. 예를 들어 아르누보 시대의 건축, 조각, 회화, 공예 등과 복식의 시대적 양식의 유사성을 규명하는 과정에서 문화적 배경과 복식과의 관계를 연구하거나, 아르데코 시대 예술양식이 반영된 복식과 아르누보 시대 예술양식이 반영된 복식의 차이점을 규명함으로써 각 시대의 예술양식의 상이함으로 인한 복식의 형태적 차이점을 통하여 복식과 문화적 영향 간의 관계를 파악할 수가 있다.

복식사의 연구방법 중 일반적으로 많이 사용되는 다른 한 가지는 귀납적 방법으로, 많은 사료를 수집한 후 이것을 바탕으로 결론을 찾아내는 방법이다. 이 방법이 많이 이용되는 데에는 가장 이상적인 복식사 연구방법인 관찰법의 실물자료에 대한 접근이 쉽지 않다는 점이 작용한다. 따라서 복식학자들은 문헌자료 등의 수동적 자료를 이용한다. 역사연구에 귀납법을 응용하기 위해서는 사료를 수집하는 기간이 길수록, 사료는 원자료(原資料)일수록, 결론은 신중할수록 좋고, 결론에는 진위가 꼭 필요하며 그 증거는 많을수록 좋다.

연역적 방법에서는 가설(hypothesis)을 세우고 가설에 적합한 사실을 찾아낸다는 점에서 귀납적 방법과 상반된다. 그러나 실제로는 두 방법은 상호보완적이며 귀납적 방법에서도 연구자가 어떤 가설을 머리속에 갖고 있음으로 해서 특정한 사료를 수집하게 된다. 따라서 귀납적 방법속에도 연역적 방법의 요소가 있는 것이다. 예를 들어, 20세기 초현실주의가 복식에 어떤 영향을 미쳤는가를 연구할 때, 초현실주의가 복식에 영향을 미쳤을 것이란 가설을 세우고 자료를 수집하여 가설을 검증하고 연구할 수 있을 것이다.

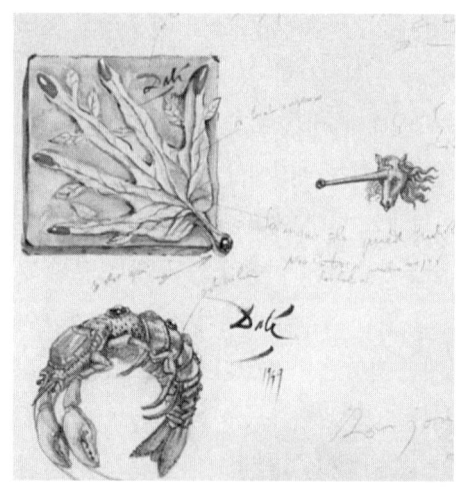

왼쪽 | 초현실주의 작가 달리의 보석 디자인 스케치.
오른쪽 | 왼쪽의 가재 디자인으로부터 디자인의 모티프를 얻어 만든 샤파렐리의 의상 디자인.

더욱 과학적인 연구방법을 모색한다

복식은 인간의 미의식과 내면적 욕구의 표현으로서 시대적 상황에 대한 반응수단의 하나이다. 즉 복식은 각 시대의 정치·경제·사회·예술·종교 등 인류의 발자취를 나타내는 문화사의 중요한 요소이다. 복식사는 타 학문에 비하여 비교적 짧은 역사를 가진 학문이지만, 복식 그 자체는 인류의 태동과 함께 변화·발전해왔으며 그 학문적 중요성이 인식되고 있다. 하나의 학문분야가 독립된 과학으로 성립하려면 두 가지 조건을 충족시켜야 한다.

첫째는 그 학문 고유의 연구대상이며, 둘째는 그 연구대상을 탐구하여 그에 대한 이론을 세울 수 있는 과학적 방법이다. 복식사는 의복, 의복을 착용하는 인간, 그 인간을 둘러싼 환경까지를 연구대상으로 한다. 복식사의 경우, 고유의 연구대상은 고대부터 존재해왔으나 그 학문적 연구대상을 탐구하는 과학적 방법들을 다각적으로 모색하며 그 학문적 위치가 재정립되고 있다. 대부분 복식사를 전공하는 학생들은 다양하면서도 방대한 양의 시각자료로 구성된 제임스 레이버(James Laver)와 프랑수아 부셔(François Boucher) 등의 복식학자들의 책에 익숙해져 있을 것이다. 과거 복식학자들이 그 학문적 영역의 체계를 구축하였고, 현재 국내외 수많은 복식학자들이 복식사에 대한 새롭고 다각적인 연구방법을 제시하고 있다.

에덴동산의 나뭇잎에서 오늘날에 이르기까지, 복식의 변천과정에는 수많은 변화들을 만들어낸 필연적 연관성 및 역사성이 있다. 그것은 자연적·지리적 환경의 암시이고, 사회적 변화이며, 그 시대의 인간 심리의 표현이다. 즉 사람들은 복식의 역사를 통해 현재 우리의 모습을 인식할 수 있다는 점에서 복식의 역사가 가진 학문적 중요성과 다양한 연구방법의 출현을 기대할 것이다.

김영삼 중앙대 의류학과를 졸업한 후 뉴욕대학에서 석사를 마치고 중앙대에서 박사학위를 받았다. 현재 중앙대 의류학과 교수로 재직 중이며 같은 대학 연극학과 공연의상을 총괄하고 있다. 뉴욕 메트로폴리탄 박물관 내의 의상연구소 인턴 연구원, 뉴욕 F.I.T(Fashion Institute of Technology) 박물관 인턴 연구원, 사단법인 한국복식학회의 편집국장 등을 역임하였으며, 현재 사단법인 한국복식학회 미래위원, 아시아연극교육센터(Asia Theatre Education Centre, 베이징) 위원, 2008 세계연극학회 집행위원으로 복식과 공연예술분야의 학문적 융합을 교육 및 현장에서 진행하고 있다. 또한, 연극 「동승」「혜초」 뮤지컬 「시카고」「렌트」「백일천사」 등 국내외 공연의상 분야의 의상수퍼바이저, 의상디자이너 등 현장활동을 하고 있다.

제 **2** 부

내 주위의 환경이 변화한다

세계화시대 지역 건축에 대한 관심

글로컬 시대의 한국 건축

한필원
한남대 교수 · 건축학

세계화시대에 일어나는 지역 건축에 대한 관심

최근 한국은 외국 유명 건축가들의 각축장이 되고 있다. 우리나라에
외국 건축가의 작품이 속속 지어지는 것은 신자유주의 경제체제에 따른
세계시장의 형성, GDP(국내총생산) 기준으로 세계 10위에 육박한 한
국의 경제력, 그리고 우리 사회의 여전한 외국, 특히 서양에 대한 선
호가 만들어낸 하나의 트렌드라고 할 수 있다.

동시에, 이와 반대 방향으로 또 하나의 흐름이 나타나고 있다. 그것은
2000년대 들어 나타난 '한옥 열풍'이다. 그간 한옥을 오래되고 불편한
집 정도로 여겼을 뿐 별다른 관심을 기울이지 않았던 것은 건축가나 일
반인이나 매한가지였다. 그러나 최근 몇몇 젊은 건축가들이 진행한 한
옥 리모델링 또는 신축 작업은 한옥의 현대적 가치와 가능성을 궁금히
생각해온 건축계의 주목을 받았을 뿐 아니라 일반인에게도 관심의 대상
이 되고 있다. 그 결과 건축가 황두진이 지은 『한옥이 돌아왔다』를 비롯
한 한옥 짓는 이야기를 담은 책들이 한동안 대형서점의 베스트셀러 목
록에 오르기도 했다. 건축 책이 일반인에게 널리 읽히는 일은 이제까지

> **ff** 지역의 문화를 성찰하게 하는 세계화시대의 도래,
> 근대 이후 전개된 경제성 위주 건축에 대한 반성,
> 이것들은 우리 사회가 건축을 문화적 관점에서
> 새롭게 보게 만드는 시대적 요인이다.
> 이런 시대적 변화에 따라, 건축은 견고하고 경제적인
> 은신처만으로는 충족되지 않는 문화적 · 정신적 측면을
> 가진다는 생각이 우리 사회에 퍼지기 시작하였다. **ff**

볼 수 없었던 현상이다.

세계적으로 인기를 누리는 이른바 스타건축가(starchitect)들의 한국 진입, 그리고 한옥으로 대변되는 우리의 옛 건축에 대한 사회적 관심, 이는 작금의 한국 건축계에 새롭게 대두된 경향이다. 동시에 나타난 이 두 가지 추세는 세계화(globalization)시대에 지역화(localization)를 추구하는 세계적 트렌드에 대응하는 현상으로 생각된다. 우리 건축계도 세계화와 지역화가 동시에 일어나는 이른바 글로컬(glocal) 시대를 맞고 있는 셈이다.

세계 건축의 영향과 도시·건축에 대한 새로운 인식

2007년 국내외의 저명한 건축가 8명을 초청해 진행된 '동대문운동장 현상설계'는 건축계는 물론 전 사회의 관심을 모았다. 이는 대통령배, 봉황대기 등 고교야구경기가 열리는 것으로 유명한 동대문운동장을 복합 문화시설을 갖춘 '월드디자인플라자'라는 이름의 도시공원으로 조성하려는 도시·건축 사업이다. 동대문운동장은 1925년 일제가 조선시

대의 성벽을 허물고 지은 것이어서 그 태생은 불순하나, 서울이라는 도시의 근대를 증언하는 문화유산이다.

한국의 승효상, 유걸, 조성룡, 최문규, 외국에서는 에프오에이(FOA London), 자하 하디드(Zaha Hadid), 스티븐 홀(Steven Holl), 엠브이알디브이(MVRDV) 등 국내외적으로 인기 있는 건축가들이 참여한 이 현상설계에서 이라크 출신의 자하 하디드가 '환유(換喩)의 풍경'(Metonymic Landscape)이라는 아리송한 이름의 설계안으로 당선됐다. 하디드는 "액체의 흐름을 연상시키는 건축으로 한국의 전통과 끊임없이 변모하는 디자인의 미래를 표현했다"고 설명했다. 그렇지만 평소에 한국의 도시와 건축에 관심을 두지 않았을 외국 건축가가 어떻게 단 3개월 만에 한국의 전통을 표현하였는가는 의문이 아닐 수 없다. 실제로 현상설계의 당선작이 결정되고서 국내 건축계에서는 '하디드의 동대문 프로젝트가 서울의 역사와 주변 환경을 전혀 고려하지 않았다'는 비판이 제기됐다.

필자 또한 신문이나 잡지에 보도된 하디드의 설계안을 보면서 그것이 동대문운동장 자리가 갖는 역사적·문화적 맥락을 담아냈다는 느낌을 받지 못했다. 그것에서 고교야구의 기억을 떠올릴 수 있으리라는 기대는 아예 하지 않았지만, 성벽의 역사적 흔적은 찾을 수 없고 단편적인 조형물에서만 어렵사리 성벽을 떠올릴 수 있는 설계안을 보며 실망보다는 걱정과 의문이 앞섰다. 무엇을 위해 근대의 기억을, 또 장구한 역사의 유산을 제물로 바치려는 것일까?

동대문운동장 현상설계를 둘러싼 논란은 건축이 갖는 사회적 파장이 전에 없이 커지고 있음을 단적으로 보여준다. 건축은 더이상 구조물을 세우는 기술적 활동에 한정되지 않으며 그것이 놓이는 도시의 역사와 문화에 긴밀히 관련되는 문화적 행위로 받아들여지고 있는 것이다. 그리고 바람직한 건축이란, 그 대지를 둘러싼 도시 또는 지역의 역사와 문화를 깊이 이해한 바탕 위에서 그에 부합되는 프로그램과 디자인을 만들어내는 일이라는 인식이 우리 사회에서 싹트기 시작하였다. 이런 인식이 '도시와 건축의 지역성'에 대한 사회적 관심으로 이어지게 되었다고 본다.

동아시아의 도시와 건축에 대한 연구

건축의 지역성에 대한 사회적 관심을 보여주는 하나의 현상은 우리의 역사 도시, 그리고 그 안의 역사적 장소에 대해 일반인들이 애정과 관심을 보이기 시작한 것이다. 근대화 시기 이후 우리 사회는 새것을 추구해왔으며 도시는 새로운 장소로 인식되었다. 그 결과 도시에서 옛것, 즉 시간이 축적된 장소는 점차 사라져갔고 도시는 역사적 깊이도 추억도 없는, 새롭고 깨끗하나 건조하기 그지없는 곳으로 변모해왔다.

최근 들어 이런 우리나라의 도시는 정감 어린 삶의 터전이 되기 어렵고, 역사와 문화를 교육하고 전수하는 장(場)이 될 수 없을 뿐더러 세계화 시대에 변변히 내놓을 것이 없는 국적 없는 곳이 되고 말 것이라는 비판이 제기되었다. 그에 따라, 도시에서 시간이 축적된 장소가 가진 가치를 다시 인식하여 그런 곳을 찾아 보존 또는 복원하려는 움직임이 생겨나고 있다. 그런 곳으로 대표적인 장소가 서울의 북촌과 전주의 한옥 마을이다. 2000년대 들어 관(官)과 전문가들이 본격적으로 노력을 기울이고 주민들도 참여하면서, 이제 이런 곳은 도시의 역사적 분위기를 물씬 풍기는 명소로 인식되고 있으며, 도시여행자들의 필수적인 방문지가 되었다.

한편 건축학계에서는 동아시아 지역의 도시와 건축을 답사하고 현지조사하는 연구활동이 점차 늘어나고 있다. 국경을 넘어 중국과 일본 그리고 베트남에 이르기까지, 우리와 역사·문화적으로 연결되는 동아시아 지역으로 건축의 지역성에 대한 연구를 확대시키고 있는 것이다. 특

오목대(梧木臺)에서 본 전주 한옥마을. 1920년대에서 1950년대에 이르는 시기에 집중적으로 지어진 근대 한옥들로 이루어진 마을로, 역사도시 전주를 상징하는 장소가 되었다.

히 국제정치·경제·문화적 위상이 급상승하고 있는 중국의 전통 마을과 도시에 대한 현지조사 연구는 이미 상당히 폭넓게 체계적으로 진행되고 있다.

우리 사회의 정체성은 민족의 범위를 넘어 동아시아 지역을 이해함으로써 온전히 구명될 수 있다는 생각은 이미 널리 받아들여지고 있다. 건축계에서도 이런 인식에 따라 우리 도시건축의 정체성을 좀더 넓은 시각에서 파악하려는 노력이 진행되고 있다. 또한 앞서 논의한, 건축 분야에서 대두된 '세계화시대의 지역성' 문제는 사실 한국만의 고민이 아니라 동아시아 사회가 공통적으로 맞닥뜨린 문제이다. 서울에서 '동대문운동장 현상설계'가 논란이 되던 시기에 베이징에서는 2008년 베이징올림픽을 앞두고 호동(胡同)이라 불리는 골목길로 이루어진 오래된 마을들을 우주시대를 연상시키는 스타건축가들의 작품으로 재개발하는 도시개조에 대한 비판이 거세게 일었다. 이렇게 서로 비슷한 처지에 놓인 동아시아 지역에서 고유의 역사와 문화를 현대의 건축과 결합시켜 조화로운 공간과 장소를 만들어낸 사례를 찾을 수 있다면 그것은 우리의 도시건축에 직접적인 참고와 도움이 될 것이다.

이런 관점에서 주목할 만한 사례가 2001년 상하이에 조성된 '신천지'(新天地)이다. 미국 건축가 벤저민 우드(Benjamin Wood)가 상하이의 퉁지대학(同濟大學) 건축설계연구원과 협력하여 설계한 이 도시재생 프로젝트는 과거 프랑스 조계(租界)였던 상하이 도심의 두 블록을 복합용도의 도시구역으로 재생시킨 것이다. 본래 이곳에는 19세기 후반에 상하이에서 형성된 독특한 연립주택인 이롱(里弄)주택들이 자리 잡고 있었다. 이 프로젝트에서는 주요 가로변과 그 이면을 구분하여 서로 다른 방식으로 접근했다. 곧 주요 가로변에는 재개발을 통해 국제적인 현대건축물을 새롭게 배치하고, 그 이면에는 이롱이라 불리는 골목의 체계를 유지하면서 이와 함께 100호가 넘는 기존 주택을 살려서 리모델링하였다. 이 프로젝트의 특징은 역사적으로 형성된 도시공간의 맥락을 유지하면서 새로 지은 건물과 리모델링한 이롱주택에 영화관·사무실·상점 등 새롭게 요구되는 도시기능을 도입했다는 점이다. 이렇게 신·구의 조화를 도모함으로써 흔히 상호 대립적인 개념으로 생각되는 도시의 개발과 보존의 문제를 잘 해결한 사례로 평가된다.

신천지 지구의 두 블록 중 북쪽 블록의 남쪽 끝 부분에 '일대회지'(一大會址)라는 이름의 이롱주택이 있다. 1921년 7월 23일 중국 공산당 제1차 대표대회가 열린 이곳은 현재 국가문화재로 지정되어 있다. 이 프로젝트에서는 '일대회지'와 그 주변의 이롱주택을 리모델링하여 함께 유지하였다. 그 결과, 역사도시에서 종종 볼 수 있었던, 역사적 장소가 현대의 도시공간에 섬처럼 홀로 남겨지는 현상을 피할 수 있었다. 신천지는 도시지구를 전면적으로 철거하여 재개발하거나, 또는 그와 반대로 모든 건축물을 원형 그대로 동결하여 보존하는 극단적인 방식에서

신천지. 상하이의 고유한 도시주택 유형인 이롱주택과 골목의 골격 그리고 그것이 자아내는 분위기를 유지하고 있다.

탈피하여 도시의 의미 있는 역사적 장소와 기억을 유지하면서 현대의 요구를 수용할 수 있는 도시공간으로 재생하는 바람직한 방식을 보여준다.

동아시아의 역사도시는 일반적으로 넓은 가로와 좁은 골목이라는 이원적 가로체계로 조직되는데, 큰 가로변에는 국제적인 고층 대형구조물이 선(線)적으로 늘어서고 그 이면에는 단층 또는 저층의 도시주택들이 면(面)을 이루어 도시 특유의 분위기를 자아내는 경우가 많다. 따라서 동아시아의 역사도시를 방문했을 때, 대로변에서는 도시가 가진 고유한 특성과 분위기를 잘 알 수 없으나 그 이면으로 한 켜만 들어가면 그 도시만의 느낌을 흠씬 받게 되는 것이다.

다년간의 현지답사와 조사를 통해 필자는 이런 '이원적 공간구조'를 유지하는 방식을 통해 동아시아의 역사도시를 역사 · 문화적 정체성이 있는 현대도시로 발전시켜나갈 수 있음을 알 수 있었다. 이런 관점에서 신천지 프로젝트는 동아시아 도시의 이원적 공간구조를 바탕으로 도시지구를 성공적으로 재생한 사례라고 할 수 있다. 신천지는 유사한 공간구조를 가진 동아시아 지역의 다른 도시에도 적지 않은 참조가 될 것이다.

건축가에게 요구되는 문화기획의 능력

　근대화시기 이후 건축은 주로 경제적 대상으로 받아들여졌다. 경제적으로 지어지고 경제적 가치를 가지면 우리 사회에서는 좋은 건축으로 평가되었다. 1960년대에 고층아파트단지가 도입되고부터 지난 40여 년간 어느 도시에나 거의 똑같은 모양의 아파트단지가 세워질 수 있었던 것도 따지고 보면 그것이 가진 경제성 때문이다. 같은 모양의 고층아파트를 반복해서 짓는 것은 집을 짓는 데 필요한 토지, 단위세대 당 필요한 공간, 집을 유지 · 관리하는 데 드는 비용 등 모든 측면에서 가장 경제적인 주택공급방식이다.

　그러나 우리 사회에서 경제 문제가 기본적으로 해소되고 삶의 질을 생각하는 시대에 접어들면서 그런 획일적인 건축 안에서는 다양한 삶의 가치를 추구하기 어렵다는 반성이 생겨나게 되었다. 한 예로, 우리 사회는 만 65세 이상의 노인 인구가 전체 인구의 10퍼센트에 육박하는 고령화사회지만, 현재의 아파트에서 노인 거주자가 신체적으로 안전하고 정서적으로 안정된 생활을 하기는 어렵다. 이렇게 사용자의 특성을 반영하지 못하고 그 삶의 방식을 뒷받침하지 못하는 아파트는 건축이 경제적인 대상으로 한정될 수 없음을 반증한다. 곧 건축은 사회문화적 성격을 가지며, 경제성만 추구해서는 다양성과 개성을 중시하는 새로운 삶의 방식을 수용할 수 없음을 말해주는 것이다.

이제까지 살펴본 바와 같이, 지역의 문화를 성찰하게 하는 세계화 시대의 도래, 그리고 근대 이후 전개된 경제성 위주 건축에 대한 반성, 이것들은 우리 사회가 건축을 문화적 관점에서 새롭게 보게 만드는 시대적 요인이다. 이런 시대적 변화에 따라, 건축은 견고하고 경제적인 은신처만으로는 충족되지 않는 문화적 · 정신적 측면을 가진다는 생각이 우리 사회에 퍼지기 시작하였다. 내가 살고 있는 도시와 장소는 나의 물리적 안전뿐만 아니라 정신적 · 정서적 만족감, 나아가서는 나의 정체성과 긴밀히 관련됨을 인식하기 시작한 것이다.

이런 시대적 조건 속에서 앞으로 건축 그리고 건축가의 모습이 상당히 달라질 것이라는 예측이 가능하다. 무엇보다도 앞으로 우리 사회에서 건축은 단지 경제적 측면이 아니라 문화적인 측면에서 기획될 것으로 생각된다. 따라서 이제 건축가는 문화기획자로서 우리의 개인적 삶과 사회생활의 방식이 무엇을 토대로 형성되었으며 결과적으로 어떤 특성을 가지고 있는가, 그리고 앞으로 그것은 어떻게 전개될 것인가에 대해 이해하고 판단하지 않으면 안 된다. 그러나 공간과 장소를 디자인하는 건축가 고유의 직능을 생각할 때, 건축가는 문화기획자에 머물러서는 안 되며 문화적 기획 능력과 함께 그것을 현대적인 감수성으로 구현하는 능력이 요구될 것으로 생각된다.

전통 한옥은 지어진 조건에 따라 공간 구성이 다르다. 그러나 가족 구조와 생활 방식은 날로 다양해져감에도, 이미 우리나라 주택 수의 절반이 넘는 아파트는 면적만 서로 다를 뿐 공간 구성은 대동소이하다. 국토의 대부분이 경사지인 우리나라의 조건에 맞는 건축 유형이 아직 고안되지 못하여 여전히 평지든 산지든 같은 형식의 건물이 지어지고 있다. 전통 건축물은 지형을 비롯한 자연환경의 훼손을 최소화하는 방식으로 지어졌으나 현대의 건축과 도시 만들기는 아직도 자연환경을 무시하고 파괴하는 방식으로 이루어지고 있다.

환경에 대한 사회적 인식과 요구는 크게 확대되고 있으나 이런 사회적 변화에 부응하는 건축은 아직 정립되지 못하였다. 긴 역사와 고유한 문화를 가진 지역의 도시에 새로운 기능을 가진 건물을 주위 맥락에 맞도록 디자인하는 전략도 아직 다양하게 제시되고 있지 못하다. 이 모든 것이 이 시대의 건축가들에게 남겨진 커다란 과제이다. 문화기획 능력을 갖춘 건축가들만이 이런 문제를 해결할 수 있을 것이다.

한필원 서울대학교 건축학과를 졸업하고 같은 대학원에서 석 · 박사학위를 받았다. 건축설계 실무 및 중국의 칭화대학(清華大學) 건축학원 연구학자, 미국의 뉴욕주립대학 방문교수를 거쳤다. 1996년부터 한남대학교 건축학부 교수로 있으면서 아시아건축연구실(ATA, http://ata.hannam.ac.kr)을 이끌고 있다. ATA에서는 한국의 전통공간에 대한 연구를 바탕으로 중국, 일본 등 동아시아 지역으로 연구의 범위를 넓혀가고 있으며, 연구에 토대를 둔 도시 · 건축 설계도 진행하고 있다. 저서로『한국의 전통마을을 가다 1, 2』『주거의 문화적 의미』『한국의 전통생태학』 등이 있다.

건축에서의 포스트모더니즘

억압에 저항하는 건축을 추구한다

이상헌

건국대 교수 · 건축학

비판받는 모더니즘, 포스트모더니즘의 전개

포스트모더니즘은 예술과 철학, 그리고 건축에 이르기까지 다양한 분야에서 현대사회가 처한 상황을 설명하는 유용한 개념으로 사용되고 있다. 예술에서 모더니즘을 비판하며 포스트모더니즘을 처음 주장하기 시작한 것은 1950년대 후반으로 거슬러올라간다. 그러나 서양에서 포스트모더니즘에 대한 논의가 가장 활발하게 전개된 분야는 건축이었다. 특히 1970년대 이후 모더니즘의 실패를 구체적으로 지적하고 가시적인 대안을 제시함으로써 건축은 다른 분야에 비해 포스트모더니즘 논의를 대중적으로 더 설득력 있게 전파시켜왔다.

1960년대부터 이미 미국과 유럽에서는 르 코르뷔지에와 그로피우스, 미스, 오드, 그리고 하네스 마이어의 건축으로 대표되는 모더니즘의 기능주의와 이상주의가 비판받기 시작했다. 특히 그들의 모더니즘 건축이 추구해온 역사와 장식에 대한 부정, 추상적 단순성을 강조하는 형태미학, 그리고 구조적 합리성과 대량생산, 기능주의에 바탕을 둔 사회개혁의 이상이 비판의 대상이 되었다. 대신 이론가들은 건축과 도시공간이

> ** 후기구조주의적 포스트모더니즘 건축을 추구하는
> 건축가들은 양식적 포스트모더니즘 건축과는 달리
> 현대사회에서 건축이 어떻게 저항적일 수 있는가를
> 과제로 삼는다. 이러한 입장은 모더니즘에 대한
> 대안 양식을 제시하기보다는 그것에 의해
> 억압되었던 가치를 드러냄으로써 비판적 기능을
> 수행하는 것을 목적으로 한다. **

갖는 다의성과 상징성을 강조하고 장식과 역사적 문맥에 복귀하여 건축이 갖는 의미를 되살릴 것을 주장했다.

　미국에서 기능주의적 근대도시의 문제점을 처음으로 비판한 사람은 여류사회학자인 제인 제이콥스였다. 그는 『위대한 미국 도시의 죽음과 삶』(1961)에서 근대적 고층건물과 거대 블록에 대한 대중의 불만을 지적하고 엄격한 조닝(용도구역제)과 보차분리(步車分離)에 의한 거대한 블록 위주의 근대적 도심재개발 방식을 정면으로 비판했다. 대신 그는 다양한 활동이 일어나는 생명력 있는 장소로서 혼합용도의 작은 블록과 가로의 중요성을 강조했다. 또 미국의 건축가 벤추리는 『건축의 복합성과 대립성』(1966)에서 제2차 세계대전 이후 미국 근대건축의 규범적 형식으로 발전된 미스의 건축을 무미건조한 엘리트주의로 비판하고, 대중과 교감할 수 있는 상징과 장식의 복구를 주장하였다. 그의 『라스베이거스의 교훈』(1971)은 바로 이러한 대중 취향의 건축을 연구 분석한 것이었고, 찰스 무어나 로버트 스턴, 마이클 그레이브스와 같은 건축가들의 작업과 함께 미국에서 이른바 팝건축(pop architecture)의 유행을 촉발하는 계기가 되었다.

1960년대 유럽에서도 모더니즘 건축이 추구해온 기능주의와 이상주의적 믿음이 비판받으면서 과거의 역사를 존중해야 한다는 주장이 대두했다. 이탈리아의 로시와 독일의 웅거스, 그리고 벨기에의 크리에 같은 건축가는 기능주의에 바탕을 둔 모더니즘 건축의 비인간성와 근대건축의 거장들이 가졌던 영웅주의적 태도를 비판하고 역사적 문맥과 조화되는 전통적 유형의 건축으로 복귀할 것을 주장했다. 이러한 유럽의 반모더니즘적 경향은 과거형태를 인용하는 방식에서 미국의 반모더니즘적 경향보다 더 추상적이고, 장식의 직접적 차용보다는 유형적 원리를 추구한다는 점에서 합리주의적 경향을 보인다.

포스트모더니즘 건축의 개막

이러한 1960년대 이후의 미국과 유럽에서의 반모더니즘 건축의 경향을 하나로 정리해 포스트모더니즘 건축론을 세운 것은 영국의 건축이론가인 찰스 젱크스다. 그는 1977년 『포스트모더니즘 건축의 언어』와 그 후 출판한 일련의 저작에서 모더니즘 건축의 종결과 포스트모더니즘 건축의 개막을 선언했다. 1958년 건설되어 미국 건축가협회상(AIA Award)을 받았던 대표적 근대건축물인 세인트루이스의 프루이트 이고(Pruit Igoe) 집합주택단지가 더 이상 사람이 살 수 없는 슬럼으로 변하여 1972년 7월 철거된 사건을 젱크스는 모더니즘의 공식적 사망과 포스트모더니즘의 등장을 알리는 극적인 순간으로 기록했다.

그는 포스트모더니즘 건축의 원리를 다의성과 이중코드, 관습과 모순, 애매함과 긴장, 그리고 양자택일이 아닌 양자혼합의 추구라고 정의했다. 그는 특히 현대사회에서는 정보통신기술과 생산기술의 발전으로 전통적 시공간의 개념이 붕괴되고 다품종 소량생산이 가능하게 되었으므로, 모더니즘이 추구해온 단순가치와 기계적인 획일성을 벗어나 전통과 근대가 공존하며 상징과 장식이 부활된 포스트모더니즘 건축의 다양성과 의미의 풍부함을 추구해야 한다고 주장했다.

그러나 근대적 구조물에 덧붙여진 고전장식이나 역사적 건축양식의 재생은 현대사회에서 피상적인 이미지로 존재할 수밖에 없다. 포스트모더니즘 건축이 주장한 역사로의 복귀는 말하자면 건축이 갖는 의미의 회복이라기보다는 시간성이 혼재된 역사양식의 정신분열적인 혼성모방에 그칠 수밖에 없는 것이다. 이러한 현실은 실상 포스트모더니즘 건축의 주창자들이 추구했던 모더니즘에 대한 대안의 모색이라는 취지와 어긋난다. 왜냐하면 하나의 양식이란 정의상 의미의 고유성과 통일성, 역사성을 전제로 하는 것인데 피상적인 역사 이미지의 혼성모방은 이미 이러한 개념을 벗어나 있기 때문이다. 이런 점에서 포스트모더니즘 건축이 지향한 역사로의 회귀와 건축이 갖는 의미의 회복은 이미 실현 가능한 것이 아니다. 결국 포스트모더니즘 건축은 현대사회에서 역사와 양식의 붕괴를 역설적으로 웅변하는 것이며 현대사회가 처한 정체성의 위기로부터 벗어나려는 노스탤지어적 충동에 지나지 않는다.

억압에 저항하는 건축을 추구한다

포스트모더니즘 건축에 대한 논의를 양식적 의미를 넘어서는 인식론적 문제로 한 차원 높인 것은 후기구조주의 철학의 공로이다. 후기구조주의는 모더니즘의 단일성과 중심성을 거부한다는 점에서는 포스트모더니즘과 동일하지만 모더니즘에 대한 양식적 대안을 추구하는 대신 모더니즘의 근저에 있는 근대적 주체(subject)와 근대의 서사구조(narrative), 그리고 재현(representation)과 같은 인식론적 문제를 비판의 대상으로 삼는다는 점에서 구별된다.

포스트모더니즘 건축이 보여주는 역사의 상실과 탈중심적 파편화는 후기구조주의의 입장에서 보면 모더니즘의 인식론에 대한 비판이자 포

위 | 포틀랜드 빌딩. 그레이브스는 색채와 질감같이 사용자에게 친근하게 다가서는 요소들을 강조한다.
아래 | 갈라라테제 아파트 블록. 구조와 미학의 기능적 진부성에 반기를 들고, 건물 형태의 새로운 의미를 되찾고자 한 로시의 작품이다.

스트모더니즘의 문화적 반영이다. 예를 들어 미국의 문예비평가 프레드릭 제임슨은 『포스트모더니즘: 후기자본주의의 문화적 논리』(1984)에서 미국 로스앤젤레스의 보나벤추라 호텔에 배태되어 있는 깊이와 역사성의 상실, 표면에 대한 집착, 그리고 정신분열적 현상을 건축에 나타난 탈근대의 특징으로 들고 이것을 후기자본주의의 문화적 논리로 설명하고 있다.

　이러한 포스트모더니즘 건축의 현상에 대한 평가는 학자에 따라 서로 다르다. 프랑스의 문예비평가인 장 프랑수아 리오타르나 장 보드리야르와 같은 포스트모더니즘의 이론가들은 포스트모더니즘의 정신분열적 현상을 모더니즘의 단일성을 비판하고 대중에게 선택의 풍부함을 제공한다는 점에서 긍정적 현상으로 받아들인다.

반면에 독일의 사회철학자 위르겐 하버마스는 포스트모더니즘을 옹호하는 것은 보편적 합리성을 바탕으로 근대성이라는 미완의 프로젝트가 계속해야 할 사회개혁을 포기하는 것이라고 비판한다. 양식적 포스트모더니즘은 환상적 세계에 대한 시각적 즐거움과 일시적 만족감을 채워줌으로써 체제순응의 수단으로 기능할 수 있기 때문이다.

그러나 후기구조주의적 포스트모더니즘 건축을 추구하는 건축가들은 양식적 포스트모더니즘 건축과는 달리 현대사회에서 건축이 어떻게 저항적일 수 있는가를 과제로 삼는다. 이러한 입장은 모더니즘에 대한 대안 양식을 제시하기보다는 그것에 의해 억압되었던 가치를 드러냄으로써 비판적 기능을 수행하는 것을 목적으로 한다. 이러한 목적은 건축을 하나의 작품(work)보다는 텍스트(text)로 바라보는 인식의 전환을 요구한다. 여기서 포스트모더니즘 건축은 역사양식의 혼성모방이 아니라 다양한 해석에 열려 있는 다층적 공간이 된다.

프랑스의 해체철학자인 자크 데리다와의 공동작업으로 유명한 피터 아이젠만이나 베르나르 추미 같은 건축가들의 이른바 해체주의 건축은 바로 근대의 단일성과 중심성에 저항하는 건축 실천의 예이다. 이론가들은 이들의 건축을 양식적 포스트모더니즘과 구별하여 비판적 포스트모더니즘 혹은 전통적 포스트모더니즘과 구별되는 분열적 포스트모더니즘으로 정의하기도 한다.

하지만 인식론적 실천으로서 건축이 현실에서 어떤 저항적 역할을 할 수 있는지는 여전히 미지수다. 이탈리아의 저명한 건축사가인 만프레도 타푸리(1935~94)는 자본주의 사회에서 디자인을 통한 비판적 또는 저항적 건축의 불가능성을 언급한 바 있다. 그에게는 모더니즘의 실패 이

누노타니 오피스 빌딩. 아이젠만의 해체주의 건축은 근대의 단일성과 중심성에 저항한다.

후 어떠한 포스트모더니즘 건축의 시도도 중심적 언어를 상실한 모더니즘 상황의 연장에 불과한 것이며, 하버마스와 같이, 오히려 이러한 분열적 상황의 영속화를 꾀하는 체제순응적 도구에 지나지 않는다고 주장한다. 그러나 비판적 포스트모더니즘의 이론가들은 여전히 포스트모더니즘 건축의 실천이 모더니즘의 단일 시점과 획일성을 비판하고 의미의 다중심성을 드러내는 저항적 역할을 할 수 있음을 강조한다.

비판적 포스트모더니즘 건축론을 지지하는 입장이 주로 유럽에서 두드러지고 신보수주의와 연결된 상업적 포스트모더니즘에 대한 비판은 주로 영국과 미국에서 제기되는 것은 흥미롭다. 신보수주의는, 하버마스가 주장하듯, 문화를 사회로부터 분리하여 모더니즘 문화를 근대화의 병폐로 진단하고 모더니즘의 문제를 단순한 양식의 문제로 환원한 후 포스트모더니즘을 통해 역사양식으로 회귀함으로써 대증적 치유를 제안한다. 이런 점에서 양식적 포스트모더니즘이 1980년대 미국의 레이건 정부와 영국의 대처 정부로 대표되는 신보수주의 이데올로기와 연결되어 있으며, 역사를 상품화된 키치로 만드는 후기자본주의 시장 메커니즘에 지배되고 있다는 학자들의 견해는 설득력이 있다.

우리 건축의 모더니즘과 포스트모더니즘

포스트모더니즘 건축에 대한 해석과 입장의 차이는 궁극적으로 모더니즘의 역사적 경험과 인식에 대한 차이로 귀결된다. 모더니티를 어떻게 이해할 것이며 모더니즘과 포스트모더니즘의 관계를 어떻게 설정하는가에 따라 입장이 달라지는 것이다. 우리나라에서도 1980년대부터 포스트모더니즘 건축이 도입되면서 많은 논쟁이 있었다.

그러나 우리에게 과연 모더니즘 건축이 있었는가, 만약 있었다면 그 성격은 무엇인가에 관한 논의의 확실한 공감대가 형성되어 있지 않은 상태에서 포스트모더니즘 건축의 수입은 피상적인 형태언어의 차용 수준을 넘을 수 없었다. 그리고 무분별한 장식과 역사양식의 인용이 극단적 상업주의와 결탁하면서 한국의 도시환경은 온갖 국적 불명의 양식과 절충주의적 이미지가 혼돈스럽게 공존하는 상황이 되었다. 모더니즘의 기반을 제대로 갖추고 경험하지도 못한 상태에서 극단적인 포스트모더니즘 건축의 상황이 연출되고 있는 것이다. 그래서 우리의 도시는, 후기 구조주의적 관점을 빌리자면, 기존의 모더니즘과 포스트모더니즘의 관점을 넘어서는 새로운 차원의 분석을 기다리는 '텍스트'로 존재하는지 모른다.

이상헌 서울대학교 건축학과와 같은 대학 대학원을 졸업하였다. 미국 MIT대학 건축과에서 역사이론비평을 전공하고 유럽 근대건축사에 관한 논문으로 박사학위를 받았다. 일건, 정림건축, Woo & Williams에서 실무를 쌓았고 인우건축의 설립 파트너로서 소장을 역임했으며, 미국과 한국의 건축사 자격을 가지고 있다. 1996년 창원 시립 가음정도서관 현상설계에 당선한 바 있고, 1998년부터 건국대학교 건축전문대학원 교수로 건축설계와 역사, 이론을 가르치고 있다. 『플러스』(PLUS)지에 「철 건축의 발전과 근대건축사상의 발전」을 연재했고, 「근대건축의 개념에 대한 비판적 소고」 「한국적 모더니즘을 위한 서설」 「현대건축의 담론과 공간의 정치학」 「건축의 공공성과 유사아방가르드」 등 다수의 논문과 글을 발표했다.

유비쿼터스 시대의 환경디자인

u-Korea, 무엇을 디자인할 것인가

한상돈
상명대 교수 · 환경디자인

디지털 시대의 대한민국

21세기는 유비쿼터스(Ubiquitous)의 시대이다. 한국 정부에서는 u-Korea를 기치로 내걸고 21세기 대한민국의 국책적(國策的) 화두로 유비쿼터스의 중요성을 계속하여 강조하고 있다. 우리나라가 유비쿼터스를 21세기의 화두로 삼고 계속해서 이 주제에 대하여 논하는 이유는 무엇일까. 여기에는 아날로그(Analog) 시대에는 범세계적 선두 그룹에서 멀리 떨어져 있던 우리나라가 디지털(Digital) 시대에는 세계를 선도하는 문화적 · 경제적 · 기술적 중심국이 되고자 하는 의지가 굳게 담겨 있다.

톰 크루즈가 주연한 영화 「마이너리티 리포트」에서는 현재 MIT대학에서 연구 중인 장착형 컴퓨터(Wearable Computer)가 등장한다. 주인공 존 앤더튼(톰 크루즈 분)이 손에 장착된 기기로 컴퓨터의 창을 옮기며 정보를 분석한다. 말 한마디로 전등과 조명을 켜고 끄고, 또한 음성을 인식하는 컴퓨터로 가상현실(VR, Virtual Reality)이 실현된다. 앤더튼은 모든 정보를 실시간(Real Time)으로 받고 수정하며, 빠른 속도로 정확하게 정보를 분석한다.

❝ 다가오는 유비쿼터스 시대란 UI와 친환경디자인이라는
새로운 개념과 함께 전개되어갈, 환경디자인의
새로운 질서임을 우리는 인지할 필요가 있다.
이러한 유비쿼터스 시대에 우리는 도시환경의
시각적 측면을 강조하고, 이를 통하여 쾌적성을 높이며,
도시민의 '삶의 질'을 한차원 더 높이 향상시킬 수 있는
대안에 대하여 늘 고민하여야 한다. **❞**

영화와 같은 이런 세계를 유비쿼터스가 구현한다. '유비쿼터스'는 라틴어에서 기원한 '어디에나 있다'는 의미의 단어이다. 인터넷이 보급되기 이전인 1988년, 제록스의 CTO(Chief Technology Officer, 기술총괄이사) 마크 와이저(Mark Weiser)가 'Ubiquitous Computing'이라는 개념을 '조용한 기술'(Calm Technology)로 규정하면서 유비쿼터스의 개념이 생겨났다. 유비쿼터스는 언제, 어디서든 컴퓨터와 접속해 필요한 정보를 실시간으로 받아보고 수정할 수 있게 하며 인간의 '삶의 질'(Quality of Life)을 높인다.

현재의 우리는 인터넷을 일상생활에 본격적으로 사용하면서, 유비쿼터스의 초기 단계를 경험하고 있다. 연구실과 집을 오가며, 이메일과 웹하드를 이용하면서, 동시에 거의 실시간으로 일과 작업, 연구가 가능해졌다. 디지털과 IT강국을 지향하는 우리나라는 u-Korea를 구현하여 디지털 시대를 선도하기 위하여 많은 노력을 기울이고 있다.

영화 「마이너리티 리포트」에서 장착형 컴퓨터로 정보를 분석하는 모습.

유비쿼터스와 디자인의 변화

이동 중에도 무선으로 인터넷에 접속하여 실시간 방송을 시청할 수 있는 '와이브로'(WiBro, 휴대 인터넷) 시제품이 국내 연구진에 의해 세계 최초로 개발되고 실용화 단계에 접어들었다. 몇 년 전, 한국전자통신연구원(ETRI)이 와이브로 기지국과 단말기를 이용하여 인터넷 접속에 성공했다는 뉴스를 접했을 때, 나의 뇌리에 가장 먼저 떠오른 것은 인터넷을 휴대폰처럼 사용하게 됨으로써 우리의 일상생활에 어떤 변화가 일어날까 하는 것이었다. 나아가, 앞서 소개한 영화의 한 장면처럼 입은 옷이 컴퓨터 기능을 동시에 수행한다면 디자인에는 어떤 트렌드의 변화가 일어날까를 생각했다. 현실세계에서 이러한 것들이 구현되는 미래는, 그다지 멀리 있지 않다.

u-Korea를 잘 읽어보면 우리는 미래의 디자인을 볼 수 있다. 이제는 자신의 중요한 정보와 데이터들을 언제, 어디서나 만질 수 있는(Tangible) 시대가 도래한 것이다. 이 시대에는 우리가 디자인하는 대상이 넓어지고, 새로운 디자인을 필요로 하는 물체들이 계속 새롭게 나타난다. 모든 기계가 인간과 접촉하면서 발생하는 유저 인터페이스(UI, User Interface)의 개념은 그 의미가 더욱 확대되면서 인간의 생활에 무작위로 다가서게 된다. 이러한 갖가지 환경이 인간과 더욱 친밀하게 상호작용(Interaction)

넷스케이프사의 창업자 앤드리슨이 마이크로소프트사와 손잡고 창업한 라우드클라우드사의 슬로건.

할 수 있도록 하는 것이 바로 우리 디자이너들의 역할이다.

전설적인 소프트웨어 기업인 넷스케이프의 창업자 마크 앤드리슨(Marc Andreessen)은 마이크로소프트사와 손잡고 벤처기업 라우드클라우드(Loudcloud)사를 새로 창업하며 '바르게 하고, 빨리 하고, 즉시 하라'(Do it right, Do it fast, Do it once)라는 슬로건을 내걸었다. 이 슬로건은 유비쿼터스 시대의 화두를 대변하고 있다. 유비쿼터스 시대에는 사용자의 요구를 정확하고 바르게 이해하고, 신속한 시간 내에 즉각적으로 그 요구에 부응하여야 좋은 디자인으로 평가받을 수 있을 것이다. 우리 디자이너들은 이런 디자인의 개념에 부합하는 이데올로기를 가지고 유비쿼터스 시대를 대비해야 한다.

상호작용을 지원하는 RFID 기술

인간과 환경이 상호작용을 할 수 있도록 하는 데 공헌하는 또 하나의 기술이 바로 RFID(Radio Frequency IDentification)이다. RFID는 사물에 전자태그(Electronic Tag)를 붙여 주위 상황을 인지하게 하고, 그에 대하여 사용자(User)인 인간과 쌍방향으로, 또 실시간으로 정보를 교환하고 처리할 수 있게 하는 IT기술을 말한다. RFID 기술을 이용하면 골프공에 추적 칩을 내장하여 골프공의 분실을 예방할 수 있고, 마트에서 손님들이 물건을 수레에 실은 채 계산대를 통과하기만 하면 계산이 되도록 만들 수도 있다. 주차장에서도 주차권을 받을 필요 없이 지정된 계좌에서 주차요금이 자동으로 빠져나가도록 할 수 있다.

RFID로 인해서 인터넷에 이은 유비쿼터스 혁명이 더욱 더 현실감 있게 우리에게 다가선다. 월마트가 운영하는 미국 텍사스주 플레이노시에 위치한 회원제 할인점 '샘스클럽'은 거래 규모가 큰 100개 협력업체에 대하여 포장상자에 RFID 칩 부착을 의무화하였다. 일본 YRP연구소는 나고야에 지어진 지능형 주택 '전뇌(電腦) 하우스' 프로젝트에 1,000억 원을 지원하였다. 이 주택은 비가 오면 창문이 저절로 닫히고, 실내 온도가 올라가면 에어컨이 자동으로 작동한다. 소변 상태를 검사해 건강 상태도 수시로 알려준다. 집 전체가 하나의 거대한 컴퓨터처럼 만들어져, 사람의 손이 필요한 일을 인공지능형 집이 알아서 처리하는 것이다.

우리는 영화에서 그려내는 미래의 디자인과 환경을 접하곤 한다. 유비쿼터스 시대에는 과연 어떤 디자인의 트렌드가 물결치며 다가올까. 가장 크게 달라지는 것은 디자인의 대상이 매우 다양해지고 또 많아진다는 것이다. 계속해서 빠른 속도로 인간을 위한 '그 무엇'(Something)이 다양한 형태로 표출되고, 그 무엇과 인간과의 상호작용 사이에서 사용자 인터페이스 즉, UI의 개념이 매우 발달하게 된다. 환경디자인에서는 이를 칭하여 '인간-환경 상호작용'(Man-Environment Interaction)이라 한다.

따라서 유비쿼터스 시대에 디자이너는 지금까지 생각하지 못했던 다양한 하드웨어들을 접하게 된다. 그 한 예로 손목 장착형 컴퓨터를 들 수 있다. 여기서 디자이너가 UI라는 개념에 빠른 감각으로 접근해야 한다. 우리나라와 일본의 전자회사들이 이러한 UI의 연구에 박차를 가하고 있다는 소식이 언론매체 및 전시회 등을 통해 우리의 눈과 귀에 속속 들어오고 있다.

미래에는 유비쿼터스가 그 나라의 발전 여부를 판가름하게 되는데, 그것을 판별하는 직접적인 기준이 이 UI이다. 그 나라의 문화수준은 곧 디자이너가 UI디자인을 어떻게 하느냐에 따라 판가름나게 되는 것이다. 유비쿼터스 컴퓨팅 시대의 환경디자이너는 이 UI에서 발생하는 '그 무엇'과 그 주변 공간을 조화롭고, 편리하게 디자인하는 코디네이터(Coordinator)의 역할을 맡게 될 것이다.

유비쿼터스 컴퓨팅과 유니버설 디자인

우리가 이러한 유비쿼터스 시대에 눈여겨 볼 만한 디자인의 새로운 축은 20세기 말과 21세기 초에 대두되고, 현재 많은 관심을 받고 있는 유니버설 디자인(Universal Design) 개념이다. 능력과 나이에 상관없이 모든 사용자들이 쉽게 접근할 수 있는 제품 및 환경디자인을 지향하는 유니버설 디자인의 개념은 1980년대 초반, 건축가 출신이자 산업디자인에서도 탁월한 능력을 보여준 로널드 메이스(Ronald Mace)가 그 개념을 주창하여 오늘에 이른다. 유니버설 디자인은 u-환경디자인 시대에 그 중요한 몫을 당당히 차지하고 있으며, 고령화 시대와 맞물리면서 더욱 중요한 화두로 자리 잡게 되었다.

유니버설 디자인은 '모두를 위한 디자인'(Design for all)으로 대변된다. 횡단보도에 설치되어 있는 점자 블록 등을 유니버설 디자인의 대표적 예로 들 수 있다. 로널드 메이스는 일곱 가지 덕목으로 유니버설 디자인의 요소(Elements)를 정의하였는데, 이를 살펴보면 유니버설 디자인과 u-환경디자인의 병치개념을 이해할 수 있다. 그 일곱 가지 덕목은 공평한 사용(Equitable use), 사용에 있어서의 유연성(Flexibility in use), 간단하고 직관적인 사용성(Simple & Intuitive use), 쉽게 인지할 수 있는 정보(Perceptible Information), 오작동에 대한 대비(Tolerance for Error), 신체적 부담의 최소화(Low Physical Efforts),

공간의 여유 확보(Size & Space for Approach & Use)이다.

이와 더불어 로널드 메이스는 유니버설 디자인의 네 가지 원칙(Principles)을 정리하였는데 이 네 가지 원칙은 u-환경디자인이 요구하는 디자인 원칙과도 정확히 병치된다. 그 네 가지 원칙은 기능지원 디자인(Supportive Design), 디자인의 수용성(Adaptable Design), 접근이 용이한 디자인(Accessible Design), 디자인 안전주의(Safety Oriented Design)로 표명된다.

'모두를 위한 디자인', '보편타당한 디자인'으로 규정되는 유니버설 디자인의 개념이 어찌 그리 유비쿼터스의 개념과 어원적(Etimological) · 어휘적(Verbal) · 의미론적(Semantics)으로 닮았는지, 참 놀라지 않을 수 없다. 앞서 소개한 '바르게 하고, 빨리 하고, 즉시 하라'라는 앤드리슨의 슬로건이 매우 적절하게 구현되는 것이 바로 유비쿼터스와 유니버설 디자인이다.

그런데 다른 한편으로 해석해보면 유비쿼터스와 유니버설 디자인이 거의 동시대에 발현한 것은 인류 발전의 측면에서 필연에 가깝다고 볼 수 있다. 언제부터인가 필연적으로 인류에게 이데올로기로서 대두된 글로벌리즘(Globalism)은 유비쿼터스와 유니버설 디자인이라는 아주 구체적인 제3의 조형언어로 인간에게 상호작용(Interaction)함으로써 전달된다. 이런 측면에서 논조를 가다듬는다면, 유비쿼터스 시대를 사는 우리는 u-환경디자인이라는 모멘텀(Momentum)을 제외하고는 사회의 여러 가지 현상들을 해석할 수 없게 될 것이다.

변하지 않는 진리, 환경디자인

미래 환경디자인의 이데올로기는 도시민의 숨결을 중심으로 감성적이고도 실용적인 방향으로 점차 진화하고 있다. 지금까지는 계획자인 환경디자이너를 위주로 환경디자인 프로젝트를 수행해왔던 것이, 사용자인 도시민의 '삶의 질' 향상 위주로 그 개념이 바뀌고 있는 것이다.

여기에서 우리는 환경디자인의 미래를 본다. 과거 환경디자인은 기능주의(Ecole Fonctionaliste)에 바탕을 둔 편리성 위주의 것이 주류를 이루었고, 또 우리는 그 외의 것을 받아들이는 데 심리적인 저항감과 부담감을 느껴왔던 것이 사실이다. 그러나 필리프 스탁(Philippe Starck)과 같은 매우 감성적이고 조형적인 디자이너들을 접하면서, 뇌리에 뿌리 깊게 박혀 있던 기능주의적 조형감각은 점차 잊혀져가고 있다. 그렇게 환경디자인은 세상을 움직이며 진화하고 있다.

기능주의 환경디자인은 환경디자인의 태생적인 사조와도 관련이 있다. 실제로 선진국에서는 제2차 세계대전의 상처를 치유하는 데, 또한 우리나라에서는 6·25전쟁의 상처를 치유하고 급속한 경제개발이 가능하도록 비전(Vision)을 제시하는 데 크게 기여하였다. 하지만 21세기에는 우리의 환경디자인도 기능주의에서 벗어나, 우리들만의 고유의 '주의'(ism)를 창출할 때가 되었다. 이러한 우리만의 고유의 주의를 창출하였을 때 비로소 우리의 도시가 세계의 명소가 되고, 시민에게 제공해야 마땅한 환경을 제공하는 환경디자이너로서의 의무를 다했다고 할 수 있다.

서울시의 청계천 복원사업이 '물 위의 도시'를 주제로 열린 2004년 베니스 국제 건축 비엔날레에서 대상인 '최우수시행자상' 수상작으로 선정되었다. 이 뉴스는 20세기 말 이미 복원되어 오사카 시민들에게 쾌적한 환경을 선물한 바 있는, 오사카 시의 도톰보리 하천 복원과 서울시의 청계천 복원사업을 병치시켜준다.

일본 오사카시는 복개 하천이었던 도톰보리의 구조물을 철거하고 생태공원으로 리모델링하여 세계의 주목을 받은 바 있다. '복원'과 관련된 친환경디자인 사업이 우리나라와 일본에서 세계적인 트렌드를 조성하고 있고, 이제는 세계의 여러 나라 환경디자이너들이 우리의 환경디자

왼쪽 | 필리프 스탁이 디자인한 일본 도쿄의 아사히 맥주 홀 야경.
오른쪽 | 필리프 스탁의 「Prototype Model Study-Nani Nani Project」. 실제 건물은 1989년 일본 도쿄 미나토구에 지어졌다.

인에 눈을 돌리고 있다. 현대의 도시환경디자인에서 또 하나의 괄목할 만한 디자인의 화두가 바로 이러한 친환경디자인이다.

친환경디자인이 시사하는 바는 매우 크다. 이제는 도시환경디자인이 의식주의 문제에서 벗어나 살고 싶고, 걷고 싶고 또 머물고 싶은 곳의 문제, 즉 심미의 문제로 옮겨가고 있다. 더 나아가, 친환경적으로 건강하고 유쾌하게 마주할 수 있는 '터'를 인간에게 제시하는 방향으로 환경디자인의 개념이 바뀌고 있는 것이다. 개발 및 팽창 이데올로기 시절에 복개되었던 하천을 복원하여 인간에게 친근하고 건강한 환경친화적인 하천으로 되돌려주는 도시환경디자인. 우리는 이러한 리모델링 도시환경디자인에 있어서도 유비쿼터스와 같은 첨단 개념과 함께 그 미학을 재해석할 필요가 있다. 과거의 훌륭한 유산은 그대로 유지하되 인간의 '삶의 질'을 향상시키는 환경디자인, 이것이 유비쿼터스 시대가 요구하

닮은꼴 친환경디자인 오사카의 도톤보리 하천 복원 후의 모습(왼쪽)과 서울의 청계천 환경디자인(오른쪽).

는 환경디자인이 아닐까. 이런 의미에서 환경디자인은 영구히 존재하는 '변하지 않는 진리'인 것이다.

u-환경디자인

끝없는 테크놀로지의 발달에서 환경디자인이 서야 할 자리는 어디일까. '형태는 기능을 따른다'(Form follows function)는 기능주의자들의 주장에서 막 벗어나 포스트모더니즘의 시대에 있는 환경디자이너들은 유비쿼터스 시대에 무엇을 지향해야 할까.

유비쿼터스는 디자이너에게 만능이기를 요구한다. 유비쿼터스 시대의 사용자, 즉 도시민들의 요구는 종류가 다양해지면서 그 양 또한 기하급수적으로 늘어나고 있다. 이런 상황에서 환경디자이너들의 역할이 UI의 물리적 환경을 디자인하는 것이라 한다면, 유비쿼터스 시대의 환경디자인의 개념은 더욱 명료해진다.

이것이 필자에게도 고민거리를 제공하는 이유는, 유비쿼터스 컴퓨팅과 환경디자인이라는 두 가지 첨단 화두가 21세기를 여는 새로운 개념으로서 학문적 가치를 지니고 있기 때문이다. 공간적 개념으로 이를 명료하게 하기 위하여 인간-환경 상호작용을 중심으로 설명해보면 개념이 더욱 명확해지는데, 이는 다음의 그림과 같다.

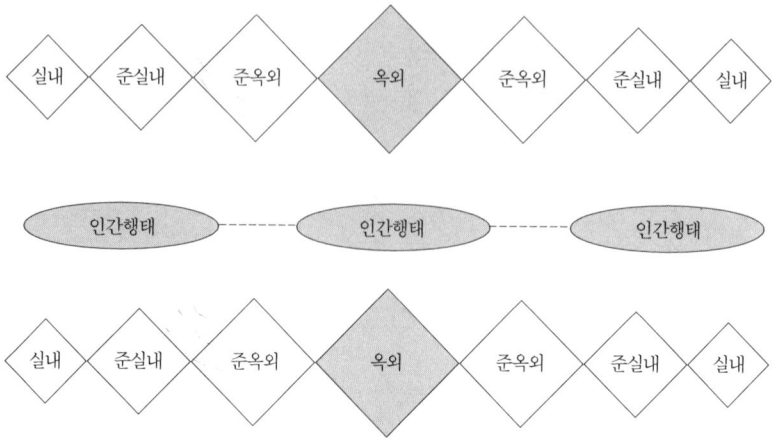

인간-환경 상호작용 행태의 개념틀

환경디자인을 인간-환경 상호작용 행태의 개념으로 해석하는 것은 인간의 행태와 물리적 환경을 중심으로 공간 환경디자인의 전체를 도해화(圖解化)하여 인간이, 도시민이 삶을 영위하는 데 있어 필수불가결하게 제시되는 공간을 위계적(位階的)으로 계획할 수 있도록 제시하는 필자의 개념정리 방식이다.

유비쿼터스 시대, 더 커지고 넓어질 환경디자이너의 역할

우리나라와 같이 u-Korea를 기치로 내걸고 디지털과 IT산업에 역점을 두는 국가에서는 유비쿼터스 시대가 다른 나라에 비하여 더욱 빠른 속도로 다가온다. 우리 디자이너들은 어떤 트렌드를 가지고 u-Korea가 우리에게 다가설 것인가를 미리 예측하고 그에 대한 구체적인 대안을 마련해야 한다. 다가오는 유비쿼터스 시대란 UI와 친환경디자인이라는 새로운 개념과 함께 전개되어갈, 환경디자인의 새로운 질서임을 우리는 인지할 필요가 있다. 이러한 유비쿼터스 시대에 우리는 도시환경의 시각적 측면을 강조하고, 이를 통하여 쾌적성을 높이며, 도시민의 '삶의 질'을 한차원 더 높이 향상시킬 수 있는 대안에 대하여 늘 고민하여야 한다.

유비쿼터스 시대에는 디자인만의 영역이 거의 존재하지 않을 정도로 디자인 분야의 융합이 급속하게 진행될 것이다. 디자인의 각 분야가 서로 유기적으로 결합 또는 분해되면서, 그만큼 사용자들의 요구는 더욱 복잡다단해지고, 다양한 사용자들의 요구를 만족시키기 위해서는 이러한 사용자의 UI를 바로 해석하여 물리적 환경으로 구현하는 것만이 뚜렷한 대안을 제시할 수 있다. 환경디자이너의 역할은 그래서, 또 그만큼 더 커질 것이다.

다양한 디자인이 인간의 삶을 충족시키고, 혼합된 양식의 디자인 트렌드가 각 도시에 흩어지는 환경디자인의 유비쿼터스 시대. 조용한 기술인 유비쿼터스는 물리적 환경을 현실세계에 구현하는 환경디자이너들에게 기능주의에서 진화된 새로운 환경디자인을 계속 요구하고 있다. 유비쿼터스 시대에도 환경디자이너들의 즐거운 상상과 구현(Realization)이 계속되기를 기대해본다.

한상돈 서울대학교 산업디자인학과를 졸업한 후 프랑스 리옹대학교 대학원에서 환경디자인 및 도시설계로 석사학위를 받았으며 리옹의 국립응용과학원에서 환경디자인 및 도시공학으로 박사과정을 수료하였다. 또한 프랑스 문부성 장학생으로 파리 국립도시공학과학원에서 박사과정을 수학하였다. 현재 상명대학교 디자인학부 산업디자인 전공 환경디자인 교수로 재직 중이다. 「환경디자인의 학제성에 관한 연구」「환경디자인, 새로운 패러다임에 관한 연구」「라데팡스의 환경디자인」 등 환경디자인과 관련한 다수의 논문이 있다. 『지식의 최전선』『미래한국 2020』『유럽의 도시, 공공디자인을 입다』 등 환경디자인 관련 공저서를 저술하였다. 단독 저서로는 『환경디자인 원론』이 있다.

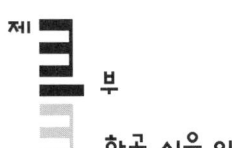

제 3 부

하고 싶은 이야기, 듣고 싶은 이야기

디지털 시대의 스토리텔링

이야기는 어떻게 살고 있는가

최혜실
경희대 교수 · 국문학

정보통신의 발달과 시대의 변화

2002년 월드컵의 열기를 기점으로 세대 간의 격차가 대두되더니, 새로운 놀이문화가 등장하였다. 더불어 협소한 민족주의에서 벗어나 동북아 지역통합을 비롯한 세계화의 경향, 한류 현상 등이 나타나기 시작했다. 이런 변화의 원천에는 정보통신의 발달이 있었다.

붉은 악마는 원래 축구 동호회의 사이버 커뮤니티였다. 온라인에서 채팅으로 만나던 네티즌의 에너지가 오프라인으로 흘러넘친 것이다. 물론 SK와의 제휴로 티셔츠를 구입하고 행사를 치를 수 있었지만 그 제휴를 능동적으로 만든 쪽은 붉은 악마였다. 만약 그곳에 전광판이 없었다면 사람들이 시청 앞 광장에 모였을까? 모였다 해도 마치 월드컵이 그 장소에서 열리는 것처럼 열광할 수 있었을까? 인터넷 상의 교류를 통해 모인 군중은 시청 앞의 거대한 디지털 전광판 앞에서 다 함께 대한민국을 응원했다.

한 누리꾼이 촛불시위를 제안한 곳 또한 대표적인 엽기 사이트인 '디시인사이드'였다. 밥 먹으면서도 그곳의 게시판에 글을 올리는, 자칭

> *스토리텔링이란 정보통신의 발달로*
> *멀티미디어와 상호작용이 가능하게 됨과 동시에*
> *매체의 특성상 놀이성과 감성적 측면이 증가되어*
> *이야기성·현장성·상호작용성이 강조된*
> *오늘날의 이야기라 할 수 있다. 스토리텔링은*
> *문학·만화·애니메이션·영화·게임·광고를*
> *아우르는 상위범주이며, 여기서 스토리텔링은*
> *서사형식의 원형질로 존재한다.*

'폐인'들이 축구를 응원하던 바로 그 장소로 한달음에 달려갔던 것이다. 그리고 노사모 사이트에 모여서 감성에 와닿는 대통령 후보를 '노짱'이라 부르며 반기던 그들이 선거에 영향을 주었음을 부인할 사람은 없을 것이다.

매체의 변화, 그리고 세계관의 변화

매체가 변하면 사람이 변한다. 인류 역사상 매체는 세 번 바뀌었고 이에 따라 구술 시대, 수기문자 시대, 인쇄문자 시대, 전자매체 시대로 시대 구분이 이루어진다. 문자가 없었던 부족 사회에서는 망각의 동물인 인간이 지식을 축적하고 보존하기가 힘들었다. 이들은 기억을 돕기 위해 북이나 도구 등으로 만들어낸 리듬과 몸짓을 이용했으며, 이야기를 만들어 지식을 전달하였다. 마침내 문자가 발명되면서 지식의 축적이 가능해지고 텍스트에 대한 신뢰가 강해졌다. 물론 소량생산이었기 때문에 지식은 귀족이나 승려 등 특권층에 독점되었고, 이로써 계층의식은 더욱 공고해졌다.

인쇄술의 등장으로 책의 대량생산이 가능해지면서 지식 분배가 민주화되고, 교육제도가 발전하면서 일종의 문화적 민주주의가 정착되었다. 수많은 사람들이 같은 책을 통해 지식을 전달받음으로써 지식의 균질화가 일어나고, 일정한 지식을 획득한 사람들 사이에서 지식의 객관성에 대한 믿음이 성립된다. 누구나 적절한 지식으로 세계를 올바로 볼 수 있다고 믿게 되었으며 이에 따라 합리주의, 이성 중심주의가 나타난다. 근대의 대량생산 체계와 인쇄술이 맞물리면서 일어난 매체의 변화는 근대사회의 세계관을 형성했다.

이제 디지털 매체의 등장으로 지식의 생산 · 교환 · 소비는 새로운 국면을 맞이하게 되었다. 문자는 수백 년 동안 보관할 수 있고 쉽게 먼 곳으로 운반할 수 있다. 그리고 추상적이고 깊이 있는 지식을 전달하는 데 효과적이며 싼 값에 책으로 만들 수 있다는 장점이 있다. 그러나 문자는 사실 배우기 까다롭고 전달하기 어려운 매체이다. 필자와 독자가 같은 공간에서 의사소통을 하는 것이 아니기 때문에 맞춤법과 철자법을 지켜야 하고, 독자의 반응에 대한 온갖 경우의 수를 생각하여 글을 써야 한다. 사실 의사전달에 효율적인 것은 현장 멀티미디어 방식인 구술이다. 디지털 매체가 등장하면서 화상채팅과 같은 방식으로 시공간을 초월하여 상호작용할 수 있게 되었고, 내용을 파일로 저장할 수 있게 되면서 지식의 전달에 있어서 멀티미디어 매체의 역할이 점점 커지게 되었다. 이제 제2의 구술의 시대가 된 것이다. 이 방식은 근대적 세계관에 새로운 변동이 일어날 것을 예고한다.

감성의 시대, 스토리텔링의 시대

현대를 일컬어 감성의 시대라고 한다. 물건이 아니라 감성을, 그리고 이야기를 팔라고 한다. 감성에 호소하는 화법이 정치인의 연설이나 마케팅에서뿐 아니라 사회 전반의 담론을 이끌어가고 있다. 그 이유는 무엇일까?

정보통신의 발달이 감성과 밀접한 관계가 있다는 증거는 인터넷이 '정감적 공동체'라는 사실에서 뚜렷하게 드러난다. 인터넷상의 공동체는 현실 세계처럼 학연·지연·혈연 등의 이해관계에 얽매여 있지 않다. 인터넷은 시간과 공간의 한계로부터 자유로우며 접속하는 사람들은 익명성을 보장받는다. 대전이나 서울, 혹은 뉴욕에 있는 네티즌이 같은 게시판에서 자유롭게 토론할 수 있으며, 아이디만으로 통하기 때문에 현실의 지위나 나이에서 자유로울 수 있다. 이런 공간에서 억눌린 자아는 활개를 칠 수 있으며, 할 수 있는 일과 할 수 없는 일의 경계가 모호해진다.

이런 상태에서 나타나는 감성이 '황당한 일, 튀는 일, 잔혹함, 구토, 우스꽝스러움'으로 특징지어지는 '엽기'이다. 이는 디지털카메라를 파는 사이트인 디시인사이드에서 처음으로 그 면모를 드러냈다. '엽기'를 가장 상징적으로 드러내는 것은 '아햏햏'이란 단어이다. 어떤 남자가 여자 동상을 안고 황홀한 표정을 하고 있는 사진에 달린 댓글에서 시작된 '아햏햏'이란 단어는 아무것도 아닌 것이 오히려 모든 것을 감싸안는 개념으로서 네티즌이 지니고 있는 감수성의 핵심을 이룬다. '아햏햏'은 무엇인가 좋은 것이나 신기한 것을 보았을 때나 새로운 것을 깨달았을 때, 어이없을 때 모두에 적용될 수 있는 단어이다.

이와 같은 방식은 어디에든 적용되며 무엇이나 부정할 수 있는 '무정형'의 특성 때문에 사이버 공간을 가볍게 흘러다니며 어느 순간 걷잡을 수 없는 힘으로 분출된다. 사회학자 마페졸리(Maffesoli)는 현재가 사회적으로 선언된 것이 상실된, 즉 거대담론이 사라진 시대이면서도 어느 순간 명백히 대중적인 결집력을 드러내는 현상을 신부족주의(Neo-Tribalism)란 개념을 사용하여 설명한다. 부족들은 자신들의 소수가치에 따라 응집하여 집단을 만든다. 예술 축제, 축구장 관중석, 극장 객석 등과 같은 장소에서 이들은 상한 집합정서에 의해 응집했다가 곧 흩어진다. 이들은 고착된 가치관이나 이해관계 없이 구경거리에 순수한 감성으로 집중하기 때문에 그 힘은 무한하며 매력적인 것이다.

감성의 증대는 기술의 발달과도 관련이 있다. 19세기까지 인간이 쓰는 에너지는 99퍼센트가 인간의 노동에서 나왔으나 오늘날에는 기계가 인간이 하는 노동의 99퍼센트를 대신해주고 있다. 그리하여 현대인은 주로 즐거움을 위해서 근력을 사용하게 되었다. 또한 수렵채취 시대에 살았던 사람들은 생존을 위해 모든 신체 감각을 사용했으나 현대인들은 그 감각을 즐거움을 위해 사용한다.

변화의 속도는 사람들을 불안하게 한다. 정신적 균형감을 찾으려는 욕구 때문에 생활의 지속성이 있었던 과거에 대한 향수가 되살아나고 있다. 아직 세상이 복잡하게 얽히고설키기 이전, 우리가 주위를 이해할 수 있었던 시절에 나왔던 상품이 과거의 향수나 낭만을 이용해 현재 다시 판매되는 현상이 바로 그것이다. 현재의 섬뜩하리만큼 빠른, 그리고 불확실한 발전의 속도는 더더욱 불확실해진 미래를 감각적인 꿈으로 파악하게 한다.

감성의 증대 현상은 또한 '영상성'이 대두되고 있는 상황에서도 영향을 받는다. 요즘 아이들은 영상세대라서 감성적이고 직관적이며 분별력이 없다는 이야기를 자주 듣는다. 이런 구분은 뇌의 구조를 조사해보면 타당한 것으로 나타난다. 대뇌는 우반구와 좌반구로 나뉘어 있다. 우뇌에는 시각 중추가 연결되어 있어서 시각적 판별력에 주된 작용을 한다. 따라서 실제 사물의 형태를 분별하여 객관적으로 해석하는 과정이 이곳에서 이루어진다. 즉 우뇌는 시각적·본능적·즉각적·감성적·직관적·총체적으로 열정과 관계된 뜨거운 의사소통(hot communication)과 관련되어 있다. 반면 좌뇌는 시각적 정보 처리의 비형태적인 부분을 판별한다. 예를 들면 문자의 해독이 여기에 해당한다. 정보의 처리 속도가 느리다는 단점은 있으나 이성적·분석적·논리적·개념적·추상적인 영역을 담당하며 차가운 의사소통(cold communication)과 관련되어 있다.

결과적으로 영상문화가 발달한다는 것은 우뇌의 해석 작용에 무게중심을 두는 쪽으로 문화가 변화함을 의미한다. 문자세대가 좌뇌적 문화라고 한다면 영상세대는 우뇌적 문화라고 할 수 있다. 영상 세대가 이성이 아니라 감성이 발달했다는 견해는 여기에서 온다.

전자공간과 현실공간의 중첩으로서의 '놀이성' 증대

'시뮬라크르'(simulacre)란 실제로는 존재하지 않는 대상을 존재하는 것처럼 만들어놓은 인공물을 지칭한다. 시뮬라크르는 흉내·모방과 혼동되기도 하는데 이것은 잘못된 것이다. 흉내를 내기 위해서는 반드시 흉내를 낼 원 대상이 있어야 한다. 그리고 그 대상은 전통적인 재현 체계 속의 이미지이다. 시뮬라크르는 흉내낼 대상이 없는 이미지이며, 이 원본 없는 이미지는 그 자체로서 현실을 대체하고 현실은 이 이미지의 지배를 받게 된다. 박물관이나 민속촌의 모형을 보고 관람객은 옛날 사람들이 살았던 곳이라고 생각하지만 실제로는 민속촌이라는 시뮬라크르가 관람객에게 그때 그곳을 상기시키는 것이다.

보드리야르는 이 개념을 놀랄 만큼 빨리, 정확하게 파악했지만 그 의미를 직시하지는 못했다. 가짜가 현실을 지배하는 사회라면 그 사회가 현실인 것이다. 모든 사람이 믿는 거짓은 진실이다. 이 시뮬라크르의 개념은 가상의 세계, 놀이의 세계와 일의 세계 사이의 경계가 모호해지는 현대사회의 단면을 단적으로 보여주는데, 그 극단적인 예가 오타쿠이다.

영상시대에 사람들은 인간 사이의 소통보다 텔레비전·비디오·컴퓨터 등 각종 영상매체 및 디지털 매체와 소통하는 시간이 많아졌다. 이런 현상이 심해지면서 사람보다 기계에 친밀감을 느끼고 가상의 세계에 자신을 가두는 경향을 지닌 신인류를 오타쿠, 혹은 가상 놀이 인간, 호모 비르투엔스 루덴스(Homo Virtuens Ludens)라고 한다. 호모 사피엔스는 현실의 세계와 대면하면서 경험을 쌓고 지식을 늘려갔다. 반면 호모 비르투엔스 루덴스에게 현실은 골치 아프고 반복적이며 별로 소용에 닿지 않는 존재일 뿐이다. 이들은 가상세계의 주인공이 됨으로써 손쉽게 영웅이 누리는 재미와 영광을 체험하고 싶어한다. 또한 자신이 좋아하는 스타와 관련되는 것은 모두 모으며 심지어 만화나 게임에 나오는 인물의 복장을 하고 축제를 열기도 한다.

오타쿠가 등장한 이유로는 첫째, 극심한 사회 경쟁을 들 수 있다. 입시 등 꽉 짜여진 공부와 경쟁을 견디지 못한 젊은이들이 멀티미디어의 세계로 도피하는 것이다. 둘째, 멀티미디어 중독 때문이다. 가상세계로의 몰입이 심화될수록 현실세계에 가상세계의 논리를 구축하려는 경향이 나타난다. 그 예로서 오타쿠들은 코스프레, 펜진 행사 등, 가상세계에서의 사고방식과 행동으로 현실을 만들어간다.

그러나 사실 현대인 모두가 조금씩은 오타쿠적인 속성을 지니고 있다. 영상매체, 특히 디지털 매체는 그 상호작용성과 시청각성 때문에 대단한 몰입성을 지니고 있다. 때문에 이 몰입의 정신 상태는 현실세계에까지 유지된다. 그 전형적인 예가 오락의 요소(entertainment factor)이다.

최근 산업계에 엔터테인먼트가 중요한 견인차로 자리 잡고 있다. 거대한 쇼핑몰과 은행, 놀이공원이 하나의 도시를 이루어 구매 행위가 오락 행위로 바뀌는 양상이 그것이다. 또 최근 소비자들은 상품보다는 자신의 꿈과 감성을 만족시키는 것을 구매하려 한다. 사람들을 매혹시키는 것은 상품의 사용가치나 교환가치가 아니라 그 상품에 스며 있는 이야기이다.

이제 사람들은 놀이 공간으로 바뀌어버린 메가플렉스를 거닐며 그 공간 속의 캐릭터로, 플롯으로 각자의 위치를 점하고 있는 이야기들을 구매하고 있다. 이처럼 현실 전체가 놀이 공간으로 변모하게 된 까닭은 영상의 폭격으로 몰입성이 증대되었기 때문이다. 소설에 몰입했던 근대인은 일상의 세계에서는 정신을 차리고 일을 할 수 있었으나 영상의 폭격에 세뇌된 현대의 가상 놀이 인간들은 놀이의 세계를 현실에 적용하려는 경향을 지닌다. 사람들은 일상에서 만나고 체험하고 사용하는 물건, 공간, 사람들을 가상에서 겪은 이야기로 꾸미고 싶은 것이다.

놀이에 대한 호이징가의 정의는 다음과 같다.

> 그러므로 형식이라는 각도에서 보면 놀이는 허구적인 것으로서 일상생활 밖에 있음에도 불구하고 놀이하는 자를 완전히 사로잡을 수 있는 자유로운 행위로 간단히 정의할 수 있다. 그것은 어떠한 물질적 효용도 없는 행위로서 명확하게 한정된 시간과 공간 속에서 행해지며 주어진 규칙에 따라 질서정연하게 진행되는데 기꺼이 자신을 신비로 둘러싸거나 아니면 가장을 통하여 평상시의 세계와는 무관하다는 것을 강조하는 집단관계를 생활 속에 생기게 한다.[1]

그런데 호이징가는 놀이를 현실과 분리하고 있다는 점에서 오류를 범하고 있다. 그는 현실/놀이, 이성/감성, 어른/어린이를 분리하고, 후자가 전자를 살찌우는 자양분이라고 보고 있다. 그런데 최근의 현상을 살펴보면 후자가 전자의 영역을 넘나들며 오히려 우위를 점하고 있는 것을 볼 수 있다. 감성이 이성을 능가하며, 어린이가 소비의 주역으로 떠오르고, 생필품 산업보다 놀이 산업이 고도의 부가가치를 창출한다. 이때의 놀이는 내가 참여하여 만드는 이야기이다. 이제 이야기는 우리가 사는 문화공간 전체로 확산되어 있다.[2]

---

1) 로제 카이와, 이상률 옮김, 『놀이와 인간』, 문예출판사, 1994, 26쪽.

이야기와 스토리텔링, 그리고 디지털 스토리텔링

그런데 서사(敍事), 이야기, 스토리, 담론(discourse) 등의 단어가 이미 있는 상황에서 왜 굳이 '이야기하기'라는, 번역하기에도 어색한 '스토리텔링'(storytelling)이라는 용어가 최근에 자주 등장하는 것일까?

그 이유는 스토리텔링이란 용어가 디지털 시대 이야기의 특성을 잘 드러내고 있기 때문이다. 스토리텔링은 'story'와 'tell', 그리고 '-ing'의 세 요소로 이루어져 있다. 첫째, 'story', 즉 '이야기'란 인쇄매체 시대에는 주로 이야기되어진 것을 의미했다. 작가가 이야기를 써서 책으로 출판하면 사람들이 읽게 되니 과거완료의 것, 즉 이야기되어진 것이 된다. 이는 문자문화 시대의 특성을 잘 반영한 것이다.

둘째, 여기에 'tell'은 말하다, 혹은 정보를 주다라는 본래의 청각적 의미 외에 시각, 촉각은 물론 후각과 같은 다른 감각까지 포함하는 다매체를 의미한다. 이는 디지털 시대가 되면서 인쇄매체보다 멀티미디어로 정보가 제작되고 소비되는 상황에서 이야기에 문자적 요소보다 다매체적 요소가 많아진 것을 의미한다.

셋째, '-ing'는 현재상황의 공유, 그에 따른 상호작용성을 의미한다. 이것은 구연자와 청취자가 같은 맥락 속에 포함되는 구술시대의 상황과 일치하며, 정보통신의 발달로 사람들이 인터넷이나 영상을 통해 상호작용의 상황을 공유하고 있는 형태를 뜻한다.

이 세 가지 요소를 정리해서 말한다면, 스토리텔링이란 정보통신의 발달로 멀티미디어와 상호작용이 가능하게 됨과 동시에 매체의 특성상 놀이성과 감성적 측면이 증가되어 이야기성 · 현장성 · 상호작용성이 강조된 오늘날의 이야기라 할 수 있다.

그렇다면 디지털 스토리텔링은 무엇인가? 이것은 스토리텔링의 한

2) 최혜실, 「디지털 문화 환경과 서사의 새로운 양상 1」, 『문학수첩』 창간호, 2003, 345~365쪽.

분야이자 디지털 매체에서의 서사행위로, 스토리텔링이 지닌 세 가지 특성을 가장 잘 보여주고 있는 대표적인 21세기 스토리텔링의 한 형태라고 보면 된다. 매체 간의 넘나듦이 자유로워지면서 문화콘텐츠의 하위장르인 텍스트콘텐츠(출판·신문·잡지·출판문화), 디지털 이전의 비텍스트콘텐츠(공예품·미술품·공연), 시청각콘텐츠(방송·영상·광고·영화·비디오·음반), 디지털콘텐츠(애니메이션·게임·디지털·모바일) 간의 원활한 소통과 교섭이 부가가치 창출에 있어 핵심이 되었다. 그리고 이러한 소통을 가능하게 하는 것이 스토리텔링이다.

스토리텔링이란 문학·만화·애니메이션·영화·게임·광고·디자인·홈쇼핑·테마파크·스포츠 등의 이야기 장르를 아우르는 상위범주라 할 수 있다. 상위와 하위, 스토리텔링과 각각의 이야기 장르들은 서로 미학적 영향관계 속에 있다. 여기서 스토리텔링은 서사형식의 원형질로 존재한다. 따라서 각각의 장르는 스토리텔링이라는 공통점을 지니면서도 매체의 특성 때문에 형식상의 차이를 띠게 된다. 예를 들어 이야기가 종이매체로 표현될 경우 문학이 되고, 영상매체로 표현될 경우 영화가 되며, 디지털매체에서 표현될 경우 게임 등과 같은 디지털 스토리텔링이 된다.

이제 하나의 스토리텔링은 다른 매체로 옮겨가면서 변주하게 되고 새로운 표현방식을 획득한다. 이러한 현상 자체가 원 소스 멀티 유즈(One Source Multi Use, OSMU)를 대변하며 하나의 콘텐츠가 여러 매체의 콘텐츠로 변주되면서 문화상품을 양산하는 문화콘텐츠 산업의 특징을 보여준다.

한국의 문화콘텐츠 가운데 OSMU가 가장 고르고 다양하게 이루어진 작품은 『아기공룡 둘리』이다. 1983년 어린이잡지인 『보물섬』에 연재되면서 시작된 '둘리'는 1985년 롯데삼강 '둘리바'로 개발되었고 학용품·장난감·만화 단행본·텔레비전 애니메이션으로 제작되기도 했다.

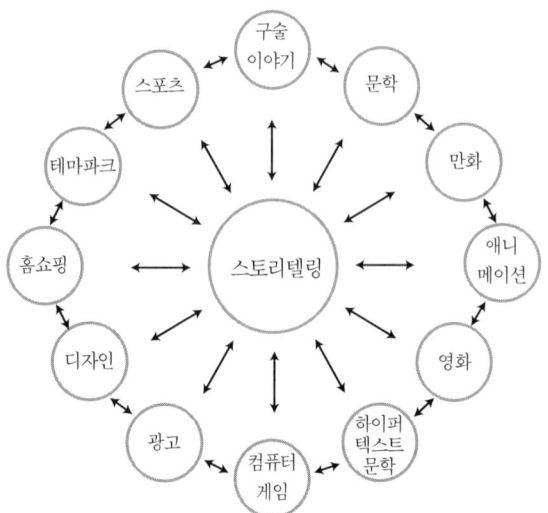

스토리텔링의 OSMU 방식(최혜실, 『문화콘텐츠 스토리텔링을 만나다』, 2006, 105쪽).

또한 극장 애니메이션과 에듀테인먼트 장르 등에도 진출했으며 2003년에는 둘리 박물관, 둘리 거리, 둘리 미용실까지 등장했다.

이렇게 한 장르가 성공했을 때, 다른 장르로 활용·개발되는 것이 디지털 컨버전스 시대의 특성이다. 이제 중요한 것은 하나의 스토리텔링을 매체에 맞게 각색하는 방법이다. 이 때문에 원 장르와 활용될 장르의 매체 특성을 정확히 파악하는 것은 물론 재능 있는 시나리오 작가를 개발하는 노력이 병행되어야 한다.

다양한 매체에서 구현되는 이야기 장르

이 글에서는 현대사회의 문화공간 전반으로 확산되고 있는 이야기 장르를 설명하고 분석하기 위해 종래 텍스트 문학 중심으로 이루어진 서사학을 지양하고 새로운 이야기학으로서 '스토리텔링' 개념을 제시하였다.

이 개념은 영화·비디오·게임·광고·애니메이션 디자인·테마파크의 이야기 운용방식 등을 분석하고 새로운 미학을 도출하는 방법론의 틀로서 유용하다고 본다. 또 이런 방법론을 통하여 학자들 사이에서 현재 쇠퇴해가고 있다고 말해지는 문학의 영역을 확장하고 새로운 중심으로 나설 수 있게 하는 계기를 만들 수 있다. 나아가 문화예술과 산업, 과학기술이 접목되는 현재 이야기 장르들을 올바로 이해하고 미학적 발전 방향을 제시하는 역할을 하리라고 본다.

최혜실 서울대 국어교육과를 졸업하고 같은 대학원에서 석사·박사 학위를 받았다. 카이스트 인문사회과학부 및 문화기술 학제전공 교수를 거쳐 현재 경희대 국어국문학과 교수로 있다. 현재 인문콘텐츠학회 부회장, 문화콘텐츠기술학회 부회장, 사회비평 편집위원, 기업도시 위원회 위원, 간행물 윤리위원회 심의위원을 맡고 있다. 저서로 한길사에서 나온 『문자문학에서 전자문화로』를 비롯하여 『문화콘텐츠 스토리텔링을 만나다』 『호모 비르투엔스 루덴스』 『문학과 대중문화』 『디지털 시대의 영상문화』 『디지털 시대의 문화읽기』 『모든 견고한 것들은 하이퍼텍스트 속으로 사라진다』 등이 있다.

4대 매체를 떠나 게릴라 광고로

언제, 어디서나, 느닷없이

김홍탁
제일기획 크리에이티브디렉터 · 광고평론가

광고-대중매체에서 벗어나라

아침에 소포 하나가 배달되었다. 열어보니 낯선 구두 한 켤레만이 들어 있고 다음과 같은 메모가 남겨져 있었다. "이 구두는 베트남 전쟁 때 설치되었던 지뢰에 피해를 입은 사람의 것으로 캄보디아에서 수거된 것입니다. 지금도 하루 500명이 지뢰를 밟아 죽거나 부상당하고 있습니다." 그 아래 인권위원회(Human Right)로 후원금을 보내달라는 메시지가 적혀 있다면 당신은 과연 모른 체 할 수 있을 것인가? 특히 의사나 변호사, 정치인, 교수와 같은 노블레스 오블리주 인식이 비교적 확고한 사람들을 대상으로 이 같은 다이렉트 마케팅을 실시한다면 그리 어렵지 않게 목적을 달성할 수 있지 않을까. 그러나 같은 상황을 텔레비전 광고로 만들어 방영하는 상황을 가정해보자. 정보의 노이즈 현상이 발생될 정도로 수많은 광고 사이에 끼어서 방영되는 그 광고를 보고 깊이 감명을 받아 기부를 하고 싶은 마음이 생길까? 더 중요한 문제는, 사람들이 그 광고를 볼 수 있기나 할까?

위의 예는 가상의 이야기가 아니라 실제 펼쳐진 마케팅 활동의 사례

ᶜᶜ *미디어 테크놀로지의 변천은 사람의*
커뮤니케이션 방식을 획기적으로 바꾸어 왔다.
시대의 트렌드를 가장 예민하게 받아들이고
가장 빨리 전파한다는 광고에서 메시지를 전달하는
형식은 자연히 바뀔 수밖에 없다. 한정된 지면과
화면 속에서 시각과 청각을 통해
광고를 보고 듣던 것에서 언제 어디서나 온몸으로
광고를 경험하는 시대로 접어든 것이다. **᠎᠎**

이다. 이것이 시사하는 바는 광고로 효과를 보려면 이제는 기존의 대중
매체를 활용하는 커뮤니케이션 방법을 바꾸라는 것이다. 우리의 광고
환경을 돌아보자. 한국에서 한 해 만들어지는 텔레비전 광고는 약
2,000편에 달한다. 그중에 몇 편이나 우리 두뇌의 장기기억장치 속에
저장될까? 열 편을 꼽을 수 있다면 대단히 광고에 관여도가 높은 사람
이다. 2007년 한 해 동안 만들어진 광고 중에 기억나는 것을 말해보라
고 한다면 대부분이 KTF의 '쇼를 하라' 캠페인을 꼽을 것이다. 그 다음
엔 SK텔레콤의 '영상통화 완전정복'을 떠올릴 수 있을 것이다. 그러나
그 다음엔…? 선뜻 대답하기 힘들 것이다. 이 두 광고는 그나마 수십 편
의 제작편수와 엄청난 매체 물량이 투입되었기에 기억될 수 있었다.

특히 텔레비전 광고에 의존도가 높은 한국의 광고 현실에선 대부분의
광고가 텔레비전으로만 몰려들기 때문에 크리에이티브의 차별화를 통
해 광고를 인지시키기가 점점 더 힘들어지고 있다. 더군다나 현시대의
대표적인 광고 품목인 이동통신, 휴대폰, 인터넷 통신을 중심으로 여러
편의 광고를 제작해서 동시다발로 방영하는 '멀티-소스, 멀티-릴리즈'

인권 위원회(Human Right), 2002.

(Multi-Source, Multi-Release) 방식이 대세가 되어가는 시점에서 대기업처럼 자본이 넉넉하지 않은 중소기업에서는 차별화할 수 있는 뾰족한 방법을 찾기가 힘들다.

이쯤에서 기본적인 질문을 던져보자. 텔레비전, 신문, 라디오, 잡지로 대변되는 전통적인 대중매체의 광고 효과는 여전히 유효한 것일까? 기존의 매체들은 그 영향력이 입증되어왔다는 사실 때문에 지금까지는 별 의혹을 받지 않고 빈번히 활용되었다. 그러나 객관적으로 따져보면 기존의 대중매체에는 수많은 의혹이 존재한다.

텔레비전 광고를 중심으로 그 의혹을 밝혀보자. 첫째, 방송 프로그램 사이에 여러 편의 광고가 동시에 방영되는 형식 때문에 청취자는 산만해진 메시지에 집중하기가 힘들다. 둘째, 방송 프로그램 시간과 광고 시간대가 엄연히 분리되어 있기 때문에 청취자들은 광고를 자연스러운 것이 아니라 인위적인 것으로 받아들인다. 즉, 무방비 상태에 있는 소비자들에게 다가가 놀래키는 방법을 취할 수 없다는 것이다. 당연히 사람들은 광고 시간대가 되면 딴 생각을 하거나 딴 짓을 할 수 있다. 눈은 텔레비전에 가 있다 하더라도 반드시 광고를 보았다고 할 수는 없는 것이다. 셋째, 이 같은 매체활용 형식 때문에 자연히 광고는 강요하는 형식을 띨 수밖에 없다. 공감을 통한 설득보다는 일방적으로 '나를 좀 지켜봐줘!'를 외칠 수밖에 없는 것이다. 넷째, 광고의 매커니즘에 익숙한(ad-literacy) 소비자들이 점점 더 많아짐에 따라 광고에 대해 냉소적인 반응이 많아진다.

게릴라 광고의 특징-근접성, 유일성, 예측 불가, 구전효과

대중매체를 중심으로 한 광고 활동에 대한 대안으로 이른바 게릴라 광고가 등장했다. 우리나라에서는 그다지 활성화되지 않았지만, 해외에서는 이미 무엇이든 매체가 될 수 있고 메시지를 전달하는 방법은 무궁무진하다는 생각을 전제로 기존의 상업적 커뮤니케이션의 형식을 타파하는 방법을 찾는 데 집중하고 있다. 주위의 모든 것을 미디어로 활용한다는 의미의 앰비언트(Ambient), 소비자들에게 몰래 다가가서 포로로 만든다는 의미의 스텔스(Stealth) 등 이를 칭하는 용어도 다양하다.

이러한 광고의 가장 큰 특징은 소비자와 만나기 원하는 적확한 시간과 장소에서 만날 수 있다는 점이다. 대중매체처럼 정해진 시간과 장소의 범위에 묶이지 않을 수 있다. 즉 소비자와의 '근접성'이 가장 확실하게 확보된다. 또한 이러한 마케팅방식은 대중매체에서처럼 여러 가지 광고 콘텐츠가 서로 섞여 방영되는 것이 아니기 때문에 다른 것으로부터 방해 받지 않고 나만의 메시지를 전달하는 '유일성'의 영역을 확보할 수 있다. 아울러 소비자들이 방심하는 틈에 다가선다는 이점도 있다. 즉, '예측불가'의 특징을 갖는다. 소비자들은 길거리나 수퍼마켓이나 엘리베이터 안에서 느닷없이 게릴라 메시지와 접하게 되기 때문이다.

자연히 놀라움의 강도가 클 수밖에 없다. 마지막으로 이 게릴라 광고는 '입소문 효과'를 최대한 누린다는 데에 가장 큰 이득이 있다. 흔히 바이럴 마케팅(Viral Marketing)이라고 부르는 이 형식은 바이러스가 퍼지듯 사람과 사람 사이의 입소문을 통해 빠르게 확산됨으로써 기존의 대중매체보다 훨씬 큰 효과를 창출할 수 있다. 더욱이 요즘처럼 인터넷을 통한 정보의 전파가 손쉬워진 세상에서는 인터넷을 통한 입소문 효과를 노리는 것이 매우 유용한 전략으로 자리 잡고 있다.

구전효과를 증폭시키는 게릴라 광고

이 분야의 선구자로는 영국 항공사 버진 어틀랜틱(Virgin Atlantic)의 괴짜 CEO 리처드 브랜슨(Richard Branson)을 들 수 있다. 그는 1998년 버진 콜라(Virgin Cola)를 론칭하기 위해 제2차 세계대전 당시의 탱크를 몰고 맨하탄 타임스퀘어에 나타나 코카콜라 캔으로 만들어진 벽을 허물고 지나가는 해프닝을 펼쳤다. 그 자체가 하나의 사건이었으며 당연히 기사거리에 굶주려 있던 각종 미디어에서는 리처드 브랜슨의 이 같은 도발을 보도하고 방영하기에 여념이 없었다. 무료로 홍보 효과를 얻어낸 것이다. 브랜슨은 벨기에 브뤼셀에서도 불도저를 몰고 나타나 바닥에 깔린 코카콜라 캔을 깔아뭉개고 지나가는 유사한 해프닝을 펼쳤다. 그는 콜라계의 명문인 코카콜라와 펩시콜라의 아성을 무너뜨리기 위해 그들이 사용했던 마케팅 활동과는 철저히 다른 길을 택한 것이다.

2000년대 들어 이 같은 게릴라 광고가 뚜렷하게 나타난다. 특히 유튜브(Youtube)와 같은 동영상 사이트가 전 세계적으로 통용되면서 UCC를 적극 활용할 수 있는 장이 마련됨에 따라 인터넷을 통한 입소문 마케팅이 더욱 활발해지고 있다. 우선 그 모범사례라고 불리는 패션 브랜드 에코(Ecko)의 게릴라 전법부터 살펴보자. 2006년 미국에서는 두 청년이 앤드류 공군기지에 몰래 들어가 대통령 전용기인 에어포스원(Air

버진 콜라(Virgin Cola), 1998, 미국.

Force One)에 'Still Free' 라고 낙서를 하고 도망 나오는 UCC 동영상
이 크게 회자되었다. 이 영상물은 대번에 입소문을 통해 미국 전역에 퍼
져나갔다. 그러나 후에 이는 '에코' (Ecko)라는 패션 브랜드가 준비한
퍼포먼스였음이 밝혀졌다.

에코는 그래피티 아티스트(Graffiti Artist)였던 마크 에코(Marc
Ecko)가 1993년 그의 이름을 따서 만든 브랜드이다. 그는 브랜드의 정
신을 드러내는 슬로건으로 'Still Free'를 내세웠다. 그래피티의 정신 자
체가 기존의 고답적인 예술로부터의 자유를 갈망한 것이기 때문에 자연
스럽게 자유라는 단어를 슬로건으로 채택한 것이다. 그러나 뉴욕 시가
낙서 금지법을 통과시키자 에코는 이에 항거하는 뜻으로 그 같은 도발
을 저질렀다. 자신의 브랜드의 정체성을 지키기 위한 돌발 퍼포먼스였
던 셈이다. 3,000만 명이 봤다는 이 동영상은 인터넷의 전파력을 활용해
톡톡히 재미를 본 게릴라식 광고 전법이었다. 오죽하면 국방부에서 그런
일이 없었음을 공식 해명했을 정도로 파장이 컸다. 그 파장은 2006년 칸

광고제의 사이버 부문 그랑프리 수상으로까지 이어졌다.

우리에게 잘 알려진 소니 브라비아(Bravia) 광고 역시 비슷한 게릴라 퍼포먼스를 벌인 경우다. Full HD TV의 론칭을 알리는 이 광고에서 소니는 25만 개의 색색의 공을 샌프란시스코의 가파른 언덕 아래로 굴려 내리는 퍼포먼스를 펼쳤다. 색색의 공은 픽셀을 형상화한 것으로 화질이 뛰어나다는 제품의 특장점을 깜짝 쇼로 포장한 것이다. 기존의 상식대로라면 화질을 강조한 영상에 '실감 영상' 따위의 카피를 선보이는 텔레비전 광고를 생각했을 것이다. 소니는 그러한 접근방식을 버리고 일종의 아트 퍼포먼스를 펼친 것이다. 예상한 대로 이 퍼포먼스는 수많은 사람들에게 깜짝 쇼로 다가왔고 사람들은 이 신기한 장면을 디지털 카메라와 휴대폰에 담아 인터넷에 퍼뜨렸다. 텔레비전 광고가 방영되기도 전에 먼저 홍보를 해주는 효과를 얻어낸 것이다. 인터넷 입소문을 아주 적절히 활용한 경우이다.

브라비아 광고가 주는 시사점은 사람들에게 다가가기 위한 수단으로 텔레비전에서 방영되는 광고가 아니라 어느 날 느닷없이 길거리에서 마주치는 퍼포먼스를 선택했다는 점이다. 이 광고 활동은 브라비아를 확실히 인지시키는 데 혁혁한 공을 세웠음은 물론 2006년 칸 광고제에서 금상을 받는 명예까지 얻었다. 여세를 몰아 브라비아는 큰 건물에서 각 층별로 서로 다른 색깔의 물감을 폭죽 터뜨리듯 터뜨리고, 피라미드 위에서 색색의 실패를 굴려 떨어뜨리는 2차, 3차 퍼포먼스를 이어가고 있다.

옥외 빌보드를 창조적으로 활용한 사례도 있다. 시사 잡지『이코노미스트』(The Economist)는 빌보드 앞으로 사람이 지나갈 때마다 자동으로 약 4초간 전구에 불이 들어오도록 하는 장치를 만들어 '앞서 가는 사람이 되려면『이코노미스트』를 읽으라'는 주장을 효과적으로 설파했다. 남아프리카 공화국의 네드뱅크(Nedbank)는 빌보드 자체를 태양열 집적판으로 만들어 인근 몇몇 초등학교의 식당에 전기를 공급하는 역할을

소니 브라비아(Bravia), 2006, 미국.

함으로써 은행의 실질적인 사회공헌 활동을 효과적으로 전파했다. 동시에 이 빌보드는 지구온난화로 환경 문제가 부각되고 있는 시점에서 천연자원을 활용한다는 이슈도 부각시키면서 2007년 칸 광고제에서 아웃보드 부문 그랑프리를 차지했다. 아디다스(Adidas)는 건물 꼭대기 빌보드에 실제로 사람을 매달아 축구경기를 펼치는 스턴트 묘기를 선보였다. 길 가는 사람들의 시선을 매어두었음은 말할 필요도 없다. 일본에서 펼쳐진 이 게릴라 캠페인은 전 세계로 퍼져나갔으며 무려 1억 5,000만 달러의 무료 홍보 효과를 얻어냈다.

 게릴라 광고가 위의 예처럼 큰 규모로만 이루어지는 것은 아니다. 작은 아이디어 하나로 주목을 끄는 경우도 많다. 우선 기존의 장소에 새로운 것을 덧붙여서 효과를 보는 경우를 예로 들어보자. 카르푸(Carrefour)는 매장에서 책도 판매한다는 사실이 잘 알려져 있지 않자 책 내용과 유

위 | 『이코노미스트』(*The Economist*), 2004, 영국.
아래 | 네드뱅크(Nedbank), 2007, 남아프리카 공화국.

아디다스(Adidas), 2003, 일본.

사점을 가진 물건을 파는 판매대에 책을 올려놓는 방식을 통해 효과적
인 마케팅을 펼쳤다. 예를 들어 생선 판매대에 소설책 『백경』을 올려놓
는 식이다. 책 표지의 에이허브(Ahab) 선장이 마치 판매대 위의 생선
을 향해 작살을 겨누는 것처럼 보인다. 인터넷 쇼핑의 대명사인 이베이
(eBay)는 폐점된 매장의 유리창에 '이베이로 이사했습니다'라고 적힌
종이를 붙여놓아 길 가던 사람들의 주의를 끌었다. 실제 매장이 사이버
매장인 이베이와 대결이 안 된다는 뜻을 담고 있는 것이다.

　사물의 형태를 변형시켜 극적인 효과를 노리는 경우도 있다. 켈로그
(Kellogg)는 수퍼마켓의 카트 손잡이를 둥글게 변형시키고 그 위에 다
음과 같은 카피를 적어놓았다. "켈로그의 Special K를 시작할 때입니
다. 99% 무지방." 카트 손잡이의 곡선에 맞을 만큼 배가 나온 사람이
그 문구를 읽는다면 한 번쯤은 켈로그 코너에 가서 제품을 집어들지 않

왼쪽 | 카르푸(Carrefour), 2004, 브라질.
오른쪽 | 이베이(eBay), 2005, 벨기에.
아래 | 켈로그(Kellogg), 2003, 독일.

을까.

　캐나다에서 제작된 버스 정류장 스탠드 광고 역시 새로운 미디어에
아이디어를 접목하여 큰 효과를 올린 예에 속한다. 3M에서 제작한 깨지
지 않는 안전유리를 광고하기 위해 밴쿠버의 광고회사 리씽크(Rethink)
에서는 4대 매체 광고 대신 버스 정류장 광고판을 활용했다. 안전유리
사이에 지폐를 가득 넣고 이 유리를 깰 수 있는 사람은 돈을 가져가라는
배짱을 부린 것이다. 길 가던 수많은 사람들이 유리를 손으로 치고 발로

3M, 2005, 캐나다.

차고 심지어 몸으로 격파하려 하는 장면까지 목격되었고, 이 같은 해프
닝은 다음날 아침 유력 일간지 『밴쿠버 선』(*Vancouver Sun*)의 1면을
장식했다. 요구하지도 않았는데 신문에서 실어주는 홍보 효과를 올린
것이다. 뒤를 이어 수많은 신문과 잡지에서 같은 사실을 다투어 보도함
으로써 팔짱 끼고 앉아 이득을 챙기는 행운까지 누리게 됐다. 이 프로젝
트를 진행하는 데 투여된 비용은 단돈 6,000달러(약 550만 원)였다고
한다. 조선일보 1면 4단짜리 광고를 한 번 집행하는 데 매체비만 6,000
만 원이 투여되는 것을 감안하면 '적은 비용 대비 높은 효과'라는 경제
의 기본원리를 몸소 실천한 모범사례인 셈이다. 이 광고를 신문광고로
제작했다면 이만큼의 성공을 가져올 수 있었을까?

한국광고, 전통적 광고 매체를 탈피할 때

사례는 이외에도 셀 수 없이 많다. 확실한 것은 전 세계에서 더 큰 마케팅 효과를 얻기 위해 대중매체를 활용하는 기존의 광고 기법에서 벗어나 게릴라 광고에 많은 관심을 기울이고 있다는 점이다. 그 결과 텔레비전과 인쇄 광고에만 상을 수여하던 칸 광고제에서도 점진적으로 사이버(Cyber), 다이렉트(Direct), 미디어(Media), 타이타늄(Tiatnium), 프로모션(Promotion) 부문을 신설하여 기존의 4대 매체를 제외한 영역의 광고에 관심을 기울이고 있다.

아쉬운 점은 아직 한국에서는 1999년 '선영아 사랑해'로 회자되었던 마이클럽닷컴이나 애니클럽에서 애니밴드에 이르는 애니콜의 브랜디드 엔터테인먼트(Branded Entertainment)처럼 게릴라 광고를 효과적으로 활용한 성공 사례가 쉽게 눈에 띄지 않는다는 점이다. 여러 가지 이유가 있을 수 있겠지만 새로운 시도를 꺼리는 광고계 전반의 분위기가 가장 큰 원인일 것이다. 대부분의 기업에서는 여전히 텔레비전 광고가 가장 빨리 효과를 볼 수 있는 장르라고 생각하고 있다. 시간이 흘러도 케이블 TV를 포함하여 텔레비전 광고가 차지하는 매체 구성비는 40퍼센트 대를 넘나든다.

그러나 더 기본적인 문제는 한국 광고산업의 수익창출 구조에 있다. 광고사의 수익이 4대 매체비의 일정 수수료에 의존하고 있는 현재의 커미션(commission) 방식이 중심이 되는 한 4대 매체에의 의존도는 높을 수밖에 없다. 실제로 인터넷 광고로 효과를 톡톡히 본 광고주가 텔레비전보다는 인터넷 광고에 집중하자는 의견을 낸 적이 있다. 그러나 광고회사 입장에서 인터넷 광고는 텔레비전에서만큼 수익을 낼 수 없기 때문에 선뜻 인터넷 광고 중심의 전략을 지지할 수 없었다. 다양한 매체를 활용하기 위해서 광고회사는 우선 새로운 수익창출 모델을 만들어야만 하는 상황이다. 이를 위해선 한 프로젝트에 투여되는 인원과 그들의 근무시간, 그리고 참신한 아이디어를 통해 시장을 움직인 성공사례 창출 등에 초점을 맞추어 서비스료를 받는 피(fee) 방식이 병행되어야 한다. 그러나 이 역시 안정된 시스템으로 정착되기까지는 많은 시간과 시행착오를 필요로 할 것이다.

미디어 테크놀로지의 변천은 사람의 커뮤니케이션 방식을 획기적으로 바꾸어 왔다. 이제 사람들은 비디오를 대여하지 않고 인터넷으로 영화를 본다. 카탈로그를 통해 주문을 받던 통신판매 방식은 인터넷 쇼핑으로 바뀌었다. 무엇보다 사람들은 텔레비전이나 신문보다 인터넷을 통해 세상과 접하는 시간이 많아졌다. 시대의 트렌드를 가장 예민하게 받아들이고 가장 빨리 전파한다는 광고에서 메시지를 전달하는 형식은 자연히 바뀔 수밖에 없다. 4대 매체를 활용한 기존의 광고는 그 효과가 확연히 줄어들고 있다. 일상의 모든 것이 광고의 미디어가 되고 있는 세상이다. 한정된 지면과 화면 속에서 시각과 청각을 통해 광고를 보고 듣던 시대에서, 언제 어디서나 온몸으로 광고를 경험하는 시대로 접어든 것이다.

김홍탁 제일기획 크리에이티브디렉터이자 광고평론가이다. 삼성전자의 글로벌 광고 프로젝트를 주관해 왔으며, 『중앙일보』『동아일보』『월간디자인』『광고정보』 등의 지면을 통해 대중문화로서의 광고를 알리는 데 힘써왔다. 고려대 대학원, 이화여대 대학원 등에서 강의했으며 국민대학교 언론학부 겸임교수를 역임했다. 광고평론집 『광고, 대중문화의 제1원소』『광고, 리비도를 만나다』 등의 저서와 『머리 좀 굴려 보시죠』『크리에이티브 게릴라: 생각의 스위치를 올려라』 등의 역서가 있다. 세계광고제인 'New York Festival', 'Adfest'의 심사위원을 역임했으며 광고전시회 '안티광고전', 사진전시회 '豪氣 또는 虛氣전'을 기획했다.

광고기호학과 광고 비평

당신은 이미 상품의 공간에 들어와 있다

마정미
한남대 교수 · 광고평론가

광고도 읽어야 하나?

최근 많은 기호학자들이 광고에 관심을 보이고 있다. 한국기호학회에서 발간되는 『기호학연구』에도 광고기호학은 단골메뉴로 자리 잡아가고 있고 기호학연대의 『기호학으로 세상읽기』라는 책을 보아도 이들이 현대사회의 대표적 프로파간다인 광고의 기호학에 관심을 기울이고 있음을 알 수 있다. 물론 해당 학문인 광고학과 커뮤니케이션 학계에서는 일찌감치 대중매체의 기호학과 광고기호학에 관한 저작과 논문들이 꽤 축적되어 왔다.

그러나 한국사회에서 광고기호학이나 광고비평이 시작된 역사는 그리 오래되지 않았다. 정치적 격변기를 넘어 1990년대에 들어서 한국사회에서는 어느새 포스트모더니즘 문화현상이 범람하기 시작했고, 대중문화의 중요성이 부각되면서 문화담론이 융성하기 시작했다. 바야흐로 대중문화가 하나의 텍스트로 인정받고, 대중문화 비평이 시도되면서 광고비평도 시작되었다. '광고도 비평해야 하는가?'라는 질문은 이미 우문이 되었다.

66 윤택하고 매끈하고 아름다운 광고 속의 모습은
소비자에게 결핍을 느끼게 한다. 욕망은
이상적 자아와 현실의 자아를 일치시키려는
노력이다. 광고는 그것이 광고에 등장하는
상품으로 채워질 수 있다고 암시한다.
결핍을 메우려는 일치의 노력, 즉 욕망은
광고의 원동력이고 자본주의의 원동력이다. **99**

그러나 한편으로는 여전히 '광고도 읽어야 하는가?'라는 시각과 'so what? 그래서 어쨌다는 것이냐'라는 시각들이 존재한다. 그것은 영화와 같은 문화상품과 달리 광고는 상품을 알리는 커머셜 메시지에 지나지 않는다는 관점 때문이다.

그러나 마케팅 프로모션의 일환인 광고는 그 독특한 형태로 인하여 그 사회의 산업구조를 반영할 뿐 아니라 한 사회가 안고 있는 사회적 강박, 스테레오타입, 집단적 무의식, 주요 담론 등이 중첩된 결정체다. 그러므로 광고를 통해 현대사회를 읽어내는 작업은 당대의 다양한 모습과 무의식, 당대의 표현 양식에 주목하는 일이다.

광고인 캘킨스(Calkins)는 "우리는 광고를 통해서 사회학적 역사의 흔적을 추적하게 될지도 모른다. 유행과 열광의 일어남과 스러짐을, 음식과 의복 분야에서 관심과 기호의 변화를, 오락과 악습을, 또한 당대 삶의 파노라마를 들여다볼 수 있게 될지도 모른다"고 했다. 그의 말처럼 산업사회의 문화와 풍속은 소비와 그 전령인 광고와 불가분의 관계에 있다. 때문에 보드리야르(Baudrillard)의 『소비의 사회』나 매크래켄(McCracken)

의 『문화와 소비』 같은 저서는 소비와 광고를 현대사회의 주요 문화이자 정체성을 찾는 기제로 짚어내고 있다.

이는 광고를 '현대 자본주의의 공식적 예술'(official art)이라고 정의 하고 원시사회에 주술적 신비체계가 존재하듯 현대광고의 본질은 '신비 체계'라는 레이먼드 윌리엄스(Williams)의 견해나, 광고를 '사회통제기 제'로 간주한 버만(Berman), 자본제적 생산에서 필연적인 소비의 확대 와 광고의 발달을 언급하며 현대광고는 '상품판매와 문명화'라는 이중적 목적을 제시한다는 유엔(Ewen)의 논지를 통해서도 반복되는 문제제기 다. 동시대인을 설득하기 위한 광고는 지배적인 이데올로기를 담게 마련 이고 역설적이게도 그에 대한 반동의 모습도 광고에 드러난다. 많은 사 람들에게 회자되는 광고 카피가 있다면 그것은 동시대인의 욕망과 멘털 리티를 자극하는 부분이 있기 때문이다. 광고는 은연중에 동시대의 계열 적인 모습과 시대정신을 담게 된다.

광고가 한 시대의 문화를 투영한다고 전제한다면, 광고를 읽는다는 것 은 한 시대의 다양한 스펙트럼을 읽어낼 수 있고, 또는 그 시대에 깔려 있는 욕망을 읽어낼 수 있는 것이라고 할 수 있다.

바르트를 이은 광고 기호학의 전통

최근 소규모이기는 하지만 '광고비평'이 활성화되고 있는 것은 광고가 마케팅 체계로서뿐 아니라 대중 텍스트로 확장되고 있음을 보여준다. 광 고를 상업적 메시지에서 종합예술을 담은 대중적 텍스트로 보기 시작한 역사는 그리 오래되지 않지만 텍스트 비평이 대중문화 영역으로 확대되 고, 광고비평의 필요성이 공감대를 형성하고 있는 것이다. 광고비평은 여 타의 미디어 비평과 마찬가지로 문예비평의 틀, 영국의 문화연구 전통과 후기구조주의이론, 기호학적 이론이 원용된 텍스트 분석이 주를 이루고 있으며, 매체적 근접성 때문에 텔레비전 비평방법론이 주로 활용된다.

『광고의 기호학』. 바르트의 명맥을 이어 가장 효과적인 광고분석을 시도한 윌리엄슨의 저작이다.

　무엇보다 광고비평에 기틀을 제공한 사람은 기호학을 사진, 광고 등과 같은 대중문화 분석에 도입한 롤랑 바르트다. 바르트는 '판자니' 광고와 잡지 『파리마치』의 표지사진 분석을 통하여 기호의 의미작용을 예시하고 외연적 의미(denotation)와 내포적 의미(connotation)라는 기호의 2차적 의미작용을 거쳐 신화(myth)가 형성된다고 주장했다. 바르트의 신화 개념은 사회에 널리 퍼져 있는 지배적인 사상, 지배적인 이데올로기를 뜻한다. 바르트가 있었기에 이미지의 수사학이 시도되었고 광고의 기호학이 발달할 수 있었다.

　그리고 광고의 기호학 분야에 길이 남을 명저인 주디스 윌리엄슨(Judith Williamson)의 『Decoding Advertising』이 있다. 이 책은 바르트의 명맥을 이어 가장 효과적인 광고분석을 시도한 책이다. 국내에 『광고의 기호학』이라는 제목으로 번역되어 있는 이 저서에서 윌리엄슨은 기호학적 텍스트 분석의 진수를 보여주고 있는 것이다. 단지 기호들의 의미작용 방식 설명뿐 아니라 현대 소비사회 혹은 소비자 문화에서 광고가 구체적으로 어떤 방식으로 지배적 이데올로기 기능을 하는지를 효과적으로 보여준다. 이 책은 미국과 유럽 대학에 개설되는 문화론 강좌에 빠지지 않고 리딩 텍스트로 들어가는 필독서이다. 현대사회와 문화의 이해에 있어 광고의 이해는 필수적이기 때문이다.

윌리엄슨은 저널리스트이자 영화제작자로서 런던 시티대학의 방문교수로 활동하기도 했다. 처음 이 책은 버클리, 캘리포니아대학의 대중문화 과정을 위해 준비되었다고 한다. 광고물과 분석으로 구성된 교과과정의 분석에서 나온 결론들이 이론의 기초가 되었다. 20대에 출간하여 학계의 주목과 찬사를 얻은 『광고의 기호학』 이후 윌리엄슨은 『Consuming Passions, Deadline at Dawn』이라는 비평집을 냈다. 이 두 책은 영화, 사진 등의 대중문화에서 소비문화가 페미니즘과 정치적 요소를 어떻게 반영하는지를 보여준다. 볼프강 하우크의 상품미학 비판이 지나치게 유물론적인 결론을 내리고 있다면 윌리엄슨의 책은 좀더 광고언어와 대중문화 산물에 대한 세밀한 분석이 돋보인다.

주디스 윌리엄슨의 공과

윌리엄슨의 『광고의 기호학』은 제1부 '광고의 작업——그 의미작용'과 제2부 '이데올로기의 성채——지칭체계'로 나누어져 있다. 첫 번째 부분은 광고가 어떻게 메시지를 전달하는가에 대한 것이다. 이를 위해서 윌리엄슨은 상품의 의미를 만들어내는 광고의 구조와 더불어 이 구조가 어떻게 소비자로 하여금 의미생성 과정에 자발적으로 개입하게 만드는지를 보여준다. 그녀에 따르면, 광고의 의미교환 구조는 상품을 기호로 만들고, 다시 기호로서의 상품과 사람을 교환하도록 만든다. 우리는 광고에 의해 '주체'로서 '호명'되며, 스스로 기호와 자신을 교환함으로써 이데올로기의 재생산 과정에 적극적인 참여자가 되는 것이다. 상품의 소비는 계급과 성을 포함한 집단 창조의 수단으로 작용하지만 한편으로는 우리의 진정한 의식을 가리는 덫이 된다. 이 덫은 이데올로기이다. 이 덫은 자발적으로 개인의 자유의지에 의해 상품을 구입하고 소비한다는 자유주의적 아이디어의 환상을 통해 이루어지기 때문에 의식되지 않는다.

제2부 '이데올로기의 성채'는 광고 메시지의 진정한 내용이 무엇인가를 말하고자 한다. 이를 위해 광고가 현실세계의 사물들을 기호로 재사용하는 과정에서 새로운 상징체계가 만들어지는 이데올로기적 맥락을 해석학과 광고의 사례분석을 통해 제시한다. 광고의 기호는 현실세계의 사물들로부터 채택되고 도용되므로 그것이 갖는 궁극적인 의미는 이미 존재하는 우리의 사전 지식체계로부터 만들어져나올 수밖에 없다. 이것은 광고의 지칭체계로서 이것이야말로 상품의 함축적 부가의미를 만들어내는 '이데올로기의 성채'인 것이다.

이 책을 통해 윌리엄슨은 광고가 어떻게 현실에 대한 우리의 진정한 관계를 은폐하고 왜곡시키는가를 보여준다. 광고에 사용되는 핵심적인 여러 가지 지칭체계——자연·과학·마법·시간 등——가 광고에 의해 '텅빈' 기호표현으로 도용됨으로써 현실에 대한 우리의 진정한 관계는 은폐되고 왜곡, 표상된다. 그러나 우리는 그것을 자연스럽고 당연한 것으로 받아들인다. 거친 피부는 스킨로션으로 다듬어지고 '요리'되어 '자연스러운' 피부로 빛나게 되며, 초콜릿은 우리에게 사랑을 가져다준다. 광고는 마법의 세계에 대한 우리의 지식도 지칭체계로 이용하는 것이다. 광고의 이데올로기적 설득효과는 여기에서 시작된다.

사이몬 프리스(Simon Frith)라는 비평가의 말을 빌면 "윌리엄슨은 텍스트의 세밀한 독해에 있어서 강점을 가지고 있다. 그녀의 기호학과 같은 해석적 접근은 위트와 정밀도를 지닌 진지한 관점을 제공한다. 포스트모더니즘의 매력에 저항하는 선량한 사회주의자이자 인본주의자인 그녀는 사람들의 욕구와 욕망은 결코 충족되지 않지만 소비재에 의해 잠시 충족된다는 것을 명백히 보여준다."

호명의 기제와 욕망

윌리엄슨의 빛나는 공과 중의 하나는 광고가 '호명'(interpellation)이라는 기제를 통해 소비자를 부르고 소비시민으로 구성한다는 이론이다. 알튀세르(Althusser)와 라캉(Lacan)의 이론을 광고에 도입한 것이지만 현대사회의 어떤 사례보다 '호명의 기제'를 정확하고 명징한 결과로 보여주는 것이 바로 광고다. 소비자가 적극적인 소비주체로 나서서 주체를 형성하는 것은 광고가 여러 형태로 소비자를 부르기 때문이다. 광고는 우선 '당신'이라는 호명으로 욕망의 공간, 주체가 비어 있는 '광고'의 공간으로 소비자를 초대한다. '대한민국 1퍼센트', '당신은 특별한 사람'이고, '당신이 사는 집이 당신을 말해주고', '당신의 아기는 다르다'. 광고에서 당신을 부르면 소비자는 바로 자신의 초대에 응하고 주체로서 광고 안의 스타나 상품에 결합된다.

윌리엄슨은 화폐는 교환을 위해 주체를 요구한다고 주장한다. 화폐가 교환가치로 전이되듯, 기호(광고)도 교환가치로 전이된다는 것이다. 샤넬 향수의 모델로 등장한 카트린 드뇌브가 그렇다. 광고는 토테미즘처럼 어떤 속성으로, 사람으로 소비자를 규정해주고 그것은 광고의 상품에 의해서 어떤 부류의 사람으로 창조된다. 이는 다른 상품과 차별화시켜주는 상품과 자신의 개성을 동일시하는 것이며 '오직 당신만을 위해'라고 이름 붙여진 상품으로 소구한다. 이것은 사실 대량생산품을 개인에게 의미 있는 상품으로 소구하기 위한 방법에 지나지 않지만 소비자는 호명에 의해 자신의 개성을 찾고 정체성의 환상을 가진다. 또한 이를 위해 광고는 부재의 공간을 남겨두고 소비자를 초대한다.

윌리엄슨은 라캉의 광고와 거울단계 이론을 들어 주체는 태어나는 것

샤넬 향수의 모델로 등장한 카트
린 드뇌브. 소비자는 호명에 의
해 자신의 개성을 찾고 정체성의
환상을 가진다. 또한 이를 위해
광고는 부재의 공간을 남겨두고
소비자를 초대한다.

이 아니라 형성된다는 것을 설명하고 있다. 광고는 가장 명징하게 주체
형성의 과정을 보여준다. 자아–이상(ego-ideal)의 채워지지 않는 허구
적 욕망을 만들어내고 광고의 완벽한 모습과 당신의 실제 모습 간의 간
극을 보여준다. 당신이 잃어버린 자아를 찾기 위해 제품 구매를 유도하
는 것이다.

　왜 소비자는 이러한 광고의 부름에 대답하고 광고 안에 들어가 기꺼
이 광고의 주체가 되고자 하는가? 광고가 우리에게 미끼를 던지는 것은
다름 아닌 욕망이다. 소비자가 광고를 보면서 느끼게 되는 것은 현실 속
의 자신과 광고 속의 가치들 사이의 간극이다. 윤택하고 매끈하고 아름
다운 광고 속의 모습은 소비자에게 결핍을 느끼게 한다. 욕망은 이상적
자아와 현실의 자아를 일치시키려는 노력이다. 광고는 그것이 광고에 등

장하는 상품으로 채워질 수 있다고 암시한다. 결핍을 메우려는 일치의 노력, 즉 욕망은 광고의 원동력이고 자본주의의 원동력이다. 때문에 윌리엄슨의 논의가 욕망이론으로 진행되고 라캉의 이론이 제시되는 것은 지극히 순차적이다.

라캉은 인간은 태어난 후 바로 결핍의 세계에 돌입한다고 한다. 인간이 궁극적으로 추구하는 것은 결핍이 있기 전의 세계, 돌아갈 수 없는 파라다이스이며, 아이가 엄마와 일치감을 느끼던 시기라는 것이다. 그것은 이미 존재하지 않는 것이고 돌아갈 수 없는 낙원이기 때문에 인간은 대체물을 통해 자신을 위로한다.

텍스트와 컨텍스트의 조화

윌리엄슨의 책은 1978년에 출간되었다. 그러나 우리나라에서 광고기호학, 광고비평이 시작된 역사는 일천하다. 기존의 광고비평은 광고제작자들의 크리에이티브를 평가하고 광고의 퍼블리시티 효과를 위해 행해졌다. 그런 의미에서 광고비평이라기보다는 산업적 편의를 위한 광고평가 정도에 머물렀다는 지적이 맞을 것이다. 광고비평의 또 하나의 축은 광고의 진실성과 허위성을 따지는 윤리적 차원의 광고비평이다.

그러나 1980년대 이후 광고학과 소비자 연구 분야의 실증주의 패러다임에 대한 대안적 접근방법으로 주목받기 시작한 기호학은 그 유용성에도 불구하고 한계 또한 지니고 있다. 우선 기호학은 너무 이론적이고 지나치게 추론적이며 객관적이고 과학적인 계량적 자료를 입증하려 들지 않고 자신의 이론을 예증하는 데 사용하는 증거들이 매우 선별적이라는 비판을 받는다. 특히 실증주의적, 경험주의적 연구가 강세인 광고학계에서는 기호학 이론이 보여주는 특정 텍스트의 해독이 지극히 주관적이며 일반화시키기 어려운 해독이라는 입장이다.

그러한 비판과 또 다른 측면에서 제기되는 또 하나 문제는 광고기호학이 소수의 학자에게만 유용한 엘리트주의적 학문일 수 있다는 점이다. 광고 텍스트에서 함축적 의미의 생산이란 것이 어떻게 이루어지는지 일반 수용자들은 읽어내기 어려운 경우가 대부분이다. 체계적인 미디어 교육이나 기호학적 해독의 훈련을 받지 않은 수용자들은 텍스트의 외연적 의미만 인상주의적으로 읽어내는 것이 고작이다.

또한 텍스트 분석은 그 텍스트가 생산·유통·소비되는 사회적·문화적·역사적·경제적·정치적 맥락과 조건을 무시하는 비평에 그쳐왔다는 것이 한계로 꼽힌다. 하나의 광고가 의미를 갖는 것은 기호작용을 통해 이루어지지만 특정 시대의 신화나 의미체계, 사건들과 교직되어 파생되는 의미작용이기도 하다. 특히 제품과 서비스라는 유·무형의 상품에서 비롯되는 의미작용이라는 점에서 광고는 한 시대의 사물과 사건들로부터 파생되는 의미이다.

레이몬드 윌리엄스는 경제적·사회적·문화적 사실들 사이에 얽혀 있는 관계를 통합적으로 고려하는 분석방법을 개발해야만 광고에 대한 정확한 이해를 할 수 있다고 주장한다. 다시 말해 윌리엄스는 광고를 단순히 경제제도나 마케팅 도구 또는 하나의 설득 커뮤니케이션 형식이나 심지어 문화적 텍스트로 축소시킬 수 없음을 분명하게 지적하고 있는 것이다.

텍스트의 생산·유통·소비를 둘러싼 맥락에 충실한 연구들이 활성화될 때 비로소 광고의 기호학은 단순한 실증주의의 극복이나 개별 텍스트 분석에 경도된 학문이라는 현재의 위상을 탈피하여 소비자 문화, 미디어 문화, 대중문화를 관통하는 핵심적 지점으로서 광고를 이해하고 접근하는 폭넓은 시각을 제공하게 될 것이다.

마정미 광고평론가·문학평론가로, 한남대학교 정치언론국제학과 조교수로 재직하고 있다. 주요 저서로 『최진실 신드롬』『광고, 거짓말쟁이』『지루한 광고에 도시락을 던져라』『광고로 읽는 한국 사회문화사』 등이 있다.

영역을 확장해가는 3D애니메이션

디지털 캐릭터가 영화배우를 대신한다

한창완
세종대 교수 · 만화애니메이션학

CGI기술로 표현의 영역이 확대된다

|사례| H씨는 인기 영화배우이다. 그가 등장하는 영화는 무조건 흥행한다는 속설 때문에 영화출연 섭외가 줄을 잇는다. 그래서 그는 더욱 출연 영화를 고를 때 심사숙고한다. 그런데 H씨가 출연을 결정한 영화의 감독은 그의 연기력에 대해 반신반의한다. 지금까지의 인기는 인정하지만, 이번 영화의 장르가 특별해서 그의 연기력이 충분히 발휘될 수 있을 것인가에 대해 걱정이 이만저만이 아니다.

그러나 해결책은 있다. H씨와는 초상권 계약만 하고, 그와 똑같이 닮은 사이버캐릭터를 3D애니메이션 프로그램으로 만들기로 한 것이다. 이 사이버캐릭터는 H씨와 동일한 목소리와 행동방식, 표정연기를 통해 영화감독의 걱정을 모두 해소해주었다.

이제 3D애니메이션의 표현영역은 그 사실성의 수준에서 실사영화에 대안을 제시하기 시작했다. 그 사례는 판타지로 대표되는 블록버스터 영화에서 실제로 나타나고 있다. 스티븐 스필버그가 제작한 애니메이션 「폴라 익스프레스」와 「몬스터 하우스」에서는 주요 배우의 모션캡처를

> 애니메이션은 기존의 만화영화의 개념에서 벗어나
> 실제 생활에 이용할 수 있는 다양한 산업 분야와
> 연계되기 시작했다. 인터넷이라는 새로운 배급창구가
> 활성화되면서 애니메이션의 기능이 보는 미디어에서
> 체험하는 미디어로, 일방향성 미디어에서
> 쌍방향성 미디어로 발전했기 때문이다.

그대로 3D데이터로 활용하는 기술이 본격적으로 도입되었고, 「베오울프」에서는 진짜 영화배우가 출연하는 것과 흡사한 영상기술이 구현되기 시작했다. 「베오울프」의 영화 홍보문에는 미국 유명 여배우의 아름다운 자태가 공개된다고 크게 선전하고 있지만, 실제로 영화에서 볼 수 있는 것은 사이버캐릭터로 표현된 영상이다.

「반지의 제왕」과 「해리포터」 시리즈에 이어서 고전소설과 판타지소설을 원작으로 한 영화 시리즈물의 제작이 활성화되고 있다. 작품마다 나름대로의 흥행 성과를 올리면서, 유사한 시리즈가 블록버스터로 계속 제작되고 있다. 「에라곤」 「나니아 연대기」 「판의 미로 - 오필리아와 세 개의 열쇠」 「스타더스트」 「황금나침반」 등 흥행성이 담보된 인기 영화배우를 주·조연으로 배치시키면서 판타지 영화는 더욱 다양한 주제로 확대된다. 표현의 영역과 상상력의 한계를 더이상 문제 삼지 않고 전설 속의 신과 마법사, 그리고 거대한 동물과 이형(異形)의 피조물이 공존하는 환상의 세계를 그려낼 수 있게 된 것이다. 영화에 도입된 CGI기술이 만들어진 영상의 완성도를 실사의 표현 수준까지 끌어올리고 있기

「폴라 익스프레스」에서는 주요 배우의 모션 캡처를 그대로 애니메이션에 활용했다.

때문이다. 이는 표현 영역을 점진적으로 확대해온 3D 풀 디지털 애니메이션 기술 개발의 성과이다.

일본의 완구 제조회사와 미국의 제작사가 함께 제작한 2D애니메이션 「트랜스포머」역시 첨단 CGI기술에 의해 더욱 정교하고, 화려하게 부활했다. 2D애니메이션보다 더욱 실감나게 변신하는 장면에서는 CGI로 만들어낸 영상이라는 사실을 알고 있으면서도 그 완성도에 박수를 보내게 된다. 이야기 구조의 흥미로움보다도 영상의 완벽한 구현에 관객은 환호했다. 「트랜스포머」의 현실적인 연출은 CGI기술의 정점이라할 만했다.

국내에서도 「로보트 태권브이」를 「트랜스포머」처럼 실사와 CGI영상의 합성으로 제작하려는 부활 프로젝트가 진행 중이다. 이제 애니메이션은 새로운 기술을 기반으로 인위적 영상세계의 첨병 역할을 효과적으로 보여주고 있다. 이러한 사례에서 알 수 있듯이, 디지털 영상기술의

「트랜스포머」는 실사의 표현 수준까지 끌어올린 CGI영상의 완성도로 화제를 모았다.

발달은 영상의 실험성과 완성도를 극대화시켜가고 있다.

일상생활 속으로 파고드는 애니메트로닉스

디지털 만화로 그려진 원작이 3D 컴퓨터그래픽 재생 프로그램에 의해 자동으로 3차원 캐릭터디자인으로 변형되면서 평면적인 만화가 애니메이션으로 전환된다. 이러한 시도는 관객들의 평가를 받아 흥행에 성공한다는 전제 아래 바로 3D시뮬레이션 게임으로 변형된다. '원소스 멀티유즈'(One Source Multi Use, OSMU)라는 이론적 논리는 이제 완벽하게 실현되며, 그 변환에 걸리는 시간도 점차 짧아지고 있다.

만화와 게임의 간극을 최소화하고 소설의 상상력을 실제적인 영상으로 구현해내는 애니메이션의 첨단기술 애니메트로닉스(animetronics)는 그 무제한의 가능성으로 여러 분야에서 새로운 영역을 개척하고 있다. 비행기 조종사나 우주비행사의 훈련용 시뮬레이션 영상을 실제와 똑같이 구현해내는 것에서부터, 견습의의 수술 시뮬레이션, 군인의 가상 전쟁훈련, 도심재개발에 따른 교통 수요예측, 주택 인테리어 시뮬레이션 등 일상의 다양한 분야에서 애니메트로닉스는 그 효용성을 극대화하고 있다.

현재는 애니메이션(animation, animated film)과 실사영화(live action film)라는 간극이 소멸되고 있으며, 넓은 의미의 애니메이션 개념 안에 실사영화가 접목되고 있다. 애니메이션은 기존의 만화영화(animated cartoon)라는 개념에서 벗어나 실제 생활에 이용할 수 있는 다양한 산업 분야와 연계되기 시작했다. 인터넷이라는 새로운 배급창구가 활성화되면서 애니메이션의 기능이 보는 미디어에서 체험하는 미디어로, 일방향성 미디어에서 쌍방향성 미디어로 발전했기 때문이다.

3D애니메이션 제작기술의 급성장

이렇게 애니메이션의 개념이 확대되기 시작한 것은 아날로그식 2D 애니메이션, 즉 셀애니메이션을 기반으로 하던 만화영화 제작과정에 컴퓨터가 본격적으로 도입되면서 디지털로 전환된 시점부터이다. 이러한 컴퓨터 제작시스템의 도입은 다양한 디지털 제작방식을 활성화시켰고, 엔지니어와 아티스트의 효율적인 결합은 3D애니메이션의 기술 발전을 조기에 이루어냈다.

3D애니메이션이 급성장하게 된 데에는 인터넷을 중심으로 다양한 네트워크 기술이 활성화되었다는 사회적 배경이 존재한다. 이러한 인프라를 기반으로 하는 디지털 콘텐츠에 최적의 서비스를 구현해내는 방식이 3D애니메이션이기 때문이다. 3차원시각화 기능을 제공하는 렌더링과 애니메이션 기술의 발전은 컴퓨터 운영체제 및 CPU의 성능 개선, 그리고 그래픽보드의 획기적인 발전과 맞물리면서 3D애니메이션의 전성기를 만들어내었다.

썬 마이크로시스템에서 출시한 그래픽보드 '썬엑스퍼트 3D'는 솔라리스 2.6 이상 버전을 기본 탑재한 썬울트라 60과 썬울트라 80 워크스테이션급에서 작동된다. 이 그래픽보드에는 3D렌더링 및 고급 애니메이션 제작 기능이 내장되어 있어서, 고도의 그래픽 작업을 빠른 시간에

「원더풀데이즈」의 한 장면. 급격한 제작기술의 발달과 함께 3D애니메이션의 전성기가 시작되었다.

쉽게 처리할 수 있게 되었으며 가격 또한 대중적인 수준으로 저렴해졌다. 또한 3D게임 프로그래밍을 위한 'OpenGL' 등의 게임 엔진언어가 출시된 것 등, 기존 2D애니메이션과 게임을 한 단계 진보시킨 3D 제작기술의 발전은 3D애니메이션 제작 붐을 형성하는 원동력이 되었다.

이러한 3D애니메이션 제작기술의 산업적 효과는 애니메이션과 게임 제작 이외에도 고성능 기계설계용 CAD, 정밀 시뮬레이션 기계, 의료 이미징 시스템, GIS 등 3D응용시장을 창출하며 관련된 산업 분야에 급격히 확산되고 있다. 또한 3D애니메이션이 현재까지는 텔레비전 화면과 컴퓨터 화면에서 보는 평면적인 3D영상의 형태지만, 현재 개발이 진행 중인 3D디스플레이 기술이 본격적으로 상품화되는 시점에 이르면, 입체영상으로 진정한 3D애니메이션을 만나게 될 것이다. 따라서 디스플레이의 발전은 3D애니메이션의 실질적인 일반화를 가져올 중요한 기술적 변수가 될 전망이다.

3D애니메이션과 컴퓨터 제작기술의 상호 시너지 효과

세계 3D애니메이션 시장을 선도하고 있는 기업은 대개 할리우드의 자본을 기반으로 하는 대형 제작사들이다. 2006년 이후 할리우드 주요 배급사들은 3D 전문제작 스튜디오와의 협력관계에서 적극적인 합병체제로 전환하였다. 「토이스토리 1, 2」「벅스라이프」「몬스터 주식회사」「인크레더블」「카」「라따뚜이」등을 제작한 픽사(PIXAR)는 월트디즈니와 합병하였고 「개미」「슈렉」「헷지」 등을 제작한 PDI는 드림웍스와 합병해 드림웍스PDI를 설립한 후 다시 파라마운트와 합병하였다. 또한 「할로우맨」을 제작한 소니 픽쳐스(Sony Pictures)는 전문적인 3D 제작 스튜디오를 새로 개설하였고, 「쥬만지 2」를 제작한 이미지 웍스(Image Works)와 「에어리언」 시리즈 및 「아이스에이지」를 제작한 블루스카이(Blue Sky Studios) 또한 20세기폭스와의 협력관계를 더욱 공고히 하고 있다. 이는 할리우드의 주요 배급사들이 3D애니메이션의 흥행 성과와 배급 효율성에 대해 주목하고, 투자의 주요 변인으로 인정했다는 뜻이다. 특히 「ET」「터미네이터」「스타워즈」 등을 제작한 ILM과 디지털 도메인 등의 CGI 전문제작사들 또한 할리우드 대부분의 VFX(Visual Effects, 영상특수효과)물량을 제작해내고 있다.

이 제작사들의 특징은 새로운 프로젝트를 수행할 때 엔지니어와 애니메이터의 이중구조로 제작진을 구성한다는 점이다. 이러한 제작진 구성은 새로운 프로그램 개발의 활성화에까지 연계된다. 작품을 만드는 과정에서 기존 3D애니메이션 제작 프로그램으로는 표현할 수 없는 기법이 등장하면 엔지니어는 즉각 필요한 프로그램을 개발하고, 개발된 프로그램을 아티스트가 직접 시험하면서 작품 제작에 활용하는 시스템이 구축되었다. 또한 미국 전역에 분포되어 있는 각 분야의 전문 스튜디오가 화상회의 시스템을 통해 수시로 정보를 교환하고 프로젝트 단위로 협업하여 작품 제작에 있어 효율성을 극대화시키고 있다.

결국 한 편의 3D애니메이션이 제작되면, 그 작품에서만이 아니라 작품 제작과정 중에 개발된 제작 프로그램에서도 저작권 수입이 발생하게 된다. 이러한 복합적인 제작시스템의 구축은 3D애니메이션의 경제적 가치를 확대하고 재생산하는 중요한 변수가 된다.

국내의 3D애니메이션 성장을 위해

국내에서는 1990년대 초반부터 3D애니메이션이 도입되기 시작했다. 주로 미국과 일본, 유럽 등지에서 하청을 받아 애니메이션을 제작하던 국내 제작사들은 미국을 중심으로 컴퓨터 애니메이션 제작시스템이 일반화되고, 하청 물량의 제작과정 또한 인터넷을 통한 파일 전송으로 디지털화되면서 본격적인 컴퓨터 제작시스템을 도입하게 된다. 초기에는 채색 분야에 디지털 방식이 도입된 데 이어, 점차 고가의 전문 제작장비를 이용한 3D애니메이션 제작이 시작되었다. 1994년 개봉한 극장용 장편애니메이션 「블루시걸」에서 3D애니메이션 기법이 최초로 적용되었으며, 이전에도 삼성그룹의 '휴먼테크'와 같은 CF에 부분적으로 3D애니메이션 제작기법이 사용되었다.

이후 컴퓨터학원가에 3D애니메이션 제작 프로그램 교육 붐이 일어나고 대학에 애니메이션 전문학과가 생겨나면서, 학원과 대학에 설치된 전문적인 3D애니메이션 제작 프로그램을 통해 본격적인 제작인력 교육이 이루어지게 된다. 가장 중요한 변수는 윈도우NT가 개발되면서 고가의 전문 제작장비가 아닌 대용량의 데스크탑 컴퓨터만으로도 3D애니메이션 제작 프로그램을 구동시킬 수 있게 된 것으로, 이로 인해 3D애니메이션 제작이 대중화되었다.

컴퓨터 제작시스템의 대중화는 교육시스템의 확산과 함께 3D애니메이션 제작사를 증가시켰고, 특히 90년대 후반 온라인게임 시장 창출이 성공하면서, 「리니지」를 중심으로 한 대부분의 온라인게임 그래픽시스

우리나라 3D애니메이션의 제작 가능성을 확인시킨 작품 중 하나인 「마리이야기」의 한 장면.

템도 대부분 3D애니메이션의 제작 프로그램을 사용하게 된다. 국내에서는 「철인사천왕」과 같은 3D 풀 디지털 애니메이션이 극장용으로 등장하였고, 「가이스터즈」나 「런딤」과 같은 텔레비전 방영용 3D애니메이션 시리즈가 국내 제작기술로 구현되면서 3D애니메이션 제작이 일반화되었다. 2000년대 이후, 벤처 투자붐과 함께 애니메이션 업계에 유입된 대부분의 투자 자금은 3D애니메이션에 집중되었다. 「마리이야기」 「큐빅스」 「원더풀데이즈」와 같은 작품의 완성도가 해외시장에 국내 제작진의 가능성을 검증시켰고, 이후 「뽀롱뽀롱 뽀로로」 「빼꼼」 「선물공룡 디보」 「아이언키드」 「제트레인저」 등의 작품은 해외 수출의 수익성까지 담보해내면서 국내제작 애니메이션의 가능성을 보여주고 있다.

애니메이션과 게임 분야를 주도하고 있는 3D애니메이션은 국내기술이 한층 발달하고 제작인력이 확보되면서 발전 가능성을 더욱 높이 평가받고 있다. 그러나 할리우드식의 복합 제작모델이 발전적으로 형성되지 못하면 항상 미국과 일본의 제작 프로그램에 끌려다닐 수밖에 없다. 따라서 우리는 3D애니메이션 제작 프로그램 개발에 역량을 집중할 필요가 있다. 그러기 위해서는 문화기술(CT, cultural technology)을 개발하는 기획력과 실제로 애니메이션을 그려내는 제작기술 간의 끊임없는 협조와 대화를 통해, 미국산 제작 프로그램의 버전업 시기마다 모여서 워크숍을 하며 고비용을 지불하는 국내 현실을 발전적인 방향으로 전환해야 할 것이다. 또한 애니메이션과 게임 이외에도 연관 산업분야에서 3D애니메이션을 적극적으로 도입하고 적용할 수 있는 모델을 개발해야 한다. 제작장비와 인력의 확보가 직접적인 산업 결과물과 연계되어야만 3D애니메이션의 전망은 밝다고 말할 수 있을 것이다.

한창완 서강대학교 대학원에서 신문방송학(미디어경제학)으로 박사학위를 받았으며, 1994년 「한국만화산업연구」라는 석사논문을 시작으로 만화와 애니메이션의 이론 및 산업분석을 연구해오고 있다. 최근에는 박사논문 「디지털애니메이션 제작 파이프라인의 시스템적합화에 관한 연구」를 중심으로 게임과 캐릭터산업으로 연구 영역을 확대하여, 통합되어가는 디지털콘텐츠의 새로운 전략을 연구하고 있다. 2000년부터 세종대학교 만화애니메이션학과 부교수(학과장)로 재직 중이며, 세종대학교 만화애니메이션산업연구소장과 학내기업인 (주)세종에듀테인먼트의 대표이사를 맡고 있다. 주요 저서로는 『한국만화산업연구』『저패니메이션과 디즈니메이션의 영상전략』『애니메이션 용어사전』『애니메이션 경제학 2004』 등이 있고, 역서로는 『애니메이션 제작기법의 모든 것』『애니마톨로지』『애니메이터즈 서바이벌 키트』『저패니메이션 하드코어』 등이 있다.

게임에 미치는 인터넷 네트워크의 영향력

온라인게임으로 가상세계와 만난다

한창완
세종대 교수 · 만화 애니메이션학

일상생활의 모든 곳에 있는 게임

|사례 1| 밤새워 온라인게임을 하던 K씨는 강의시간이 가까워오자 획득한 아이템과 아바타의 파워를 유지하기 위해 자신의 게임 상황을 휴대용 게임기로 전송한다. 식사를 하면서도 게임기를 통해 게임의 진행 정보를 확인하던 K씨는 지하철을 이용해 학교로 가면서도 계속 휴대용 게임기를 통해 아바타의 아이템을 다른 게이머와 교환하고 게임을 모바일로 다운로드 해 아바타의 파워를 확대해간다. 두 번째 강의는 마침 멀티미디어 강의실에서 컴퓨터를 이용하여 진행되는데, K씨가 현재 가장 많이 참여하고 있는 온라인게임의 한 코너가 그 강의와 링크되어 있어서 게임을 하면서도 강의 내용과 과제에 대한 정보를 알 수 있다.

점심시간에는 대형 HDTV가 마련된 영화감상실에서 최근 콘솔게임으로도 출시된 같은 게임을 화려하고 정교한 화면으로 즐긴다. 오후 수업을 마치고는 다시 학교 앞 게임센터에 들러 체험형으로 만들어진 같은 게임의 아케이드 버전으로 다른 학교에 다니는 친구와 온라인상에서 만나 함께 게임을 하고, 집으로 돌아오는 지하철에서는 휴대폰으로 계

> **"** 실제 사회에서 얻을 수 없는 다양한 긴장과 호기심,
> 그리고 카타르시스와 대리만족을 제공하는 사이버 사회의
> 새로운 가능성이 집적된 정보와 함께 제공될 때
> 비로소 인터넷 네트워크의 파워가 극대화 될 것이다.
> 이제 우리는 실제 사회와 사이버 사회라는
> 두 가지 형태의 거대한 사회구조에 접속되어 있다. **"**

속 게임 상황을 살펴보며 여전히 파워를 유지하고 있는 아바타를 확인한다. 집에 돌아와 학교 숙제를 하면서도 온라인으로 계속 게임을 확인하고, 내일 일정에 따라 게임을 어떻게 유지할지 계획을 세우며 잠자리에 든다.

온라인게임, 모바일게임, PC게임, 콘솔게임, 아케이드게임 등 하나의 게임이 모든 플랫폼에서 동일하게 적용될 수 있도록 개발된 크로스플랫폼게임 덕분에 이제 하루종일 어떠한 장소와 어떠한 플랫폼에서도 자신이 선택한 게임을 계속해서 즐길 수 있게 되었다. 이제 게임은 일상생활이 되었으며, 삶의 한 부분으로서 자리를 잡아가고 있다.

|**사례2**| 지난번 선착순 판매 때 어렵게 구입한 비디오게임기는 게임 CD뿐만 아니라 DVD도 재생할 수 있는 홈시어터 기능까지 내장되어 있어서, 게임을 화려한 그래픽을 통해 영화 속의 주인공처럼 실감나게 진행할 수 있게 되었다. 뿐만 아니라 수시로 접수되는 메일링 서비스까지 연동되어 있어서 게임기로 웹메일을 받아보고 정보도 검색할 수 있다. 게다가 홈쇼핑과 전자결제 시스템이 자동으로 작동되어 게임을 하

게임 「A. V. A」. 이제는 화려한 그래픽을 통해 영화 속 주인공처럼 실감나게 게임을 진행할 수 있게 되었다.

면서 온라인 금융서비스를 이용할 수도 있게 되었다. 또한 위성 송수신 장치와 유선방송 컨버터 기능까지 옵션으로 추가된 셋톱 박스 기능이 내장되어 있어서 유선방송 및 위성방송의 다양한 채널을 홈시어터 기능으로 즐길 수 있다. 비디오게임기가 집안의 전자제품을 원격으로 통합해가기 시작한 것이다.

|사례 3| 게임의 형식이 새로운 삶의 방식을 만들기도 한다. 미국의 린든랩에서 개발한 사이트 세컨드라이프가 새로운 사이버경제를 형성하고 있다. 세컨드라이프는 공개적으로 사이버커뮤니티를 설정할 수 있도록 포털사이트의 형태를 3D로 새롭게 구현한 사이트인데, 이미 유럽의 한 국가는 이 사이트에 사이버대사관을 개설하여 비자 업무까지 진행하고 있으며, 인텔을 비롯한 다국적 대기업의 홍보관과 쇼핑몰이 입점하기 시작했다.

3D로 구현된 아바타들은 새로운 사회생활을 입체적으로 즐길 수 있으며, 자신의 집을 짓고, 쇼핑몰을 통해 사업도 할 수 있다. 직접 땅을

이제는 모바일게임으로 어디서든 자유롭게 게임을 즐길 수 있다.

분양받아 대기업의 광고판 홍보사업을 할 수도 있으며, 자신의 대형 쇼핑센터에 다른 사람들의 가게를 입점시키고, 홍보 대행을 하기도 한다. 실제 화폐를 사이버화폐로 환전하여 경제생활을 할 수 있으며, 세컨드 라이프 내에도 사이버화폐의 금리와 금융시스템을 유지·관리하는 시스템이 작동한다. 이렇듯, 게임의 발달은 우리의 생활에 새로운 경험과 시스템을 도입시킨다.

국내 온라인게임 시장의 청신호
제2차 산업혁명으로 일컬어지는 패러다임의 변혁이 신속하게 진행되면서 한국사회의 산업구조에서도 제조업으로부터 서비스 산업과 IT산업으로의 급격한 자본 이동현상이 나타나고 있다. 이 중에서 가장 중요한 변화를 보이고 있는 산업 형태가 엔터테인먼트 비즈니스 분야이다. 특히 한국에서 세력을 확장하고 있는 매장 형태인 PC방의 네트워크 파워는 초고속통신망의 대중화와 함께 「스타크래프트」 열풍과 국내 창작 게임인 「리니지」의 흥행 성공을 가능하게 했다. 「리니지」「퀴즈 퀴즈」「바람의 검심」「웹장기」「웹바둑」 등 다양한 온라인게임이 시장에서 거둔 성공은 그동안 복제의 폐해로 인해 시장 확장의 가능성을 상실해가던 국내 게임산업에 청신호를 보여주었고, 국가적으로도 혁신적인 콘텐츠 산업의 발전 전기를 마련하게 되었다.

「리니지」의 게임 화면. 2001년에 이미 총매출액 1,000억 원을 기록한 「리니지」는 「리니지 2」를 통해 시장 신화를 계속 이어가고 있다.

　영화와 애니메이션, 음반에 이어 국내 온라인게임 또한 중국과 대만, 동남아시아, 미국 등지로 수출되면서 이제 본격적인 게임산업의 르네상스가 열리기 시작했다. 미국에서 가장 많은 사용자를 자랑하는 온라인 게임의 동시접속자 수는 최대 2만여 명에 육박하고 있다. 우리나라의 전국 2만여 개의 PC방을 중심으로 2001년에 이미 총매출액 1,000억 원을 기록한 「리니지」는 「리니지 2」를 통해 온라인게임의 화려한 시장 신화를 계속 이어가고 있으며, 이러한 성공 신화는 게임을 중심으로 한 연계 엔터테인먼트 비즈니스를 동시다발적으로 활성화시키고 있다.

세계 게임시장을 선도하는 일본의 게임 산업
　이러한 세계 게임시장의 리더는 아케이드게임과 비디오게임, 그리고 PC게임의 발전을 주도하고 있는 일본이다. 세계 게임시장이 오락실을 중심으로 한 아케이드게임기 산업에서 폭발적으로 확장될 때도 그 중심에는 일본의 게임산업이 있었다. 미국에서 1977년 개발된 '아타리(Atari) 2600'이 고가의 출시가격으로 고전을 면치 못할 때, 1978년 일본의 타이토(Taito)사에서 개발한 게임 '스페이스 인베이더'(Space Invaders)가 미국을 중심으로 한 세계 게임시장에서 빅히트를 기록하면서 새로운 판도를 형성하게 된 것이다.

또한 텔레비전과 연결하여 더욱 실감나는 게임을 가능하게 한 비디오게임기로의 전환도 일본의 게임기업이 독점적으로 주도하고 있다. 다른 여타 게임보다 세계시장에서 통용될 가능성을 보여주고 있는 비디오게임기 시장에서도, 기존의 닌텐도와 세가에 소니 엔터테인먼트가 합류하면서 CD라는 새로운 플랫폼으로 시장의 진화를 선도했던 '플레이스테이션 1'에 이어 DVD플랫폼의 시장대중화를 견인한 '플레이스테이션 2'가 등장하여 일본의 게임기업이 주도적인 위치에 서게 되었다.

이렇게 해서 비디오게임기의 기술 진화가 가정에서 데스크탑 컴퓨터의 지위를 위협하는 상황에 이르자, 미국의 마이크로소프트사는 X-box라는 콘솔게임기를 개발하여 시장 장악을 시도하였고, 이어 X-box 360이라는 차세대버전까지 개발하게 된다. 소니의 '플레이스테이션 3'는 이렇게 치열해져가는 시장의 경쟁에서 이기기 위한 새로운 투자였으며, 가족 위주의 거실 게임문화를 선도하며 닌텐도가 저가로 시장에 대량공급한 'Wii'를 통해 일본의 게임기업은 다시 한 번 시장구조의 변혁을 선도하게 된다. 또한 닌텐도는 기존 게임세대를 뛰어넘는 새로운 게임 소비자군을 개발하기 위해 중장년층도 게임에 참여할 수 있는 휴대용게임기 '닌텐도DS'를 개발, 두뇌훈련, 안력테스트, 영어삼매경 등의 새로운 게임아이템 시장 개척에 성공했다.

이러한 일본 게임산업의 시장력은 곧 PC게임으로 연계되어 CD를 활용한 패키지게임, 특히 RPG게임의 경우에는 기존의 애니메이션과 영

닌텐도에서 개발한 휴대용게임기 닌텐도DS는 중장년층에게까지 게임 사용자층을 확대했다.

상 콘텐츠를 충분히 활용하여 양적으로 풍부한 상품을 이미 확보한 상태이다. 한국이 주도하고 있는 온라인게임 시장에서만 기술력이나 시장력이 뒤쳐져 있을 뿐, 대부분의 세계 게임시장은 일본 게임산업이 평정했다고 평가할 수 있다.

　일본의 게임산업은 기반이 되는 게임 시나리오를 출판만화(comics)의 인기 작품으로부터 얻고 있다. 1970년대부터 80년대까지 일본의 만화 작가들은 도에이영화사 등의 애니메이션 제작사와 저작권 계약을 맺었으나 1990년대 이후에는 닌텐도와 세가, 소니 등의 게임회사와 원작 계약을 하고 있다. 일본의 만화 작가들은 출판만화 시장이 아닌 게임시장에서의 최종승부를 목표로 하고 있으며, 이러한 목적의식이 출판만화의 서사구조를 게임식으로 전환시키기도 한다. 일본만화의 이야기구조가 장기적인 서술형에서 단기적인 단계형으로 전환된 구조적 원인은 바로 게임시장의 확대와 게임제작사의 대형화에서 비롯되었다. 결국 이러한 단계형 구조를 활성화시키고 지속적으로 재생산하기 위해 게임의 장르 또한 체험형과 선택형으로 나누어 개발되어온 것이다.

　그렇다고 해서 일본의 게임 업계가 출판만화의 원작 시나리오에만 주목하고 있는 것은 아니다. 항상 새로운 소재와 캐릭터를 개발하는 노력을 게을리하지 않으며, 반대로 게임 원작을 출판만화와 애니메이션으로

일본에서는 게임 원작이 출판만화와 애니메이션으로 연계되기도 한다. 현재의 게임세대에게는 만화를 응용한 게임보다 게임을 응용한 만화가 더욱 상품성이 높다.

연계시키기도 한다. 현재의 게임세대(game generation)에게는 만화를 응용한 게임보다 오히려 게임을 응용한 만화가 더욱 상품성이 높다는 것을 이미 일본 게임시장의 사례들이 보여주고 있다. '스트리트 파이터'와 같은 격투기게임이 이런 방식으로 게임 시나리오가 나중에 출판만화로 개발된 사례이다. 이러한 사례들을 중심으로 다양한 육성(育成)게임 시나리오가 등장하여 '다마고치'와 같은 단순한 포켓게임에서 '포켓몬스터'와 같은 시뮬레이션게임까지 모두 출판만화와 애니메이션으로 연계되고 있다.

　일본 게임시장은 결국 이미 극대화되어 있던 출판만화 산업과 애니메이션 산업의 콘텐츠를 적절히 활용하여 초기시장의 수요를 형성했다고 할 수 있다. 이후 확보된 시나리오 창출력을 기반으로 게임 상품의 연계 산업화, 즉 게임을 적용한 만화와 애니메이션을 개발하여 궁극적으로 통합 엔터테인먼트 전략을 완성하게 된 것이다.

인터넷으로 넓어지고 새로워지는 게임 세상

　최근의 인터넷 네트워크 파워는 본래 1인용 오락기로 혼자 즐기는 것이었던 게임을 사이버 커뮤니티상에서 함께 즐길 수 있도록 전 세계적 인프라를 구축하고 있으며, 이는 차세대 상품으로서 게임의 확대 가능성을 검증해주는 것이기도 하다. 대개 인터넷 비즈니스는 막강한 정보 콘텐츠와 쉴 새 없이 보강되는 정보보완력을 가장 중요한 자산으로 평가한다. 화려한 아이템의 콘텐츠를 공급한다고 할지라도 지속적인 정보의 축적이 이루어지지 않으면 수용자들로부터 외면당하게 된다. 현재까지의 인터넷 비즈니스는 정보 추구가 주목적이었으나 이제는 이러한 경쟁체제 내에서 차별성을 두어야 할 시기이며, 해외에서는 이미 이러한 움직임이 본격적으로 나타나고 있다.

유럽의 한 도시에서는 도시의 모습을 실제와 똑같이 묘사한 체험형 네트워크 게임을 개발하고 있다. 관공서와 쇼핑센터, 극장, 시장 등을 실제와 똑같이 표현하고, 도보나 차량으로 시내를 이동하면서 모든 행동을 실제와 동일하게 진행할 수 있도록 전체적인 네트워크를 비롯, 링크할 수 있는 모든 연관 네트워크의 개발을 동시에 진행한다. 이러한 광범위한 인터넷 프로젝트는 시 단위의 모든 경제활동과 사회활동을 효율적으로 재편하며, e-비즈니스의 사회적 실현을 앞당긴다. 사이버 화폐의 통용이 일반화될 것이며, 실제 공간에서 많은 인력이 재조정되고 재배치될 것이다.

여기에서 주목해야 할 것이 있다. 이러한 도시의 인터넷 프로젝트 모델이 보여주는 것은 다만 정보의 효율적인 획득과 사회적 패러다임의 급격한 전환만이 아니다. 도시의 각 기능을 인터넷에 통합시키고 시민이 자유롭게 사이버도시에서 생활하게 하기 위해서는 오락적 요소가 첨가되어야 한다. 결국 이러한 프로젝트를 성공시키기 위해서는 온라인게임 개념의 도시 이미지 재창출이 필요한 것이다.

인터넷 네트워크 파워의 실질적인 기능은 스스로 네트워크를 재생산하고 확산시켜가는 사회적 원심력을 확보하는 것이다. 그 원심력은 네트워크에 쉽게 접근하고 이용 효율을 극대화시킬 때 확보될 수 있다. 인터넷 네트워크가 갖춘 강력한 구조와 그로 인한 구조적 역동성은 지속적으로 광역화되는 네트워크 파워를 형성한다. 결국, 이러한 사이버상의 네트워크는 실제 사회공간의 네트워크보다 훨씬 강력한 기능을 내재하게 되는 것이다.

경제적 국경이 허물어진 수용자들의 접근가능성을 강화하고, 정보이용 효율을 극대화하기 위해서는 정보와 오락이 병행된 시나리오가 구축되어야 한다. 실제 사회에서 얻을 수 없는 다양한 긴장과 호기심, 그리고 카타르시스와 대리만족을 제공하는 사이버 사회의 새로운 가능성이 집적된 정보와 함께 제공될 때 비로소 인터넷 네트워크의 파워가 극대화 될 것이다. 이제 우리는 실제 사회와 사이버 사회라는 두 가지 형태의 거대한 사회구조에 접속되어 있다.

콘텐츠로 승부한다

이처럼 네트워크의 사회적 인프라가 지속적으로 구축되고 정부 차원의 지원이 신속하게 이루어지면서, 네트워크의 원심력은 이미 가속이 붙기 시작했다. 네트워크를 기반으로 콘텐츠에 대한 관심이 부상하고 있는 바로 이 시점에서 가장 중요한 콘텐츠 전략은 장르의 효율적인 혼합과 용량의 최소화이다.

확대된 네트워크에서 공급될 콘텐츠는 다양한 장르를 혼합한 상품이며, 이러한 상품은 다양한 지형에 활용될 수 있어야 한다. 애니메이션이 곧 게임이고, 게임은 곧 캐릭터의 반복적 노출전략의 일환이다. 그리고 캐릭터의 반복 캐스팅은 지속적인 애니메이션의 기획 제작으로 연계되어야만 상대적 가치 창출이 가능하다. 또한 인터넷 네트워크상에서는 최소의 용량으로 빠른 시간에 작동될 수 있는 화려한 영상 이미지가 시장을 선도한다. 즉 최소한의 용량과 화려한 이미지라는 딜레마적 상황을 어떤 접점에서 가장 효과적으로 조화시킬 것인가가 콘텐츠 공급의 열쇠가 되는 것이다.

결국 콘텐츠는 수용자의 기호가 정확히 평가된 장르의 혼합성과 최소의 용량을 전제로 뛰어난 상상력과 신뢰도 높은 스타시스템, 그리고 효율성을 보장해주는 IT개발이 함께 이루어져야 수익을 확보할 수 있다. 기존의 아날로그 콘텐츠의 저작권을 많이 소유하는 것만으로는 미래지향적인 전략을 세울 수 없다는 것이다.

최근의 게이머들은 게임에서 표현되는 정교한 기술력과 속도감보다 화려하고 아름다운 영상 이미지를 선호한다. 즉 게임의 알고리듬에서 느낄 수 있는 흥미보다 화려하고 실제적인 배경과 화면 연출, 아름답고 멋있는 캐릭터 디자인 등이 게임 선택에 중요한 기준으로 작용하기 시작한 것이다.

그런데 이러한 기준으로 게임을 기획·제작하면 우선 용량이 문제가 된다. 용량이 커지면 네트워크 공급 비용이 증가하고, 프로그램을 공급받아 게임을 실행하는 게이머 또한 효율적인 게임 환경을 즐길 수 없게 된다. 여기에서 최적의 접점을 구성해낸 사례가 바로 '게임 프롤로그 애니메이션'이다. 온라인게임이나 PC게임, 비디오게임이 보여줄 스토리라인을 단편 애니메이션으로 제작하여 게임을 시작하기에 앞서 축약된 이미지로 전달하는 것이다. 실제 캐릭터들과 화려한 배경, 그리고 역동적인 동작은 다차원적으로 편집된 다양한 그림과 함께 수용자들을 유혹한다.

이 단편 애니메이션에 편집된 영상 이미지는 수용자들의 상상력을 충족시키고, 이어서 시작되는 게임은 기호 형식으로 전환된 캐릭터와 연계되면서 단순한 게임의 도식을 마치 영화의 한 장면처럼 강력한 리얼리티로 전환시킨다. 즉 프롤로그 애니메이션의 화려한 캐릭터와 기호화된 게임의 캐릭터는 주체와 객체가 아닌 동일 주체로 작동하고 있으며,

수용자는 이러한 캐릭터에 대해 막연한 동질감을 느끼게 된다. 게임 프롤로그 애니메이션은 장르의 혼합성과 최적의 용량을 갖춘 수용자 중심의 서비스 상품이라고 할 수 있다.

한창완 서강대학교 대학원에서 신문방송학(미디어경제학)으로 박사학위를 받았으며, 1994년 「한국만화산업연구」라는 석사논문을 시작으로 만화와 애니메이션의 이론 및 산업 분석을 연구해오고 있다. 최근에는 박사논문 「디지털애니메이션 제작 파이프라인의 시스템적합화에 관한 연구」를 중심으로 게임과 캐릭터산업으로 연구 영역을 확대하여, 통합되어가는 디지털콘텐츠의 새로운 전략을 연구하고 있다. 2000년부터 세종대학교 만화애니메이션학과 부교수(학과장)로 재직 중이며, 세종대학교 만화애니메이션산업연구소장과 학내 기업인 (주)세종에듀테인먼트의 대표이사를 맡고 있다. 주요 저서로는 『한국만화산업연구』『저패니메이션과 디즈니메이션의 영상전략』『애니메이션 용어사전』『애니메이션 경제학 2004』등이 있고, 역서로는 『애니메이션 제작기법의 모든 것』『애니마톨로지』『애니메이터즈 서바이벌 키트』『저패니메이션 하드코어』등이 있다.

만화와 다양한 미디어 장르의 연계
창조산업의 시작, 만화의 가능성

한창완
세종대 교수 · 만화 애니메이션학

만화원작으로 부활하는 영화 산업

1980년대 한국영화의 비상구는 「공포의 외인구단」이었다. 영화의 소재가 제한되고 상상력이 고갈되었던 시대, 충무로는 만화에서 탈출구를 찾았다. 1990년대 젊음의 방황이 미학으로 전환될 수 있었던 분기점은 「비트」였다. 2000년대 「타짜」와 「식객」은 조폭영화와 코미디영화의 늪에 빠져 있던 한국영화에 새로운 장르영화의 가능성을 대두시켰다. 이들은 모두 만화를 원작으로 하는 영화들이다.

인터넷 연재만화의 전설이 된 강풀의 웹툰은 연재가 종료되기도 전에 영화 판권이 모두 팔렸다. 「순정만화」「바보」「아파트」「타이밍」「26년」「그대를 사랑합니다」 등이 모두 인기 영화감독에 의해 영화로 제작되고 있으며, 강풀은 「괴물 2」의 시나리오도 담당하고 있다. 이미 흥행에 성공한 「체인지」와 「올드보이」 또한 일본만화가 원작이다. 일본에 이어 우리나라에서도 크게 화제가 된 동명의 인기 만화를 원작으로 하는 「데스노트」는 일본영화로는 드물게 빠른 흥행 성과를 보였고, 「데스노트 L – 새로운 시작」이라는 스핀오프까지 보여준다.

> **❝** 국내 출판만화는 1990년대부터 디지털 출판이
> 가속화되면서 더욱 새로운 모습으로 발전해가고 있다.
> 웹툰 형식의 온라인 디지털만화는 웹애니메이션으로
> 전환될 수 있으며 다시 오프라인의 컬러판 만화책이라는
> 차별적 상품 형식을 만들어낼 수도 있다.
> 이러한 기술적 측면뿐 아니라, 장르적 측면에서도
> 교양만화와 교과서만화의 출간이 활발해지고 있다. **❞**

할리우드의 비상구는 이미 1970년대부터 'DC코믹스'와 '마블코믹스'로 대표되는 만화출판계에 있었다. 「슈퍼맨」과 「배트맨」은 여전히 할리우드뿐만 아니라, 미국 전역의 엔터테인먼트 산업을 견인하는 슈퍼스타다. 2000년대에 들어서면서 새로운 성장 동력을 만들어내지 못하고 있던 미국 엔터테인먼트 산업은 「스파이더맨」「엑스맨」「블레이드」「맨인블랙」「헐크」「환타스틱 4」 등의 만화원작 히트작을 중심으로 부활하기 시작했고, 「배트맨비긴즈」와 「수퍼맨리턴즈」를 정점으로 화려하게 정상으로 돌아왔다. 만화는 영화와 게임 산업의 리트머스 시험지이며, 숨겨진 실험실이다.

출판만화의 문화산업적 가치

출판만화는 크게 두 종류로 분류된다. 시사만화와 일러스트를 기반으로 한 카툰(cartoon)과 연재만화로 일정한 이야기구조를 지니고 있는 코믹스(comics: comic strips)가 그것이다. 출판만화는 시장에서도 이 분류에 따라 차별적인 시장을 구성한다.

강풀의 웹툰을 원작으로 제작된 영화 「바보」. 인터넷 연재만화의 전설이 된 강풀의 웹툰은 연재가 종료되기도 전에 영화 판권이 모두 팔렸다.

대개 카툰의 시장은 신문사와 일반잡지사를 중심으로 형성되며, 코믹스는 만화 전문출판사와 만화잡지사를 중심으로 제작된다. 특히 코믹스는 미국과 일본에서 시장구조가 다른데, 국내시장은 일본에 더 가까운 구조를 보이고 있다. 미국의 코믹스는 애니메이션과 완전히 구별되어 작가와 출판사가 독립적으로 마케팅을 진행하고, 서점과 가판대에서 높은 판매율을 보이며, 특정한 시장을 형성한다. 특히 슈퍼히어로를 중심으로 스테디셀러를 만들어내는 미국의 만화시장은 할리우드의 시나리오 공급시장으로도 그 역할을 톡톡히 해내고 있다. 「슈퍼맨」과 「배트맨」, 그리고 최근의 「스파이더맨」까지 할리우드는 미국의 만화원작들을 꾸준히 불러모으고 있다.

이에 반해, 일본의 출판만화는 세계 최대 규모의 시장을 형성하고 있

수퍼 히어로를 중심으로 스테디셀러를 만들어내는 미국의 만화시장은 할리우드의 시나리오 공급시장으로도 그 역할을 톡톡히 해내고 있다.

다. 일본의 만화시장은 일반 서점 외에도 만화 전문서점과 만화 백화점 등의 차별적인 전문매장 구조를 지니고 있으며, 지하철가판대와 도로가 판대 등의 키오스크(kiosk) 매장이 형성되어 저렴하게 만화를 구입할 수가 있다. 특히 일본만의 독특한 매장으로는 24시간 편의점과 만화책 자동판매기가 있다. 일본 젊은이들의 휴식시간을 책임지고 있는 편의점 은 만화책 판매에서 그 점유율을 높여가고 있으며, 만화책 자동판매기 는 유흥가와 역세권을 중심으로 계속해서 확산되고 있다.

　일본에서는 만화 작품이 잡지 연재 이후 단행본으로 스테디셀러가 되 면 즉시 텔레비전 방영용 애니메이션으로 원작 계약이 이루어지며, 게 임으로도 연계되어 제작되는 구조가 일반화되어 있다. 결국 인기 있는 만화 작품을 그린 작가는 만화책의 판매 수입 외에도 애니메이션과 게임, 영화 등의 저작권 수입을 포함, 캐릭터사업으로부터도 막대한 부가가치를 얻게 되는 것이다. 결국 이러한 일본의 성공 모델이 국내 만화시장의 기준이 되고 있으며, 다양한 만화 프로젝트들이 여러 미디어 장르에 걸쳐 활용되고 있다.

이미 1980년대부터 이현세의 『공포의 외인구단』은 영화시장에서도 성공적인 시나리오 공급원으로 평가되었으며, 연이어 같은 작가의 『카론의 새벽』은 「테러리스트」라는 영화로 제작되어 허영만 만화를 원작으로 한 「비트」와 함께 한국영화 붐을 형성하였다. 뿐만 아니라, 국내 게임시장의 활성화를 가져온 온라인게임도 대부분 만화가 원작이다. 김진의 「바람의 나라」, 신일숙의 「리니지」, 황미나의 「레드문」, 이현세의 「아마게돈」은 온라인게임으로, 「키드갱」과 「열혈강호」는 모바일게임으로 제작되어 새로운 시장을 개척하고 있다. 또한 김수용의 「힙합」과 천계영의 「오디션」은 애니메이션으로 제작되고 있으며, 김수정의 「아기공룡 둘리」와 이두호의 「머털도사」는 어린이 뮤지컬로도 제작되어 흥행에서 성공을 거두었다. 결국, 출판만화는 만화책만으로 평가할 수 없는 문화 산업의 중요한 시나리오 공급원 역할을 하고 있으며, 초기 시장에서 대중적 흥미 요소와 주제전달력을 손쉽게 평가받을 수 있는 테스트 장르라는 점에서 중요한 경제적 가치를 지니고 있다고 할 수 있다.

출판만화는 일정한 이야기구조를 가지고 특정 캐릭터들이 그 이야기를 통해 주제의식을 전달하는, 출판과 영상의 중간 단계로 볼 수 있다. 독자는 만화를 볼 때 무의식중에 정지된 그림과 그림 사이에 자신의 상상력을 동원하여 나름대로 연출한 만화적 동영상을 떠올리며 이야기를 이해한다. 그래서 출판만화는 스스로 영상을 연출한다는 잠재된 흥미 요소를 통해 중독성을 만들어간다.

인터넷에 올라온 만화방과 만화서점

한국의 출판만화 산업은 그 시장구조에서 특이성을 보이고 있다. 1950년대 이후 일본 만화시장의 성격을 그대로 이어받아, 현재까지도 임대시장(간접판매 시장)과 구매시장(직접판매 시장)으로 나뉜 이중구조를 보이고 있는 것이다. 이 중에서 임대시장은 다시 직접 책을 볼 수 있는 공간을 소유하고 있는가, 아니면 임대행위만을 수행하는가에 따라 다시 구분되어 만화방과 도서대여점이라는 구조로 양분되고, 도서대여점 또한 일반 도서대여점과 만화책 전문 도서대여점으로 구분된다.

구매시장에서는 주로 초·중·고교 인근 지역, 즉 학생들의 동선상에 위치한 서점을 중심으로 만화책의 차별적 유통망을 개척하면서 국내만화의 판매가능성이 검증되었고, 이에 따라 만화 전문매장이 등장하게 되었다. 이렇게 해서 서점과 전문매장으로 양분되어 있는 직접판매 시장에 등장한 새로운 판매 경로가 바로 온라인 만화시장이다. 이 온라인 만화시장은 온라인상에서 만화를 임대해 보는 인터넷 만화방과 직접 가지 않고도 만화책을 할인된 가격으로 구입할 수 있는 인터넷 만화서점으로 구분할 수 있다.

인터넷 만화방은 형식적으로는 만화를 가상공간에서 임대해 보는 것처럼 보이나, 일정한 금액을 지불하고 만화책을 보는 것이기 때문에 임대시장과 판매시장의 중간에서 새로운 시장을 형성하고 있다고 할 수 있다. 인터넷 만화방의 디지털 만화는 소비목적과 대상에 있어서 온라인마케팅 개념이기 때문에 기존 오프라인의 만화방보다는 서비스 차원에서 확대된 개념이다. 대부분의 온라인 만화사이트는 국내에 정식으로 출시되는 출판만화 관련 정보를 소개할 뿐만 아니라 만화 출판과 유통에서도 일정 역할을 담당하고 있어 점차 전체 만화시장에서 큰 비중을 차지해가고 있다. 기본적으로 국내에서 출판되고 있는 정품 만화에 대한 정보를 지속적으로 소개하며, 국내 작가들의 작품은 물론 번역되어 나오는 해외 작품들도 포괄하고 있다. 매일 출판사에서 출시되는 만화의 전체 목록과 정보를 제공받고, 직접 구입하지 않고도 인터넷상에서 만화책을 볼 수 있으며 시중에 판매되는 가격에 비해 저렴하게 구입할 수 있다는 장점이 있다.

온라인 만화시장은 대체로 기존의 오프라인 만화시장을 온라인상에서 접하는 방식으로 형성되어 있다. 온라인 시장이 형성된 지 오래되지 않아, 아직까지는 출판만화가 생산 단계에서 온라인 오프라인 만화시장에 분류되어 공급되는 경우는 드물다. 즉 현재까지는 오프라인과 온라인의 만화시장에서 동일한 원작이 중복 판매되고 있으며, 그 구성비율을 측정하기도 어려운 실정이다. 또한 온라인상에 연재하는 작가고료를 초기 원작료로 계약하는 경우와 온라인에서 접속하는 횟수에 따라 계약하는 경우가 혼재해서 표준화된 저작권 기준이 필요하다. 현재까지는 온라인상의 신작 원고료는 오프라인에 준하는 기준으로 설정되고 있다.

인포테인먼트와 에듀테인먼트의 실현

국내 출판만화는 1990년대부터 디지털 출판이 가속화되면서 더욱 새로운 모습으로 발전해가고 있다. 컴퓨터 화면에 직접 칸과 그림을 그리고 대사를 입력하는 방식으로부터 시작된 디지털만화는 현재 웹툰이라는 형식으로까지 발전해 플래시를 이용한 웹애니메이션과 부분적으로 중복된 시장을 확대·발전시켜나가고 있다. 웹툰 형식의 온라인 디지털만화는 웹애니메이션으로 전환될 수 있으며 다시 오프라인의 컬러판 만화책이라는 차별적 상품 형식을 만들어낼 수도 있다. 이러한 형태의 웹툰과 디지털만화는 애니메이션과의 간극을 더욱 좁혀 장르 간의 접목과 만화 산업의 지형 확대를 선도한다.

최근에는 이러한 기술적 측면뿐 아니라, 장르적 측면에서도 만화의 지형 확대가 이루어지고 있다. 특히 컬러판 만화로 만든『그리스 로마

신화』가 베스트셀러가 된 이후 교양만화와 교과서만화의 출간이 활발해지고 있다. 이러한 사례는 일본에서 1970년대에 발생했던 현상으로, 어린이들의 오락물로서만 치부되던 만화가 정보 전달의 효율성을 기반으로 정보만화, 즉 인포테인먼트(infotainment) 혹은 교육만화, 즉 에듀테인먼트(edutainment) 형식의 신상품으로 개발되어 성인까지 독자층으로 끌어들이기 시작한 것이다. 국내 만화시장도 기술과 장르의 혁신을 거치면서 차세대 만화시장으로 전환되고 있는 것이다. 온라인만화를 통해 30~40대까지 만화를 보는 문화가 일반화되고 정보만화와 교육만화를 통해 중장년층이 꾸준히 만화상품을 구입하는 문화가 확립된다면 국내 만화시장의 전망은 밝다고 볼 수 있다.

출판만화는 2000년대에 들어서면서 기존 오프라인의 키치(Kitch)적 속성을 온라인 형태로 전환시켜 네트워크 파워를 공식화하는 선도적 역할을 담당하고 있다. 출판만화가 선진적인 디지털인프라의 조기 구축을 선도하는 미디어 형태가 된 것이다.

한창완 서강대학교 대학원에서 신문방송학(미디어경제학)으로 박사학위를 받았으며, 1994년 「한국만화산업연구」라는 석사논문을 시작으로 만화와 애니메이션의 이론 및 산업분석을 연구해오고 있다. 최근에는 박사논문 「디지털애니메이션 제작 파이프라인의 시스템적합화에 관한 연구」를 중심으로 게임과 캐릭터산업으로 연구 영역을 확대하여, 통합되어가는 디지털콘텐츠의 새로운 전략을 연구하고 있다. 2000년부터 세종대학교 만화애니메이션학과 부교수(학과장)로 재직 중이며, 세종대학교 만화애니메이션산업연구소장과 학내기업인 (주)세종에듀테인먼트의 대표이사를 맡고 있다. 주요 저서로는 『한국만화산업연구』 『저패니메이션과 디즈니메이션의 영상전략』 『애니메이션 용어사전』 『애니메이션 경제학 2004』 등이 있고, 역서로는 『애니메이션 제작기법의 모든 것』 『애니마톨로지』 『애니메이터즈 서바이벌 키트』 『저패니메이션 하드코어』 등이 있다.

제 4 부

작은 문화들이 위대하다

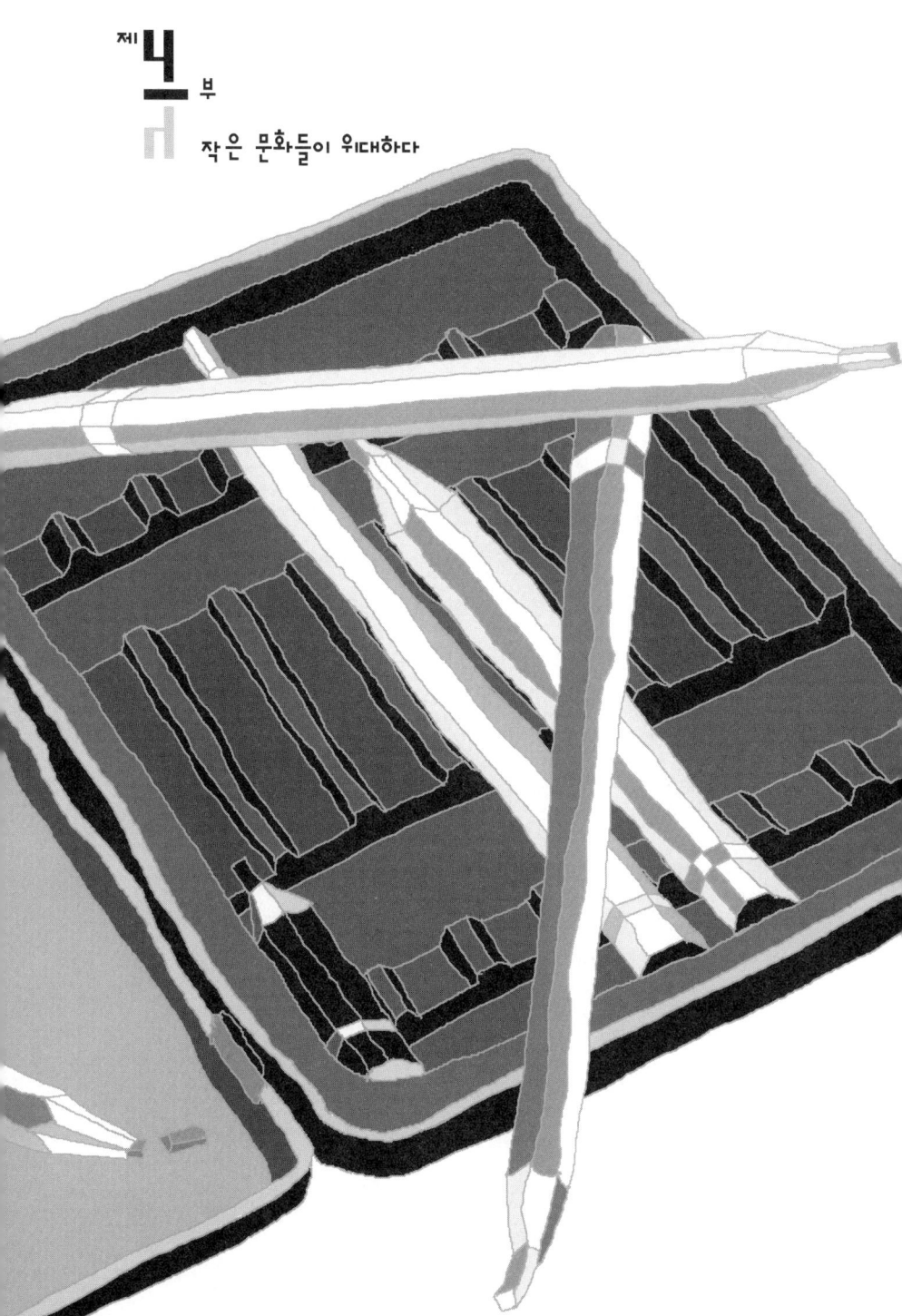

지역을 위한 공공미술

삶을 치유하는 예술, 에치고–쓰마리 트리엔날레

정형탁

큐레이터 · 전시 및 출판 기획자

예술과 함께하는 삶을 위하여

'새로운 페스티벌의 모델', '예술이 삶 자체이게 만든 프로젝트', '지역공동체를 예술로 되살린 프로젝트'. 에치고–쓰마리 트리엔날레 (Echigo-Tsumari Triennial)를 수식하는 이와 같은 표현들은 이 예술 축제가 오늘날 예술과 삶이 어떻게 그 간극을 좁히고 협력할 수 있는가 라는 질문에 답하는 가장 모범적인 사례로 꼽히는 이유를 설명해준다.

'인간은 자연의 일부다'라는 다소 선언적인 느낌의 구호와 함께 시작 한 2000년 제1회 트리엔날레에는 작가 비토 아콘치(Vito Acconci), 일 리야 카바코프(Ilya Kabakov), 다니엘 뷔렝(Daniel Buren), 기획자 오 쿠이 엔위저(Okui Enwezor), 낸시 스펙터(Nancy Spector) 등 32개국 에서 180여 명이 참여했다. 800여 명의 자원봉사자가 참여하였고, 16만 명이 프로젝트를 참관했다. 이 프로젝트를 기획한 총감독 기타가와 프 람(北川フラム)은 "광고 효과 200억, 경제적 효과 1,200억, 그러나 무 엇보다 예술과 지역개발에 있어서 공공 프로젝트를 어떻게 실행하고 네 트워크를 어떻게 구축해야 하는지에 대한 새로운 모델을 제공한 것에

> **"** 공공미술이 살고 있는 지역의 환경을 더욱 아름답고
> 안전하고 살기 좋은 곳으로 바꾸어 줌으로써
> 해당 지역이나 공간에 대한 지역민의 자부심을 높여
> 계속 그 지역에 거주하고 싶게 만드는 것이어야 한다면,
> 4회를 바라보는 에치고-쓰마리 트리엔날레야말로
> 공공미술이 궁극적으로 추구하는 바일 것이다. **"**

더욱 의의가 크다"고 말한다.

2003년 제2회 트리엔날레에는 7월 20일부터 9월 7일까지 50일 동안 작가 제니 홀저(Jenny Holzer), 구사마 야요이(草間彌生), 기획자 후한루(侯瀚如), 로자 마르티네즈(Rosa Martinez) 등 23개국 157명의 작가들이 참여했고, 2006년 제3회 트리엔날레에는 작가 에르네스토 네토(Ernesto Neto), 마리아 비르칼라(Maaris Wirkkala), 기획자 톰 핀켈펄(Tom Finkelpearl), 제임스 퍼트넘(James Putnam), 이영철 등이 참여하였다. 제3회 트리엔날레는 32채의 집, 12개의 학교, 8곳의 폐가와 폐교 등에서 이루어졌고, 현재까지 63곳이 현지 지역주민에 의해 운영되고 있다. 이 프로젝트는 권리나 소유를 명확히 지정해주고 지역주민이 주인이 되어 프로젝트를 운영하게끔 만든다. 이는 공동체의 유지(stability)를 위해 매우 중요하다.

에치고-쓰마리 지역의 특성
에치고-쓰마리 트리엔날레가 성공한 지역 프로젝트의 사례로 꼽히는

이유는 무엇일까? 이를 살펴보기 위해서는 우선 이곳의 지역적 · 지리적 특징을 알아둘 필요가 있다. 에치고-쓰마리 트리엔날레는 일본의 서부 해안 · 삼림지대인 니가타현(新潟県)의 에치고-쓰마리(越後妻有) 지역에서 열리기 때문에 이런 이름이 붙었다. 이 지역 내의 도카마치(十日町), 가와니시(川西), 쓰난(津南), 나카사토(中里), 마쓰다이(松代), 마쓰노야마(松之山) 등 여섯 지역에 산재한 200여 마을에서 3년마다 이루어지는 국제적인 프로젝트를 지칭한다.

도쿄에서 신칸센으로 대략 두 시간 거리에 있는 이 지역은 해안지대인 사토우미(里海)와 인구 밀집지역인 삼림지대 사토야마(里山)로 이루어져 있다. 이 지역은 4,500년 전 조몬시대(일본의 역사에서 기원전 1만년에서 기원전 300년 사이) 중반 이후 나타난 불꽃테두리 토기의 원산지이며, 1,500년 동안 다나다(棚田)라 불리는 계단식 논을 경작하면서 벼농사를 지어온 일본 전통마을이 띄엄띄엄 흩어져 있는 곳이다. 2000년도 통계에 의하면, 일본 전국의 농업인구는 취업인구 대비 4.5퍼센트인 반면 이 지역의 농업인구 비율은 15.6퍼센트로 여전히 타 지역에 비해 월등히 높다.

이 지역의 면적은 동서로 32킬로미터, 남북으로 42킬로미터에 이르며, 세계에서 적설량이 가장 많기로도 유명하다. 하루 적설량이 1미터가 넘는 경우도 많고, 최대 적설량이 5미터를 넘는 해도 드물지 않다. 북해계절풍이 2,000미터 높이의 나에바산(苗場山)을 넘어가면서 생기는 구름으로 인해 내리는 눈은 지역주민을 고립시키면서 그 안에서 나름대로 생존하는 방식을 만들어냈다. 85개의 소규모 초등학교군은 이러한 기후로 인해 네트워크 방식을 취하고 있는데, 트리엔날레는 이러한 초등학교군의 네트워크를 따라 소통하고 만들어진다. 이 지역은 또한 지진 발생지역으로도 유명하다. 2004년 10월에도 강력한 지진이 덮쳐 67명의 사망자와 4,805명의 부상자가 발생했으며, 3조 엔에 이르는 재산피해가 발생했다.

현재 이 지역은 산업화와 도시화로 인해 고령화가 빠르게 진행되고 있다. 30년 전에 비해 일본 전체 인구는 46퍼센트 증가한 반면, 이 지역의 인구는 오히려 40퍼센트 정도 감소했다. 또한 65세 이상 노인인구의 비율도 일본 전체의 17퍼센트보다 훨씬 높은 27퍼센트나 된다.

서울보다 큰 762평방미터의 면적에 7만 8,000명의 주민이 사는 지역, 그래서 결국 사람 사는 모습은 보기 힘든 지역이 되어버렸지만, 그래서 동시에 이곳은 일본의 전통적 가치들이 살아 있는 곳이기도 하다. 일본의 오랜 전통을 간직하고 있으면서도 전통의 가치가 근대화와 산업화, 세계화라는 파도에 휩쓸리는 대표적인 지역이 바로 이곳인 것이다. 바로 이런 곳에 에치고-쓰마리 트리엔날레라는 이름으로 현대미술이 무모하게 뛰어들었다.

세계화의 물결에 맞서는 지역의 예술

에치고-쓰마리 트리엔날레는 '지역 재생 프로젝트'(a regional revitalization project)다. 죽어가는 지역의 오래된 가치를 일깨우고 그것의 지속가능성을 예술로 이루어보고자 하는 것이다.

전 지구적 현상으로 이해되는 세계화의 물결은 이 지역에도 예외 없이 미치고 있다. 세계화라는 이름으로 나타나는 자본의 이동은 단순히 현실 사회주의의 몰락 이후 가속화한 시장통합 과정만을 뜻하지 않는다. 세계화는 시간의 통합, 공간의 획일화, 장소의 평준화라는 획일적 문화양식을 함께 생산해낸다. 애초에 미술이 동굴벽화 이래로 인간과 인간, 인간과 자연, 인간과 문명 사이의 보이지 않는 거리를 표현하고자 했다면, 세계화는 이러한 거리의 소멸을 의미한다. 인간과 자연, 인간과 인간 사이의 관계를 보여줄 수 없는 상황이 된 것이다.

평준화와 획일화는 미술이 그토록 원하던 다양성의 가치를 무너뜨렸다. 현대미술은 평준화된 미술관, 세계 어디서나 볼 수 있는 걸작들, 도시의 거리 마다마다로 뛰쳐나온 공공미술로 인해 새로운 장소를 필요로 하게 되었다. 바로 이러한 상황에서 에치고-쓰마리 트리엔날레는 탄생했다.

'1,500년 동안 농업에 종사해온 인간이 빚어낸 땅의 풍경과 인생'은 세계화의 일로에 선 도시와는 사뭇 다른 모습을 보여준다. 세계화는 예술과 인간 사이의 관계의 망을 훼손했지만 에치고-쓰마리 트리엔날레를 통해 새로운 관계의 망을 구축할 수 있는 가능성 역시 제공했다. 그래서 이 프로젝트에 참가한 작가의 작품은 대부분 세계화와 지역성, 공간에 저항하는 시간성 등에 대한 고민을 보여주고 있다.

일본 작가 히코사카 나오요시(彦坂尚嘉)의 2003년도 작품(사실 현대미술이라는 범주에 넣어 '작품'이라는 개념으로 얘기한다는 게 이 프로젝트의 의도와는 멀지만 '작품' 외에 적당한 말을 찾을 수 없어 그대로 사용한다), 「타무기 마을의 42번째 집 이야기」(A Tale of 42 houses in Tamugi village, 田麦集落42戸物語)는 도쿄 태생인 작가가 도카마치에 위치한 산동네 마을의 42번째 거주자로 이주하여 이곳에 자신의 작품들을 전시한 프로젝트이다. 자신의 주민등록과 주소지를 이곳으로 옮기고 다 쓰러져가는 집에 '폐허의 예술'(art of ruins)이라는 이름을 붙여 자신이 33년 동안 해왔던 작품들을 보여준다. 바로 옆집엔 찻집을 만들어 토마토 메밀국수와 토마토 아이스크림을 제공하는 프로젝트도 진행한다.

마쓰노야마의 논 위에 서 있는 허름한 목재 창고에서는 오스트레일리아의 작가 자네트 로렌스(Janet Laurence)의 「불로장생약」(Elixir)이라는 프로젝트가 시도되었다. 관람객은 이 지역에서 나는 식물을 증류하여 만든 액체를 마실 수 있다. 작고 허름한 목재 창고의 벽에는 고대의 식물의학서 텍스트가 새겨져 있고 관람객은 자신이 살고 있는 이 땅과 거기

히코사카 나오요시, 「타무기 마을의 42번째 집 이야기」, 2003.

서 나는 생산물의 맛과 향, 아름다움에 잠시 도취되는 것이다.

2000년 제1회 트리엔날레에서 지역주민의 하얀 속옷을 일정 간격으로 설치하여 미풍에 흩날리게 했던 작가 크리스티앙 볼탕스키(Christian Boltanski)는 2003년에는 「여름의 여행」(Voyage d'Eté)이라는 작품으로 아이들이 모두 떠난 초등학교에 그들이 사용했을 법한 신발, 문구, 노트 등을 모아 교실 내부와 외부에 전시했다. 아이들이 모두 떠난 자리, 그들이 함께 울고 웃었을 시간이 이 작품에서 재생된다.

이와 같이 시각적 장르로 인식되는 미술이라는 범주를 맛과 냄새라는 공감각적 지각으로 확장하거나 기억과 시간의 통로로 이해하는 방식이야말로 현대미술의 가능성을 확장하고자 하는 에치고-쓰마리 트리엔날레의 특징이라 할 수 있다.

에치고-쓰마리 트리엔날레가 여타 공공 프로젝트나 페스티벌과 다른 점은 무엇일까? 일본의 미술평론가 나카하라 유스케(中原佑介)는 이

자네트 로렌스, 「불로장생약」, 2003.

프로젝트를 '패러다임의 변화를 위한 프로젝트'라고 말하면서 다음과 같이 평가한다.

첫째, 이 프로젝트는 지역 재생 프로젝트다.

둘째, 이 프로젝트는 여섯 개의 광범위한 지역에서 이루어진다.

셋째, 어번 아트(Urban Art)에서 넌어번 아트로 현대미술의 변화를 모색한다.

넷째, 우리가 미술 전시라 부르는 형식에 대해 다시 한 번 생각해보게 만든다.

다섯째, 그 지역의 거주자뿐만 아니라 프로젝트에 참여하는 예술가의 태도까지 변화하게 만든다.

트리엔날레를 후원하는 사람들

에치고-쓰마리 트리엔날레의 가능성은 무엇보다 자원봉사자의 높은 참여도와 재정적 지원에 힘입은 바 크다. 2000년 봄이 오기 전 수십 명의 도쿄 출신 학생들이 눈 덮인 길을 걸으며 집집마다 방문하여 트리엔날레를 홍보했다. 몇몇 학생들은 호통을 듣거나 물세례를 맞고 울면서 기숙사로 되돌아왔다. 그러나 이 지역 노인들에게 젊은이들의 열정과 성실은 신선한 공기와 같았다. 외딴 산악지대에서 농업에만 종사해온 노인들과 도시에서는 전혀 겪어보지 못했던 공간과 사람을 만나게 된 도시 학생들 사이의 이러한 당혹스러운 만남은 점차 학습과 이해, 협력의 관계로 변화되었다.

세계화는 인간을 기능성의 존재로만 왜소화시키지만 이와 반대로 시골 지역에서 학생들은 매우 중요하다. 그들은 언제나 대체 가능한 원자화된 개인으로 취급받지 않는다. 그들은 사토야마 지역에서만큼은 특별하다. 이는 여기를 찾아오는 관람객에게도 마찬가지이다. 부드러운 토양을 걸으며 인생을 충분히 산 노인들과 만난다는 체험은 관광에서 얻는 체험과는 차원이 다른 것이다.

이 트리엔날레의 예산은 대략 60억, 참여 기업은 100개가 넘는다. 말할 필요도 없이 재정 지원은 프로젝트를 지속적으로 진행하고 프로그램을 만드는 데 가장 중요한 요소이다. 교육기업인 베네세 사의 후쿠타케 소이치로(福武總一郎) 회장의 후원은 특히 트리엔날레가 있기까지 든든한 버팀목이 되어주었다. "경제는 문화를 위해 봉사해야 한다"는 평소 신념대로 그는 2009년 제4회 트리엔날레도 후쿠타케 위원회를 통해 후원할 방침이라고 한다.

크리스티앙 볼탕스키 & 장 칼망, 「여름의 여행」, 2003.

공동체적 가치를 추구하는 진정한 공공미술

에치고-쓰마리 트리엔날레는 무엇보다 미술의 가능성, 특히 공공미술의 외연을 확장했다는 점에서 특별하다. 30여 년 전 영국인 존 윌렛(John Willett)이 저서 『도시 속의 미술』(*Art in a City*)에서 처음으로 사용한 '공공미술'(public art)이라는 개념은 작품을 직접 구매할 수 있는 사람들만이 예술을 즐기는 데서 벗어나 예술에 있어서도 공동체적 가치를 추구해야 한다는 의미에서 제안되었다. 공동체적 가치를 추구하는 공공미술이 환경조형물의 한계를 뛰어넘지 못하고 국가적 차원에서 공공미술추진위원회라는 한시적 기구를 통해 삶의 영역에 뛰어드는 방식으로 이해되는 국내의 실정에 비춘다면, 에치고-쓰마리 트리엔날레는 공공미술의 모범적인 사례임에 틀림없다.

공공미술이 살고 있는 지역의 환경을 더욱 아름답고 안전하고 살기 좋은 곳으로 바꾸어 줌으로써 해당 지역이나 공간에 대한 지역민의 자부심을 높여 계속 그 지역에 거주하고 싶게 만드는 것이어야 한다면, 4회를 바라보는 에치고-쓰마리 트리엔날레야말로 공공미술이 궁극적으로 추구하는 바일 것이다.

이 트리엔날레에서 자연과 인간, 그리고 그곳에 살았던 이들이 경험한 시간과 만나고, 이를 통해 현대미술이 무엇을 할 수 있고, 미술의 진정한 가치가 무엇인지 깨달을 수 있다. 이 프로젝트의 기획자 기타가와의 말대로 우리는 100년 전, 500년 전, 1,000년 전 어린 아이였을 노인의 모습을 볼 수는 없지만 상상할 수 있다. 그 오래된 가치를 일깨우는 것이 오늘날 미술이 존재해야 하는 이유가 아닐까. 그리고 미술의 힘이 아닐까. 에치고-쓰마리는 지금 그 힘을 실험하는 중이다.

정형탁 홍익대학교에서 예술학을 전공하고 월간 『미술세계』 편집팀장을 거쳐 덕원갤러리 큐레이터, 갤러리 벨벳 디렉터를 지냈다. 'Sliding Doors', '톨스토이-살아 있는 톨스토이를 만난다', 'mass mass mass-전국광 15주기전' 등을 기획했다. 현재 전시 및 출판 기획자로 활동하고 있으며 부산 비엔날레 조각프로젝트 전시팀장이다.

세계화와 문화다양성

누구나 다양한 문화를 누릴 권리가 있다

유지나

동국대 교수 · 영화평론가

세계화가 가져온 문화다양성의 위기

문화다양성(Cultural Diversity)은 본래부터 존재해왔다. 이 개념은 말 그대로 지역과 역사성이 다른 다양한 문화의 공존을 뜻하는 것이다. 그러나 시장 중심으로 전개되는 세계화 속에서 다양한 문화의 공존 대신 소수문화의 압살이 일어나면서, 문화다양성은 현재 새롭게 부각되는 중요한 개념이자 절실한 과제로 급부상하고 있다.

1990년대 말 WTO체제 출범에 즈음하여 우리에게 던져진 세계화라는 화두는 세계시장 속에서 국가와 개인의 경쟁력을 높여야 한다는 경제적 측면이 우선시된 것이지만, 그와 더불어 세계 방방곡곡과 소통함으로써 삶의 질이 향상될 것이라는 긍정적인 기대를 주기도 했다. 이를테면 세계시민주의적인 인류의 이상향을 지향하는 것과 같은 차원의 기대이다. 그리하여 그런 삶이란 마을 · 지역 · 사회 · 국가와 같은 개인이 속한 구체적인 지역성을 기반으로 다른 지역과 소통하는 확대되고 열린 삶, 막힘없는 소통을 추구하는 삶의 질의 향상이라는 낙관적 상상으로 나타났다.

❝ 시장 만능주의 속에서 사라져가는 경쟁력 없는
문화 산물을 경제적 차원, 즉 문화산업론 속에서
사고팔기라는 교역의 대상으로만 보지 말고
교류의 대상으로 보는 관점의 변화가 필요하다.
다양한 문화를 누리기 위한 문화권을 인류의 삶의
질을 지키기 위한 인권 차원의 권리로 수용하고,
문화적 존재로서의 인간적 가치를 복합 문화기업의
상업적 문화상품으로부터 지켜내는
개인적 차원의 실천도 절실한 과제이다. **❞**

그러나 정작 우리가 목격하는 것은 자유롭게 국경을 넘나드는 자본의 세계화이다. 그리고 우리는 대자본의 독점적 영향력을 더욱 강하게 받게 되었다. 우리가 일상에서 직면하는 현실은 세계화로 인한 문화다양성의 손실을 드러내고 있으며, 대자본과 결탁하지 못한 문화가 소멸되는 위험한 징조가 도처에서 발견되고 있다. 이런 상황에서 개인의 구체적인 삶에서 다원적인 문화의 공적영역을 보장하는 것은 중요한 과제로 대두된다.

1999년 제3차 WTO각료회의를 좌절시켰던 시애틀의 시민사회단체 중심의 WTO 반대시위를 기억해보자. 그것은 작금의 경제 중심 세계화가 결국 식량주권 문제를 비롯한 지역차별적 빈곤을 야기하며, 다원적 삶에 위협으로 작용하여 결국 세계적 불평등을 가져올 것이라는 우려를 실체화한 상징적 사건이었다. 이것은 미국식 표준문화가 세계 구석구석까지 들어가 지역적 삶과 지역문화를 잠식시키는 탈지역화 현상 등, 다양한 문화의 압살을 초래하는 강자 중심 일방향 문화에 대한 반대와 같은 맥락을 가진다.

1999년 시애틀에서 벌어진 WTO 반대 시위의 현장.

　미국을 중심으로 하는 경제 강대국의 영향력은 점점 커지고 있다. 서울은 유럽의 그 어느 도시보다 더 미국화되어버렸고(거리마다 깔린 미국 프랜차이즈 커피숍과 레스토랑, 24시간 편의점을 보라), 세계 어느 곳을 여행하더라도 햄버거가 최고의 양식이 된다. 자신들의 생활문화에서 나온 이미지를 새겨넣는 직조공예품 제작으로 자급 생활을 했던 남아메리카의 사보텍(인디안)은 이제는 뉴욕 현대미술관의 주문에 따라 피카소, 클레, 미로의 그림을 직조한 공예품을 팔고 있다.[1] 티베트고원에 세워진 코카콜라 깡통으로 제작한 설치작품이 작금의 세계화를 표상한다. 삶과 일치되어 있던 문화 생산이 대중을 위한 상품으로 변화하고 있는 것이다. 이런 현상은 일견 잡종문화의 세계화로 보이기도 하지만, 그 속에 든 진실은 지역성과 다양성의 소멸이다. 즉 탈지역화 현상은 경

1) J. Smiers, *Arts under pressure*, London : Zed Books, 126쪽.

제 강대국을 중심으로 통합되는 문화 표준화의 결과이기도 한 것이다.

인터넷에서 여전히 한글을 사용하는 우리에게 해마다 사라져가는 소수언어의 문제는 피부에 와닿는 일이 아니기에 그것이 상징하는 소수문화의 소멸을 개탄할 여유도, 그에 대한 인식조차도 없다. 세계와 소통하기에는 영어가 가장 효율적이라며 개인과 사회의 경쟁력 강화라는 명목으로 영어공용어 채택 논쟁을 형성하고, 우리나라 대학에서 우리나라 교수가 우리나라 학생에게 영어로 강의를 하고, 그 실적을 교수의 평가 기준으로 삼는 가공할 작태가 벌어지기도 한다.[2] 세계화의 명분을 걸고 영어 따라잡기 풍토를 개인의 경쟁력 강화라며 독려하는 미국 지향 현상은 영어와 미국문화를 개인적 삶의 가치로 이식한 시장의 전능한 힘을 보여주는데, 동시에 그것은 언어문화 다양성 부재의 이면이기도 하다.

문화다양성도 권리이다

그러나 다른 한편에는 공리적인 관점에서 문화에 접근하는 정책과 운동이 존재한다. 문화 생산물을 사적 상품인 동시에 공익적 가치로 보는 국가와 문화 관련 시민단체들은 또 다른 세계화, 즉 문화다양성이 가능한 지역중심세계화(Glocalization)를 지향하는 문화다양성 국제연대를 만들어냈다. 생물다양성 혹은 종다양성(Bio-diversity)이라는 개념과 인권 차원의 문화권(Cultural Rights)에 기댄 문화다양성 개념은 각 문화집단의 고유한 특성이 언어·종교·역사가 담긴 다양한 문화에서 발현된다고 본다. 그런 점에서 문화적 표현의 다양성은 집단을 구성하는

---

2) 실제로 한국 교수의 영어강의에 대한 학생들의 평가는 대체로 부정적이다. 영어권에서 태어나 자란 교포도 아니면서 한때 유학시절에 익힌 영어로 강의를 하니 선생보다 영어를 더 잘하는 학생에겐 선생이 안쓰러워 보이고, 순수하게 영어실력을 익히려는 학생에게는 학원의 원어민 교사와 비교되어 혼동을 일으키기도 한다는 두 가지 평가가 지배적이었다.

개인의 삶에서 가장 중요한 가치이기도 하다.

이런 취지 하에 결집된 문화시민단체의 국제연대인 CCD(Coalition for Cultural Diversity)와 세계문화장관회의(INCP-International Network on Cultural Policy) 등이 주도한 문화다양성 운동은 2000년대 초 WTO체제에 도전장을 던진다. 그 결실로 2001년 프랑스 파리에서 '세계 문화다양성 선언'을 이끌어냈고, 4년 후인 2005년 10월 제33차 유네스코 총회에서 문화적 표현의 다양성 보호와 증진을 위한 '문화다양성 협약'을 회원국 절대다수(148개국)의 찬성으로 통과시켰다.[3] 2008년 현재 이 협약은 30개 이상의 나라에서 국회 비준을 거쳤으므로 국제법적 효력을 지니지만, 유네스코 총회에서 찬성표를 던졌음에도 불구하고 한국 정부는 미국과의 자유무역협정(FTA) 등을 빌미로 비준을 미루고 있다.

소수자 중심의 다양한 문화 생존과 진흥에 더욱 주력하는 문화다양성 협약은 국가로부터 개인에 이르기까지 다양한 층위를 포괄한다. 그리하여 국가나 지방자치단체가 소수문화를 비롯하여 지역과 전통에 따른 다양한 문화정책을 독자적으로 세우고 지원하는 것을 합법적으로 명시한 이 협약에도 논쟁의 여지는 남아 있다. 다른 조약과의 관계를 다룬 제20조 2항을 보면, 이 협약이 다른 조약과 충돌할 경우 우선권이 없다는 해석이 가능하기 때문이다.[4] 문화다양성 관련 분쟁을 다룬 제25조에서도 문화다양성 협약이 강제적 구속력을 갖지 않음을 보여주는 미진한 부분이 있다.[5] 이런 문제는 한미FTA를 우선시하는 한국 정부의 입

---

3) 미국과 이스라엘은 반대했으며, 호주는 기권을 했다. 미국의 강력한 압박 속에서 진행된 이 총회에서 반관반민형태의 한국 유네스코 대표 측은 미온적인 태도를 취하다가 총회 의결에서 찬성표를 던졌다.

4) 제 20조 2항은 '(이 협약의) 어떠한 규정도 당사국이 체결한 다른 여타 조약상의 권리 및 의무를 변경하는 것으로 해석되지 않는다'로 되어 있다.

5) 제 25조 4항은 '당사국이 협약의 비준, 수락, 승인, 가입 시 이러한 (문화다양성 관련 분쟁) 조정절차를 수락하지 않겠다고 표명할 수 있다'라고 되어 있다.

장을 변호하는 구실을 주며, 또한 이 협정을 통과시킨 교육·문화 중심 기구인 유네스코와 WTO기구 사이에 존재하는 권력의 역학관계에서 찾아볼 수 있는 '경제우선 문화뒷전' 세태의 서글픈 현실을 드러낸다.

한국의 대미종속적인 문화정책의 문제점

협약의 실질적인 효과가 시험대에 오른 세계 문화다양성 운동에 한국의 문화단체가 적극적으로 참여하게 된 배경에는 스크린쿼터 운동이 있었다. 제2차 세계대전을 통해 유럽영화를 접수한 뒤 1990년대 신자유주의 열풍 속에서 세계시장의 80퍼센트 이상을 독점해온 할리우드영화의 강세 속에서도 '한국영화 르네상스'라는 말까지 들으며 50퍼센트 이상의 자국영화 점유율을 이뤄낸 한국영화의 성공에는 그 지지대 역할을 담당한 스크린쿼터 제도가 있었다. 일정 비율의 한국영화 의무상영 제도인 스크린쿼터 지키기 투쟁은 문화다양성 운동의 성공적 사례로 해외에 소개되기도 했다. 그러나 스크린쿼터 제도는 한미FTA 체결에 전제조건으로 내던져졌다. 그 결과 2006년 7월 정부의 급작스러운 발표로 스크린쿼터는 기존의 146일에서 73일로 축소되며 반쪽이 났다. 반드시 그 직접적 여파라고는 말할 수 없더라도 지난 2년간 한국영화 붐의 거품이 빠지면서 한국영화는 현재 또 다시 위기에 처했다.[6] 그러나 이건 이미 예견된 일이기도 하다.

이집트의 경우는 1960년대에는 매년 100여 편의 영화를 제작했지만 미국의 공세에 눌려 지금은 1년에 겨우 10여 편을 만들며 명맥만을 유지하고 있고, 연간 100여 편 이상의 영화를 제작하던 멕시코도 북미자유무역협정(NAFTA)이 체결된 1990년대 중반 이후 급격하게 규모가

---

6) 2000년대 들어 상승세를 타던 한국영화의 2007년 결산성적표는 전반적인 침체를 보여준다. 매출액 15퍼센트 감소. 점유율은 여전히 50퍼센트 이상인 50.8퍼센트지만 전년 대비 25.7퍼센트 감소를 보여주었으며, 2002년의 48.3퍼센트 이후 최저이다.

축소되어 1998년에는 1년에 10편 이내의 영화를 제작하는 정도로 줄어들었으며 그 감소분은 할리우드영화가 차지하고 있다.

이런 추세 속에서 한국영화의 지지대로 작용해온 스크린쿼터 제도는 '통상이익의 극대화'라는 국익을 내세우며 몰아붙인 한미FTA 체결 과정에서 대폭 축소되었다. 스크린쿼터 지키기 투쟁은 문화적 가치보다 산업적 측면을 내세우며 진행되었고, 결국 시민사회의 지지를 전폭적으로 얻는 데도 역부족이었다. 할리우드의 독점적 배급 형태에 대한 제어장치이자, 급성장한 허약한 유치산업(幼稚産業)인 한국영화의 보호장치로서의 산업적 측면을 내세운 스크린쿼터 지키기 운동은 오랜 투쟁 과정 속에서 영화인의 밥그릇 챙기기에 불과한 것으로 치부되면서 다른 분야를 위해 양보해야 한다는 고통분담론의 대상이 되었다. 덧붙여 대미통상협약과 관련하여 더욱 절실한 위기에 처한 농업 분야에 무관심했던 영화인의 이기적 자세와 외제차 타고 다니고 외제 명품으로 치장하면서 입으로는 문화주권론을 앞세워 한국영화 지키기 운동을 벌이는 스타 문화의 이중성에 대한 비판도 팽배했다. 스타마케팅을 방불케 하는 영화인 시위도 운동의 진정성에 의심을 품게 만들었다.

한편 스크린쿼터 제도의 폐지 및 대폭 축소를 추진해온 한국 정부의 대응에서 발견되는 것은 대미종속적인 문화산업론이다. 그에 기반하여 지난 10여 년간 정부 측은 스크린쿼터 제도와 한국영화의 관계를 설정할 때 수시로 논리와 입장을 바꾸어왔다. 이를테면 1998년 한국영화 시장점유율이 30퍼센트 미만일 때는 경쟁력 확보를 위해 보호막인 스크린쿼터 일수를 축소해야 한다고 주장했다. 그러다가 정작 한국영화의 시장점유율이 2000년대 들어 50퍼센트대를 넘어서자, 이젠 경쟁력이 있으니 스크린쿼터 제도 없이도 한국영화는 잘 살아남을 것이라는 입장으로 바뀌었다. 한국영화의 시장 점유율이 낮으면 낮은 대로 반대로 높으면 높은 대로, 쿼터일수 축소가 만병통치약인 양 상황에 따라 축소 이유를 바꾸며 모순되는 논리를 구사해온 것이다. 미국 영화산업의 압력이 미국 측 통상압력으로 대변되면서, 그에 따라야 한국 경제가 산다고 믿는 한국 정부의 반문화적이고 중상주의적인 태도가 여기에서 발견된다. 특히 지난 2005년 유네스코에서 채택된 문화다양성 협약(이에 따르면 스크린쿼터 제도는 자국 문화정책으로서 정당성을 갖는다)의 표결 때는 결국 찬성표를 던졌으면서, 협약의 국회 비준을 미루고 그 와중에 한미FTA 협상을 위해 스크린쿼터를 절반으로 축소한 것은 스스로 자국 문화정책을 포기한 것이나 다름없는 이중적인 모습이다.

저간의 논의 속에서 영화를 잘 만들면 관객이 알아서 볼 것이기에 구차하게 스크린쿼터 제도에 의존해 한국영화 보기를 강요해선 안 된다는 여론은 문화다양성과 대자본 복합문화기업 지배구조 속에서 검토해볼 필요가 있다. 영화만 잘 만들면 접근이 용이한 여러 개의 극장에서 상당 기간 상영되고, 높은 평가가 경제적으로 보상되는 그런 영화세상이 불가능하다는 것이 배급이 중심이 되는 영화 자본주의 세상의 비극이다. '대자본 제작-대량 배급-대자본 마케팅'이라는 3박자로 시장의 주도권을 장악하는 영화시장판에서 중소자본으로 제작된 영화는 적은 수의 영화관에 걸리고 소자본 마케팅을 하게 된다. 시장의 우위를 점하는 블록버스터 몇 편을 앞세워 라인업하는 할리우드 배급망과 그것을 유사하게 따라가는 한국영화의 시장구조 속에서 자본이 부족한 좋은 영화, 다양한 영화들은 관객의 눈에 노출될 기회조차 확보하기 힘든 것이 현실이다. 그 결과 여러 나라의 다양한 영화들은 할리우드 시스템 속에서 허물어지고, 그와 유사한 마케팅과 배급으로 맞서는 유사 할리우드 시스템만이 존재한다. 그리하여 이제 세계에는 두 가지 영화가 존재한다. 할리우드와 할리우드가 아닌 소수영화가 그것이다. 소수영화 중에는 영화제에서 예술성으로 높이 평가받는 영화들도 있지만 그 영향력은 점차 소멸되어가고 있다.

세계화가 소수문화를 변질시킨다

영화뿐만 아니라 음악·출판·방송 등 전반적인 문화콘텐츠의 유통과정에서 복합 문화기업의 독점적 위세를 증명하는 예는 흔히 발견된다.

음악에서도 마찬가지이다. 지역적 삶과 결합되어 파생한 다양한 음악들은 과거 이탈리아의 칸초네, 프랑스의 샹송, 포르투갈의 파두처럼 그 지역의 음악으로 존재하며 다른 지역, 즉 세계에 알려졌다. 그러다가 1987년 열한 개의 인디레이블이 모여 비영어권 대중음악 시장을 서구적 기준에 따라 분류해서 '월드뮤직'을 만들어냈다. 이들은 복합 문화기업의 하위기업으로, 이런 '월드뮤직'이 기준이 되면서 그 이전에 존재하던 지역음악들, 즉 샹송, 칸초네, 파두, 삼바, 레게, 블루스 등의 명칭이 사라지고 이제는 영어권의 팝과 비영어권의 월드뮤직이란 두 가지 분류가 시장의 판매대와 미디어에서 분류 기준이 되었다.

서구의 위성 텔레비전 채널이 아시아 전역을 잠식한 것도 지난 10여 년 사이에 일어난 일이다. 이렇듯 지난 10여 년 동안 세계화라는 이름으로 더 큰 시장, 전 지구적 시장을 목표로 한 미디어는 열 손가락 안에 드는 서구의 복합 문화기업들이 주도했고, 그 결과 특히 비서구의 문화 다양성은 급격하게 파괴되었다. 그것을 긍정적이거나 중립적인 의미를 담아 세계화라고 부르는 것은 잘못된 일이다.

예술작품은 그 창작 주체가 몸담고 살아온 지역문화에 뿌리를 둔다. 그러나 세계화시대, 세계적 보편성이란 이름으로 지역문화성이 서구, 특히 미국 중심의 패러다임으로 대체되는 표준화 풍토는 갈수록 강력해지고 있다. 그리하여 지역성은 폐쇄적이며 경제적 수익이 없는 것으로, 탈지역화는 거대한 세계시장으로 나가는 열린 구조로 보는 환상이 발생한다. 20세기 말부터 본격화된 인터넷과 미국 중심의 신자유주의 경제체제는 마치 지구촌이 세계공동체이며 누구나 평등한 문화적 삶을 누리는 것으로 이해되는 측면이 있지만, 실제로 우리의 삶은 지역경제와 지역적 정치, 제도에 의해 구성된다. 미디어를 통해 접하는 세계에 관한 정보가 보편적으로 인류가 향유할 양질의 문화적인 삶처럼 호도되는 것은 복합 문화기업의 생산물에 중독된 증상이기도 하다.

이런 문제의 저변에는 신자유주의에 기반한 국제자유무역을 통해 실현하려 하는 경제적 이익과 그것을 넘어서는 문화적 가치, 이 양자 간의 역학관계가 존재한다. 즉 다양한 문화 분야 중에서도 수익성이 높은 분야를 지원하는 것, 아니면 경제성장을 위해 혹은 다른 분야의 경제적 이익을 위해 문화 분야를 양보하는 거래 행태가 보편화되고 있다. 미국의 요구대로 한미FTA 체결의 전제조건으로 스크린쿼터 제도를 대폭 축소한 것도 한국 경제에 더 큰 이익을 가져오기 위한 선택이라는 정부의 인식은 영화를 문화라는 차원이 아닌 산업적 차원의 경제적 수익구조 속에서만 파악하고 있음을 보여준다.

영화는 다른 예술 분야와 달리 산업으로서의 성격이 강한 것은 사실이지만, 영화가 담고 있는 정신문화와 영화 수용이 담보하는 정서적·문화적 효과 등은 여전히 경제적 효과로 환산할 수 없는 가치를 가진다. 그렇다면 영화를 비롯하여 이미 피폐화된 음악 산업, 방송과 출판 및 그 밖의 다양한 문화생산물이 경제적 가치를 떠나 지역-국가적 기반을 존재 근거로 생존할지에 대해 어떻게 장담할 수 있을 것인가?

여기에서 쟁점은 문화예술의 생산·유통·홍보를 누가 관장하는가, 즉 누가 미디어와 유통 채널을 지배하는가라는 대목이다. 애초에 세계적인 전자 민주주의를 예상케 했던 인터넷은 갈수록 저작권을 확대하는 상업적 공간이 되면서 소수의 주요 포탈사이트를 통해 복합 문화기업의 주도권을 보여주고 있다.

문화예술의 창작 주체 사이에도 갈등이 존재한다. 한편에서는 문화다양성 속에서 다양한 문화의 생존권을 주장하지만, 다른 한편에서는 거대한 시장에 진입할 길을 열어줄 복합 문화기업의 취향에 맞추기 위해

뤽 베송 감독이 할리우드와
손을 잡고 스펙터클한 화면
을 선보인 영화 「제5원소」.
프랑스영화는 그와 같은
시스템을 택할 것인지 아
닌지를 두고 딜레마에 빠
져 있다.

전력투구한다. 이런 시각에서 보면 지역 속에서, 즉 작은 시장 속에서
작업을 하는 것은 능력과 자격이 부족해서일 뿐이며, 문화의 생존권을
논하는 것은 문화다양성이라는 명분으로 그것을 옹호하는 것처럼 느껴
질 수도 있다. 이런 모순과 딜레마가 오늘날 창작 주체의 삶 속에서 일
어난다. 이를테면 프랑스의 뤽 베송 감독은 미국 자본과 합작하여 영어
로 된 블록버스터 영화를 찍는다. 이 전략은 그런대로 유효해서 영화의
질이나 문화다양성의 여부는 차치하더라도 일단 할리우드의 유통 경로
를 통해 더욱 넓은 시장접근성을 확보한다. 프랑스영화는 뤽 베송과 같
은 시스템을 택할 것인지 아닌지를 두고 딜레마에 빠져 있다.

7) J. Smiers, 같은 책, 134~135쪽.

하루 동안 일어난 일을 즉흥 음악으로 소화하던 자연발생적이고 지역적 삶의 매력이 담긴 카리브 군도의 칼립소 음악은 서구 관광객에게 인기를 끌면서 본래의 매력이자 고유한 특성인 즉흥적 재치와 풍자성을 잃어버렸다. 복합 문화기업이 주도하는 음악 산업의 일원이 되기 위해 라이브를 전제로 한 즉흥성을 버리고, 녹음과 방송 진출을 위해 서구 소비자의 이국적 취향에 맞는 음악으로 변질되었기 때문이다.[7]

세계화라는 명제 속에서 벌어지는 이런 난제들을 해소하는 또 다른 대안은 문화다양성 운동을 통해 지역중심 문화와 소수문화의 생존과 진흥을 실천 과제로 이끌어내는 시민사회 활동과 문화다양성 협약에 기초한 국가-지자체의 공리적 관점에서 문화-문화생산물을 대하는 문화 지원정책이다. 시장 만능주의 속에서 사라져가는 경쟁력 없는 문화 산물을 경제적 차원, 즉 문화산업론 속에서 사고팔기라는 교역의 대상으로만 보지 말고 교류의 대상으로 보는 관점의 변화가 필요하다. 다양한 문화를 누리기 위한 문화권을 인류의 삶의 질을 지키기 위한 인권 차원의 권리로 수용하고, 문화적 존재로서의 인간적 가치를 복합 문화기업의 상업적 문화상품으로부터 지켜내는 개인적 차원의 실천도 절실한 과제이다.

유지나 이화여대에서 불문학과 철학을 공부한 후 한국영화아카데미 연출 과정을 거쳐 프랑스 7대학에서 마르그리트 뒤라스의 영화글쓰기에 대한 논문 「빈 공간 위의 텍스트」로 박사학위를 받았다. 문화다양성 확산 운동을 하고 있으며 젠더폴리틱을 실천하는 영화평론을 해왔고, 현재 동국대학교 영화영상학과에서 영화사와 시나리오 등을 가르치고 있다.

아프리카 탈식민주의 문학

흑인, 이 지혜롭고 당당한 존재들

이석호
아프리카문화연구소 소장

치누아 아체베, 아프리카의 심오함과 인간적 위엄을 위한 소설 쓰기

　21세기라는 새로운 천년왕국을 호명하는 이름은 여럿일 수 있다. 그 중 이 새로운 세기를 지난 시대와 가장 가파르게 변별하는 별칭 중 하나가 이른바 '탈식민주의'라는, 한편으로는 낯익고 다른 한편으로는 다소 새로운 이름일 것이다. 따지고보면, 탈식민주의라는 용어는 전혀 생소한 것이 아니다. 아프리카를 비롯한 제3세계의 경우, 그 용어는 멀게는 제2차 세계대전 이후 가깝게는 과거 유럽의 식민지들이 연쇄적으로 독립을 쟁취하기 시작한 20세기 중반부터 전방위적으로 상용되었다.

　다만, 그것이 거의 반세기 가깝게 의도적인 망각에 파묻혀 있다가 20세기 후반, 구체적으로 말해 포스트모더니즘의 정치적인 시효가 효력을 다하고, 나아가 마침내 새로운 '형식'과의 조우가 이루어지게 된 21세기의 초입에 와서야 비로소 세인의 입에 다시금 회자되기 시작한 것은 그 자체로 이 용어가 얼마나 정치적 세뇌 내지는 희석의 과정을 거쳤는지를 미루어 짐작케 한다. 제3세계적인 용어에서 제1세계적인 용어로의 세뇌 또는 희석 말이다.

66 그의 문학은 탈식민주의로의 이행에
걸림돌이 되는 안팎의 모순에 공히
평등한 비판의 붓을 들이댄다.
아체베는 '글쓰기를 통해 역사적 모순을
발굴해 내고, 그 모순으로 인해 상처를
치유하는 것'이 아프리카 소설가들의
과제라고 말한다. **99**

▶ 치누아 아체베

나이지리아의 소설가인 치누아 아체베(Chinua Achebe)는 탈식민주의라는 용어가 지닌 제3세계적인 본연의 의미를 아프리카인의 관점으로 추찰(推察)하는 대표적인 작가 중 하나다. 그는 한때 소설을 쓰는 이유를 "아프리카인들이 문화라는 말을 처음으로 접했던 것이 유럽인들을 통해서가 아니며, 아프리카인들이 사는 사회에도 심오한 철학과 도덕, 가치론, 아름다운 시와 인간적 위엄이 있음을 입증하기 위해서"라고 말한 바 있다. 다시 말해 "아프리카인의 손으로 아프리카인의 미학적 전형을 창조해내기 위해" 글을 쓰게 되었다는 것이다.

아체베의 문학은 그 모든 과정이 진정한 의미의 탈식민화로의 여정과 깊은 관련이 있다. 특기할 만한 점은 아체베 문학이 식민지 시기부터 독립에 이르기까지의 나이지리아를 문학적 성찰의 범주로 설정해놓고도 네그리튀드류의 작가들을 비롯한 그밖의 아프리카 작가들과 달리 그 흔한 전통문화에 대한 낭만화 혹은 식민화 과정에 대한 무차별적인 비판의 유혹에 쉽게 빠지지 않았다는 점이다.

아체베는 1930년 동부 나이지리아의 오기디(Ogidi)라는 마을에서 태어났다. 본명은 알버트 치누아루모구 아체베(Albert Chinualumogu Achebe)였다. 1944년부터 1947년까지 우무아히아(Umuahia) 공립학교를 다녔으며, 1948년부터 1953년까지는 이바단대학교(University of Ibadan)에서 의학과 문학을 공부했다. 이바단대학교 재학 시절에는 나이지리아의 방송국에서 방송 일을 하기도 했다. 그리고는 영국으로 자리를 옮겨 1953년 런던대학에서 다시 학사학위를 받았다. 그후 1956년까지 런던에 있는 영국방송공사에서 방송 일을 했고 1961년부터 1966년까지는 「나이지리아의 소리」라는 라디오 방송 프로그램을 만들어 직접 연출까지 한다. 1967년 나이지리아 내전이 발발하자 비아프라(Biafra) 공화국의 정보국에 투신해 일을 하기도 한다.

제1세계에 크나큰 충격을 던진 처녀작 『몰락』

아체베의 첫 소설은 그가 영국에 체류하던 기간 중에 발표되었다. 프란츠 파농(Frantz Fanon)이 프랑스의 리옹대학을 다니던 스물다섯의 나이에 『검은 피부, 하얀 가면』(Black Skin, White Masks)을 출판하여 유럽인들을 놀라게 했던 것처럼, 아체베도 1958년 불과 스물여덟의 나이에 자신의 처녀작이자 문제작인 『몰락』(Things Fall Apart)을 발표하면서 일약 세계적인 작가군의 반열에 그 이름을 올린다.

『몰락』은 1890년대 유럽 열강들 사이에서 이른바 '아프리카 쟁탈전'(Scramble for Africa)이 한창이던 시기의 이보(Igbo) 마을을 중심으로 벌어진 기독교와 전통문화의 만남과 갈등을 그린 작품이다. 아체베는 이 작품에서 서구를 대표하는 기독교가 오콩코(Okongkwo)로 대표되는 이보인의 전통문화를 어떻게 식민화시켰는지를 아프리카인의 시각으로 핍진하게 묘사한다.

현재 50여 개국의 언어로 번역되어 약 천만 부 이상이 팔린 아체베의 대표작 『몰락』은 제3세계의 탈식민주의 논쟁과 관련해 미학적인 측면

필자와 대담을 나누고 있는 치누아 아체베.

에서 몇 가지 중요한 쟁점을 제공한다.

먼저, 조이스 캐리(Joyce Cary)나 루드야드 키플링(Rudyard Kipling), 또는 라이더 해거드(Rider Haggard)나 존 부칸(John Buchan) 그리고 엘스피스 헉슬리(Elspeth Huxley) 등 아프리카를 소재로 글을 쓴 영국 작가들, 나아가 제1세계 작가들의 식민주의적인 아프리카관을 비판적으로 심문해볼 수 있다.

아체베는 아프리카인을 '수다스런 천치'로 전형화한 조이스 캐리의 『미스터 존슨』(*Mister Johnson*)과 로데시아(짐바브웨)를 소재로 쓴 라이더 해거드의 『솔로몬 왕의 금광』(*King Solomon's Mine*) 등의 소설을 읽고 받았던 충격 때문에 『몰락』을 집필하게 되었다고 술회한 바 있다. 그는 1973년에 쓴 「빅토리아라는 이름의 여왕」이라는 글에서 『몰락』이 "내 자신의 과거에 대한 속죄의 행위이자 한 탕아의 제의적인 귀향"의 의미가 담긴 글이라고 고백한다. 글쓰기를 통한 주체의 회복을 선언한 것이다.

아프리카와 아프리카인들을 비인격화하거나 타자화한 유럽의 작가들은 부지기수지만, 아체베가 그 중 가장 혹독한 비판의 화살을 날린 작가

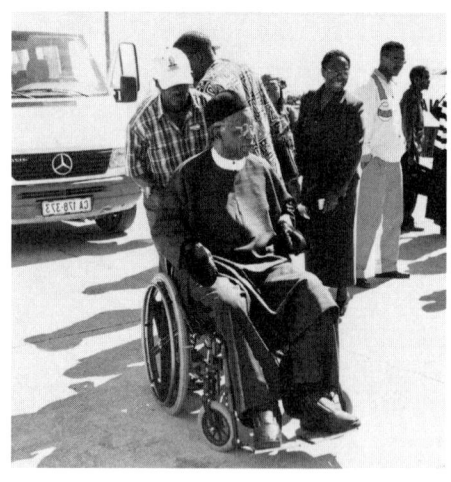

아체베는 "흑인이란 정체성이 먼저고 작가는 그 다음이다"라고 말할 만큼, 자기 뿌리에 대한 자긍심이 강하다.

는 콘래드이다. 아체베는 1975년 매사추세츠대학에서 행한 한 강연에서 소위 19세기 최고의 고전으로 손꼽히는 콘래드의 단편 『어둠의 속』(*Heart of Darkness*)을 비판적으로 검토하는 가운데, 콘래드를 '철두철미한 인종차별주의자'라고 신랄하게 꼬집는다. 콘래드의 소설 『어둠의 속』이 아프리카를 "인간다운 인간이 없는" 유럽의 "한 장식 혹은 배경" 정도로 환원하고 있기 때문이라는 것이다. 이렇게 "편벽한 오만함"을 가지고 있는 콘래드를 어떻게 "위대한 작가"로 명명할 수 있느냐고 반문한다. 동시에 그는 콘래드가 아프리카에서 벌어진 "사악한 제국주의의 착취를 맹렬하게 공격한 것은 사실"이지만, "신기할 정도로 그 제국주의적 착취의 기반이 되고 있는 인종차별주의에 대해서는 무관심하다"고 지적한다.

물론 아체베는 모더니스트 작가로서 콘래드가 지닌 놀라운 문장력과 복수화자 및 복수시점을 등장시켜 텍스트의 의미를 중층적으로 엮어낼 줄 아는 그의 기술적 특장을 아낌없이 상찬한다. 그러나 동시에 그는 "콘래드의 그런 놀라운 기교가 궁극적으로는 아프리카인의 야만성과 비인간성을 부각시키는 데 복무하고 있다"는 점을 놓치지 않는다.

따라서 그는 콘래드를 비롯해 일견 자유주의 전통을 수렴한 듯이 보이는 진보적인 작가들의 텍스트도 '주의 깊게 읽을 것'을 주문한다. 그 예로 카리브해에 있는 트리니다드(Trinidad) 출신으로 그곳에 이주해 사는 인도인들의 처지를 주로 다루는 나이폴(V. S. Naipaul)의 글을 거론한다. 나이폴은 2001년 『강의 만곡』(A Bend in the River)이라는 작품으로 노벨 문학상을 수상한 작가다. 아체베는 나이폴의 이 작품이 제2의 『어둠의 속』이며, 그리고 나이폴 그 자신은 "인종이라는 낡디낡은 신화를 재탕, 삼탕 우려먹는 제2의 콘래드"라고 명명한다.

영어를 쓸 것인가, 토착어를 쓸 것인가?

『몰락』이 제3세계 탈식민주의 논쟁과 관련해 던져주는 또 다른 쟁점 중 하나는 이 책의 창작 매개어로 영어가 사용되었다는 점이다. 아프리카 작가를 비롯한 제3세계 작가가 식민지 본국의 언어인 영어를 비롯해 프랑스어, 포르투갈어, 독일어 등 유럽어로 글을 쓸 것인가 아니면 이보어, 요루바어, 하우사어, 기쿠유어, 코사어 등 토착어로 글을 쓸 것인가의 문제는 제3세계 탈식민주의 논쟁에서 핵심적인 사안 가운데 하나다. 아체베는 『몰락』『안락의 종말』(No Longer at Ease), 『신의 화살』(Arrow of God) 등을 비롯한 그의 모든 후기 소설들과, 『조심하라, 영혼의 형제여』(Beware, Soul Brother, and Other Poems)와 『비아프라의 크리스마스』(Chrismas at Biafra, and Other Poems) 등의 시집, 그리고 『창조의 신새벽』(Morning Yet on Creation Day), 『나이지리아의 문제』(The Trouble with Nigeria), 『희망과 장애』 등의 에세이집에서 이보어가 아닌 영어를 창작의 매개어로 사용함으로써 아프리카의 탈식민주의 논쟁에서 창작의 매개어가 갖는 기능적 함의를 의도적으로 축소한다. 왜냐하면 그가 보기에 아프리카인들에게 유럽어는 기실 또 다른 이

치누아 아체베는 흑인의 존
재에 뚜렷한 믿음을 가지고
있다.

름의 토착어에 불과하기 때문이다.

　아체베는 후에 아프리카에서 창작의 매개어 문제를 본격적으로 제기
하면서 "언어는 단순한 매체가 아니라 정신"이므로 자신은 더이상 "식
민주의자의 언어인 영어를 창작의 매개어로 사용하지 않겠다"고 선언
한 케냐의 응구기 와 씨옹오(Ngugi Wa Thiong'o)에 맞서 "오랜 식민
화과정을 거치면서 아프리카식으로 전유된 유럽어는 아프리카어에 다
름 아니라고 생각한다"는 주장을 피력한다.

　그 예로 아체베는 자신보다 앞서 영어 또는 프랑스어로 글을 쓴 나이

치누아 아체베는
'흑인성의 부활'을
꿈꾸는 문화운동에
큰 영향을 받았다.

지리아의 아모스 투투올라(Amos Tutuola)와 사이프리안 에퀜시
(Cyprian Ekwensi), 남아프리카의 피터 아브라함스(Peter
Abrahams)와 세네갈의 셈빈 우스만(Sembene Ousmane) 등을 거론
한다. 이들의 글이 식민지 본국의 언어인 영어 또는 프랑스어로 쓰여졌
지만, 아프리카인의 정신을 올곧게 담고 있다는 것이다.

아체베는 이후 『몰락』의 탈식민주의적 주제를 발전시켜 『안락의 종
말』(1960)과 『신의 화살』(1964)에 이르는 3부작을 완성한다. 『안락의
종말』은 식민지에서 태어나 식민지 본국에 가서 유학을 마치고 돌아와

전통적인 가치와 갈등을 빚는 식민지 청년 오비(Obi)의 이야기를 담은 작품이다. 아체베는 식민지 본국의 근대를 이방인으로 경험한 이 청년을 통해 전통과 현대, 그리고 물질적인 것과 정신적인 것 사이에서 물리적이면서 동시에 형이상학적인 갈등을 겪는 신세대의 초상을 대변한다. 한편, 1920년대 식민지 나이지리아의 한 벽촌인 우무아로(Umuaro)라는 마을의 촌장인 에체울루(Ezeulu) 사제의 이야기를 다룬 『신의 화살』에서는 '권력의 병리학'에 초점을 맞춘다.

아프리카 소설가들의 임무, 글쓰기로 역사적 상처를 치유하기

독립 이후의 나이지리아로 글쓰기의 무대를 옮긴 아체베는 또 다른 문제작 『민중의 지도자』(A Man of the People, 1966)라는 계시적인 작품을 출간한다. 이 작품에서 아체베는 무능하고 부패한 한 독재자를 내세워 독립 후 정상적인 국민국가로 가는 길이 얼마나 험한 것인가를 예시한다. 아체베는 이 작품을 가리켜 "독립 이후의 아프리카의 시련"을 그린 것으로 "식민주의자들에 의해 파괴된 전통적인 공동체가 근대적인 의미의 국가체제로 이행해가는 과정에서 드러내는 힘의 공백"을 묘사했다고 말한다. 『민중의 지도자』는 특히 나이지리아에서 이보인들이 주축이 된 최초의 군사 쿠데타가 발발한 지 이틀 후에 출판되어 아체베가 이 쿠데타의 배후에 있었던 것이 아닌가라는 혐의를 받기도 한다.

독립 이후 나이지리아의 국민국가로의 이행이, 점철되는 쿠데타와 군사독재에 의해 좌절되어가는 상황을 아프리카의 전통적인 신화구조에 맞춰 쓴 『사바나의 개미둑』(Anthills of the Savannah, 1987)이라는 작품에서도 아체베의 정치적인 풍자는 날카롭게 빛을 발한다. 이 작품에서 그는 '사람들의 입에 온갖 재갈을 물려' 아무 말도 못하게 하는 '아기 괴물'의 이미지를 등장시켜 언론을 통제하고 민주주의를 짓밟는 한 독재자를 형상화한다. 이것이 동시대 아프리카에 있는 나이지리아라는 한 국민국가의 탈식민주의적 초상이라는 것이다.

아체베의 문학은 이처럼 탈식민주의로의 이행에 걸림돌이 되는 안팎의 모순에 공히 평등한 비판의 붓을 들이댄다. 식민지 시기에는 존재론적이고 인식론적인 가치를 식민주의자들에 맞추어놓고 그 기준을 중심으로 주변의 모든 존재들의 위상을 재편한 국외자의 권력에, 그리고 독립 이후에는 힘의 공백을 제대로 통제하지 못해 진정한 의미의 탈식민화로의 이행 기회를 독재의 제물로 넘겨버린 내부인들의 소치에 말이다. 아체베는 "글쓰기를 통해 이러한 역사적 모순을 발굴해내고, 그 모순으로 인해 얻은 상처들을 하나하나 치유해가는 것"이 아프리카 소설가들의 과제라고 말한다.

이석호 1963년 서울에서 태어나 1996년 한국외국어대학교 영어과에서 아체베에 관한 논문으로 첫 박사학위를 받는다. 그후 아프리카 문학을 본격적으로 공부할 요량으로 남아공의 케이프타운 대학교(University of Cape Town)로 건너가 2002년 여름 응구기에 관한 논문으로 두 번째 박사학위를 받는다. 쓴 글로는 「민족문학과 근대성」「파농의 민족문학론과 근대성」「영어 공용화론에 부치는 몇 가지 단상」「소잉카 연극의 탈주와 상상」「남아공의 탈식민주의 작가 루이스 응코시와의 대담」「문학과 영화의 상호텍스트성」 외 여러 편이 있다. 역서로는 『검은 피부, 하얀 가면』『탈식민주의와 아프리카 문학: 정신의 탈식민화』『제3세계 문학과 식민주의 비평: 희망과 장애』『남아프리카 문학 단편선』『아프리카 탈식민주의 문화론과 근대성』『식민주의에 관한 담론』 등이 있다. 현재 사단법인 아프리카문화연구소의 소장 및 국제게릴라극단의 대표로 일하고 있다.

모국어로 창작하기의 신념

썩지 않는 언어, 기쿠유어의 수호자

이석호
아프리카문화연구소 소장

탈식민주의 소설가, 기쿠유족의 아들 응구기 와 씨옹오

서부 아프리카의 치누아 아체베와 더불어 아프리카 문학의 탈식민화를 주도하는 작가로는 응구기 와 씨옹오(Ngugi Wa Thiong'o)를 들 수 있다. 1938년 케냐의 카미리투(Kamiriithu) 지역에서 기쿠유(Kikuyu, 케냐의 한 부족) 농민의 아들로 태어난 응구기는 고등학교 재학 시절 영국의 식민지 정책에 대항해 케냐 민중들이 일으킨 마우마우(Mau Mau) 독립운동을 현장에서 목격한다.

실제로 그의 어머니는 그의 외삼촌이 마우마우 유격단원들과 관련이 있다는 혐의 때문에 온갖 고초를 겪기도 한다. 한편 벙어리인 그의 이복형은 영국 치안경찰의 말을 잘 못 알아듣는다는 이유로 총살을 당하기도 한다. 응구기는 이 시절의 경험들이 그의 '초기 소설의 알심'임을 고백한 바 있다. 응구기의 본격적인 문학수업은 우간다에 있는 마케레레(Makerere)대학에 진학해 영문학을 공부하면서 시작된다.

아프리카 문학의 탈식민화와 관련해 응구기의 문학적 여정은 크게 세 단계로 나누어볼 수 있다. 첫 번째 단계는 그가 마케레레대학에 입학해

> **&&** 영어라는 이름으로 환기되는 서구의
> 근대가 무조건적인 몰입의 대상은 아니다.
> 영어는 기쿠유어로 씌어진 작품을
> 대외적으로 알릴 필요가 있을 때
> 기능적으로 사용하면 그만이다. **,,**

▶ 응구기 와 씨옹오

영문학을 공부하면서 읽었던 콘래드(Joseph Conrad)라든가 포스터 (E. M. Forster) 등속의 영국 작가들을 여과 없이 받아들인 초기 습작 단계이다. 두 번째 단계로는 상기한 작가들의 기교를 기쿠유인 특유의 내러티브로 전유해 형식과 내용 면에서 기존의 것과 전혀 다른 소설을 써내기 시작하는 중기 단계를 들 수 있다. 그리고 창작의 매개어로서 영어를 폐기하고 자신의 토착어인 기쿠유어로 소설 및 동화 그리고 희곡 등을 쓰기 시작하는 실험적 단계가 바로 마지막 단계에 속한다.

영미문학이란 그릇에 담은 초기 소설들

응구기는 1964년 『울지 말아라, 아이야』(*Weep Not, Child*) 라는 첫 소설을 발표하면서 문단에 등장한다. 이 소설은 마우마우 독립운동이 한창이던 시절 가족은 뿔뿔이 흩어지고 마을은 쑥대밭이 되어가는 와중에 서구식 학교에 다니면서 서구식 교육을 받는 한 식민지 아이의 정신적인 갈등을 그린 자전적인 작품이다. 이 작품에서 응구기는 아프리카인의 비극이 근본적으로는 토지의 상실에 있음을 주목한다.

'기쿠유와 뭄비'는 기쿠유 농민들의 창세설화로 마우마우 투쟁시 케냐 농민들의 정체성을 강화시키는 기제로 활용되기도 했다.

　'토지'는 응구기의 문학에서 끊임없이 회자되는 주제이다. 청년 시절 마르크스-레닌주의에 강하게 경도된 바 있는 응구기는 이 소설의 배경으로 등장하는 마우마우 운동의 본질도 케냐의 농민들이 조상신을 모시고 가족들을 부양할 땅을 상실한 데 있음을 지적한다. 응구기는 이 소설에서 '기쿠유와 뭄비'(Kikuyu and Mumbi)라는 창조신화를 동원해 '땅의 회복'이 문제의 핵심임을 강조한다.

　1965년 응구기는 실제로는 『울지 말아라, 아이야』보다 먼저 탈고했지만, 출판은 일 년 늦게 이루어진 『샛강』(*The River Between*)이라는 소설을 발표한다. 『샛강』은 호니아(Honia)라 불리는 생명의 강을 사이

마우마우 투쟁의 중심에
는 자신들의 얼이 서린 땅
을 빼앗긴 케냐 농민들의
상실 의식이 놓여 있다.

에 두고 기독교도가 중심이 된 한 마을과 아프리카 전통신앙을 숭상하
는 다른 마을 사이의 종교적이고 이념적인 갈등을 그린 작품이다.

이 작품에서 응구기는 기독교 교육을 받은 와이야키(Wai-yaki)라는
청년을 통해 기독교와 토착 종교, 다시 말해 근대와 전통 간의 화해를
시도한다.

"선교학교에 가거라." "가서 백인들의 온갖 지혜와 비밀을 배워 오너
라." "팡가(나무 막대기)를 가지고 나비를 잡을 수는 없지 않느냐?"

이러한 아버지의 뜻에 따라 선교학교에 다니게 된 와이야키는 굳은
신념을 가지고 갈등이 깊어진 두 마을을 화해시키려 하지만, 오히려 자

신이 어이없이 그 갈등의 골에 빠지고 만다. 응구기는 기독교적인 가치에 일방적인 특권을 부여하는 식민지 체제 하에서 근대와 전통은 상호 화해가 불가능한 대립쌍임을 분명히 한다.

서구 모더니즘을 아프리카의 확장된 리얼리즘으로

앞의 초기 두 소설을 통해 형식과 내용 면에서 유럽작가들의 그것과 미학적 변별점을 구축하는 데 실패한 응구기는 아프리카인만의 독특한 내러티브에 눈을 뜨기 시작한다. 응구기는 이때부터 이른바 역작들을 생산해내기 시작한다. 『밀알』(*A Grain of Wheat*, 1967)이 그중 하나다.

『밀알』은 1952년부터 1960년 계엄령이 공표된 한 마을에서 벌어진 살인사건을 다룬다. 응구기는 이 소설에 여러 인물들을 등장시켜 각자의 시선으로 본 사건의 전말을 구술하게 한다. 한 사건은 여러 등장인물들의 구술과 다양한 입장을 통해 다각적으로 교차하면서 사건에 연루된 사람들의 숨겨진 사연들이 입체화된다. 응구기는 이 작품에서 콘래드가 즐겨 사용한 복수시점과 복수화자라는 장치를 아프리카 식으로 전유한다. 다시 말해 "유럽의 모더니즘을 아프리카의 확장된 리얼리즘으로 바꾸는 것이다."

이러한 시도는 『핏빛 꽃잎』(*Petals of Blood*, 1977)이라는 작품에서도 계속된다. 이 작품은 응구기의 소설 중 최초로 독립 이후의 케냐를 다룬 것으로 신식민지 케냐에서 벌어지는 부패한 정권 및 자본과 기층 민중들의 싸움을 그린 것이다. 응구기는 이 작품을 통해 "케냐의 민중들이 목숨을 바쳐가며 이루어낸 독립"이 이후 부패한 엘리트들의 손아귀에 매몰되면서 "진정한 독립이 아닌 깃발만 펄럭이는 독립"이 되었다고 애석해한다.

영어를 버리고 기쿠유어로 글을 쓰기 시작하다

응구기는 『핏빛 꽃잎』을 마지막으로 더 이상 영어로 창작을 하지 않겠다고 선언한다. 그것은 두 가지 이유 때문이다.

하나는 다소 이념적인 이유로, 언어가 '단순한 의사소통의 매개'일 뿐 아니라 그 언어를 사용하는 '집단의 정신'이기 때문이라는 것이다. 따라서 한 집단의 언어를 잃는 것은 소통의 도구를 잃는 것이 아니라 그 집단의 '존재론적 토대'를 잃는 것이라고 주장한다.

다른 하나는 좀더 방법론적인 이유로 그의 탈식민주의적인 글쓰기와 실천적으로 맞닿아 있다. 응구기는 그를 소위 '세계적인 작가'의 반열에 오르게 한 『밀알』이나 『핏빛 꽃잎』 같은 소설들이 진정 그런 상찬을 받을 만한 자격이 있는가를 반문한다. 그는 실천적인 차원에서 이 소설들이 실존적 한계를 내포하고 있음을 깨닫는다. 그것은 무엇보다도 이 소설들이 영어로 쓰여졌기 때문이라는 것이다.

그는 그의 소설들이 영어로 집필되어 많은 수의 서구 독자들을 사로잡긴 했지만, 정작 그가 소설 쓰기를 통해 헌정의 대상으로 삼았던 케냐의 기층 민중들은 언어적인 장벽 때문에 그 소설을 감상도 할 수 없었음을 깨닫는다. 응구기는 영어라는 창작의 매개어를 통해 나아가 서구적 근대의 부정적 유산을 발본적으로 고민하기 시작했다. 과연 서구의 근대란 무조건적 수용의 대상인지를 진중하게 심문하게 되었다는 뜻이다.

그는 영어라는 이름으로 환기되는 서구의 근대가 기술적 타협 내지는 조건부 조율의 대상은 될지언정 무조건적 몰입의 대상은 아님을 분명하게 인식한다. 다시 말해, 영어는 기쿠유어로 쓰여진 자신의 작품을 대외적으로 알릴 필요가 있을 때 번역이라는 훌륭한 매개를 통해 기능적으로 사용하면 그만이라는 것이다. 이 생각은 응구기뿐만 아니라 많은 아프리카 작가들에게 서구의 근대 혹은 근대성에 대한 혁명적인 사고의 전환을 가져다준다.

응구기는 『핏빛 꽃잎』을 마지막으로 더 이상 영어로 창작을 하지 않겠다고 선언했다. 그는 영어라는 이름으로 환기되는 서구의 근대가 무조건적 몰입의 대상은 아님을 분명하게 인식한다.

이런 이유에서 응구기는 과감하게 영어로 창작하는 관행을 저버리고 자신의 토착어인 기쿠유어로 복귀하게 된다. 『십자가 위의 악마』(*Caitaani Mutharaba-ini*, 1982)와 『마티가리』(*Matigari ma Mjimruumgi*, 1987)라는 소설을 비롯해 『결혼하고 싶을 때 결혼할래요』(*Ngaahika ndeenda*, 1980)와 『어머니, 저를 위해 노래를 불러주세요』(*Maitu njugira*, 1981) 등의 희곡이 영어가 아닌 기쿠유어로 쓰인 대표적인 저작들이다.

사실 응구기의 모국어로의 회귀가 가장 빛을 발하는 장은 연극에서이다. 응구기는 아리스토텔레스류의 유럽 전통연극이 판을 치는 케냐 극장에서 영어를 몰아냄으로써 연극의 개념을 바꾸고, 춤과 노래를 가미

응구기는 기쿠유어로 쓴 최초의 소설 『십자가 위의 악마』에서 케냐 고위 공무원의 농민 착취를 적나라하게 고발했다.

한 아프리카 전통연극의 복권을 시도한다.

응구기에게 연극은 언어적인 차원에서 대단히 중요한 실천적 의미를 갖는다. 소설에 비해 연극은 현장성이 강조되는 장르다. 현장성이 강조되다보니 언어는 두말할 나위 없이 중요성을 갖게 된다. 응구기는 아프리카 연극을 현장의 언어, 즉 토착어로 공연함으로써 연극 자체의 밀도 및 완성도를 높임은 물론 관객 일반들로부터도 생동감 있는 유기적인 반응을 이끌어내는 데 성공한다.

기쿠유어로 쓴 최초의 소설 『십자가 위의 악마』는 응구기가 필화사건으로 인해 수형생활을 하면서 간수의 눈을 피해 화장지에 기록한 작품이다. 이 작품 역시 신식민지 케냐의 부패상을 다룬 것으로 알레고리 기법을 쓰고 있다. 응구기는 이 작품에서 '악마의 잔치'에 참가해 최고의 도적을 가리는 자리에 일곱 명의 도적을 우의적으로 등장시켜 케냐 독립정부의 고위 공무원을 비롯한 정치인, 은행가, 사업가 등이 얼마나 교묘한 방법으로 민중들을 사취하고 있는가를 적나라하게 묘사한다.

이 작품은 한국문학과 관련해서도 주목을 요한다. 그 이유는 응구기가 이 작품을 집필할 때 김지하의 「오적」과 「비어」를 그 바탕글로 삼았기 때문이다. 이는 응구기가 『정신의 탈식민화』(*Decolonising the Mind*, 1986)라는 책에서 고백한 바이기도 하다.

소설 속의 인물이 실제로 현상수배되다

기쿠유어로 쓰였지만 정치적인 이유 때문에 정작 케냐에서는 판금조치를 당한 『마티가리』라는 소설은 1982년 응구기가 런던에 체류할 때 썼던 작품이다. 응구기는 당시 귀국하면 구금될 것이라는 소식을 듣고 그 길로 의도하지 않은 반영구적인 망명의 길에 나선다. 『마티가리』는 응구기가 포스트모더니즘적인 수법을 동원해 쓴 실험적인 작품이다.

이 작품은 마우마우 독립운동시 산속으로 들어갔던 투사 마티가리가 독립된 지 한참 후에 세속으로 돌아와서 독립 전이나 독립 후나 변한 것이 아무 것도 없다는 판단하에 다시 새로운 투쟁을 결심하게 되는 과정을 다루고 있다. 응구기는 『마티가리』를 통해 케냐의 독립이 '깃발만의 독립'임을 새삼 확인한다.

『마티가리』는 흥미로운 일화를 하나 가지고 있다. 『마티가리』가 런던에서 출판된 후, '마티가리'라는 이름은 신식민지 치하에서 고통 받는 케냐인들의 입에 일종의 구세주 혹은 혁명가의 대리물로 수없이 회자되었다. 그러자 케냐 정부에서는 급기야 혁명을 운운하며 기층 민중을 동원해서 정부의 전복을 꾀하려는 반정부주의자 마티가리를 현상금을 내걸고 수소문을 했는데 알고 보니 마티가리는 실제로 현존하는 인물이 아니고 소설 속의 인물이었다는 것이다.

근래에 이루어지고 있는 기쿠유어 소설과 희곡 쓰기를 통해서 응구기가 실천하고 있는 '모국어로 창작하기'라는 신념은 표면적으로는 영어라는 언어를 사용하지 않고도 아프리카 문학 내지는 문화운동이 현실적 추동력을 갖출 수 있을까라는 실험정신의 표상으로 보이기도 하지만, 궁극적으로는 아프리카 문학 혹은 문화판에서 전일한 권력으로 삼투되어 있는 유럽의 근대(성) 혹은 근대정신에 대한 강력한 심문 내지는 도전의 의미를 담고 있다. 따라서 응구기의 성공은 아프리카를 비롯한 제3세계 내에서 서구의 근대(성)를 어떻게 이해해야 하는가와 관련해 발전적인 고민거리를 던져주고 있다.

이석호 1963년 서울에서 태어나 1996년 한국외국어대학교 영어과에서 아체베에 관한 논문으로 첫 박사학위를 받는다. 그후 아프리카 문학을 본격적으로 공부할 요량으로 남아공의 케이프타운 대학교(University of Cape Town)로 건너가 2002년 여름 응구기에 관한 논문으로 두 번째 박사학위를 받는다. 쓴 글로는 「민족문학과 근대성」 「파농의 민족문학론과 근대성」 「영어 공용화론에 부치는 몇 가지 단상」 「소잉카 연극의 탈주와 상상」 「남아공의 탈식민주의 작가 루이스 웅코시와의 대담」 「문학과 영화의 상호텍스트성」 외 여러 편이 있다. 역서로는 『검은 피부, 하얀 가면』 『탈식민주의와 아프리카 문학: 정신의 탈식민화』 『제3세계 문학과 식민주의 비평: 희망과 장애』 『남아프리카 문학 단편선』 『아프리카 탈식민주의 문화론과 근대성』 『식민주의에 관한 담론』 등이 있다. 현재 사단법인 아프리카문화연구소의 소장 및 국제게릴라극단의 대표로 일하고 있다.

제 **5** 부

현대미술의 가장 치열한 쟁점

문화 혼성과 현대미술

세계화시대, 뒤섞임이 정체성이다

박신의
경희대 교수 · 미술평론가

문화 혼성의 역사적 의미

우리는 세계 문화를 보통 동 · 서양으로 구분한다. 최소한 한국사회에서 그 구분은 아주 오랫동안 큰 동요 없이 유지되어왔다. 동양과 서양이 갖는 뚜렷한 문화 정체성에 대해 별다른 의심을 갖지 않았던 것이다. 하지만 9·11테러와 빈 라덴이라는 존재를 통해 이슬람 문화가 화두로 떠오르게 된 후로는 상황이 조금 달라졌다. 이슬람 문화의 특성이 우리로 하여금 그 일반화된 문화적 구도에 대해 생각을 달리하게 만들었기 때문이다. 이슬람 문화는 아라비아인을 중심으로 이집트 · 페르시아 · 시리아 · 유대 · 터키인 등의 이민족에 의해 형성되었으며, 실제로 유럽과 아시아의 문화가 융합하여 탄생한 것이다. 그런 점에서 이슬람 문화는 여러 민족에 의해 동 · 서양의 문화가 섞이면서 그 자체로 독특한 문화를 만들어낸 결과라 할 수 있다.

문화가 혼성의 형태로 그 고유함을 만들 수 있다는 점은 역사적으로도 증명되었다. 이슬람 문화는 동남아시아로 건너가 인도네시아 · 말레이시아 · 남필리핀까지 전파되었다. 게다가 아시아의 서양이라 불리는

> **❝** 새로운 문화나 양식은 늘 서로 다른 문화와
> 교차하고 섞이는 가운데 만들어진다.
> 곧 문화란 결코 고정되어 있는 것이 아니라
> 움직이는 것이며, 또한 정체성이란 단일한 형태로
> 영구 지속되는 것이 아니라 이질적인 문화가
> 충돌하면서 변형을 겪는 가운데 만들어지는 것이다. **❞**

필리핀은 일찍이 에스파냐 정복자들에 의해 300년 동안, 그 다음에는 미국에 의해 50년 동안 식민 지배를 받았고, 이로 인해 동·서양의 문화가 상호 융합되면서 자신의 문화를 발전시켜간 곳이다. 또 남미의 거대한 땅덩어리도 에스파냐의 오랜 지배로 혼혈 인종을 형성하며 인디오 문화와 니그로 문화, 에스파냐 문화가 동시에 나타나고 있다. 하지만 우리는 필리핀과 남미 문화에 정체성이 없다거나 모호하다고 말하지 않는다.

미술사의 맥락에서 보면, 18세기 말 근대사회의 형성과 더불어 시작된 낭만주의에서 문화 혼성의 예를 찾을 수 있다. 들라크루아의 작품에 나타나는 색채의 화려함과 역동성은, 당시 제국주의 침략의 결과로서 프랑스가 확보하게 된 모로코와 알제리 등을 여행하면서 그가 체득한 아랍 문화에서 유래한 것이다. 만일 그가 당시 아랍 문화를 접하지 못했다면 그의 위대한 낭만주의 회화는 탄생할 수 없었을 것이다. 또 서구의 오랜 전통인 원근법을 파괴한 큐비즘 미학 역시 20세기 초반 유럽에 소개된 아프리카 원시 조각의 영향을 받은 것으로, 이 역시 비서구 문화와

들라크루아, 「알제리의 여인」, 1834. 들라크루아의 작품에 나타나는 색채의 화려함과 역동성은, 당시 제국주의 침략의 결과로서 프랑스가 확보하게 된 모로코와 알제리 등을 여행하면서 그가 체득한 아랍 문화에서 유래한 것이다.

의 접촉으로부터 나온 결과라 할 수 있다. 전후 추상미술의 전형이라 할 앵포르멜 회화도 근본적으로는 서구 문명에 좌절한 예술가들이 동양 문화에서 대안을 찾아내면서 나타난 양식이다. 양차 세계대전으로 피폐해진 서구사회를 치유하기 위해, 그들은 한자의 서체에서 새로운 정신적 가치를 찾아낸 것이다. 하지만 낭만주의와 큐비즘, 앵포르멜 회화는 누가 뭐라 해도 가장 유럽적인 현대미술에 속한다.

　이처럼 새로운 문화나 양식은 늘 서로 다른 문화와 교차하고 섞이는 가운데 만들어진다. 곧 문화란 결코 고정되어 있는 것이 아니라 움직이는 것이며, 또한 정체성이란 단일한 형태로 영구 지속되는 것이 아니라 이질적인 문화가 충돌하면서 변형을 겪는 가운데 만들어지는 것이다. 그런 점에서 보면 동·서양 문화의 형성과 변천 과정에도 무수한 차이를 품어내는 혼성의 역사가 녹아 있다고 할 수 있다. 우리가 즐겨 인용하는 실크로드의 역사도 사실 문화의 이동과 교차의 현실을 보여주는 단면이다.

전 지구화되는 문화의 뒤섞임

문화는 항상 서로 접촉하고 교류하며 서로 영향을 마치고 관계를 맺는다. 최근 거론되는 '문화의 세계화'와 '문화산업의 팽창' 등은 이런 문화의 운동 구조를 더욱 강화한 것이라 볼 수 있다. 특히 미디어의 발달은 선진국가의 문화를 대량으로 유포하고 보급하여 이념적·상품적 가치를 획득하는 데 일조하고 있다. 문화의 세계화는 한편으로 지역적으로 고립된 문화와 사람들의 만남을 도와주고, 다른 한편으로는 대량의 교환과 커뮤니케이션 체계에 힘입어 문화산업을 전 지구화시킴으로써 문화시장 개발에 박차를 가하게 만든다고 할 수 있다.

그런 점에서 문화의 세계화는 양면성을 지닌다. 한편으로 다양한 문화를 접촉하게 해주는 통로로 기능하지만, 다른 한편으로는 시장의 논리로 문화의 민주적 측면과 역사적 가치, 고유성을 재단해버린다. 산업화되고 상품화된 문화적 재화들을 세계 곳곳에 고루 분배하는 것으로 해석되기도 하지만, 산업화된 문화의 전 세계적 유통 과정에 존재하는 국가간, 그리고 사회적 계층 간의 엄청난 불평등이 우리를 놀라게 한다. 또한 문화의 세계화로 인해 점차 문화들이 하나의 모델로 융합되리라 기대했지만, 실제로는 기대하던 융합은 생겨나지 못했다. 파급된 문화는 각각의 지역에서 고유한 문화와 가치를 통해 변형되거나 재구성되면서 오히려 특수하고 지역적인 것으로 바뀌어갔기 때문이다.

바로 이것이 세계화를 배경으로 벌어지는 문화 혼성의 현실이다. 문화 교류와 접촉이 증가하면서 지역의 문화는 실질적인 변형을 자발적으로 받아들이는 것이다. 한국의 젊은 층에서 속출하던 머리 염색은 더 이상 '검은 눈에 검은 머리'라는 통념적인 동양인의 정체성을 고집하지 않게 한다. 오히려 유럽에서는 머리를 현란한 색깔로 염색한 동양인을 보면 일본사람 아니면 한국사람이라고 말할 정도다. 또한 아시아에서 열풍을 일으키는 '한류' 현상을 보더라도, 그 자체는 이미 혼성과 퓨전 일색이지만 그럼에도 그것은 분명 '한국적인 것'으로 여겨진다. 홍콩 영화의 경우 더이상 전통적인 의미의 중국 문화로 생각되지는 않지만, 혼성이라는 속성 자체를 지극히 '홍콩적인' 문화 정체성으로 일치시킨다.

하지만 문제는 문화의 혼성이 새로운 정체성으로서의 근거와 의미를 상실할 경우이다. 문화의 혼성 혹은 퓨전 등은 그 자체가 이종(異種) 문화의 교차를 통해 생산적인 맥락을 갖는 것이지만, 대개는 상업주의와 결탁한 상품화를 피하기 어렵기 때문이다. 머리 염색을 하는 젊은이들이 어떤 인식의 변화를 이야기할 수 있는지, 한류 열풍에서 얼마만큼 동적인 정체성 개념을 찾아낼 수 있을지, 동·서양 문화의 혼성이 어떤 새로운 문화적 지표를 제공할 것인지에 대한 문제의식이 남는다는 것이다. 이제는 더이상 단일하고 고정된 정체성을 이야기하지 않는다. 하지만 문화의 혼성이라는 현실에 직면하여 어떻게 새로운 문화적 의미를 찾을 것인지의 문제는 결코 단순한 일이 아니다.

현대미술에서 바라보는 문화 혼성

현대미술에서 문화의 혼성이 거론되기 시작한 것은 일반적으로 1980년대 말에서 1990년대 초, 포스트모더니즘 미술의 구도에서라 하겠다. 문화의 혼성은 기본적으로는 대중매체의 발달과 이로 인한 대중문화의 강세, 문화 교류의 활성화와 세계화라는 현실에 대한 예술가들의 새로운 현실 인식을 바탕으로 한 결과다. 그런 점에서 문화의 혼성은 비평적 쟁점으로 주어지면서 많은 예술가들의 작품으로 녹아들어가게 되었다. 그

마누엘 오캄포, 「상처 받은 언어」(eridas de la Lengua), 1991. 필리핀은 300년 동안 에스파냐의 지배를 받으면서 자국의 문화적 정체성 자체가 혼성의 역사를 지니게 되었다. '아시아/아메리카' 전시회 출품작.

리고 그 자체는 단순히 조형적 차원이 아니라 새로운 문화 전략으로 드러나고 작동한다.

  필리핀 출신의 마누엘 오캄포(Manuel Ocampo)는 전 세계를 돌아다니며 작업하는 화가다. 그의 작품은 캘리포니아 현대미술관이 1980년대 말 당시를 풍미하던 문화 혼성을 주제로 기획한 '헬터 스켈터'(Helter

Skelter)라는 전시회를 계기로 유명해졌다. 현재 그는 미국에서 에스파냐로 이주해 작업을 계속하고 있다. 앞서 말했지만 필리핀은 에스파냐의 오랜 지배로 동양의 남미문화권이라 불릴 정도로 문화 혼성 자체를 고유문화로 갖고 있는 나라다. 오캄포는 식민지 기간 동안 강제 이식된 종교·정치·교육·문화 등으로 인한 정체성의 혼란을 다양한 도상과 문자, 만화와 이발소 그림의 유형을 도입하여 드러낸다. 그의 그림에 나타나는 혼성의 언어는 자주 공격적으로 제시된다. 그것은 식민자들의 폭력적인 식민주의 문화사적 관점을 과감하게 드러내기 위한 하나의 문화 전략으로 읽힌다.

예술가들은 문화 혼성의 상황을 그 근본에 있어서는 서구 논리로 세계질서를 주도해가는 제1세계주의적 관점과 이에 따른 '중심'의 원리를 뒤집는 역할로 이해한다. 이것은 오캄포의 경우에서처럼 일방적으로 서양의 우위를 지배논리로 강행해온 세계사에 대한 공격으로 드러날 수도 있다. 문화 혼성은 동시에 고급문화의 권위와 문화적 위계질서를 깨고, 문화의 중심 논리에 대비되는 다양한 '주변'의 가치와 개념을 새롭게 해석하고 살리며, 문화의 차이와 다양성을 헤아리는 역할을 한다고도 볼 수 있다. 그 양상은 미국의 복합문화주의와 병행하여 새롭게 부각된 이민문화를 담거나, 이성애 중심의 가치관에 따라 주변으로 밀렸던 동성애 문제를 복권시키거나, 대중문화와 하위문화의 요소를 또 다른 미학과 언어로서 활용하는 것으로 드러난다.

혼성이 문화의 교차와 교류로 인한 결과라면, 이민의 역사는 바로 혼성 문화의 역사적 실체다. 어찌 보면 문화의 세계사적 구도는 이민의 역사를 통해 형성된 것이기도 하다. 유대인 이산의 역사를 뜻하는 '디아스포라'(Diaspora)가 새롭게 조명 받게 된 것은 바로 이주와 이동의 현실로 눈을 돌린 포스트모던 시대에 와서이다. 미국과 유럽, 그리고 아시아의 많은 국가들이 이민의 역사를 안고 있으며, 이에 따라 빚어지는 문

장광지, 「자유의 여신상」, 1979. 미국 이민문화가 지니는 복합문화적 성격은 이미 새로운 차원의 문화논의를 제공해온 바 있다. '아시아/아메리카' 전시회 출품작.

화 혼성은 매우 구체적인 현실로 와닿는다. 이런 주제를 다루는 작가는 대부분 이민세대에 속한다. 1994년 뉴욕의 아시아 소사이어티 갤러리에서 열린 전시회 '아시아/아메리카: 아시안 아메리칸 현대미술의 정체성'(Asia/America: Identity in Contemporary Asian American Art)은 아시아계 미국인 이민 작가 20명의 작품을 통해 '아시안 디아스포라'의 현대적 의미를 찾아간 전시회로서, 그 좋은 사례가 된다.

이외에도 쉬 지앙구오(Sui Jianguo)는 그리스 조각에 모택동 제복을 입혀 동서양 문화의 혼성을 말하고, 차이 코캉(Cai Guo-Qiang) 역시

쉬 지앙구오, 「원반 던지는 사람」, 1998. 그리스 조각상과 모택동 복장의 조각상을 병치하여 문화의 혼성과 차이를 말하고 있다. 2000년 상하이 비엔날레 출품작.

'문화혼성탕'이라는 퍼포먼스를 통해 다인종 복합문화를 보여준다. 슈빙(Shu Bing)은 한자와 영어를 혼합하여 한자 형태이되 영어식으로 읽히는 혼성문자를 발명하기도 했다. 한국의 이불과 최정화 등은 키치로 통용되는 하위문화를 통해 미술관 문화의 엄숙주의를 거부하면서 한국의 문화적 현실과 정체성의 논의를 이끌어내며, 일본의 마리코 모리(Mariko Mori) 역시 만화와 신화, 전설과 민담 등의 혼용을 통해 싸구려 키치 문화의 정서를 또 다른 문화적 현주소로 제안한다. 프랑스 작가 피에르와 질(Pierre & Gilles)은 서양의 전통을 자유롭게 혼합하면서 키치 문화의 달콤함과 비현실감을 하나의 미학으로 구사한다.

미국의 신디 셔먼(Cindy Sherman)은 자신의 여성적 정체성을 고정

차이 코캉, 「문화혼성탕」, 1997. 작가는 문화의 혼성을 목욕탕에 비유하면서 또 다른 차원의 문화적 정체성 개념을 제안한다.

된 것으로 그려내지 않고 무수한 광고와 영화에 등장하는 여성의 모습으로 가장함으로써, 영상문화에서 묘사되는 여성 이미지의 스테레오 타입을 공격하고 동시에 복수(複數)의 정체성을 제안한다. 낸 골딘(Nan Goldin)은 한 사회에서 그야말로 주변적 삶을 살아가는 자신과 절친한 친구들을 찍어 그 삶의 양상을 거짓 없이 드러낸다. 동성연애자들의 초상과 에이즈 환자, 남자 친구로부터 구타당한 친구의 누드, 싸구려 패션에 도발적인 장신구를 한 친구를 영상으로 담아냄으로써 그녀는 중심의 원리를 해체한다. 해체된 중심의 원리는 다양한 주변적 가치를 드러내며, 그 자체로 문화 혼성에 내재한 가치 기준을 전복시키는 일이 된다.

문화의 혼성을 어떻게 볼 것인가

오늘날 한국 사회에서 문화 혼성의 논의가 얼마나 깊고 넓게 전개되

피에르와 질의 작품. 작가는 키치
적 어법으로 동서양의 문화 정체
성을 흔들어놓으며 문화 혼성의
도상학을 만들어간다.

었는지를 돌이켜볼 필요가 있다. 기본적으로 문화란 역동적인 것이어서
결코 고정되어 있는 개념이 아니라는 점을 생각할 때, 결국 중요한 것은
다양한 문화의 체험과 교류일 것이다. 그런 점에서라면 실제로 문화 혼
성은 동시대적 문화 현상으로 매우 중요한 주제라 하겠다. 오히려 순수
혈통주의적 시각, 순수 미학적 시각 등과 같은 배타적 기준으로 현대미
술에서 한국 문화의 정체성을 고집한다면, 그것은 곧 시대착오적인 이
야기가 될 것이다.

　하지만 문화 혼성 자체가 스스로 정당화되는 것은 아니다. 또 문화 정
체성 논의가 문화 혼성에 의해 절대적으로 영향 받는 것도 아니다. 문화
혼성은 하나의 현상이고, 실제로 이를 예술적 입장에서 어떻게 접근하
고 해석하여 의미를 생산할 수 있는지의 문제가 쟁점으로 남는다고 하
겠다. 어설픈 상태에서 혼합과 '짬뽕'의 양식을 과장하거나, 상업주의

적 감각에 의존하거나 가볍고 수사학에 지나지 않는 혼성의 미학들이 난무하는 것은 경계할 일이다. 오히려 하나의 문화 전략으로서, 문화 교차와 융합의 변증법적 관계의 결과로서, 동시대 사회변동과 관련한 문화 흐름의 지표로서 문화 혼성의 의미를 재규정하고 이를 개념적으로 새롭게 하는 일이 필요할 것이다.

박신의 이화여대 대학원 미술사학과를 수료하고, 파리 4대학(소르본) 대학원 미술사학과에서 석·박사과정을 수료하였다. 1988년 동아일보 신춘문예 미술평론 부문 당선 이후 활발한 평론활동과 전시 기획을 해왔다. 제2회 광주비엔날레 어시스턴트 큐레이터와 '미디어 시티서울2000'의 큐레이터를 지냈고, 2003년 대통령자문 정책기획위원, 문화중심도시조성위원 등을 역임하였으며, 현재는 한국문화예술위원, 경희대학교 경영대학원 문화예술경영학과 교수로 재직 중이다.

미디어아트의 시간개념

경험되지 않는 경험

정용도
경희대 강사 · 문화예술경영학

미디어아트가 선사하는 새로운 경험

미디어아트의 특징은 관객에게 더이상 우리가 일반적으로 경험이라 생각해왔던 형식의 물리적 경험을 제공하지 않는다는 것이다. 미디어아트에 전통적인 의미에서의 경험은 존재하지 않는다. 회화나 조각과 같은 전통 매체예술이 작품이라는 물질적인 매체를 통해 우리의 시각과 촉각, 혹은 후각과 같은 감각에 자극을 주어 작가가 전달하고자 하는 예술적 의도를 경험하고 만지고 그리고 사유를 통해 의미의 영역에서 해석할 수 있게 해주었다면, 미디어아트에서는 그런 종류의 사실적인 경험이 생략되었다고 할 수 있다.

그러나 경험이라 정의해왔던 형식은 부재하더라도, 우리의 몸을 매개로 하는 감각적 경험은 오히려 활성화된다. 미디어아트는 비물질적인 방식으로 우리의 감각을 활성화시킨다. 이는 미디어아트가 감각의 내적인 자극 및 충동과 직접적으로 연결될 수 있는 가상의 인터페이스(interface)를 창조하기 때문이다. 인터페이스는 전통 매체예술에서의 구도나 색채처럼 미디어아트를 구성하는 중요한 형식적인 요소다. 그러나

> **❝** 새로운 미디어의 시대에는 시간의 다차원성이
> 우리 삶의 새로운 특성이자 환경이 될 것이다.
> 이런 면에서 미디어아트는 단순히
> 예술 작품의 영역에 한정되는 것이 아니라,
> 거시적인 관점에서 문화의 시대를 설명해줄 수 있는
> 중요한 화두가 되리라고 생각된다. **❞**

미디어아트의 형식적인 요소는 전통 매체예술의 질료(質料)적인 환경처럼 형식 그 이상의 중요성은 가질 수 없을 수도 있다. 즉 미디어아트에서 형식은 기계가 아닌 기술이 되는 것이다. 기술은 기계적인 발전에 의해 점점 더 확장되어왔다. 이런 차원에서 미국의 방송학자 마셜 맥루안(Marshall McLuhan)은 기계적인 기술의 발전이 인간의 감각적 능력을 확장시켜줄 수 있다는 이론을 설파한다. 즉 전화는 청각의 확장, 텔레비전은 시각의 확장 등으로, 기술적인 발전을 인간 능력의 확장이라는 차원에서 평가하고 있는 것이다.

 그러나 이와 같은 시각에서 기술의 발전을 보게 되면, 기술의 발전이 멈추거나 한계에 도달하게 되면 인간의 능력 역시 한계에 도달하게 된다는 맹점이 드러난다. 인류 문명의 발전에 기술이 많은 역할을 한 것은 사실이지만, 인간의 사유와 인식 차원의 진화라는 관점에서 생각해보면 기술이 담당할 수 있는 부분은 한계를 가지고 있다. 예를 들면 미디어아트에서 가장 핵심적인 개념으로 생각되고 있는 가상현실과 상호작용성은 인간의 심리적 참여가 전제되지 않는 한 성립될 수 없는 것이다. 여

기서 우리의 고민은 시작된다. 미디어아트에서 무엇이 원인이고 무엇이 결과인가라는 인과론적 논쟁으로 빠져들게 되는 것이다.

미디어아트의 새로운 시간 개념

여기서 우리는 잠시 문화적인 사색을 해볼 필요가 있다. 문화의 핵심은 인간이 수천 년의 역사를 통해 추구해온 보편적 가치인 자유와 진리에 밀접한 관련이 있다. 이때의 자유는 단지 신체의 자유만이 아니라, 좀더 본질적인 생각의 자유, 표현의 자유와 같은 것들이다. 그렇다면 진리는 어떤 것인가. 자유는 우리 삶에 의미를 줄 수 있는 희망, 행복과 같은 것과 관련이 있지만 진리는 그런 자유를 보장해줄 수 있는 실제적인 가치와 관련이 있다. 미디어아트에서 자유와 진리 같은 문제들이 언급되는 이유는 미디어아트 역시 예술로서 인간의 본질적인 문제 상황과 긴밀히 관련되어 있기 때문이다.

그러나 미디어아트에서는 주어진 조건들이 비물질적이라는 면에서 전통적 의미에서의 개념 정의들을 넘어서 있다는 것을 생각해보아야만 한다. 일반적으로 회화와 조각 같은 전통 매체예술에서는 우리의 감각과 사유, 지각과 상상력까지도 예술작품과 대응하는 형식으로 관련을 맺어왔다. 그래서 전통 매체예술이 제시하고 있는 공간과 시간은 관객의 사유작용과 지각능력에 크게 도전하지 않았다. 하지만 미디어아트의 특징으로 시간성을 자주 이야기하는 것은, 미디어아트에서는 우리가 알고 있던 시간적 개념과 영역이 복합적으로 변화했기 때문이다. 그러므로 전통 매체예술에서 실제 시간이 예술작품의 존재와 긴밀하게 연결되어 하나의 조건으로 존재했다면, 미디어아트에서 시간은 예술작품의 또 다른 이미지처럼 지각될 수 있을 것이다.

우리는 방송 매체를 통해 화성 탐사선이 보내오는 화성의 이미지를 사진으로 접한다. 그런 화성의 사진들은 아직 인간이 실제로 경험하지 못한 장소의 사진이다. 그리고 우주과학자들의 설명과 텔레비전 다큐멘터리 프로그램들에 의해 우리는 지구가 거대한 우주 속의 아주 작은 먼지와 같은 존재일 뿐이라는 것을 알고 있다. 이 이야기가 뜻하는 것은 우리가 지각하는 대상이 미시적인 차원에서는 시간의 프레임에 갇혀 있는 듯이 보이지만, 거시적인 차원에서 보면 우리가 알고 있는 시간의 개념 자체가 대단히 협소하다는 의미이다. 그렇다면 우리가 직접적인 경험에 의해 획득하는 지식의 체계들이 각각의 개별적 사건에 제한적으로 갇혀 있다고 생각할 수도 있을 것이다. 여기서 우리는 물리적 상상력을 뛰어넘어 다른 차원의 시간적 개념을 제시하는 미디어아트가 예술과 예술적 경험의 문제를 근본적으로 변화시키는 새로운 현실을 보여줄 수 있을지 고민해야 한다.

일반적인 인간들이 직접 경험할 가능성이 거의 없는 화성 탐사선이 보내오는 이미지와 마찬가지로, 미디어아트가 가지고 있는 시간의 차원은 우리 인간의 상상력과 직접적으로 대응하는 시간이고 또 다른 면에서는 그 자체로서 독립성을 가지고 존재하는 기술적인 시간일 수도 있다. 예술작품의 창조에서 이 같은 기술적 상상력은 우리가 직접적으로 경험할 수 있는 논리적인 시간성의 세계를 벗어난 개념적인 상황을 제시한다.

시간의 구조에서 자유로운 동영상 이미지

그렇다면 여기서 동영상 이미지(moving image)와 관련이 있는 대표적인 예술 형식인 영화와 비디오아트에 관해 생각해볼 필요가 있다. 일반적으로 영화는 시작과 끝이 존재하는 영화만의 절대적인 시간 구조를 가지고 있다. 영화에서의 시간은 우리의 경험 구조를 닮아 있는 재현적인 시간이지만, 우리 경험이 의존하고 있는 실제 시간은 아니다. 감독의 필요성에 따라 재단된 시간의 구조를 가지고 있을 뿐이다. 우리는 영화관에서 영화감독이 연출한 내용을 그 내용이 가지고 있는 시간의 구조 안에서 감상하게 된다. 영화를 보면서 관객은 이미 어떤 전제를 가지고, 즉 영화감독이 제시하는 시간의 프레임에 적응할 준비를 하면서 영화를 감상한다. 이것은 마치 교회나 절에서 신도들이 성직자의 설교를 수용할 준비를 하고 그곳에 가는 것과 마찬가지다. 신도들은 성직자의 설교에 대해 가끔 의견이 다를 수도 있지만, 전반적으로 그곳에 모인 모든 사람들과 기본적으로 의견을 공유한다는 공통성을 가지고 그 장소에서 일어나는 모든 상황을 기꺼이 수용하는 것이다.

비디오아트의 관객들 역시 작가가 제시하는 이미지를 어떤 시간적인 구조 안에서 파악한다는 점에서는 동일하지만, 비디오아트는 논리적인 시작과 끝이 존재하는 영화적인 시간의 구조에서 자유롭다. 비디오아트가 이미지 전개의 시작과 끝에서 자유롭다는 것은 기존의 내러티브 구조에 의해 설명될 필요가 없는 다른 구조를 가지고 있다는 뜻이다. 비디오아트가 관객에게 제시하는 것은 이미지 자체가 만들어내는 시각적 직접성이다. 그리고 영화적인 내러티브가 이미지에 대한 설명을 동반하는 구조를 가지고 있는 반면에 비디오아트 혹은 동영상 이미지의 내러티브는 비설명적인 방식으로 관객에게 제시된다. 그러므로 비디오아트의 내러티브는 우리가 익숙해져 있는 내러티브가 아니라고 말할 수 있다. 비디오아트의 전개 과정은 절대적이거나 상대적인 시간적 과정과 일치하지 않을 수 있고, 비디오아트의 관객들은 영화의 관객들처럼 다음 장면을 예측할 수도 없고 오히려 장면과 장면 간의 변화 자체에 집중하게 된다. 그래서 비디오아트를 포괄하는 개념적 장치를 좀더 일반적인 의미에서 동영상 이미지라고 부르는 것이다.

변화 자체에 집중하거나 주목하게 된다는 동영상 이미지의 특징은 시각 이미지의 전개가 인간의 감각에 관련된 어떤 장치로서 우리에게 좀더 직접적으로 작용한다는 것을 뜻한다. 그리고 사실 미디어아트의 궁극적

이배경, 「Videochapel」, 2003. 비디오 카메라가 작품 앞에 선 관객의 영상을 컴퓨터로 전송한다. 컴퓨터로 전송된 영상은 열 개의 화면으로 나누어지고, 관객의 움직임에 따라 구동과 정지가 반복되며 열 개의 서로 다른 시간과 공간의 조합으로 헝클어진다. 비디오라는 매체가 가진 선적인 시간과 공간개념, 일방적인 관객과의 관계를 개선하기 위한 시도에서 나온 작업이다.

인 매체는 인간의 신체이다. 즉 신체가 환경과의 상호작용을 통해 존재하지 않는 현실을 마치 현실처럼 느끼게 되는 것이다. 이 같은 상황을 적절하게 설명해주는 초기의 예가 미국의 팝아트 작가 앤디 워홀(Andy Warhol)이 1964년에 발표한 영화 「엠파이어」이다. 이 영화는 영화라는 이름을 사용했을 뿐, 이야기를 보여주는 것이 아니라 보는 사람의 감각을 활성화시킨다는 점에서 비디오아트에 속한다고 할 수 있다. 여덟 시간 길이의 이 영화는 처음부터 끝까지 엠파이어스테이트 빌딩을 화면에 담았다. 여기서 실제 시간은 영화의 시간과 일치한다(그러나 여기서 실제 시간에 중요한 의미를 부여할 필요는 없다). 즉 워홀의 이 영화를 보고 있는 관객은 내용의 전개 없이 실제 시간에 따라 변화하는 빛의 양과 구름의 움직임 같은 환경의 변화를 지루하게 보고 있을 수밖에 없다. 즉 그 화면 안에는 영화적인 사건이 존재하지 않는다. 관객들은 이 영화를 보면서 신체적인 감각이 예민해지는 것을 느낄 것이고, 지루함과 같은 감각적이고 신체적인 반응이 오히려 이 영상의 의미를 이해하는 데 중요한 단서가 된다.

그러나 비디오아트 혹은 동영상 이미지와 영화가 결정적으로 다른 점은 영화는 영화가 끝날 때까지 한곳에 머물러 있어야 하지만 비디오아트는 갤러리나 미술관이라는 환경 속에서 보여지기 때문에 관객들이 움직일 수 있다는 점이다. 이 차이는 단순히 동영상 이미지가 전개되는 과정을 처음부터 끝까지 보지 않아도 된다는 것만이 아니라, 비디오아트가 영화와 다른 제작 기반을 가지고 있다는 것을 의미한다. 비디오아트 작가들은 관객이 줄거리를 즐길 수 있는 영상을 제작하는 것이 아니라, 예술작품의 오랜 기능 중 하나인 관객의 개인적인 반성(reflection)을 끌어내기 위한 예술적인 장치를 생산하고자 하는 것이다.

감각주관과 객관의 경계 소멸

현대 문명에서 거의 드러나지 않는 무의식처럼 여겨져왔던 감각적 영역이 미디어아트에 의해 활성화되면서, 기술문화의 시대에 인간의 정체성에 관한 정의의 문제가 중요한 쟁점으로 부각되기 시작했다. 이런 상황은 객관적 사실이라는 범주보다 하위적인 것으로 간주되어왔던 각 존재의 주관적 세계가 미디어아트를 통해 적극적으로 드러날 수 있다는 의미로 해석될 수 있을 것이다. 각 존재들의 미디어적인 발현은 기존의 성적인 구분만이 아니라 주관과 객관으로 분리해왔던 범주적 사유를 다시 재고하게 만든다. 그렇다면 이런 범주적 사유에 방향성을 제시할 수 있는 새로운 장치에는 무엇이 있을까? 여기에 대한 대답은 의외로 간단하다. 미디어아트에서 기술(객관적인 것들)과 현실(주관적인 것들)을 통합해줄 수 있는 궁극적인 매체는 포괄적인 의미에서의 몸(생명체)이다.

여기서 몸이 매체라는 것은 생물학적인 구분을 통해 나누어왔던 기준이 아니라(기술과 기계에는 성이 존재하지 않는다) 기술적인 자극을 수용하고 반응하는 매체로서의 몸을 말하는 것이다. 물론 이런 상황에서는 몸 자체가 반응하는 형식이 중요한 것이 아니라 몸을 통해 발현되는 기술의 지속적인 진화가 중요하겠지만, 어찌되었든 몸이 주체가 되는지 기술이 주체가 되는지에 상관없이 몸과 기술의 관계는 단순히 입력과 출력의 인과적 과정에 의존하는 관계가 아니라 새로운 설명을 필요로 하는 상황으로 주어진다. 즉 미디어아트 상황에서는 이제까지 인간의 역사를 설명해왔던 주관과 객관, 사실과 현실, 남과 여 등과 같은 이분법적인 구조가 더이상 유효성을 가질 수 없다는 의미이다.

이 같은 상황은 인간과 기계의 특성을 모두 지닌 사이보그라는 존재를 가정하게 되면 좀더 쉽게 이해될 수 있을 것이다. 미국의 사회학자 도나 해러웨이(Donna Haraway)는 『사이보그 선언문』에서 기술적인 네트워크 환경 속에 존재하는 인간은 성적인 차이로 구분될 수 없는 어떤 중성적인 특성을 가지게 된다고 설명한다. 바로 이 시점에서 우리는 진화의 상황이 기술적인 발전과 인간과의 관계에, 즉 인간과 기술이 서로 독립적인 상대적 객체로서 분리되어 있는 것이 아니라 어느 하나의 귀결점을 향해 진행해가고 있다는 상황 인식을 할 수 있게 된다. 여기서 우리는 주관과 객관의 지각적 구분이나 차이가 존재하지 않는 감각적 양태들(sensory modes), 어떤 효과에 의한 상황으로 인도되는 감각적 현실의 존재성에 관해 생각하게 된다. 그런데 이것은 전통적인 의미에서의 경험이 아니다. 그러나 경험적인 질적 특성을 가지고 있고, 우리가 그동안 존재의 기반으로 생각해왔던 근본적인 세계(the primary world)와 직접적인 관련성이 아닌 지각적인 관련성을 가지고 있는 것

문경원, 「Cityscape_Seoul & Pyongyang」, 2005. 서울과 평양, 두 도시의 물리적인 거리가 서로
자리를 바꾸면서, 점차 추상적인 그리드를 그리다 서로의 위치가 바뀌어간다.

이라고 말할 수 있다. 즉 인간은 경험의 주체이지만, 경험의 대상인 사
건은 존재하지 않는다. 다시 말해 외부의 자극을 매체의 중재 없이 몸으
로 직접 받아들이게 된다는 것이다.

그러므로 인간의 주관과 객관적인 실제 세계의 관계는 더이상 경험적
인 상대성을 가지고 존재하지 않는다. 앞에서 언급했듯이 동영상 이미
지가 변화 자체에 주목하게 만든다는 것은 이미지 자체의 확장성과 관
련이 있는데, 여기서 이미지의 확장성은 변화라는 개념에 비추어볼 때
이미지의 유동성과 관련이 있는 것이다. 이미지의 유동성은 변화를 이
미지와 이미지 사이의 변이과정으로서 그동안 어떤 중요한 개념적 요소
로 인식하지 않았던 경계들에 대한 정의적인 주장을 하는 것뿐만이 아
니라, 인간의 의식 자체가 물리적인 구조를 통해 외화되는 것까지를 포
함하는 것이다. 여기서 우리는 의식과 감각의 경계가 구분될 필요성이

있는가를 생각해볼 필요가 있다. 사실 여기서의 경계는 더이상 이미지와 이미지의 연결성이라는 상대적 의미에서 볼 수 있는 것이 아니라, 경계 자체가 어쩌면 우리의 또 다른 의식 상황의 중요한 부분이라고 생각할 수도 있기 때문이다.

일어나지 않은 사건에 대한 경험

예술 작품에 대한 전통적인 관점은 대상이 제시하는 범주를 통해 인식의 틀을 만들고, 그리고 그 만들어진 인식의 틀 안에서 의미를 해독하는 작업으로 이루어져왔다. 하지만 미디어아트를 통해 감각 자체가 물리적 현실의 매개 없이 상상력과 직접적인 관계를 가지게 될 때, 우리가 알고 있던 인식의 틀은 존재할 수 없을 것이다. 실제로 일어나지 않은 사건에 대한 경험은 인간의 감각과 직접적인 관계를 가지기 때문이다. 앞에서도 계속 이야기했듯이, 그리고 수많은 매체 관련 이론가들이 말하듯이 물리적으로 경험될 수 없는 모의적인 미학 경험(simulated aesthetic experience)이 미디어아트의 존재론적 특성이다.

이렇듯 경험의 물리적인 구조가 존재하지 않음으로 인해 사물에 대한 인식의 관습적인 가정들(assumptions)은 어떤 면에서 우리 삶의 순환의 고리에서 벗어나 있다고 생각될 수 있다. 하지만 어떤 새로운 기술적 발견 혹은 우리가 더이상 진보는 없다고 단정했던 사태들이 역사적으로 정태적 상황에 고착되어 인간 사유의 종말을 고했던 적은 없었다. 모더니즘의 시대에 나타났던 '미술의 종말'이라는 단언은 커다란 관점에서 보면 컨템퍼러리 아트(contemporary art)라는 새로운 미술로의 패러다임 전환으로 종결되었을 뿐이다. 속성이 변화될 뿐 문화적 원인은 그대로 남아 있었던 것이다.

여기서 우리는 다른 방식으로 생각해야 한다. 즉 새로운 예술의 본질에 대한 올바른 철학적 질문(philosophical problems)이 무엇인가를 생각해야 하는 것이다. 이제 우리 인간은 패러다임 전환의 시대, 즉 기존의 많은 것들을 새로운 관점으로 보아야만 하는 '의심의 시대'(the age of doubt)를 살아가고 있다. 즉 좁혀 말한다면 우리에게 기존의 예술적 경험이 의심의 대상이 된다는 것이다. 그것이 거짓이기 때문에 그런 것이 아니라, 기존의 경험은 새로운 동력이 창조하고 있는 패러다임을 수용하기에 한계가 있기 때문이다.

여기서 우리가 질문해야 할 것은 다음과 같다. 시간의 프레임 없이 사물을 지각하는 것이 어떻게 가능한가? 현실의 상황에 근거하지 않은 삶의 풍경이 우리 삶의 본질적 가치들과 충분히 교류할 수 있는가? 어떻게든 새로운 갈등요소들을 발견하여 전통 미학과의 타협점을 찾아내야만 하는가? 아니면 완전히 새로운 가치들로 구성되는 전혀 다른 미학을 만들어내야 하는가?

기술과 인간의 화해를 꿈꾸다

백남준은 컴퓨터의 기능이 뇌의 기능과 유사성을 가지고 있다고 했다. 이 말은 미디어아트가 현실을 모방하는 재현(representation)이 아닌 현실을 넘어서는 환상(fantasy)을 이미지로 제시한다는 면에서 의미 자체의 세계와 강한 유대관계를 가지고 있다는 말로 해석될 수 있다. 이것은 시간 개념이 미디어라는 하드웨어적인 계기를 통해 시간적인 속성상의 변위(displacement)를 겪는다는 뜻이다. 이런 속성의 변화가 발달한 미디어 기술에 의존하고 있기는 하지만, 그보다 본질적으로 새로운 미디어가 가지고 있는 비전에 대한 강력한 인간적인 기대와 내용에 대한 철학적인 접근 등 소프트웨어 측면의 활용에 관한 문제가 되는 것이다. 그러므로 미디어아트가 시간의 구속에서 벗어난 비전의 내용을 창조하고자 하는 가능성의 세계와 긴밀히 연결되어 있다는 면에서, 이것을 통해 우리 삶의 내용이 질적으로 변화될 것이라고 예견할 수 있을 것이다.

결국 미디어아트에서 부재(absence)라는 개념은 미디어아트가 경험적 시간의 부재를 통해 개념적 시간의 실존을 지향하는 특성을 보여준다는 의미로 해석될 수 있다. 그러므로 미디어아트 이론가들이 말하듯이, 미디어아트에서는 경험이 공간적인 제한을 벗어난 역동성을 가지고 있고 그리하여 지속적인 유동성과 운동을 의미하는 흐름(flux) 속에서 나타날 수 있기 때문에, 새로운 미디어의 시대에는 시간의 다차원성이 우리 삶의 새로운 특성이자 환경이 될 것이다. 이런 면에서 미디어아트는 단순히 예술 작품의 영역에 한정되는 것이 아니라, 거시적인 관점에서 문화의 시대를 설명해줄 수 있는 중요한 화두가 되리라고 생각된다. 그러므로 미디어아트의 개방성과 감각적인 직접성을 통해 가능해진 기술의 인간화 혹은 지능화를 통해, 기술과 인간의 화해를 우리 시대 최후의 문화적 비전으로 상정할 수 있을 것이다.

정용도 고려대 영문과와 홍익대 대학원 미학과, 뉴욕주립대 대학원 미술경영학과를 졸업하였고, 1998년 조선일보 신춘문예 미술평론 부문에 당선된 바 있다. 삼성미술관 현대미술 큐레이터를 지냈고, 현재 경희대학교 경영대학원 문화예술경영학과 강사로 재직하고 있다.

전시의 주체, 큐레이터

상상 속의 미술관, 세상 밖으로

박경미

PKM 갤러리 대표 · 큐레이터

새로운 전시개념의 개척자, 하랄트 제만

현대미술은 특히 전 세계 곳곳에서 끊임없이 벌어지는 수많은 국제 비엔날레와 다양한 주제의 기획전들로 특징지어진다. 그리고 이 수많은 비엔날레와 기획전에는 반드시 그 전시를 기획하고 이끌어가는 중심역할을 하는 큐레이터(전시기획자)가 있다.

정보가 넘쳐나는 오늘날의 미술계에서, 다양한 아이디어를 전개하고 작가를 발굴해내며 특정 주제와 맥락이 설정된 전시를 기획함으로써 복잡한 현대미술의 흐름을 이끌어가는 큐레이터의 역할은 더욱더 중요시되고 있다. 수많은 대형 기획전이 세계 각처에서 열리고 있는 요즘 큐레이터의 역할이 그 어느 때보다도 부각되고 있다. 큐레이터는 전시의 또다른 주체가 되고 있는 것이다.

소장품이나 스튜디오에서 나온 작품들의 단순한 나열이 아니라 기획자 자신이 갖고 있는 정보와 지식, 철학 등이 바탕이 되어 개념이 살아 움직이는 총체적 예술작업을 추구하는 오늘날 현대 전시기획의 주된 경향은 바로 1960년대 유럽 미술계에 새로운 방식의 기획전으로 돌풍을

❝ 전시의 주제 설정, 작가의 선별,
작품의 설치, 인쇄물의 편집 등 전시의
완결을 향한 모든 과정을 하나의 총체적
예술행위로 간주한 큐레이터
하랄트 제만!
모든 과정을 스스로 해결하기 위해
집중력을 쏟아부었던 이 열성적
'완벽주의자'의 끝없는 실험적
탐구정신은 동·서를 막론하고 전 세계의
많은 큐레이터들에게 더욱더 가까이
다가가야 하는 하나의 희망으로
남아 있다. **❞**

▶ 하랄트 제만

ⓒNiklaus Stauss

일으킨 스위스 출신의 세계적 큐레이터 하랄트 제만(Harald Szeemann)
으로부터 비롯되었다고 할 수 있다.

　하랄트 제만은 1933년 스위스 베른 태생으로 파리와 베른 등지에서
수학하였으며 미술사, 고고학, 저널리즘으로 박사학위를 받았다. 1956
년 그 자신이 배우이자 무대 디자이너이면서 화가로서의 역할까지 동시
에 수행하는 1인극장(One Man Theatre)을 열었고, 이듬해에는 스위
스에서 큐레이터로서 첫번째 전시인 'Painters Poets/ Poets Painters'
전을 기획하였다. 그는 1961년 28세의 젊은 나이로 베른 쿤스트할레의
관장이 된 이후 1969년 독립 큐레이터로 나서기까지 큐레이터로 그 이
름을 널리 알렸다.

　특히 무대 예술가로서의 경험과 해박한 인문학적 지식을 토대로, 미
술품을 단순히 나열하는 기존의 정적인 전시 방식이 아닌 해프닝, 음악
회 등이 함께 어우러진 매우 복합적이고 생동적인 구성으로 1년에 10여
회가 넘는 전시를 기획하여 베른 쿤스트할레를 유럽과 미국의 예술가들
이 반드시 들러야 하는 새로운 미술의 메카로 만들었다.

여기서 큐레이터로서의 제만의 예술세계를 이해하기 위해서는 그와 세대를 같이하며 유럽 미술계의 흐름에 커다란 영향을 미친 작가 요제프 보이스의 예술세계에 대한 이해를 우선 필요로 한다.

마르셀 뒤샹 이후 1960년대 서구 미술계는 기존의 문맥을 강하게 부정하면서 새로움을 추구하는 에너지로 충만해 있었다. 뒤샹은 전시장에 자신이 직접 제작한 미술품이 아닌 기성 제품인 변기를 출품함으로써, 예술작품이 갖는 고유의 아우라와 저자(Author)로서의 예술가(Artist)의 통념적 역할을 전복시키는 혁명적 제시를 통해 서구 미술계에 충격적 화두를 던졌다.

이후 1960년대 미국의 미술계는 팝아트와 미니멀아트가 현대미술의 새로운 정체성으로 대두되었고 대표적 팝아티스트 앤디 워홀은 대중 스타의 이미지나 인스턴트 식품의 용기 등 고상한 주제가 아닌 일상생활 속에 편재하는 소비사회의 대중적 이미지를 기계적 실크스크린 기법으로 화면 속에 등장시킴으로써, 기술에 의해 대량생산과 복제가 가능한 시대의 문화적 코드를 작품에 상징적으로 담아내며 새로운 미술의 아이콘이 되었다.

한편 이 당시 독일 작가 보이스는 전통적 형태의 미술작품과 이를 제작하는 작가의 역할에 의미를 두는 것이 아니라, 어떤 대상에 대해 자신의 삶의 경험이 필연적으로 관계하는 개인적 역사와 상징성을 대입시키고 끊임없이 유동적인 아이디어의 전개과정 자체를 예술행위로 간주함으로써 이의 진화상태를 '사회조각'(Social Sculpture)이라 일컬으며 그러한 개념적 탐험 자체에 의미와 목적을 둔 혁명적 발상의 비물질적 조각을 추구하였다. 당시 보이스가 주장한 예술의 개념에 대한 새로운 정의와 그것의 추구는 유럽 미술계에 커다란 반향을 일으켜서 동 세대 작가들의 많은 공감을 얻어내며 플럭서스 등의 집단 미술운동으로 이어졌다.

이러한 당시 유럽 미술계의 시대적 분위기 속에서 제만은 1967년 보이스의 전시를 관람하고 큰 영감을 얻는다. 보이스와의 운명적 만남을 통해

「Forbidden City」(금지된 도시), 체리 삼바와 바바라 크루거 작품을 배경으로 한, 돌로 만들어진 왕진의 설치작품. 'Money and Value/The last Taboo'(돈과 가치/마지막 금기) 전, 2002, 스위스은행 파빌리온.

제만은 오브제로서의 미술보다는 다양한 학제적 시도를 통해 살아 있는 아이디어의 교류를 추구하는 '총체적'이고 '살아 움직이는' 창조작업으로서의 '전시'라는 방향성에 확신을 갖게 되었다. 제만의 이러한 전시에 대한 비전은 오늘날 전 세계의 수많은 미술 큐레이터들이 중요하게 받아들이며 지향하는 기본 틀이 되었다.

그러나 1960년대에는 제만을 제외하고는 큐레이터의 역할이 전반적으로 두드러지지 않았다. 당시 서구 미술계는 주로 작가-평론가의 관계항 속에서 비평의 역할이 미술계의 움직임에 큰 영향력을 미쳤고, 1970~80년대엔 작가에 대한 화상(畫商)의 프로모션이 미술계의 파워를 주도했다면, 1980년대 말 이후 세계화의 물결을 타고 개최되기 시작한 수많은 국제 비엔날레와 기획전시 무대에서 비로소 큐레이터들의 역할이 급속하게 부각되었다. 그리고 오늘에 이르기까지 이들 큐레이터들

「Platform of Thought」
(사유의 정거장), 설치,
하랄트 제만, 2001, 베니
스 비엔날레.

이 새로운 작가를 발굴해내며 국제 미술계의 주된 흐름을 이끌고 있다.

이러한 역사적 맥락에서 볼 때, 이미 1960년대에 독립 큐레이터로서
살아 움직이는 개념을 추구했던 제만의 전시기획에 대한 관점은 오늘날
보편화된 전시기획 개념의 선구이자 수십 년이 지난 지금에도 여전히 신
선하게 꿈틀거리는 현재진행형의 생명력을 갖는다. 사실 그의 '비물질
적인' 정신 지향의 예술행위는 미술시장의 논리에는 상반되는 것이지만,
그의 이상과 작가주의의 추구야말로 아이러니컬하게도 그를 반세기 가
까이 치열한 예술현장 속에서 살아남을 수 있게 한 원동력이기도 하다.

열린 사고, 새로움을 향한 끊임없는 열정

제만이 1969년에 기획한 '태도가 형식이 될 때'(When Attitudes
Become Form)는 그의 예술관과 전시철학을 극명하게 드러낸 기념비
적 전시였다. 보이스, 리처드 세라, 로렌스 위너 등 당시 전통예술에 반
기를 든 반예술적 작업을 추구하는 작가들로 구성된 이 전시는 전시 타
이틀이 암시하듯 작품 자체보다는 예술의 의미에 대해 작가가 사고하는
과정, 아이디어의 교류 자체에 가치를 두는 개념미술의 현장이었다.

이듬해엔 플럭서스와 1960년대 행동양식으로서의 새로운 미술로 등장한 해프닝을 조명하는 '해프닝과 플럭서스'전을 개최하였다. 이 전시는 볼프 포스텔, 알란 카프로, 조지 마키우나스, 조지 브레히트 등 당시 전위 예술가들의 대규모의 액션과 무대와 음악으로 이루어진 것이었다.

그후 제만은 1972년 독일 카셀 도큐멘타의 큐레이터로 임명되면서 이 전시행사의 개념에 또 다른 혁신을 꾀하였다. 그는 원래 100일간 지속되는 이 전시행사를 100일간의 이벤트로 바꾸어 보이스, 브루스 나우만, 비토 아콘치 등 개념주의 작가들을 초대하여 회화와 조각뿐만 아니라 퍼포먼스, 해프닝, 관중과의 대화 등의 행사를 100일간 지속적으로 진행함으로써 기존의 도큐멘타 전시 양식을 뒤엎었다.

참가 작가였던 보이스는 전시장을 찾은 관객들과 100일간의 열띤 논쟁을 벌였고 100그루의 참나무 심기라는 거대한 퍼포먼스를 벌였다. 그러나 제만이 시도한 전시에 대한 이런 혁신적인 실험은 보수적인 카셀 시당국과 커다란 갈등을 일으키게 되었고, 그는 이 행사 이후 카셀 시로부터 소송을 당하는 등 많은 정신적 어려움을 겪었다.

이 전시의 후유증을 계기로 제만은 어떤 물리적인 힘에 의해서도 제약받을 필요 없이 자유롭게 자신의 아이디어를 펼칠 수 있는 '상상 속의 미술관(Imaginary Museum)을 세우기로 결심하고, 그 미술관을 '집념의 미술관'(Museum of Obsessions)라고 명명하였다. 이 '집념의 미술관'은 그야말로 실체가 없는 상상 속의 미술관인 까닭에 어떤 형태나 고정관념에 얽매일 필요가 없으며 늘 무한히 새로움을 추구하는 자유를 누릴 수 있는 미술관이다.

제만은 이 미술관의 주인으로서, 그가 사용하던 사무용 페이퍼 (Letterhead)엔 항상 'Museum of Obsessions'라는 명칭이 영어, 독어, 불어, 이탈리아어 등 4개 국어로 찍혀 있었다. 제만은 이 '상상 속의 미술관'의 전시 아이디어 작업을 수행하기 위해 국제적 차원의 '정신교

류국'(Agency of Spiritual Guestwork)을 세우고 다양한 학제적 지식과 정보의 교류를 통해 단일하거나 혹은 보편적인 주제들을 독창적 방법으로 전개하는 전시를 꿈꾸었다.

그는 백과사전적인 방대한 지식으로 무장하여 현대미술의 닫힌 영역을 넘어서 우리 시대를 사로잡은 역사적 사건들에 대해 관심을 가짐으로써 여러 장르를 뒤섞고 역사적 자료들을 미술품과 함께 전시하는 학제적 성격의 전시를 많이 시도했다. 그리고 미술사를 명작 중심의 역사가 아닌 강렬한 의도(Intense intention)에 근거한 미술의 역사로 보는 독특한 비전을 제시하였다.

아페르토 섹션을 개설하다

항상 개방된 의식과 머무르지 않는 새로움을 추구해온 그는 1980년 가장 대표적인 국제 미술 비엔날레인 베네치아 비엔날레에서 처음으로 젊은 작가들을 대거 소개하는 '아페르토'(Aperto=open) 섹션을 개설하고, 이를 베네치아 비엔날레 전시 전체 구성의 새로운 하나의 축으로 자리잡게 했다. 이후 이 아페르토 섹션은 1990년대 후반까지 지속되었다. 또한 그는 그의 구루(Guru)와도 같았던 보이스가 사망한 후, 1993년 파리의 퐁피두 센터에서 대규모 회고전을 기획하였다. 보이스와 가장 가까이에서 지내며 정신적 교감을 나누고 함께 작업해온 한 사람으로서 자신의 예술관에 결정적으로 영향을 미쳤던 이 대가의 사후 회고전을 통해 끊임없는 영혼의 촉발을 꿈꾸었던 작가 생전의 메타적 예술언어들을 관객 앞에 다시 풀어내보였다.

20세기 서구 미술의 산 역사라 할 제만이 한국과 첫 인연을 맺은 것은 1990년대 말에 이르러서였다. 1997년 제2회 광주 비엔날레의 다섯 개 본 전시 중에서 '물/속도'전을 맡아 기획하게 된 것이다. 또한 이 전시회 준비를 위해 1996년 잠시 내한했을 때 마침 서울에서 열린 보이스의 전

「We are fishing
the time」(우리는 시
간을 낚는다) 에네스
토 네토, 설치, 하랄
트 제만, 2001, 베니
스 비엔날레.

시 개막식에 우연히 참석하여 자신과 가장 가까웠던 작가를 한국 땅에서
회고하는 기회도 가질 수 있었다.

이탈리아의 베네치아 비엔날레 당국은 베네치아 비엔날레를 통해 지
나간 20세기를 정리하고 21세기 새로운 예술의 비전을 제시하기 위한
상징적 제스처로 전 세계 큐레이터들의 대부이며 이미 1980년도에 아페
르토 섹션을 창설한 바 있는 제만에게 20세기의 마지막 비엔날레인
1999년 베네치아 비엔날레와 21세기의 첫 비엔날레인 2001년도 베네치
아 비엔날레의 예술감독직을 연이어 맡아줄 것을 제의하였다.

제만은 이에 대해 자신이 1980년 당시 젊은 작가들을 위한 아페르토
섹션을 만들어 부분적으로 사용했던 전시공간인 아르세날레(베네치아
해안의 거대한 옛 무기창고)의 전체를 완전히 개방하여 전시공간으로 사
용하는 조건으로 감독직을 수락하였다. 그는 1999년의 전시를 '모든 이
에게 열린'(Apertuto)이라는 확장된 개념으로 전개시켜, 글자 그대로 모
든 이에게 열린 철저한 개방성을 표방하였다. 그리하여 이 전시는 그 이
전까지의 베네치아 비엔날레가 거의 백인 중심으로 작가 인선이 이루어
졌던 것과는 달리, 제만 자신이 '현대미술에 대한 또 다른 전복적 에너

하랄트 제만은 2005년 세상을 떠났지만 그의 끝이 없는 실험적 탐구정신은 동서를 막론하고 전 세계의 전시기획자들에게 하나의 희망으로 남아 있다.

지'를 발견한 중국 작가들을 대거 소개함으로써 국제 무대에 알려지지 않았던 중국 현대미술을 집중 조명하였다.

또한 또 다른 소수집단으로서 지금까지 미술계의 주요 흐름에서 역시 소외되어왔던 여성 작가들에게 초점을 맞춤으로써 많은 여성 작가들이 국제적으로 부상할 수 있는 주요 계기를 마련해주었다. 이때 한국의 여성 작가로는 이불과 김수자가 소개되어 세계적 작가로 발돋움하는 기회를 얻게 되었다.

2001년도 베네치아 비엔날레는 새로운 세기를 맞이하는 희망으로 '인류의 고원'이라는 주제를 선보였다. 제만은 '인간'에게 초점을 맞춤으로써 인류 전체가 주인이 되는 그런 무대를 꿈꾸면서, 또 다른 제3세계인 아프리카와 남미의 작가들을 한꺼번에 소개하는 자리를 마련하였다. 두 번에 걸친 베네치아 비엔날레를 통해 제만은 여전히 고정관념과 안주를 거부하고 끊임없이 아이디어를 방류시키며 모든 것을 포용하는 거대한 바다와 같이 출렁이는 무대를 만들어낸 것이다.

또한 2002년에 기획한 '돈과 가치/ 마지막 금기'(Money and Value/The last taboo)라는 주제전에서는 자본주의 사회가 제시하는 '가치'의 유효성과 그것의 시간적 지속성에 대한 비판적 물음을 전시공간 속에서 매우 다이내믹한 시각적 이미지로 전이시킴으로써 삶의 본질과 시대의 허구가 복잡하게 교차하는 현실을 은유하였다.

제만은 2005년 2월 18일 세상을 떠났다. 전시의 주제설정, 작가의 선별, 작품의 설치, 인쇄물의 편집 등 전시의 완결을 향한 모든 과정을 하나의 총체적 예술행위로 간주한 큐레이터 하랄트 제만! 그 모든 과정을 스스로 해결하기 위해 집중력을 쏟아부었던 이 열정적 '완벽주의자'의 끝이 없는 실험적 탐구정신은 동·서를 막론하고 전 세계의 많은 큐레이터들에게 뛰어넘어야 할 산이 아니라 더욱더 가까이 다가가야 하는 하나의 희망으로 남아 있다.

박경미 이화여대 영문과와 같은 학교 대학원 순수미술학과를 졸업(M.F.A.)한 후 일리노이 주립대학원(UIC) 회화과에서 수학하였다. 1989~99 국제 갤러리 디렉터, 제49회 베네치아 비엔날레 한국관 커미셔너(2001)를 거쳐 현재 PKM 갤러리 대표를 맡고 있다. '구림마을 프로젝트'(2000), '요제프 보이스 전'(1996), '세계의 환경 조각전'(1995) 등 국내외 작가의 전시 70여 회를 기획하였다.

중국 현대미술의 현재

중국미술, 세계자본을 삼키다!

윤재갑
아라리오 갤러리 디렉터

친디아의 부상과 '춘추필법'

중국과 인도를 합쳐 일컫는 '친디아'(Chindia)의 경제 규모는 1~2세기경에 이미 세계 경제의 60퍼센트를 차지하고 있었다. OECD의 통계에 의하면 이 비율은 1700년간 거의 흔들리지 않았다. 1820년까지만 해도 두 나라 경제 규모의 합이 세계 경제의 딱 절반이었으니, 그야말로 세계를 지배하던 두 개의 대제국이었던 셈이다. 그러던 것이 산업혁명과 프랑스대혁명 이후 힘의 중심은 완벽하게 유럽과 미국으로 넘어간다. 인간이 스스로 공화국을 세웠다는 사회적 자부심, 산업혁명을 통한 경제적 자신감, 그리고 왕이나 신이 아니라 인간이 중심에 서는 휴머니즘을 완성했다는 도덕적 자부심, 이 세 가지가 서구 모더니즘을 지탱하는 핵심 가치였다. 이렇게 산업혁명과 자본주의를 통해 세계를 재패한 서구중심주의는 이후 200여 년간 지속된다.

그러나 양차 세계대전을 겪으면서 이러한 서구중심주의는 심각한 위기를 겪게 된다. 수백만의 목숨을 앗아간 전쟁은 인간이 지배하는 시대가 왕이나 신이 지배할 때보다 나을 것이 없다는 점을 명백히 했고, 산

" 자본주의의 전 지구화를 통해 탄생한
새로운 자본의 제국과 전 지구적 도시로서의
중국과 베이징을 거부할 수 없다면, 그리고
전 세계 미술관과 소장가들이 일거에
중국미술품의 컬렉션을 중지하지 않는다면,
중국미술은 세계자본을 삼킬 수 있을 것이다.
당분간 중국미술과 세계자본은 서로의
필요에 의해 공존할 수밖에 없다. **"**

업혁명을 통한 경제적 자부심은 제3세계에 대한 착취의 결과로 얻어진 것임이 밝혀졌으며, 인간들의 결사에 의해 만들어진 민족국가가 전쟁의 주범임을 알게 된 것이다. 서구중심주의와 인간중심주의에 대한 광범위한 회의와 불신이 시작되었고 포스트모던, 포스트휴먼 등 포스트 사조가 급격히 발달했다.

아마도 프랑스대혁명 200주년이 되는 1989년은 우리 세대가 경험한 가장 극적인 해로 기억될 것이다. 동·서독의 통일과 구소련의 해체, 중국의 천안문 사태, 이로 인한 현실 사회주의의 소멸과 자본주의의 전 지구적 팽창, 그리고 인터넷이라는 가상공간의 탄생은 인류의 기억과 삶의 공간을 이전과는 전혀 다른 것으로 바꾸어놓았다.

이러한 세계사적인 변화로 인해 우리는 지난 20년 동안 새로운 정치·경제·문화적 중심들이 출현하고, 문화적 다양성에 관한 주장들이 강화되고, 민족과 지역을 넘어서는 새로운 '전 지구적 도시'들이 탄생하는 것을 지켜봐왔다. 사스키아 사센(Saskia Sassen)이 말한 대로 1989년 이후의 이들 전 지구적 도시들은 정치·경제·문화적 권력의

1989년 6월에 일어난 천안문 사태. 1989년에 일어난 일련의 사건들은 인류의 기억과 삶의 공간을 이전과는 전혀 다른 것으로 바꾸어 놓았다.

집중이 가장 강력하게 일치하는 장소라 할 수 있다. 이러한 전 지구적 차원에서 진행된 자본주의의 세력 확장을 통해 중국과 인도라는 강력한 자본의 제국이 새롭게 탄생했고, 이에 따라 죽의 장막(bamboo curtain)에 가려져 있던 베이징이라는 도시가 단숨에 '전 지구적 도시'로 탈바꿈하고, 전 지구적 문화 권력의 재배치에 따라 중국과 인도 현대 미술이 국제 미술계의 주류로 급부상할 수 있었던 것이다.

중국과 인도의 부상을 마냥 기뻐할 수 없는 이유가 여기에 있다. 지나간 역사와 문명에 대한 진지한 성찰의 시간 없이 정치·경제·문화적 권력이 급속히 확장된 두 제국이 불안한 것이다. 중국은 더이상 공자의 도덕 국가도 아니며, 인도 역시 평화롭고 신비로운 신들의 나라가 아니다. 중국의 제국주의적 성향, 인도의 인간 차별과 종교적 갈등, 이런 것에 대한 고민 없이 덩치만 커진 이 거대한 이웃을 우리는 어떻게 바라보아야 하는가. 기원전 6세기에 중국의 공자는 『춘추』라는 역사서를 편찬

하면서 중국을 중심에 놓고 주변세계를 깎아내리는 서술방식을 채택했다. 바로 이 '춘추필법'이라고 불리는 편향적인 서술방식에서 악명 높은 중화주의 이념이 싹텄다. 실제로 살면서 내가 보아온 중국과 인도, 두 나라는 춘추필법과 자본이 절묘하게 결합된 거대한 공룡이었다. 국가 내부의 문제들은 방치되고 주변 약소국에 대해서는 끊임없이 우월감을 과시한다.

인간이건 사회건 성장통은 있게 마련이다. 하지만 사춘기 성장통을 잘못 치유하면 치명적인 장애를 갖게 될 수도 있다. 그래서 친디아와 춘추필법은 앨빈 토플러가 말한 '모더니티의 지정학적 재배치'라는 수사를 통해 장밋빛으로 포장될 수도 있지만, 동시에 인류의 미래와 인간의 조건들에 대한 새롭고 거대한 도전이 될 수도 있다. 현대에 부활한 중국과 인도라는 거대한 두 제국이 자본가들에게는 새로운 기회의 땅일지 몰라도, 인류에게는 새로운 도전적 과제가 되었다. 그것은 어쩌면 자유·평등·인권이라는 가치로 무장한 서구 모더니즘 하에서 보낸 지난 200년의 시간보다 더 가혹한 시련을 인류에게 요구할지도 모른다.

2·89사태와 중국의 태생적 고아들

앞에서도 얘기했듯이, 1989년은 세계사적으로 중요한 사건들이 동서양을 넘나들며 동시다발적으로 발생한 해이다. 아마도 어떤 불가사의한 집단 무의식을 상정하지 않고는 이렇게 동시다발적으로, 다양한 지역에서, 동일한 방향을 향하는 운동들이 일어났다는 사실을 설명하지 못할 것 같다.

중국에서 1989년은 크게 두 가지 사건을 기억해야 한다. 하나는 문화적인 사건으로, 1989년 2월 중국미술관에서 처음으로 열린 '차이나 아방가르드'(China/Avant-Garde)라는 전시이다. 그리고 다른 하나는 정치적 사건으로, 같은 해 6월에 발생한 천안문 사태이다. 많은 이들이 중국 현대미술사를 얘기할 때 천안문 사태라는 정치적 사건만 생각하고, 미술은 단순히 이 비극적인 사건에서 영향을 받았다고 생각하지만 이는 사실이 아니다. 오히려 1989년 2월에 열린 '차이나 아방가르드' 전시가 뒤이은 6월의 천안문 사태를 미리 예견하고 그 의미를 선취하고 있었다고 봐야 옳다.

까오밍루에 의해 기획된 이 전시는 무려 186명의 중국 아방가르드 작가가 293점의 작품을 출품한 중국 미술사에 유례가 없는, 그리고 당시의 정치적 상황에서 생각하기 힘든 그야말로 혁명적인 전시였다. 사건이 터진 건 오프닝에서였다. 그렇지 않아도 이 전시를 불온하게 여긴 당국의 감시를 받던 차에, 오프닝 퍼포먼스에서 총을 발사한 사건으로 전시는 폐관과 개관을 거듭하다가 2월 19일 두 주 만에 철수되었다. 이 전시 4개월 후에 천안문 사태가 발생한다. 그러니 이 전시가 중국 미술사뿐만 아니라 중국 사회 전반에 미친 상징적인 의미는 말할 필요도 없다. 이후 작가들의 외국 망명이 러시를 이루고, 중국 사회는 상호 불신과 무기력으로 몸살을 앓게 된다. 이제 이 태생적 고아들, 가혹한 삶의 조건으로 시대와의 불화가 주어진 세대들의 거친 몸짓과 붓질이 시작되는 것이다.

역설적이지만, 이 태생적 고아들은 개인적으로 복을 타고난 세대들이다. 중국의 개혁 개방과 함께 이들이 중국 현대를 대변하는 문화적 아이콘으로 재탄생한 것이다. 이들 모두는 1996년의 원명원 사태와 2002년 중국의 WTO가입을 거치면서 스타가 되었고, 엄청난 경제적 성공을 이뤘다. 중국이라는 정치·사회적 배경이 잉태한 차이나 아방가르드가 탈사회화되고 탈정치화된 만큼, 이들 스타 작가들은 그들의 작품세계와는 무관하게 자본과 대중의 우상이 된 것이다.

다만 한 가지 꼭 짚고 넘어가야 할 부분은, 중국은 GNP가 2000달러가 채 안 되는 가난한 나라라는 점이다. 중국에 넘쳐나는 대부분의 돈은

1989년 5월에 개최된 '차이나 아방가르드'전의 전시 첫날 풍경.

중국인의 것이 아니라 외국 투자자본이다. 그 외국 자본들은 베이징과 상하이 등 몇 개 도시에 집중적으로 투자되었고, 그 도시에서도 극히 소수만이 그 돈을 독점하고 있다. 그래서 최근 몇 년 사이 중국 내부의 빈부격차는 그 어떤 나라들보다도 급속하게 벌어지고 있고, 이로 인해 다양한 사회적 갈등이 급격히 표출되고 있다.

그러나 자본주의의 전 지구화를 통해 탄생한 새로운 자본의 제국과 전 지구적 도시로서의 중국과 베이징을 거부할 수 없다면, 그리고 전 세계 미술관과 소장가들이 일거에 중국미술품의 컬렉션을 중지하지 않는다면, 중국미술은 세계자본을 삼킬 수 있을 것이다. 중국미술이 세계자본을 삼키든, 아니면 세계자본이 중국미술을 삼키든, 전자건 후자건 당분간은 중국미술과 세계자본은 서로의 필요에 의해 공존할 수밖에 없다.

또 한 가지, 현재까지 중국현대미술에 대한 투자는 다른 어떤 지역 작가들에 대한 투자보다 안전하다. 왜냐하면 중국은 아직 금융시장이 완전히 개방되지 않아 유럽이나 미국보다 금융위기가 올 확률이 상대적으로 적기 때문이다. WTO의 대 중국 금융시장 개방 로드맵을 자세히 살

퍼봐야 하겠지만, 낮은 위험률은 앞으로 6~7년은 지속될 것이다. 이점 역시 중국 미술시장을 뜨겁게 달구는 원인 중 하나다.

조그만 노력들과 새로운 시도들

지금 중국은 베이징 올림픽을 준비하는 열기에 휩싸여 있다. 어떤 때는 대약진 운동이나 문화대혁명기의 들뜨고 맹목적인 분위기가 내비치고, 그래서 때때로 타자의 삶과 육체를 억압했던 공산당원들이 생각나기도 하지만, 베이징 올림픽은 분명 가장 성공적인 올림픽으로 기록될 것이다. 13억 인구의 전 중국이 올림픽에 모든 재원과 역량을 총동원하고 있으니 성공할 수밖에 없다. 하지만 베이징만 벗어나면 전혀 다른 삶과 이야기가 있다. 마치 타자를 배제하기 위해 만들어진 거대한 만리장성처럼, 빈곤을 감추기 위해 베이징 외곽에 대규모로 설치된 거대한 '문화 담장'(Cultural Wall) 밖의 또 다른 인간과 삶은 모두 가려져 있다.

거대한 자본과 스타가 양산되고 있는 미술계 내부에서도 비판과 자성의 목소리가 일고 있다. 이에 따라 아시아 내부에서 양심에 따라 비판적인 목소리를 낼 수 있는 자리가 마련되었다. 2007년 11월 상하이에서 아시아의 젊은 큐레이터와 평론가들이 모여 '아시아 아트 포럼'(Asia Art Forum, 가칭)이라는 모임을 결성했고, 매년 한 번씩 모여 릴레이 세미나를 개최하기로 했다.

20명가량이 모인 첫 세미나의 주제는 'Self criticism in Asia on Asia' 였다. 이때 관심을 끈 발표 중 하나는 '원중국'과 '대중국' 사이에서 표류하는 중국 국가정책과 여기에 부역하는 지식인들에 대한 비판이었다. 원중국이란 지리적으로는 순수 한족이 지배한 장강과 황하를 중심으로 하는 중원을 뜻하지만, 문화적으로는 순수 중화민족주의가 강조되는 경향을 지칭한다. 대중국은 지리적으로는 외세가 한족을 지배한 만주나 타이완, 서역까지 확장되지만, 문화적으로는 순수 중화민족주의가 희석되고 국가주의가 강조되는 경향을 가리킨다. 지금의 중국은 지리적으로는 대중국을, 문화적으로는 중화 민족주의를 앞세워 원중국을 강조하고 있어, 거대 제국주의화 되고 있다는 비판이었다.

세미나에서는 'Asia Art Prize'를 제정하자는 제안도 나왔다. 매년 세미나가 끝날 때 참여한 큐레이터와 평론가들이 투표하여 45세 미만의 아시아 작가들(인도, 호주 포함)을 대상으로 시상을 하고 전시를 개최하는 것이다. 이와 함께 신진평론가 상도 제정하였다. 물론 거대한 자본의 제국 안에서 행해지는 이러한 움직임이 얼마나 큰 진정성을 획득할지는 미지수이나, 지금 여기 아시아에서 이러한 조그만 노력들과 시도들이 지속적이고 자생적으로 생겨나고 있다는 점은 매우 긍정적인 힘으로 작용할 것이다.

윤재갑 홍익대 미대 예술학과를 졸업하고 중국 중앙미술학원에서 중국미술사를 공부했으며, 인도 타고르 미술대학에서 인도미술사 석사 과정을 수료하였다. 한국 · 중국 · 일본 · 인도를 아우르며 수십 차례의 현대미술 전시를 기획했으며, 대안공간 LOOP의 디렉터를 거쳐 지금은 아라리오 갤러리의 디렉터로 있다.

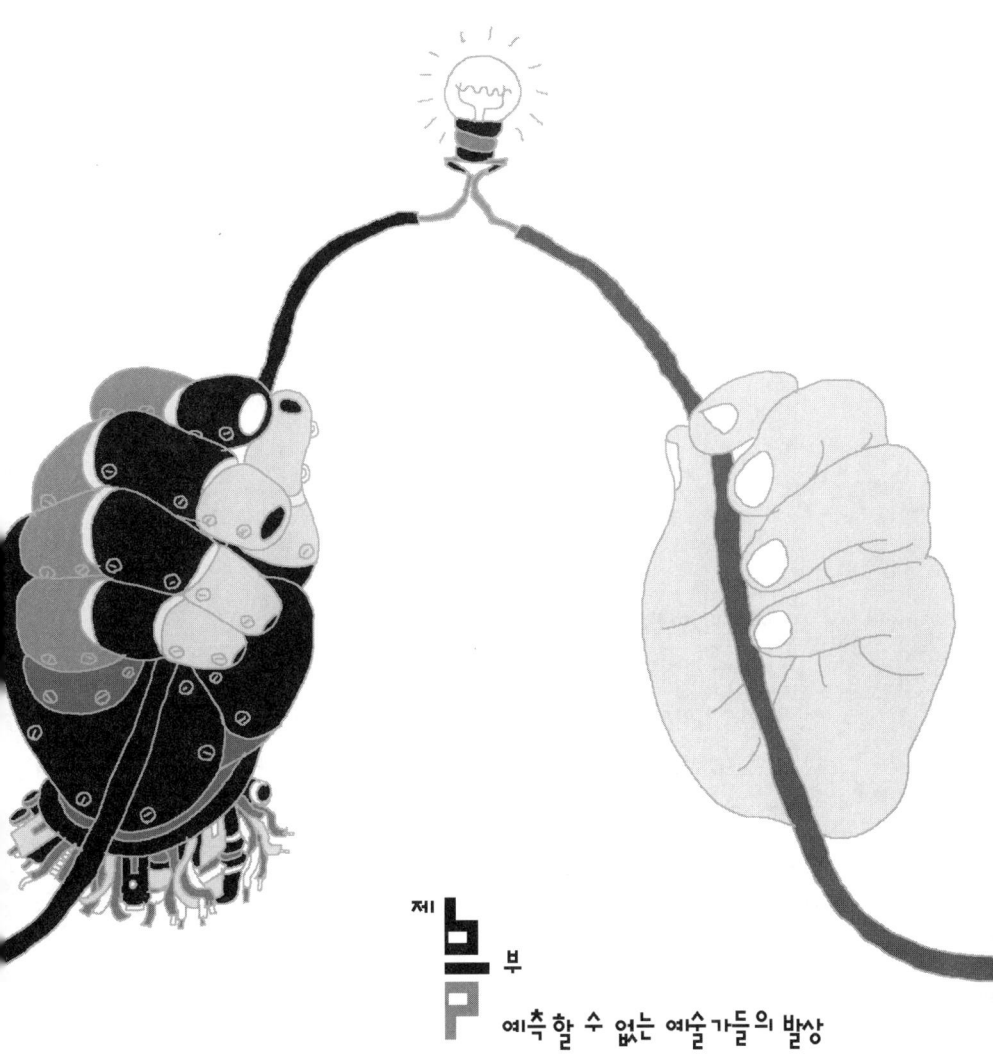

제 **6**부

예측할 수 없는 예술가들의 발상

인체에 대한 새로운 관심

성기에 더이상 편집하지 않는 신체

송미숙

성신여대 교수 · 서양미술사

포스트휴먼, 변화하는 21세기 미술

    21세기에 접어든 미술계의 관심은 급변하는 현대문명사회에서의 정체성 문제로 집약된다. 이 정체성 문제는 초고속으로 발전하고 있는 디지털 테크놀로지의 영향으로 시간과 공간의 경계가 와해되어 세계화 · 지구촌화 되어가고 있는 세상에서 개인이 속한 국가적 · 역사적 · 지리적 · 문화적인 전통과 그 범주를 어떻게 정의하고 보존해나갈 것인가라는 문명비판적 주제의식으로 나타나기도 하지만, 복합적인 문화환경과 현실상황에 속해 있는 개인의 정체성에 대한 의문으로 표현되기도 한다.

    정체성의 개념은 주로 소외된 변방국가나 소수민족 출신의 문화이론가들에게는 강요된 세계화에 대한 저항과 비판의 보루이자 해제의 대상이지만 사회철학자들에게는 더 근원적인 권력 · 타자 · 성 · 신체(몸) · 젠더를 규명 혹은 해체하는 중심축이자 잣대이기도 하다. 특히 컴퓨터과학과 생명 · 유전공학의 눈부신 발전은 다윈의 진화론에 새로운 국면을 시사할 뿐 아니라 자신의 정체성과 사회적 행위에 대한 새로운 정의를 요구한다.

278 | 제6부 예측할 수 없는 예술가들의 발상

ff *매튜 바니의 퍼포먼스 작품에서 욕망은 자위적이다. 그가 뚫린 구멍을 바셀린이나 타피오카로 막고 있는 행위는 들뢰즈와 가타리가 말하는 '성기가 없는 몸' 즉 성기의 충족감과 성취감에 더이상 편집하지 않는 신체를 제시하고 있는 것이다.* **ss**

▶ 매튜 바니

©마이클 제임스 오브라이언

 오늘날 상당수의 창조적인 예술작업이 인체에 대한 새로운 개념 정립과 접근을 시도하고 있으며 이러한 경향은 바로 신체(몸)와 자기정체성에 대한 새로운 관심의 반영에 다름 아니다. 그러나 이런 인체에 대한 새로운 관심은 전통적인 그림이나 조각에서 발견되지 않는다. 오히려 영감의 원천인 사회적 과학기술의 경향과 보조를 같이하며 형식보다는 개념 중심적이 된다. 따라서 새로운 인체예술은 회화의 전통을 빌리거나 복원하는 차원이 아니라 1960년대 후반에서 1970년대를 풍미했던 퍼포먼스, 신체(몸), 그리고 개념예술의 수단과 계통을 따르고 있다.

 이 새로운 인체를 소재로 다루는 미술가들은 현대사회철학자들과 마찬가지로 작품을 통해 젠더·성·자기정체성의 전통적인 개념에 대한 회의와 의문을 제기하고 있다. 상당수의 새로운 인체예술이 '실재'하는 세상을 묘사하며 그에 반응하고 있지만 그들이 표현하고 있는 '실재'의 모형(들)은 개인에 따라 다르며 다분히 인공성과 조작이 개입된 것이다.

 실재 모형의 복수성(multiplicity)을 인정하고 인공성을 포용함으로써 해체된 실재의 개념을 전개하는 데 있어 자연 형상을 있는 그대로 재현

「크리매스터 1」(Cremaster1), 1995. 1930년대 댄스 음악과 무희들, 미식축구 경기장, 제복차림의 비행기 여승무원, 포도알 등의 친숙한 것과 무희들의 복장, 축구경기장을 덮은 파란색, 테이블 밑의 여자, 그 여자 한쪽 구두 밑창에 달려 있는 나팔관처럼 생긴 이상한 장식 또는 배출구 등 낯선 것들이 혼재되어 있다(세트사진: 마이콜 제임스 오브라이언).

하는 과거의 사실주의는 더이상 보편성을 획득하지 못한다. 그런 의미에서 새로운 인체예술은 사실주의로의 복귀라기보다는 오히려 종말을 의미한다. 이 새로운 인체예술이 지향하고 있는 상황을 제프리 다이치(Jeffrey Deitch)는 '포스트휴먼'이라 이름 붙인다.

총체예술에 가까운 비의적 퍼포먼스의 추구, 매튜 바니

미국 샌프란시스코에서 출생한 매튜 바니는 고교시절에는 미식축구 선수로 활약했고 아이비리그 가운데 하나인 예일대학교에서 미술과 의학을 전공했다. 대학시절 미식축구 선수로 활동하다 잠시 패션모델로도 일한 바 있는 바니는 이미 졸업전시 발표 때의 퍼포먼스로 주위의 이목을 끌기 시작했다. 시초부터 다방면에 걸친 그의 경력이 작업에 면면히 배어 있음을 찾기는 어렵지 않다. 운동선수로서의 신체 훈련과 할리우드 스타 뺨치는 연기와 카리스마에 인체해부학뿐 아니라 고전과 중세신화

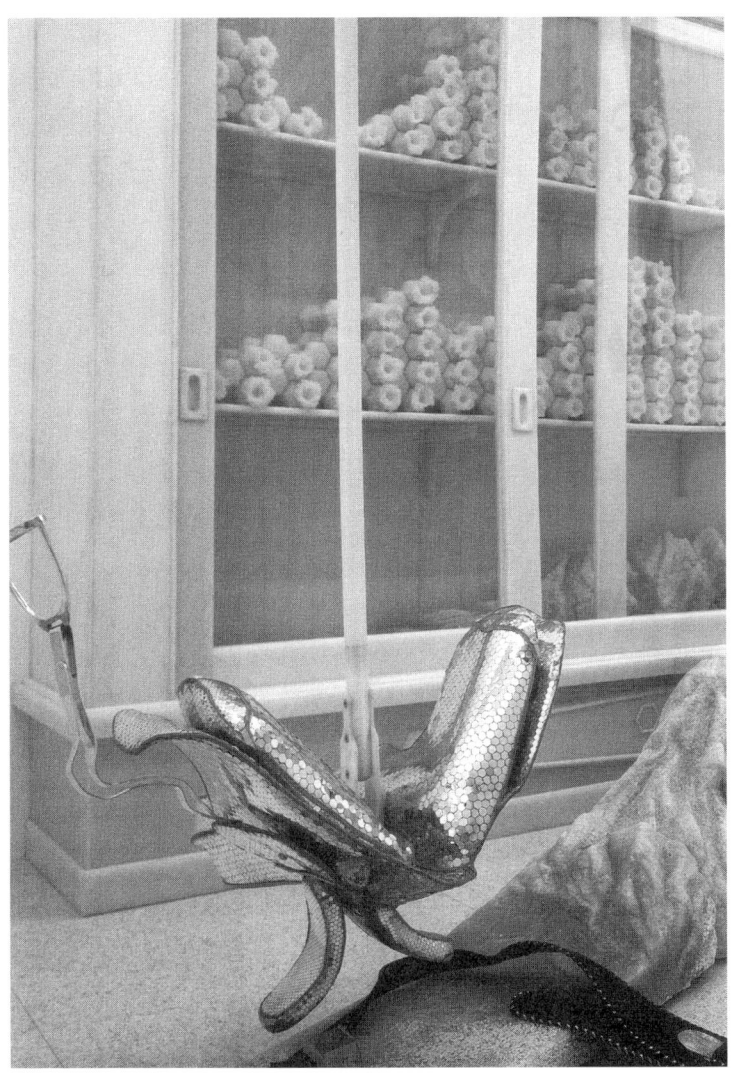

「수벌의 박람회」(The Drone's Exposition), 1999. 조각(세부). 미네아 폴리스: 월커 아트센터. 샌프란시스코. 로마.

에 대한 지식, 정확하고 현란하면서도 세련된 디자인과 색채 감각이 총체예술에 가까운 그의 비의(秘儀)적 퍼포먼스의 시각적 흥미를 증강시킨다.

1991년에 첫 개인전을 가져, 경력으로 치자면 결코 오래되지 않았지만 오늘날 미국 현대미술을 선도하고 있을 뿐 아니라 상당수의 아류를 배태해내고 있는 미술가 가운데 하나인 바니의 드로잉과 액션시리즈, 1994년부터 8년간 제작해온 '크리매스터'(Cremaster) 사이클 영상작업의 일관된 소재는 신체(몸)이다. 그 자신이 분장한, 염소귀를 가진 반인반수의 사티로스나 세 개의 다리를 가진 클론과 같은 기괴한 인체형상으로 인해 그를 '포스트휴먼' 작가로 분류하기도 하지만 그의 이러한 신체에 대한 관심은 첨단 유전공학의 조작 혹은 컴퓨터 테크놀로지의 발전과는 무관한 극히 개인적인 성에 대한 인식에서 파생된 것이다.

남성과 여성으로 분류되는 젠더의 사회적·정신적 의미보다는 '크리매스터'라 불리는 남성 생식기선 근육의 성행위(sex act) 시의 신진대사 메커니즘의 가상 세계의 창조에 바니는 주목한다. 그의 젠더에 대한 궁극적인 인식은 남성과 여성의 성적 구분이 없는 혹은 동시에 공존하는 성, 안드로기니(androgyne)의 세계이며 변형의 세계다. 그가 특히 주목하는 지점은 성기가 형성되기 이전의 상태(pregenital state)의 모형이며, 분화되지 않은 성의 체계(undifferentiated sexual system)다.

1번은 1995년, 2번은 1999년, 3번은 2002년, 4번은 1994년, 5번은 1997년 제작된 '크리매스터' 사이클은 36밀리미터 영화형식을 취하고 있으며 짧은 것이 40분 30초, 2002년에 개봉된 3번은 장장 세 시간이 넘는 장편영화——작가 자신은 영화라는 말보다는 프로젝트란 말로 부르며 이는 이 사이클이 결론과 끝이 없는 작업이라는 의미로 해석된다——이다. 이들 프로젝트의 번호가 제작년수와 일치하지 않는 것은 의도적이다.

시나리오, 플롯과 장면연출, 무대(장소)의 선택, 소품, 음향효과와 카메라작업들은 치밀하게 계산된 영화법과 디자인감각으로 연출되어 시각의 성찬을 제공하지만 내러티브와 각 행위와 요소들이 상징하는 의미는 극히 난해하고 비의적이어서 의미를 파악하거나 언어로 옮기기가 쉽지 않다. 이 5부작의 영웅시 같기도 하고 동화 같기도 한 영화들이 어떻게 작용하는가에 대해서는 여전히 포착하기 어려우나 이 또한 애초부터 면밀한 의도와 계산에 의한 것이다.

바니 자신에 의하면, 1번은 일종의 문(입구)이고 2번은 체계의 최초의 거부, 3번은 프로젝트의 중앙에서 등을 마주댄 일종의 거울과 같으며, 4번은 불가피한 하강의 면전에서의 공포를, 5번은 일종의 거짓 하강의 주제를 지닌 에피소드들로 구성하였다고 한다. 주역배우로 등장하는 바니 자신은 때로는 탭 댄서(4번), 때로는 천하의 살인마인 게리 길모어(2번)로, 또는 한때 섹스 심벌이었던 영화배우 어술라 안드레스가 분한 사슬에 묶인 여왕의 상대역인 낭만적인 애인(5번), 일종의 남성 음경의 상징적 마천루인 크라이슬러 빌딩에서 일하는 잡역인부/청소부(3번)로 등장한다. 사이클 중 가장 현란하고 아름다운 첫 번째 작품, 4번을 보도록 하자.

크리매스터 4, 남성을 말하는가

드럼이 울리며 바위와 초록색으로 덮인 풍경으로부터 한없이 긴 잔교가 튀어나와 있는 장면이 시작된다. 백파이프의 저음에 맞춰 크리매스터의 로고——켈트족의 문장으로 양끝이 굴려진 긴 중심축에 짧은 수평선이 가로지르고 있는——가 빠르게 지나가면 바니 자신(러프턴 캔디데이트(Loughton Candidate)란 이름의)이 모습을 드러낸다.

그의 얼굴은 사람이라기보다는 염소와 같이 큰 귀를 지닌 동물이며 그의 눈부신 빨강머리는 무대공간, 그의 정장옷과 단추구멍에 꽂혀 있는 겨우살이의 백색과 대비를 이룬다. 빗으로 머리를 빗는 사이로 한때 그의 뿔이 있었을 자리에 두 개의 이상한 구멍이 나 있는 것이 보인다.

ARC/MUSÉE D'ART MODERNE DE LA VILLE DE PARIS
dossier de presse

MATTHEW BARNEY
THE CREMASTER CYCLE

「크리매스터 4」(Cremaster 4), 1994. 매튜 바니의 작품은 언제나 매우 신중하게 균형을 조절하고 있는 통속적이고 비교적인 요소들, 그리고 누구나 인식하고 즐길 수 있는 요소들과 해독하기 어려운 난해하고 비교적인 기호들과 개인적인 신화의 완벽한 결합에 있다(사진: 마이클 제임스 오브라이언).

해안과 도로를 연결하고 있는 1마일은 됨직한 잔교 맨 끝에 위치한 정자에 방이 있다. 세팅은 아일랜드와 스코틀랜드 경계에 위치한 해안선에 위치한 맨 섬(Isle of Man)으로 이 섬은 사람이 거의 살지 않아 변환과 변이가 경이롭지 않을 것 같은 장소다. 백색 정자의 백색 방에 세 명의 발가벗은 통성(通性)의 엄청난 근육질 요정들이 나타나 주인의 욕정을 채워주려 한다. 거울 앞에서 그가 서서히 탭댄스를 추기 시작하면 이 요정들은 기대감으로 그 주위에 몰려든다.

다음 순간 카메라는 섬으로 방향을 선회하여 각각 밝은 파란색과 노란색 가죽옷을 입은, 두 명씩 짝을 이룬 두 팀이 모터사이클과 경주용 사이드카에 시동을 걸고 있는 모습을 포착한다. 나란히 반대방향을 주시하며 이들은 출발신호가 떨어지기를 기다린다. 출발 바로 직전, 카메라는 급상승해 그들의 결합형태—두 개의 캡슐 모양 경주용 차가 가운데 좁은 수평선에 교차하고 있는—가 크리매스터 로고의 선과 일치함을 보여준다.

다음 순간 놀라운 생동감으로 로고 위에 맨 섬을 상징하는 세 개의 다리를 지닌 도상이 얹혀진다. 이 상징은 회전하며 경주가 시작함을 알린다. 세 명의 시녀(요정)들은 무언가 일어나기를 기다린다. 그들의 주인이 춤을 추는 동안 그들은 슬그머니 기어가 그의 주머니에 무언가를 찔러넣는다.

한편 레이스 팀들의 노란색과 파란색 가죽옷 안에서 이상한 일이 벌어진다. 자동차가 스피드를 내며 긴장이 고조되자 미끌미끌한 형태들이 그들의 재킷 주머니에서 꾸물거리며 나와 한 그룹은 위로 다른 그룹은 아래로 움직이기 시작한다. 부둣가로 카메라가 자리를 옮기면 이전에 보이지 않던 두 개의 구부러진 빈 경사면이 리허설 공간 반대편으로 잡힌다. 레이스트랙에서는 노란색 팀에 문제가 발생했는데 커다란 웅덩이가 앞에 패 있어 더이상 진전을 못하고 반대편으로 방향전환을 한다.

길게 난 도로 한편에서는 급유 지점에 서 있는 인물이 마치 요정들과 같은 모습으로 타이어를 바꾸기 위해 기다리고 있다. 모든 것이 정지되었는가 하면 다음 순간 갑자기 굉장한 사건이 벌어진다.

탭 댄스를 추던 염소인이 리허설을 하는 방의 바닥에 나 있던 구멍 속으로 빨려들어가 해안과 부두 끝 사이의 바다 속으로 떨어진 것이다. 다시 카메라는 인적이란 찾아볼 수 없는 외딴 도로로 옮겨지는데 여기서는 차 한 대가 기름을 넣기 위해 멈추고 급유소의 인물은 타이어를 즉각 갈아끼우는 대신 피부 색깔의 타이어로 대치할까 맞추어보다가 다시 통상적인 검은 타이어로 갈아끼운다. 피부 색깔의 타이어는 이상하게 두 개의 젖꼭지 모양의 부속품이 수평을 깨뜨려 달리기가 어렵기 때문이다. 이 이상한 일이 벌어진 후에 의기양양한 급유소 인물의 표정으로 미루어 드디어 레이스 경주가 본 궤도에 도달했음을 짐작할 수 있다. 반면, 노란색 팀은 또 다시 난관에 봉착하고 이제 차는 절벽에 충돌한다. 레이서는 낭떠러지에 간신히 매달려 있는 상태로, 그의 면장갑에 닿는 얼음이 그를 그 자리에 얼어붙게 하는 모습이 잡힌다.

마치 무언극의 여주인공처럼 툭 불거져 부푼 스커트를 입은 세 명의 시녀들이 부두를 떠나 가까운 절벽 위에서 안식을 취하며 염소인이 돌아오기를 기다리는 모습이 보인다. 그들의 기다림은 무언가가 그들 가운데로 던져지며 일순간 동요된다. 깊은 수면에 그들의 주인은 무엇인가를 찾는 모습으로 나타난다. 드디어 그는 도망갈 출구를 찾았으나 그 길은 험난하기만 하다. 그의 몸은 온갖 이상하고 각기 다른 공간 속을 따라 헤매게 되는데 그 과정에서 그의 방향감각은 온통 뒤죽박죽 혼란스럽다. 계속해서 녹아내리며 그의 진로를 방해하는 하얀 혈구들을 통해 몸을 비틀어나오면 번쩍거리는 과자 자르는 기계와 같은 모양의 좁은 공간을 통해 기어나오다 다시 해안을 가로질러 터널을 통해 나오는가 하면 두더지같이 끈적끈적한 물질로 덮인 두덩을 계속해서 파올라와 드디어 탈출한다.

자유를 얻은 모습을 본 노란 옷을 입은 세 명의 시녀들이 조그만 종을 울리며 그의 탈출을 축하하면, 그의 주머니에 있던 분홍색의 기분 나쁘게 생긴 유동의 물체가 서서히 움직이기 시작한다. 갑자기 그는 자유로워져서 작은 틈을 통해 도로 위를 감시하는데 거기에는 체크무늬의 리본으로 장식한 빨강색으로 염색해 마치 군대나 악단의 마스코트처럼 보이

「크리매스터 3: 거인의 둑길」(Cremaster 3: The Giant's Causeway), 2002(사진: 크리스 윈지).

는 염소 한 마리가 눈에 들어온다. 잔교에는 모터사이클이 두 개의 흰 경 사면에 전시되어 있고 갑자기 정적이 내린다. 빈 도로.

다음 순간 드럼이 울리기 시작하며 백파이프 음악이 배경에 깔리면 마 치 텐트로 향하는 입구와 같은 그 어떤 것이 보이고, 실로 묶은 텐트의 광목천은 서서히 잡아당겨지며 무엇인가를 드러낸다. 산더미같이 꽉 들 어찬 살덩어리가 우리의 시선을 채우는데 그 색깔은 거의 선홍빛 자주색 이며, 피부는 단단히 당겨져 있다. 마침내 벌어진 남자의 두 다리 사이로 포착된 두 번째 장면은 백파이프의 저음관통이 주름진 피부에 매달려 있는 모습이다.

세 개의 다리를 가진 남성

트로피 모터사이클 경주가 열리는 맨 섬은 남성성에 대한 영화를 찍기에는 매우 적절한 장소임에 틀림없다. 그러나 바니의 영화가 남성성에 관한 것인가? 동종번식은 기괴한 변태를 만들어낸다. 그러면 어디서 세 개의 다리를 가진 남성이 오는 것일까? 세 개의 다리는 성기가 들어설 자리를 남겨두지 않는다. 「크리매스터」의 염소는 매끄럽고 멋이 넘치지만 동물적인 매력은 결여된 동물인 바니의 사티루스의 원시적인 모형이다.

마지막 장면에서 한 쌍은 긴장으로 딱딱하게 부풀어 솟아올랐고, 벌개진 다른 쌍은 축 늘어지고 수축되어 주름이 잡힌 두 쌍의 진짜 성기, 불알을 전시하고 있는데 이것은 백파이프—이 스코틀랜드의 악기는 모양도 모양이지만 주로 스커트를 입은 남자들이 연주한다—의 등장뿐 아니라 세 명의 요정들이 레이서들에게 주는 기이하고 미끌미끌한 행운의 부적(공, 즉 'balls'는 남성성기의 은어이기도 하다), 즉 전통적으로 남성성과 관련된 용기와 배짱, 남자다움의 실재다.

상징은 비단 영화에 등장하는 스포츠와 성형의학, 인체 생물학과 관련된 기물과 소품, 또 재료에서뿐 아니라 색깔의 상징 즉 파란색은 내려가는 진행, 곧 하강의 운동을 상징하고 노란색은 올라가는 운동을, 섬의 초록색은 이 두 가지 색깔의 합으로, 통합 또는 질서와 균형을 상징한다고 한다. 바니가 분한 주인공인 러프턴 캔디데이트와 로톤 염소(마지막 장면에 나오는 물들인)는 세 번째의 극을 상징하며, 캔디데이트 머리의 네 개의 구멍(머리 빗을 때 의도적으로 이 부분을 드러내 보인다)과 염소의 네 개의 뿔들은 올라가는 상황과 내려가는 상황 둘을 합친 것으로 두 개의 상황 보존을 의미한다고 한다.

바니의 해석에 의하면 캔디데이트의 뿔이 없는 구멍은 상실된 것이 아

「크리매스터 3」(Cremaster 3), 2002(세트사진: 크리스 윈지).

니라 자라지 않았음을 의미하며, 여기서 이름인 캔디데이트는 문자 그대로 염소가 되기 위한 후보자임을 뜻한다. 물에 빠지는 것은 일종의 세례의식으로 어느 신화에서도 세례의식은 바니의 맨 섬의 세팅과 같이 좁고 닫힌 공간에서 이루어진다.

경험과 인식을 해부학적으로 드러내다

바니의 퍼포먼스 작품에서 욕망은 자위적이다. 그가 뚫린 구멍을 바셀린이나 타피오카로 막고 있는 행위는 다름 아닌 들뢰즈와 가타리가 말하고 있는 '성기가 없는 몸', 즉 성기의 충족감과 성취감에 더이상 편집하지 않는 신체를 제시하고 있는 것이다. 형태학상으로 복합적인 변태의 이미지를 보여줄지라도 항상 바니의 젠더 인식은 어린아이의 성과 같이 항상 끝이 열려 있고 탐색적이며 리비도 자체와 같이 기본적으로 비(非)-성(性)적이며 젠더가 주어지지 않은 모델에 관심을 갖는다.

그의 시나리오는 하나의 단일한 생식체계는 끊임없이 자신을 분절하여 다른 요소들을 배태하지만 그들은 모두가 같은 형태의 부분이라는 것, 따라서 에피소드는 이들 사이의 관계와 무관하다는 것, 「크리매스터 4」의 가상의 이중구조는 그들 외의 어떤 것하고도 아무 관계가 없다는 것을 의미한다. 또한 외형상의 긴장은 프레임 중앙에 놓인 생식기에 대한 관심 때문이다. 바니의 작품은 언제나 매우 신중하게 균형을 조절하고 있는 통속적이고 비교적인 요소들, 그리고 누구나 인식하고 즐길 수 있는 요소들과 결코 해독하기가 어려운 난해하고 비교적인 기호들과 개인적인 신화를 완벽하게 결합시킨다.

위에서 장황하게 묘사한 「크리매스터 4」도 예외는 아니다. 시각적인 유혹이 있는가 하면 다음 순간 비밀스런 세계가 펼쳐지며, 매혹이 있는가 하면 곧 당혹스러움으로 채워진다. 그는 사회비평가나 문화이론, 혹은 기호학자들의 담론에서 영향을 차용한 현실의 정치적으로 정직한 설치작업이나 퍼포먼스에는 관심이 없다. 오히려 그가 주목하는 바는 미식축구 선수로서, 의예과 학생으로서, 모델로서, 미술가로서의 자신의 경험과 인식을 해부학적으로 드러내는 데에 있다. 그런 의미에서 그는 '포스트'라는 레이블을 달가워하기보다 단순히 모더니스트로 불리기를 원하는지 모른다.

이미 이제는 역사속의 인물이 된 세기의 마술사였던 후디니(Hudini)와 그의 손자인 길모어, 오클랜드 레이더 축구팀의 전설적인 짐 오토(Otto)——쿼터백으로 명성을 날리던 중 다리 부상으로 한 다리를 절단한 후에도 의족으로 경기장에서 선전했던 전설적인 인물——에서 어떠한 신체적인 억제나 감금도 이겨냈던 초인적인 의지를 읽어내는 것도 모더니즘 계보학에 대한 그의 관심을 반영하는 것이리라.

송미숙 한국외대 불어과를 졸업하고 오레곤대학교에서 미술사 석사(1971), 펜실베이니아 주립대학교에서 미술사 박사학위(1980)를 받았다. 석사논문에서는 20세기 초현실주의 계열의 신낭만주의작가 첼리체프(Tchelitchew)의 다중상 연구를, 박사논문에서는 19세기 미술행정가이자 비평가인 샤를 블랑(Charles Blanc)의 미술론을 연구했다. 현재 성신여대 서양학과 교수로 재직 중이며, 2003년 3월부터 성신여대 박물관장을 맡고 있다. 『공간』『계간미술』『월간미술』『가나아트』『미술세계』 등에 상당수의 비평문을 게재해왔고 1987년에 문예진흥원과 서울신문사주최 문화예술평론가상을 수상했다. 또한 '바우하우스의 화가들', '암스텔담 스테델릭미술관 소장품', '사진예술 160년사', '한국현대미술─시간' 등 다수의 전시를 기획했다.

이분법의 경계에 선 예술

미술관은 미술 작품의 무덤이다

윤준성
숭실대 교수 · 미디어학

예술 역사의 딸, 모리무라

일본 작가 모리무라는 자신이 직접 할리우드의 여배우로 분장하여 사진을 촬영하거나 서양의 유명한 그림 속에 자신의 이미지를 끼워넣는 작업으로 주목을 받아왔다. 1951년 일본 오사카에서 출생한 모리무라는 1978년 교토 미술대학을 졸업하고, 1985년부터 국제적으로 작업을 확장시켜나갔다.

모리무라의 1988년 작업 「Futago」는 에두아르 마네(Edouard Manet)의 1863년 그림 「올랭피아」(Olympia)를 재해석한 작업이다. 제목인 'Futago'는 일본어로 , 쌍둥이(双子)를 의미한다. 이 작품에는 「올랭피아」에서처럼 꽃다발을 든 흑인 여인과 그녀의 응시를 받으며 벌거벗은 채로 침대에 누운 여인이 묘한 긴장을 자아낸다. 이 작품 속에 등장하는 나체의 여인이 바로 모리무라이다. 「Futago」는 'Daughter of Art History'(예술의 딸)라는 제목을 가진 시리즈 가운데 한 작품이다. 이 시리즈에서 모리무라는 렘브란트, 마네, 고흐 등 미술사적으로 잘 알려진 작가들의 작업을 선택해서 모방하였다.

▶ 야수마사 모리무라

1996년부터 모리무라는 유명 여배우와 흡사하게 분장한 자신의 모습을 촬영하여, 마릴린 먼로, 오드리 헵번, 브리짓 바르도, 비비안 리, 조디 포스터 등으로 탈바꿈한 사진을 보여주었다. 이후에도 다양한 매체를 사용하여, 자신의 사진을 이세이 미야케(Issey Miyake)의 옷에 옮긴다든지 자신이 출연하는 영상물을 제작한다든지 하는 기발한 작업을 꾸준히 진행하고 있다.

모리무라의 개인전이 1996년 일본 니시다 갤러리에서 열렸다. 그 전시회의 제목은 한자(漢子)를 교묘하게 바꾼 것이었다. 앙드레 말로(Andre Malraux)의 저서 『le musee imaginaire』(the imaginary museum)를 번역하면, '공상미술관'(空想美術館, Kuso Bijutsukan)이 된다. 그러나 모리무라는 일본어의 발음에서 나타나는 혼돈을 이용하여, '상'(想)이라는 글자를 '장'(裝)으로 교묘하게 바꾸어, 자신의 전시 제목을 '空裝美術館'으로 쓴다. 일본어로는 다 같은, 'so'의 발음이 나는 것을 이용한 것이다. '裝'의 의미가 '옷 입다, 모양을 갖추다, 변장하다'라는 것을 알면, 그의 작업과 제목이 한결 가깝게 와닿는다. 즉 옷 입기와 변장을 이용하여, 모리무라는 자신을 유명 서양 회화들 속으로 삽입하고, 유명 여배우로 변신한다.

오리엔탈리즘과 옥시덴탈리즘 모두를 뛰어넘어

노만 브라이슨(Norman Bryson)은 모리무라를 '문화비평가'라고 칭하면서, 모리무라가 19세기의 오리엔탈리즘(東洋主義, Orientalism)에 상응하는, 옥시덴탈리즘(洋夷主義, Occidentalism)을 불러일으키고 있다고 지적한다.

브라이슨은 오리엔탈리즘을 "서양이 만들어낸 상상의 동양이며, 앵그르, 들라크루아, 제롬 등과 같은 화가에 의해 만들어진 '타자'에 대한 복합적인 환상이 자리한 곳"이라고 정의한다. 브라이슨의 지적은 오리엔탈리즘과 옥시덴탈리즘의 관계가 대칭적이지 않으며, 서양에 의해 주도되고 있다는 것이다. 이러한 브라이슨의 생각은 모리무라의 사진이 왜 동서양의 문제를 불러일으키고 있는지를 설명해준다. 모리무라의 작업에서 서양인들은 비로소 자신이 어떻게 비추어지는지, 어떻게 느껴지는지를 알 수 있게 된다.

모리무라가 시도하는 유명 서양회화에 관한 해석은 전통적인 미술사적 해석과는 차이가 있다. 발(Mieke Bal) 역시 클라크(T. J. Clark)와 번하이머(Charles Bernheimer)의 「올랭피아」에 관한 해석에 대해 반문하고 있다.

클라크는 「Futago」에 등장하는 흑인 여인을 하녀로 설명하였다. 반면 모리무라는 이 흑인 여인을 하녀로 제시하고 있지 않다. 이 흑인 여인의 머리장식은 그림에서는 평범한 것인데 반해, 사진에서는 고급 머리장식으로 바뀌어 있다. 그리고 그 옷차림도 평범한 것에서 화려한 것으로 바뀌었다. 또한 원작 「올랭피아」에서는 흑인 여인이 올랭피아를 부드럽게 바라보고 있는 것에 반해, 사진에서는 마치 무엇인가를 요구하는 듯한

1988년 작업 「Fufago」는 에두아르 마네의 「올랭피아」를 재해석한 작품이다. 'futago'는 일본어로 쌍둥이를 의미한다.

냉랭한 미소를 띠고 있다. 「Futago」에서, 흑인 여인은 하녀가 아니다. 클라크가 제시한 올랭피아가 관기(官妓) 아니면 창녀일 것이라는 해석을 따르더라도, 이 흑인 여인은 하녀가 아닌 손님 또는 포주일 것이다.

결국 모리무라는 앞서 말한 오리엔탈리즘에 편중된 옥시덴탈리즘의 간섭이 없는 상태로 자신의 인식을 보여준다. 서양의 오리엔탈리스트(Orientalist) 화가들이 그들의 그림을 주로 서양의 관객에게 소개한 반면, 모리무라의 작업은 동양 관객에만 한정되어 있지 않다.

그가 일본에서 전시를 하였을 때, 많은 일본의 평론가들은 모리무라의 작업을 혹평하였다. 심지어는 '일본의 수치'라고까지 표현하며, 모리무라의 작업이 외국으로 소개되는 것에 반대했다. 그럼에도 불구하고 모리무라는 1988년 베니스 비엔날레의 젊은 작가 초대전, 'La Biennale Di Venezia, Aperto '88'에 선발되는 영광을 안았다.

모리무라는 과거의 명작에서 빌
러온 이미지를 사용해 새로운
시각적 상황을 연출한다.

일본 미술관들은 모리무라가 서양에서 명성을 얻은 이후에야 그의 작
업에 관심을 가지기 시작했다. 이러한 상황은 동서양의 비대칭적인 관계
를 우화적으로 설명해준다. 즉 일본인들이 유명해진 모리무라의 작업에
서 보는 것은, 오리엔탈리즘에 의해 이미 검증된, 색다른 옥시덴탈리즘
인 것이다.

모리무라가 1988년에 작업한 「Shounen I, II, III」은 마네의 1866년
작품 「피리부는 소년」을 모방한 작업이다. 이 사진은 순간적으로 「피리
부는 소년」을 연상시킨다. 모리무라는 조심스럽게 이 그림을 모방하여,
서양의 군복과 유사한 배경을 사용했을 뿐만 아니라 이 그림의 명성을
이용하였다. 그러나 광택이 나는 사진은 이것이 그림이 아닐 뿐더러 「피
리부는 소년」도 아니라는 것을 알게 한다. 또한 이 사진은 그림의 복제

도 아니다. 더욱이 이 작업의 작가는 프랑스 화가 마네가 아니고 모리무라이다.

이 작업을 통해 모리무라는 동/서라는 이분법의 관계가 보여주는 문제점들을 제시한다. 그리고 질문은 계속된다. 이 사진은 동양작가에 의해 만들어졌으므로 동양의 작업인가? 누가 동양의 작가이고, 누가 서양의 작가인가? 모리무라의 작업과 자신의 정체는 이러한 중첩된 상황을 보여준다.

마네의 「피리부는 소년」은 일본 판화에 영향을 받은 작업이다. 19세기 중반에 이루어진 사진의 발명은 현실의 재현을 위한 도구로서의 회화의 기능을 어느 정도 자유롭게 하였고, 화가들은 새로운 소재와 구성을 찾을 수 있게 되었다. 특히, 인상파 화가들은 일본의 목판화가 보여주는 평이한 배경과 단순화된 색의 처리에 영향을 받아 '명암대조법', '공기원근법'(chiaroscuro/Sfumato) 같은 기법을 탈피하려고 하였다. 반대로, 일본의 목판화는 18세기 유럽의 판화에서 보이는 민중의 생활, 대중오락 등의 주제에 영향을 받았다.

「Shounen」은 동양미술에 영향을 받은 서양의 회화와, 현대예술을 주도하는 서양에 영향을 받은 동양미술의 접점을 보여준다. 그의 작업은 서양의 그림으로부터 얻어낸 배경과 그 그림 속에 삽입된 모리무라 자신의 몸으로 이루어지고, 동/서의 분리된 실오라기가 사진 속에서 함께 엮어지고 있다.

모리무라의 사진 자화상에 함축된 의미

데리다(Jacques Derrida)는, 그림은 그리는 순간 한 물체와 그 재현 사이의 거리에 의해 맹점이 생긴다고 설명한다. 그는 『맹인의 기억』(*The Memories of the Blind*)에서, 이 거리를 기억이라고 말한다.

그림을 그리는 이는, 그리는 물체와 그리고 있는 재현을 동시에 볼 수

「붉은 마릴린」, 1996. 모리무라는 앤디 워홀과 비슷하게 마릴린 먼로의 이미지를 차용해 자화상을 만들어냈다.

없다. 왜냐하면 펜이나 붓이 그리고 있는 재현을 가리고, 그림을 그리는 이는 그리기 위해 물체로부터 눈을 떼야 하기 때문이다. 데리다의 주장에 의하면 드로잉(drawing)은 단순히 형상적(iconic, 물체와 재현이 똑같은)이지 않고, 독립성을 갖는다. 이 관계는 그가 역설했던, 로고스(logos)와 텍스트(text)의 관계와 연관되어 있다. 로고스에 상응하는 진실이 없듯이, 물체에 완벽하게 상응하는 재현은 없다.

그러나 사진에서는 재현의 과정이 빛에 의해 이루어지고, 기억의 기능이 카메라에 속해 있다. 만일 데리다의 설명이 사진에 적용되면, 사진을 촬영하는 순간은 맹점일 수 없다. 왜냐하면 사진을 촬영할 때, 사진가는 그가 촬영하는 피사체(물체)로부터 눈을 뗄 필요가 없고, 카메라가 재현

「하얀 마릴린」, 1996. 마릴린 먼로를 등장시킨 모리무라의 자화상 시리즈는 팝아트적인 요소가 매우 강하다.

을 가리지도 않기 때문이다. 하지만 사진가와 피사체가 동일할 경우, 사진가는 사진가로서의 자리, 그리고 피사체로서의 자리를 동시에 차지할 수 없다. 사진을 촬영하는 순간, 사진가는 자신을 볼 수 없다. 사진가로서의 존재와 피사체로서의 존재가 카메라의 앞과 뒤에서, 시간적으로 또한 공간적으로 서로 가려지고 분리되어 있기 때문이다. 그래서 사진 자화상에서는 사진가와 피사체 사이에 맹점이 생긴다.

그러나 모리무라의 사진 자화상에서 나타나는 맹점은 인공적으로 만들어진 것이다. 모리무라의 맹점은 사실 그에게는 맹점이 아니다. 왜냐하면 피사체가 자기 자신이기 때문이다. 더불어 그의 사진 자화상은 맹점을 가질 수 있다. 왜냐하면 모리무라는 그가 인식하지 못한 요소가 포

「종잡을 수 없는 미인」, 1995. 모리무라가 작품 속에서 여성 이미지에 자신을 투사하는 것은 여러 의미를 함축한다.

함될 수 있는, 여성으로서 또는 서양인으로서의 인간을 재현하고 있기 때문이다. 발터 벤야민(Walter Benjamin)에 따르면, 사진은 사진가조차도 촬영 순간 알아채지 못한 요소들을 포함하고 있다. 벤야민은 이러한 상황을 '시각적 무의식'(optical unconscious)으로 설명하였다.

그렇다면 시각적으로 무의식적인 요소들이 모리무라의 사진 속에도 포함될 수 있다. 다시 말해 인식되지 못한 요소들이 모리무라에게는 맹점이 되는 것이다. 그리하여 모리무라의 맹점들은 인공적으로 만들어진 맹점과 혼합되어, 맹점이라는 이름으로 비맹점의 역할을 수행한다.

모리무라의 1998년 작업 「To My Little Sister: For Cindy Sherman」은 신디 셔먼의 1981년 작업 「Un-titled #96」을 모방한 작업이다. 모리무라가 사용한 제목에서 알 수 있듯이, 모리무라는 셔먼에게 친밀감을 느끼고 있다. 아마도 그가 사용하는 여성 이미지, 그리고 사진이라는 매체 때문일 것이다. 모리무라가 사용한 '여동생'의 의미는 그의 사회적인 성, 젠더가 성공적으로 이전되기를 바란다는 의미이다.

모리무라, 그림과 사진 속의 온나가타

그의 전시회 제목은 'Daughter of Art History'였다. 여기서 아들이 아닌 '딸'은, 모리무라가 남/녀의 이분법에서 타자인 '여성'을 택하고 있음을 암시한다. 그러나 '딸'은 여성과 다른 의미를 갖는다. 또한 아들의 의미도 남성만큼 강하지는 않다. 하지만 동양 사회의 가족에서 아들은 상당히 중요하다. 이러한 전통에서 남성은 한 가족의 우두머리인 아버지라는 이름으로 중요하며, 그 아들 역시 명백한 승계자이므로 아버지만큼이나 강력하다.

모리무라가 사용한 '딸'의 의미는, 사회적인 성과 문화를 사용하여, 맹점을 만들기 위한 방법이다. 모리무라가 여성으로 변신한 것은, 자연스럽게 일본의 전통극 가부키(歌舞伎)에서 여성 역할을 대신하는 남자배우인 온나가타(女形)를 연상시킨다. 가부키란 17세기에 상인계급의 출현으로 발전된 극의 형식이다. 1629년 이후, 극장과 유흥가 주변에 창궐하던 매춘을 막고자 여성이 극에 나오는 것조차 금하였다. 그 뒤로 여성 역할은 온나가타라는 남성 배우가 담당했다.

일본에서는 극중에서 남성이 여성 역할을 하는 것이 역사적으로 행해졌고 오래전부터 관행으로 굳어져 있었던 것이 사실이다. 온나가타는 일

일본 판화에 그려진 온나가타.

본 판화에도 자주 등장하는 소재로, 일본의 미술사가인 카오리 치노(千野香織)는, 에도(江戶)와 교토(京都) 문화에 익숙한 사람이라면, 남성이 여성 역할을 대신하는 것이 이상한 것이 아님을 잘 안다고 서술한 바 있다.

이 온나가타처럼 모리무라는 완전히 사라지지 않고 남성과 여성의 경계를 넘나든다. 그래서 그의 작업에서 '완전히 여성도 남성도 아닌 그 무엇'이 느껴지는 것이다.

모리무라의 여성 역할은 완전한 맹점도 아니고 비맹점도 아니다. 'Daughter of Art History'를 살펴보면, 회화와 사진은 마치 아들과 딸의 관계처럼 보인다. 모리무라의 작업은, 회화가 미술사의 아들이고 사진은 그 딸인 것을 시사한다. 나아가 회화와 사진의 관계는 동/서, 남/녀라는 이분법을 얼싸안는 관계로, 모리무라의 사진에서 변증법적인 관계를 드러낸다. 또한 모리무라의 사진은 관습적인 이분법인 동/서, 남/녀의 경계에 위치한다.

모리무라는 신디 셔먼처럼 딸일 수 있다. 왜냐하면 그의 매체가 사진이고 그의 태생이 동양이므로, 어떤 면에서 보면 모두 비특권화된 측에 속하기 때문이다. 한편으로 모리무라는 비특권화된 입장에서 동서의 문화적 문제를 재고하고 극복하면서, 다른 한편으로는 남성이라는 특권화된 입장에서 사회적인 성의 문제로 접근한다. 이러한 양면화된 위치를 사용한 그의 사진은 관습화된 이분법을 흐리게 하는 효과를 일으킨다.

모리무라는 그의 사진에서 문화적 · 사회적인 성의 영역을 넘나든다. 아니, 더 정확히 말하자면, 모리무라는 이러한 이분법의 경계에 자신을 위치시켜, 현대의 문화 속에서 자신의 정체성을 뒤흔들고, 이항대립적인 전통적인 구분을 넘나들고 있는 것이다.

윤준성 숭실대학교 IT대학 글로벌미디어학과 교수로 재직하고 있다. 첨단 멀티미디어를 사용하는 현대예술매체의 비평/문화이론 적용과 사이버네틱스에 관한 공학적인 실험을 토대로 정보과학과 사진을 비롯한 현대예술의 유기적인 관계를 유도하기 위한 연구를 한다.

여성에 관한 고정관념을 고발하다

사진 안에 그녀가 있다

윤준성
숭실대 교수 · 미디어학

다양한 작품활동으로 인기를 누리는 신디 셔먼

셔먼은 1976년부터 사진작업을 선보이기 시작한 여성작가이다. 그녀는 1954년에 뉴저지의 글렌리지에서 태어나, 롱아일랜드(Long Island)에서 성장하였고 버팔로(Buffalo) 소재, 뉴욕주립대학교에서 미술을 공부했다. 1976년 대학을 졸업하고 뉴욕에 정착하면서 본격적으로 작업을 선보이기 시작했다. 셔먼은 'Untitled Film Stills'라는 제목으로 자신이 등장하는 흑백사진을 촬영하여, 영화의 한 장면과 같은 분위기를 자아내는 작업으로 유명하다. 이후 컬러사진을 사용한 다양한 작업을 전시하면서부터 현대예술에서 사진의 등장과 여성 작가의 등장에 있어 중요한 위치를 차지하게 되었다.

1980년부터 그녀는, 'Rear-Screen Projections'라는 시리즈로 투사된 영상을 배경으로 자신의 모습을 촬영한 작업을 발표하고, 1981년에는 『아트포럼』(*Artforum*)으로부터 위탁을 받아, 'Centerfold' 시리즈를 만들기도 했다.

1985년부터 1989년까지는, 'Disasters'와 'Fairy Tales' 시리즈에서

> 셔먼의 사진은 우리가 일상적으로 생각하는 여성이 어떠한가를 그대로 드러내어, 무엇인가 앞과 뒤가 바뀌어 있음을 예시한다. 이것은 우리가 일반적으로 생각하는 방법론을 뒤집는 결과를 낳고, 결코 사진은 세상에 기반을 둔 든든한 증거물이 더 이상 아니라는 것을 드러낸다. **"**

▶ 신디 셔먼

기괴한 분위기의 사진작업을 발표했는데, 이것은 자신의 몸을 사용하지 않은 사진들로서, 작업에 변화를 꾀한 것이었다. 1988년부터 1990년까지, 셔먼은 자신의 작업이 세상에 널리 알려진 상황 속에서, 'History Portraits' 시리즈를 발표하여 자신이 역사속의 인물로 분하여 구성한 사진을, 1992년부터는 'Sex Pictures' 시리즈를 발표하면서 마네킹의 신체 일부를 재구성한 사진을 선보였다.

또한 1997년에는 「Office Killer」라는 공포영화를 감독하여 자신의 매체가 사진에 머무르지 않는다는 가능성을 시사하기도 하였다. 셔먼 작품의 가격은 2~5만 달러에 이르고, 1999년 크리스티 경매에서는 'Untitled Film Stills' 중의 한 사진이 19만 달러를 호가하기도 했다.

1997년에는 뉴욕현대미술관(Museum of Modern Art, New York)에서 69장의 흑백사진으로 구성된 'Untitled Film Stills' 시리즈를 모두 구입하여, 회고전을 열기도 하였다.

셔먼은 피해자적이고 수동적인 여성의 고정된 포즈를 보여줌으로써 기존의 여성 이미지를 고발한다.

신디 셔먼이 등장한 1970년대의 문화적 환경

무엇보다도, 셔먼이 등장한 1970년대는 뉴욕에서 사진이 본격적으로 거론되기 시작한 시기였고, 이러한 상황은 여성작가의 등장, 제3세계 작가들의 등장과 맞물려 있다. 노클린(Linda Nochlin)의 글, 「Why Have There Been No Great Women Artists?」(1971)는 여성에 관한 당시의 상황을 정치적, 문화적, 심리적인 단계에서 논하고 있다.

"왜 위대한 여성 작가가 없었는가?" 이 질문은 소위 여성문제에 관한 대부분의 논의의 배경에서 수치스러운 경종을 울린다. 그러나 다른 많은 페미니스트 논쟁거리 중에 포함된 질문들처럼, 이 질문은 문제 자체를 동시에 왜곡하여, 잠행적으로 그에 답한다. 즉 "위대한 여성 작가는 없다. 왜냐하면, 여성은 위대함을 수행할 능력이 없기 때문이다."

노클린은 남녀의 이중구조 속에서 상정된 남성중심의 사고방식에 문제가 있음을 지적한다. 이 구조는 어떠한 논의나 질문을 시작하기 이전에 존재하는 것으로, 답을 위해 노력하면 노력할수록 그 구조의 함정에 빠지게 되는 모순이 있다. 당시의 많은 미술사가들은 역사속에 묻혀 있는 여성작가를 찾아내어, 그 작업을 호평하는 방법론을 택하였고, 이러한 방법론은 결정적으로 부족한 여성작가의 수를 강조하는 결과를 낳곤했다. 따라서 1970년대에 사진이 예술계에서 논의되기 시작한 때에는, 사진처럼 비기득권적인 측면, 또는 주변화되어 있던 요소들이 그 등장을 연계하기 시작한 시기였다.

셔먼의 작업은 여성에 관한 고정관념이 담긴 포즈를 제시함으로써, 문화적으로 형성된 여성의 이미지를 그 내부의 의미와 함께 다루고 있다. 특히, 'Untitled Film Stills'에서 셔먼은 사랑하는 이로부터 버림받은 모습, 거울 속에서 혼자 만족하는 모습, 큰 도로에서 어디로 갈지 몰라 헤매는 모습 등 수동적이며 피해자적인 여성의 모습을 보여준다. 이 사진들이 영화 속의 어떤 특별한 장면에서 기인한 것은 아니지만, 전체적인 분위기는 B급 영화라고 불리는 예술영화, 또는 우수에 젖은 영화의 한 장면을 쉽게 연상시킨다. 기존의 문화에서 제시되어온 여성의 이미지는 너무도 깊숙이 뿌리 박혀 있어서, 이제는 한 장의 사진이 보여주는 여성의 이미지에서 여성성(femininity)을 찾는다는 일은, 작가의 영역에서가 아니라 차라리 그 이미지를 바라보는 관객의 영역에서 이루어지고 있다.

월리엄스(Judith Williams)는 셔먼의 'Untitled Film Stills'에서 우리가 접하는 것은 어떤 '시각적인 스타일'이며, 동시에 '여성성의 한 형태'라고 지적한다. 즉 우리가 바라보는 사진은 그 표면일 뿐이며, 그것이 단지 하나의 표면이라는 것을 인식하지 못하게 하는 무엇인가가 존재한다. 따라서, 셔먼의 사진은 여성의 이미지에 관한 '기발한 패러디'나 '자아의 추구' 이상의 의미를 가진다.

세상이 사진 속에서 그 바탕을 찾는 듯한 역전현상의 연출

셔먼의 작업이 갖는 의미는 자신의 몸을 작업에 사용하는 방법을 통해 자신을 찾아가는 의미와 함께, 현대에 넘쳐나고 과거로부터 이어진 여성의 이미지를 하나의 표면으로 보여주는 것에 있다.

자신의 정체성에 관한 문제는 기존 사회에서 인식되어온 여성의 지위와 깊은 관련이 있고, 셔먼의 사진에 대한 논의는 페미니스트들에 의해 빈번히 거론되었다. 먼저 셔먼이 제시한 수동적이고 두려워하는 여성의 자태가 기존의 여성 이미지에 순응하여, 여성에 관한 기존 관념을 반복하는 것이 아닌가 하는 비판이 나왔다. 이러한 경향은 1970년대 당시까지의 영화산업과 대중매체에서 반복적으로 강조된 여성의 연약함과 열등성에 깊은 관련이 있었다. 그러나 이러한 비판은 셔먼이 사용하는 흑백사진 속에서 그 실체를 드러낸다. 즉 기존의 사진이 현실의 모습을 보여주어 세계가 사진의 바탕으로 작용하는 것에 반해, 셔먼의 사진은 꾸며진 상황 속에서, 마치 세상이 셔먼의 사진에서 그 바탕을 찾고 있는 듯한 역전을 보여주기 때문이다.

셔먼의 사진은 우리가 일상적으로 생각하는 여성이 어떠한가를 그대로 드러내어, 무엇인가 앞과 뒤가 바뀌어 있음을 예시한다. 기존의 일반적인 생각에 대한 시각적인 나열은, 마치 전반적인 인식의 조사를 행한 것 같은 느낌을 자아내고, 일련의 나열 속에서 우리는 현실의 상황이 결코 그 조사 결과와 일치하지 않음을 감지한다. 이것은 우리가 일반적으로 생각하는 방법론을 뒤집는 결과를 낳고, 결코 사진은 세상에 기반을 둔 든든한 증거물이 더이상 아니라는 것을 드러낸다.

반신화론자로서의 사진작가

사진의 기능이 단지 세상을 옮겨내는 것에서 어떠한 대상을 이상화시키는 것으로 변화해왔다는 것은, 굳이 사진기 앞에서 멋있는 자세를 취하는 우리의 모습을 예로 들지 않더라도, 분명해진다. 그리고 이러한 과정 속에서, 여성은 드러나기보다는 더욱 그 화면의 뒤쪽으로 멀어져 있다는 것을 알 수 있다. 실버만(Kaja Silverman)은, 셔먼이 이미지를 이상화시키는 사진의 기능에 자신을 위치시킴으로서, 바로 이러한 기능에 맞서고 있다고 해석한다.

이러한 해석은 사진의 기능이라는 면에서, 또한 기존의 여성 이미지에 관한 비판이라는 면에서도 유용한 방법론을 제시한다. 속절없이 드러낸 셔먼의 이상적인 여성 이미지는 관객이 그토록 익숙하게 보아온 것들이고, 예전에는 찾으면 쉽사리 드러나는 것이었으며, 감추면 상정되는 것들이었다. 따라서 크라우스(Rosalind Krauss)가 셔먼을 'demythographer'라고 지칭한 것은 지극히 타당하다.

이 칭호를 통해, 크라우스는 여성에 관한 관념이 하나의 신화이고, 그

신화를 이어온 기존의 문화에 반하여, 셔먼은 신화를 해체시켜 나간다는 것을 시사한다. 신화는 사실 그렇지 않은 것을 그렇다고 믿고 있는 개념이고, 다양한 허구의 예를 지니고 있다. 셔먼의 사진은 이러한 허구적인 예를 하나씩 조사하여 그 실체가 거짓임을 증명하고자 하는 것이다.

현대문화에 끝없는 활력을 제공하는 신디 셔먼의 작품세계

셔먼의 사진이 처음 소개되었을 때, 일부 비평가들은 그녀가 제시한 제목, 'Untitled Film Stills'에 현혹되어, 흑백사진을 일일이 분석하여 기존의 영화 장면과 연결을 시키려고 노력하였다. 그러나 셔먼의 사진은 실재 영화와는 전혀 관련이 없다. 셔먼의 사진은 오리지널이 없는 사진이다. 오히려 그녀의 사진이 오리지널이고, 우리가 그 사진을 통해 그려내는 기존의 이미지가 복제인 셈이다. 나아가 사진의 속성과 연결해볼 때, 셔먼의 사진은 바로 '오리지널이 없는 복제'이다.

또한 영화에서 보여지는 여성의 이미지라는 표면적인 요소가 아니라 그 상황적인 배경과 서술의 요소가 셔먼의 사진을 구성하는 요소로 작용하여, 표면에 드러난 기존의 여성이 실은 하나의 신화임을 보여준다. 이러한 상황은, 영화 속에 나타나는 여성의 역할과 그 여배우 자신이라는 구분이 엄연히 존재하는 것처럼, 여성의 이미지가 역할 속에서 전개된 표면인 반면, 여성 그 자체는 아니라는 단순한 구분을 통해서도 드러난다.

셔먼의 작업은 1970년대부터 시작된 여성에 관한 담론을 활발하게 만드는 기폭제가 되었고, 대중매체와 연관된 여성과 그 이미지라는 담론을 이끌어낸 계기가 되었다. 수많은 계기 속에서도, 셔먼의 작업은 이미지 뒤편에 존재하는 여성을 전경(前景)으로 내세우는 기회를 제공하였고, 이와 연관된 사진 매체에 관한 담론을 활성화시키는 자료가 되었다. 여성과 그 이미지라는 관계는 실재(the real)와 재현(representation)이라는 이론적인 연구와 연관되어, 현대의 비평이론과 문화이론에 다양한 동기를 제공하였다. 셔먼의 작업은 1970년대라는 시대적 상황에 맞물려 여성과 제3세계의 작가와 문화를 등장시키는 의미를 갖는다.

윤준성 숭실대학교 IT대학 글로벌미디어학과 교수로 재직하고 있다. 첨단 멀티미디어를 사용하는 현대예술매체의 비평/문화이론 적용과 사이버네틱스에 관한 공학적인 실험을 토대로 정보과학과 사진을 비롯한 현대예술의 유기적인 관계를 유도하기 위한 연구를 한다.

사진기는 무자비하게 비낭만적이다

윤준성
숭실대 교수 · 미디어학

다큐멘터리 사진과 상업사진의 창조적 결합, 안드레아스 구르스키

안드레아스 구르스키(Andreas Gursky)는 1955년 독일의 라이프치히(Leipzig)에서 상업사진가의 아들로 출생했다. 에센(Essen)에서 다큐멘터리 사진을 공부한 후, 1987년 뒤셀도르프 미술대학(Fotografiestudium Kunstakademie Düsseldorf)에서 다시 사진을 공부하고, 줄곧 왕성한 작품활동을 벌이고 있는 사진가다. 2001년 뉴욕의 현대미술관(The Museum of Modern Art, New York)에서 대형사진 60여 점을 선보인 개인전을 가졌으며, 유럽과 아시아에도 그의 작업이 지속적으로 소개되고 있다.

그의 사진은 '다큐멘터리 사진의 날카로운 관찰력과 상업사진의 현란함을 효과적으로 포용한 사진'이라는 평을 받았다. 그는 기록으로서의 사진이라는 전통적인 측면을 결코 간과하지 않고, 상업사진의 섬세함과 세련미를 부가하여, 현대적인 재현의 의미를 재고하게 만든다.

'무조건 1,000원'이라고 해석할 수 있는 「99cent」(1999)는, 제목이 없어도 무조건 1,000원짜리 물건들을 파는 할인매장의 사진이라는 것을

❝ 구르스키가 사진을 촬영하고,
그것을 관객이 바라볼 때,
세상이 구성되는 장소는 구르스키의
영역이고, 구르스키의 사진이 구성되는
장소는 그것을 바라보는 관객의
영역이다. 이 관계 속에서, 그 주체의
위치가 변할 때마다, 위치를 빼앗긴
주체는 그 주체성을 소멸한다. **❞**

▶ 안드레아스 구르스키

알 수 있다. 이 사진은 1999년의 물가를 알려줄 뿐만 아니라, 잡다한 기호식품들의 목록을 살필 수도 있다. 사진이 발명된 이래 많은 사진가들이 일상의 생활, 또는 사라져가는 도시의 모습이나 사람들을 기록하여 후대에 귀중한 정보를 제공하고 있다. 이렇듯 당시의 사회적·문화적 상황을 직설적인 방법으로 보여주는 것은 다큐멘터리 사진의 전통이라 할 수 있다. 따라서 구르스키의 직설적인 사진 방법은 이러한 다큐멘터리 사진의 가치를 갖는다.

구르스키는 이러한 전통적인 사진의 역할에 또 다른 가치를 부여한다. 그것은 상업사진에 대한 일반적인 편견을 화려함으로 변환시켰다는 점이다. 상업사진에서 사용하는 색조와 조명의 다양한 기법은 그의 사진 속에서 더욱 힘을 발하여, 정돈된 상품들의 원색적인 배열 속에서, 천장에 반사된 상품들은 채도가 떨어진 상태로, 다양한 색의 계조를 보여준다.

그의 사진은 기록사진과 상업사진의 관계를 현대적인 입장에서 바라보고 있다. 즉 사진의 전통적인 경향인 기록사진에 편중하기보다는, 상업사진을 기록사진으로 변화시키는 재치를 보인다. 구르스키의 사진은

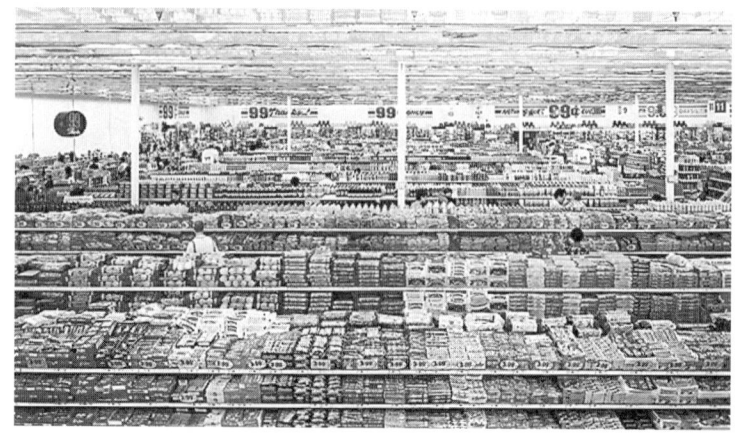

「99Cent」, 1999. 무조건 99센트짜리 물건을 파는 할인매장의 사진. 당시의 물가를 알 수 있을 뿐 아니라 잡다한 기초식품들의 목록을 살필 수도 있다.

다큐멘터리 사진의 날카로운 관찰력으로, 그가 만들어낸 허구를 드러내고 상업사진에서 보이는 현란함으로 기록의 효과를 보여준다.

사진, 의심을 불러일으키는 현실의 재현

구르스키의 사진이 보여주는 효과는 단지 이 사진가의 탁월한 능력에서만 연유하지 않는다. 무엇보다도 그의 사진은 그것을 바라보는 이와의 관계 속에서 더욱 큰 의미를 드러낸다. 구르스키의 사진, 「싱가포르 증권시장」(Singapore Stock Exchange, 1997)은 현실 그대로의 재현으로 보기에는 너무나 과도하다. 면밀하게 짜여진 구성의 이미지는 너무도 현실 같지 않아서, 도리어 사진이 현실에 행하는 역습으로 생각된다. 일련의 사진들에서 구르스키는 현실의 재현조차 믿을 수 없는 광경으로 착각하게 만드는 실험을 한다. 구르스키가 간간이 사용하는 디지털 기술 때문에 이러한 의심이 배가되기도 하지만, 모든 이미지는 세상에서 사진으로 옮겨진 것들이다.

1988년 'The Citibank Private Bank Prize' 수상작인 「싱가포르 증권시장」. 그의 커다란 판형의 사진들은 규모가 웅장하고, 현대적인 풍경의 안팎에서 펼쳐지는 광활한 무대에 초점을 맞춘다.

　그럼에도 불구하고, 그의 사진은 현대의 관객에게 있어서는 의심스러운 재현이다. 사진 발명 초기에 많은 화가들은 종종 인물사진을 보면서, 얼굴에서 각 부분의 비율이 제대로 되어 있지 않기 때문에, 사진은 초상을 위한 적절한 매체가 아니라는 비판을 하곤 하였다. 현재의 입장에서는 어불성설일지언정, 당시의 사람들은 그러한 의심을 진지하게 받아들이곤 하였다. 그러나 현재에 이루어지는 의심은 그 정황이 사뭇 다르다.

　1982년 2월호『내셔널지오그래픽』(National Geographic)은 잡지 크기에 맞는 편집을 위해, 디지털 기술을 사용하여 이집트의 피라미드를 이동시켜 서로 가깝게 만들었다. 이 사실이 알려지면서, 한동안 기록사진에 관한 문제가 거론되기도 하였다. 세계 각지의 모습과 알려지지 않은 오지의 상황과 장면을 소개하는 이 잡지의 전통과 성격을 고려할 때, 당시에 사진의 조작은 용납될 수 있는 정황이 아니었다. 그러나 이제는 조작된 사진에 대해 사람들이 알고 있고, 사진의 진실 여부를 따지는 상황이 있다는 것을 고려할 때, 현재의 의심은 사진이 현실을 그대로 재현

『내셔널 지오그래픽』은 잡지 크기에 맞는 편집을 위해 사진을 조작해 문제가 되었다. 현재의 의심은 사진이 현실을 그대로 재현하지 않을 수도 있다는 것에 그 초점이 있다.

하지 않을 수도 있다는 것에 그 초점이 있다.

전통적인 사진의 신화에 종언을 고함

우리가 실재라고 인정하는 과학적인 사실조차도 우리의 인지와는 거리가 생기며, 결국 보는 것을 믿는 것은 인정이라기보다, 차라리 일종의 믿음일 수밖에 없는 상황이 되었다. 스톤(Allucquere Rosanne Stone)은 이러한 정황을 아래와 같이 제시한다.

우리는, 우리가 '현실'이라는 이름에 의해 알게 되는 것들을 부르면 부를수록, 우리가 그 현실로부터 점점 더 멀어지고 있다는 모순적인 현상을 발견하게 된다. 점점 더 정교해지는 도구와 시간 때문에, 현실

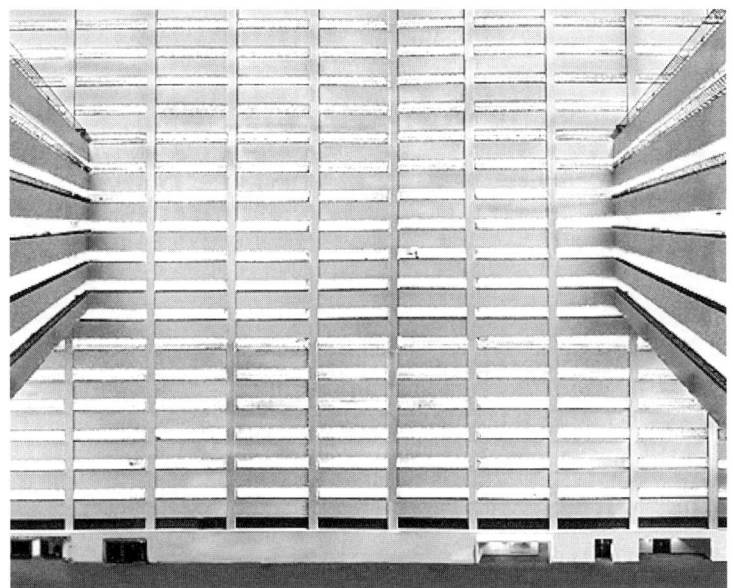

뉴욕시 중심부의 '타임스 광장'(times square)을 찍은 사진. 무한정 뻗어나갈 것처럼 보이는 단순한 형태가 극사실적인 효과를 창출해낸다.

은 점점 더 지적인 것—원자 내 입자들의 충돌, DNA 나선구조, 신경세포 단위 내 이온의 움직임 등, 우리가 결코 직접 경험하지 못할 사건들의 이미지가 스크린 위에 보여지는 것처럼—이 되고 있다. 세계와 자연에 관한 우리의 이해는, 실제로 일어나는 것에서 이야기 같은 간접적인 것으로 점점 변해간다.

스톤이 이야기하는 '현실이라는 이름에 의해 알게 되는 것들'은 라캉(Jacques Lacan)이 설명한 실재(the real)라고 생각된다. 라캉의 설명에 따르면, 우리가 경험하는 현실은 일종의 이미지(image)로서 실재와 우리 사이를 가리고 있는 스크린(screen)이다.

이 스크린을 통해 우리는 간접적으로 실재를 경험하고, 혹은 이 스크

시카고 증권거래소는 선물계약과 상품거래가 세계에서 가장 광대하고 활발한 곳이다. 구르스키의 이 사진은 미국의 주요 무역연구소의 사진가들이 자주 거론하는 작품 가운데 하나다.

린을 통해 우리 자신이 투사한 현실을 건설한다. 이것은 마치, 곡면으로 형성된 모양과 형태의 면적과 부피를 계산하기 위해 수학적으로 취하는 미적분 방식과 유사하다. 이 수학적인 방법은, 곡면과 유사하도록 사각형이나 사각기둥을 세운 뒤, 그 크기를 무한히 얇은 상태로 가정하여, 곡면이 만드는 면적이나 부피를 계산한다. 그러나 계산된 면적이나 부피는 결코 실재의 면적이나 부피와 동일하지 않다. 다만 실재에 무한히 접근할 뿐, 그 실재에는 절대 다다를 수가 없다. 이것이 수학적인 계산상에서 상정된 한계이다.

만일 이러한 설명이 실재와 현실의 관계 속에서 부언된다면, 아마도 적절한 적용이 될 것이다. 우리는 결코 실재를 잡을 수 없고, 주체인 우리와 실재는 너무 멀면서도, 너무나도 가까운 상태가 된다. 재현은 '이야기같이 간접적인 것'——라캉의 '현실'(reality)——에 의해 구성되고, 재현을 통해 우리는 실재와 점점 더 멀어지거나 더 가까워진다.

이러한 관계는 구르스키의 사진에서 변증법적으로 드러난다. 구르스키가 사진을 촬영하고 그것을 관객이 바라볼 때, 세상이 구성되는 장소는 구르스키의 영역이고 구르스키의 사진이 구성되는 장소는 그것을 바라보는 관객의 영역이다. 이 관계 속에서 그 주체의 위치가 변할 때마다, 위치를 빼앗긴 주체는 그 주체성을 소멸한다. 재현을 행하는 주체는 대상의 주체를 소멸하고, 재현을 행하는 주체는 다시 소멸되어, 재현을 바라보는 주체가 그 정반합을 채운다. 즉 구르스키는 대상을 재현함으로써 그 대상과 멀어진다.

그러나 그의 사진과 멀어지는 것은 구르스키가 아니고 그것을 바라보는 관객이다. 따라서 명확하고 직설적인 사진일지라도, 그것은 실재와 동일할 수 없다. 무엇보다도, 한 사람이 촬영된 사진이 그 사람 자체일 수는 없기 때문이며, 사진가가 투영한 이미지가 그속에 담겨 있기 때문이다.

재현이 실재와 다르다는 것이 전통적인 회화를 통해 주장되었듯이, 사진을 이용한 재현 또한 실재와 같을 수 없다. 전통적인 관념과 믿음이 끌어온 사진에 관한 신화는 더이상 그 효력을 발하지 못한다. 바르트(Roland Barthes)가 주장한 '지시대상의 발산'으로서의 사진이나 손택(Susan Sontag)의 '발자국이나 사자(死者)의 가면같이 실재에서 껍질을 벗겨낸 것'으로서의 사진은 애초부터 존재하지 않았다. 이들의 논의는 현재까지도 지속적으로 반복되고 있고, 여전히 사진의 재현에 관한 문제는 현실과 연관되어 있는 신화를 탈피하지 못한 경우가 허다하다.

구르스키의 사진어법이 갖는 의미

구르스키의 사진은, 단지 직설적인 사진어법이 현재의 환경에 의해 다르게 해석되고 있다는 것에 한정되지 않는다. 합성과 조작이 컴퓨터를 통해 무수히 행해지고 있는 현 시점에서, 직설적인 사진에 관한 믿음을 시험하는 그의 사진은 재현의 본질적인 기능이 반복된 실재의 현시가 아

ANDRÉ BAZIN

QU'EST-CE QUE LE CINÉMA ?

III . Cinéma et Sociologie

ÉDITIONS DU CERF

"최초로 창조적인 인간의 개입이 없이, 세상의 이미지가 자동적으로 형성된 다"고 한 바쟁의 사진에 관한 선언은 이제 더 이상 성립되지 않는다.

니라, 다시 보여지거나 다르게 다시 제시된 실재라는 것을 알려준다. 그리고 모든 사진은 실재를 투영하여 만든 현실이라는 이름을 갖는다는 것을 드러낸다. 아마도 이러한 적용은 사진이라는 단어가 한 번만 명시된 라캉의 저술이 현대의 예술이론에 영향을 미치는 일례가 될 것이다. 이러한 상황은 동양철학에서도 이미 예시된 바 있으며, 현대영화를 통해서도 다층적으로 다루어진 바 있다.

현실에 대한 의심은, 실재를 강하게 긍정하는 증거이고, 유동적인 현실을 감지하게 만든다. 이러한 맥락에서 구르스키의 대형사진이 보여주는 현실은 지극한 미궁으로 관객을 밀어넣는다. 바쟁(Andre Bazin)이 "최초로 창조적인 인간의 개입이 없이, 세상의 이미지가 자동적으로 형성된다"라고 강조했던 사진에 관한 선언은 이제 더이상 성립되지 않는 문구이다.

사진을 비롯한 시각적인 재현은 그것이 작가이건 관객이건 인간의 개입 없이는 결코 보이지도, 읽히지도, 형성되지도 못하는 것이다. 디지털 기술이 세상을 뒤덮기 시작하면서, 일상생활에 변화가 오기 시작했다. 디지털은 단지 예술 분야에만 한정되어 있는 것이 아니라 사회와 문화의 전반적인 분야에 그 영향을 끼치고 있다.

보이지 않는 것에 대한 전통적인 숭상이 점점 더 그 효력을 발생하여, 우리가 만들고 지켜온 법 또한 그 개정이 필요한 상황이 되었다. 그러나 디지털 기술이 출현하면서, 사진은 재탄생의 기회를 맞이했다고 생각된다. 디지털 사진의 출현으로 인한 기술적인 측면뿐만 아니라, 이와 연관된 그 담론의 장이 확장되고 있기 때문이다. 현대의 사진은 우리가 생각하는 신화 속의 사진이 더이상 아니다. 그리고 우리가 생각해왔던 재현은 더더욱 아니다.

윤준성 숭실대학교 IT대학 글로벌미디어학과 교수로 재직하고 있다. 첨단 멀티미디어를 사용하는 현대예술매체의 비평/문화이론 적용과 사이버네틱스에 관한 공학적인 실험을 토대로 정보과학과 사진을 비롯한 현대예술의 유기적인 관계를 유도하기 위한 연구를 한다.

제 **2** 부

스크린이 새 세상을 예언한다

디지털 시대의 영화

디지털은 사유의 도구다

유운성
영화평론가

본드 중독자들의 장 뤽 고다르, 하모니 코린

1990년대에 미국영화 메인스트림 바깥에서 새로이 데뷔한 감독들 가운데, (약간 때이른 호들갑인지는 몰라도) 하모니 코린(Harmony Korine)은 뒤늦게 나타났지만 가장 주목해야 할 감독으로 꼽을 만하다. 사진작가 래리 클락이 감독한 영화 「키즈」(Kids)의 각본을 썼던 코린은 감독 데뷔작 「검모」(Gummo)와 그 뒤를 이은 여섯 번째 도그마 영화 「줄리앙: 동키-보이」(Julien: Donkey-Boy)로 주목받는 동시에 격한 비난 또한 감수해야 하는, 그야말로 논쟁을 불러일으키는 작가의 대열에 들어서게 되었다. 베르너 헤어초크 ── 코린은 헤어초크의 1970년도 작품 「난쟁이도 작게 시작했다」(Even Dwarfs Stared Small)를 생애 최고의 영화 가운데 하나로 꼽은 바 있다 ──, 구스 반 산트, 그리고 베르나르도 베르톨루치 등과 같은 감독들은 그를 열렬히 지지했던 반면, 미국 내 몇몇 비평가들은 코린에게 극도의 적대감을 나타냈다. 몇 가지 예를 들자면, 「검모」에 대해 조너선 로젠봄은 "시카고 사람들은 이 영화가 아직 여기서 상영되지 않고 있다는 사실에 감사해야 할 것"이라고 말했으며,

66 나는 영화나 다큐멘터리에
리얼리즘이나 *100퍼센트의
진실 같은 것이 있다고 생각하지
않거든요. 결국 영화란 거짓인 것이고,
당신이 훌륭한 거짓말쟁이라면
거짓말은 좋은 거지요.* **99**

▶ 하모니 코린

심지어 자넷 매슬린은 이 영화를 1997년 최악의 영화로 선정하기도 했
다. 또한 짐 호버만은 코린에게 "본드 중독자들의 장 뤽 고다르"라는 경
멸적인 별칭을 붙여주었다.

　토마스 엘새서는 『디지털 시대의 영화』 서문에서 디지털 시대의 영화
에 대한 그 자신만의 개인적인 견해를 피력하는데, 그에 따르면 디지털
은 "새로운 방식으로 영화를 만들기 위한 도구가 아니라, 새로운 방식으
로 사유하는 도구"로 간주된다. 거기에 덧붙여 이렇게 말할 수도 있을 것
이다. 디지털 영화제작자들은 새로운 방식으로 사유를 촉발시킨 새로운
매체를 감싸안으면서, 응당 자신의 손을 거쳐 생산되는 텍스트 속에 그
사유의 흔적을 새겨넣어야 할 것이라고 말이다. 즉 디지털은 영화-두뇌
를 재조직하고 이는 새로운 방식의 사유를 생산하며, 생산된 사유는 매
체와 함께 재조직의 과정에 참여한다.

　1990년대 후반 이후, 이미 많은 수의 디지털 영화들이 만들어져왔고
또 만들어지고 있지만 과연 그 영화들이 얼마만큼이나 이러한 요구에 응
답하고 있는가를 자문해보면 솔직히 다소 실망스러운 결론에 이르게 된

토머스 엘새서는 『디지털 시대의 영화』 서문에서, 디지털은 새로운 방식으로 사유하는 도구라고 간주했다.

다. 나는 여기서 그동안 새로운 영화가 존재하지 않았다고 말하려는 것이 아니다. 차라리 이렇게 말하고 싶다. 일찍이 발터 벤야민이 지적했던 기술복제시대의 예술작품으로서의 영화에서 광범한 아우라(Aura)의 소멸은 아직 완수되지 않았으며 디지털이라는 새로운 매체의 발명과 함께 그 자신이 사유의 퇴행을 이끄는 억압적인 과거, 환영, 아우라가 되어버렸다고 말이다.

아무런 아우라도 없는, 대상에 대한 즉물적인 응시만이 남은 프레임을 생산해낸 우리 시대의 위대한 작가로 응당 장 뤽 고다르를 떠올릴 수 있을 것이다. 초기의 작품 「미치광이 피에로」(Pierrot le fou, 1965)와 같은 영화를 통해 고전주의의 폐허 위에서 기이한 낭만성을 끌어냈기도 했던 그는, 1982년 작품 「열정」(Passion)에서는 예의 유물론적인 차가운

응시를 통해 회화의 역사를 가로지르며 영화라는 기계장치가 왜 끝내 예술에 대한 반역, 자신의 이미지에 대한 부정으로밖에 남을 수 없는 것인지를 질문한다. 「열정」과 「리어 왕」(King Lear, 1987)에 반복해서 등장하는 인용구가 하나 있다. "이미지는 그것이 무자비하거나 비현실적이기 때문이 아니라 관념들 간의 연합이 거리를 둔 것이고 적절하기 때문에 강력하다." 이 말은 진정 디지털 시대의 창조적인 영화제작의 예라 할 하모니 코린의 작업을 설명하는 데에도 약간의 도움을 줄 것이라 생각된다. 정말이지 숨가쁘게 영화매체의 역사를 질주하면서 사유의 갱신을 자극해왔던 고다르의 영화들을 특징짓는 몇몇 요소를 코린의 영화에서 다시 발견하는 것이 그리 어려운 일은 아니다.

더 자세히 논하기 전에, 이 젊은 작가의 이력에 대해 잠깐 살펴보는 것도 도움이 될 것이다. 코린은 1974년에 볼리나스라는 작은 마을에서 태어났고 10대 시절에 고향마을을 뛰쳐나와 뉴욕에 와서 그의 할머니 조이스 코린과 함께 살았다(조이스 코린은 「줄리앙: 동키-보이」에서 줄리앙의 할머니 역으로 출연하기도 했으며 그녀의 집 또한 촬영장소로 사용되었다). 그는 PBS의 지방 퍼블릭 액세스 프로그램 다큐멘터리 제작자였던 아버지 솔 코린을 따라 영화관을 찾기도 했는데, 그때 헤어초크의 「난쟁이도 작게 시작했다」를 보고 깊은 인상을 받았다고 한다. 그가 선호했던 영화작가들로는 헤어초크, 고다르, 그리고 라이너 베르너 파스빈더 등이 있고 찰스 로튼의 「사냥꾼의 밤」(Night of the Hunter, 1955)과 장 외스타슈의 「엄마와 창녀」(The Mother and the Whore, 1972) 또한 특별히 좋아했던 영화로 꼽는다. 배우 찰스 로튼이 감독한 유일한 영화인 「사냥꾼의 밤」에서 드러나는 미국 내 작은 마을에 대한 불길하면서도 시적인 묘사는 「검모」에서 일부 감지되며, 코린이 각본을 쓴 「키즈」에서의 적나라하고 생생한 대사의 운용은 분명 외스타슈에게 빚지고 있는 것이다.

스케이트보드를 타고 친구들과 어울려 다니던 소년은 코린 자신이었다. "내가 내 자신의 삶과 모험에 대해 이야기할 수 있는 유일한 방법은 직접(그것에 대해) 쓰는 것"이라고 생각하는 코린은, 뉴욕의 한 공원에서 사진작가였던 래리 클락을 만나 「키즈」의 시나리오를 쓰게 되었다. 코린의 자전적인 경험을 토대로 한 「키즈」는 뉴욕 10대들의 충격적인 삶의 양상을 무엇보다 '말의 힘'을 통해 도발적이고 적나라하게 묘사하였다. 이 때문에 그가 악명을 떨치게 되는 계기가 되기도 했지만, 사실 이 영화를 통해 코린이 얻은 가장 큰 수확은 칸 영화제에서 저명한——특히 레오 카락스의 「소년, 소녀를 만나다」(Boy Meets Girl, 1984), 「나쁜 피」(Mauvais Sang, 1986), 그리고 「퐁네프의 연인들」(Les Amant du Pont Neuf, 1991)로 잘 알려진——촬영감독 장 이브 에스코피에를 만나게 된 것, 그리고 제작자 캐리 우즈——클락의 「키즈」, 코린의 영화 두 편 외에도 구스 반 산트의 「드럭스토어 카우보이」(Drugstore Cowboy, 1989), 웨스 크레이븐의 「스크림」(Scream, 1996) 등을 제작했다——의 관심을 끌게 되었다는 것이라고 해야 옳을 것이다.

「키즈」가 발표되고 나서 2년 뒤, 코린은 자신이 유년기를 보냈던 테네시주 내슈빌 근교의 작은 마을에 돌아가 몇몇 전문배우들과 자신의 애인 클로에 세비니, 그리고 친구들을 데리고 만든 놀랄 만한 데뷔작 「검모」를 공개한다. 이 영화의 무대는 몇 년 전에 불어닥친 토네이도로 인해 많은 사람들이 죽어나간 오하이오의 제니아(Xenia)라는 마을이다. 사실 이 영화의 이러한 설정 자체가 매우 흥미로운 것으로 여겨지는데, 영화는 그 역사를 거치면서 조금도 새로워지는 모습을 보여주지 못했다는 과감한 발언을 일삼은 코린이, 매체의 혁신을 실험할 무대로 온전히 스스로의 개인사의 뿌리가 되는 시공간을 선택하고 있기 때문이다. 실제로 오하이오의 제니아라는 마을은 1974년에 불어닥친 토네이도로 인해 심각한 피해를 입었으며, 그해는 바로 코린 자신이 출생한 해이기도 하다.

또한 그해에 정치적으로는 워터게이트 사건으로 인해 구설수에 올랐던 닉슨 대통령이 마침내 사임했고, 경제적으로 미국은 심각한 경기침체에 시달렸다. 「검모」의 로케이션 장소에 대한 제작자 우즈의 말도 새겨들을 만한 것이다. "내슈빌 중심가로부터 불과 5분 거리에 있는 곳, 바로 미국의 중심부에서 우리는 그러한 것들을 보게 된다." 그러나 단지 이러한 것이 「검모」를 의미 있는 영화로 만드는 것은 아니다.

맥락이 없고 줄거리가 없다면?

나는 앞에서 디지털 시대의 영화란 응당 새로운 방식의 사유를 가능하게 만들어야 한다는 엘새서의 말을 인용한 바 있다. 「검모」는 바로 그것이 어떠한 방식이 되어야 하는 것인가를 예시하는 영화다(물론 이를 더욱 명확하게 드러낸 영화는 코린의 두 번째 영화인 「줄리앙: 동키-보이」다). 잠시 「디지털 시대의 글쓰기」 앞부분에서 논의된 문자와 역사의 관계에 대한 빌렘 플루서의 고찰을 영화 안으로 끌어들여보자. 영화의 서사란 으레 몇 개의 혼돈을, 혹은 엔트로피를 제시하고 그것을 다시 '정신'의 힘에 의거하여 질서로 나아가게 하는 과정이다. 이것은 매우 비자연적인 과정이지만 문자적 사고의 유산을 이어받은 영화가 하나의 역사를 구축하는 방식이기도 한 것이다.

반면 코린은 「검모」에서 기이한 행태를 보여주는 여러 인물 군상들—공기총으로 주인 없는 고양이를 쏘아죽여 팔아먹는 터플러와 솔로몬, 부모를 살해하고 자신들끼리 '행복한' 생활을 누리는 스킨헤드 형제, 풋풋이라는 고양이를 키우는 헬렌, 다트, 다비 자매, 식물인간이 된 할머니를 부양하는 게이 소년, 스케이트보드를 가지고 다니며 마을을 배회하는 토끼소년, 그리고 헤어초크와 파스빈더 모두에 대한 기괴한 오마주처럼 보이는 난쟁이 흑인 게이 등등—을 제시하고 이들이 벌이는 몇몇 사건을 삽화적으로 배치함으로써 서사를 극도로 분산시키지만 끝내 그 인물과

「검모」의 줄거리를 요약한다는 것은 불가능한 일이다. 곳곳에 삽입된 이미지들은 상처를 현재 안으로 재기입시키는 역할을 한다.

삽화들을 관통하는 중심축을 제시하지 않는다. 그런 까닭에 「검모」의 줄거리를 요약하는 것은 불가능하기도 하거니와 전혀 의미 없는 일이 되고만다. 이러한 특징은 분명 코린이 고다르에게서 배운 것으로서 로버트 알트만의 「숏 컷」(Short Cuts, 1993)이나 폴 토마스 앤더슨의 「매그놀리아」(Magnolia, 2000)가 영화 말미에 배치된 재앙(지진, 개구리 비)이라는 커다란 사건을 통해 관객에게 정서적인 통합—그것이 냉소적인 심판이든 카타르시스이든 간에—을 제공하는 것과 비교해보면 그 차이가 더욱 두드러진다. 나는 여기서 굳이 그 영화들의 가치를 평가절하하기 위해 알트만과 앤더슨의 영화를 끌어들인 것이 아니다. 「검모」에서 재앙은 최후에 등장하는 거대한 무엇이 아니라 이미 오래전에 벌어진 사건(토네이도)이다. 여기엔 어떠한 심판도, 치유의 과정도 존재하지 않는다. 영화 말미에 제니아 마을에 내리는 비는 그저 풍경을 조금 더 쓸쓸하게 만들 뿐, 터틀러와 솔로몬은 여전히 공기총으로 고양이를 쏘아대고, 토끼소년은 죽은 고양이의 시체를 들고 와 우리의 눈앞에 보란 듯이 갖

「검모」에는 어떤 심판도. 치유의 과정도 존재하지 않는다. 토끼소년은 죽은 고양이의 시체를 들고 와 우리의 눈앞에 보란 듯이 갖다댄다.

다댄다.

　「검모」의 곳곳에 삽입된 핸드헬드로 찍힌 거친 비디오 이미지들은 과거의 재앙이 현재에 남긴 상처를 기록함과 동시에 상처를 현재 안으로 재기입시키는 역할을 하고 있다. 왜냐하면 필름으로 찍힌 이미지들 사이로 아무런 맥락 없이 불쑥 삽입되곤 하는 이 이미지들은 삽시간에 현재를 과거의 재앙 속에 포개버리면서 과거의 사건이 언제라도 망각의 틈을 비집고 솟아나올 수 있음을 강조하는 것이기 때문이다. 특히 도입부에서는 노스텔지어적인 회고담과는 거리가 먼 이미지들 위로 초현실적인 느낌을 환기시키는 과거에 관한 내레이션이 겹쳐진다. 이때 코린은 묵시론적인 비전을 보여준 몇몇 헤어초크 영화를 독특한 방식으로 전유하고 있다(사실 「검모」에서는, 헤어초크의 「난쟁이도 작게 시작했다」뿐 아니라 「파타 모르가나」(Fata Morgana, 1970)와 같은 다큐멘터리, 그리고 기이한 배우 브루노 S.가 출연한 「슈트로첵」(Stroszek, 1977)의 영향 또한 두드러져 보인다). 「검모」의 도입부에 나오는 솔로몬의 내레이션을 일부 옮겨보겠다.

> 몇 년 전, 토네이도가 이곳을 강타했다. 그것은 곳곳의 사람들을 죽음으로 몰고갔다. 개들이 죽었고, 고양이들이 죽었다. 집들은 박살이 났고……나뭇가지에 걸려 있는 목걸이들을 볼 수 있었다. 사람의 다리와 목뼈가 튀어나와 있었다. 올리버는 그의 지붕 위에서 다리 하나를 발견했다. 여러 사람의 아버지들이 토네이도에 의해 죽어갔다. 나는 공중으로 날아가는 한 소녀를 보았다. 그리고 그녀의 스커트를 올려다보았다. 그 애의 머리통은 박살이 났다. 그리고 몇몇 아이들이 죽었다. 이웃집 사람은 집 안에서 죽었다. 그는 더러운 자전거와 삼륜차를 몰고다니곤 했다. 사람들은 그의 머리를 찾지 못했다. 난 언제나 그것이 우습다고 생각했다.

코린의 「검모」는 그 내부적으로 하나의 역사를 구성하지는 않지만, 그 불완전하고 거친 이미지들 및 그 위로 들려오는 이접적(disjunctive) 내레이션을 통해 현재에 생채기를 내는 방식으로 일종의 대항-역사(counter-history)를, 노스탤지어 없는 불온한 사적(私的) 기억을 '퍼뜨린다'.

과격한 형상파괴주의자를 위하여

「검모」에서 코린이 활용한 비디오 이미지들은 덴마크의 이른바 '도그마 95' 그룹의 관심을 끌게 된다. 그는 다른 이의 추천에 이끌려 뉴욕 필름 페스티벌에서 첫 번째 도그마 영화인 토마스 빈터베르크의 「셀레브레이션」(Celebration, 1998)을 보고 매우 마음에 들어했는데, 그 영화를 보고 난 지 일주일 후 빈터베르크로부터 이미 라스 폰 트리에와도 이야

「줄리앙: 동키-보이」. 이 영화는 미국영화에서 매우 낯선 아버지상을 제시하면서 정면으로 가족 내부로 미끄러져 들어간다.

기가 되었으니 도그마에 합류하지 않겠느냐는 전화연락을 받게 된다. 코린은 동의했고 자신이 「검모」에서 실험했던 비디오의 미학을 더욱 확장시켜보고자 하는 야심을 품었다.

코린은 비디오 매체가 자신을 가장 흥분시켰던 이유로 그것의 '친밀성'(intimacy)을 꼽은 바 있는데, 디지털 영화 「줄리앙: 동키-보이」는 그러한 관념을 거의 극단으로 몰아간 영화로 간주될 수 있을 것이다(여기서 그는 30대의 디지털 카메라를 한꺼번에 사용하기도 했다). 또한 「키즈」와 「검모」가 아버지가 배제된 공간에서 펼쳐지는 사악한 아이들의 드라마였다면, 「줄리앙: 동키-보이」는 미국영화에서 매우 낯선 아버지상을 제시하면서 정면으로 가족 내부로 미끄러져 들어간다. 여기에 아버지 역으로 베르너 헤어초크가 캐스팅된 것은 더할 나위 없이 적절한 선택으로 보인다. 또한 코린은 줄리앙의 할머니 역으로 자신의 친할머니인 조이스 코린을, 줄리앙의 여동생이자 그의 아이를 임신한 펄 역에 여자친구인 클로에 세비니를 캐스팅하고, 줄리앙 역을 맡은 배우 이웬 브렘너를 자신의 삼촌 에디가 입원해 있는 정신병원에서 6주간 일하도록 했다. 그리

「줄리앙: 동키-보이」. 이 영화는 가족들을 하나하나 소개하면서 다시금 중심 없는 분산된 서사로 서서히 흩어져간다.

고「줄리앙: 동키-보이」는 바로 그 삼촌 에디에게 헌정되었다.

「검모」에서 토끼소년이 카메라를 향해 고양이 시체를 들이댄 것과 유사하게,「줄리앙: 동키-보이」는 정신병자 줄리앙이 거북이를 가지고 놀던 한 소년을 때려죽이는 장면, 사실 카메라 그 자체를 가격하고 때려 눕히는 장면으로 시작한다. 이후 영화는 줄리앙의 가족들을 하나하나 소개하면서 다시금 중심 없는 분산된 서사로 서서히 흩어져간다. 방 안에서 방독면을 쓰고 음악을 듣는 아버지, 그 아버지에게서 '진짜 남자'이자 '승리자'가 되라는 훈계를 들으며 강박적으로 레슬링 연습에 힘쓰는 줄리앙의 동생 크리스, 무용 연습과 하프 연주가 취미이며 줄리앙의 아이를 가진 펄, 강아지를 데리고 노는 것 말고는 하는 일이 없는 할머니가 줄리앙의 가족들이다.

그런데 코린은 이러한 각각의 캐릭터들을 점점 발전시키고 그들 간의 갈등을 추적하는 대신, 줄리앙의 친구인 맹인들의 볼링장면이나 기괴한 파티장면, 교외와 도심을 배회하는 줄리앙과 펄의 모습, 흑인교회에서의 열정적인 예배장면, 발로 드럼을 치는 팔 없는 드럼 주자와 그 앞에서 춤

추는 뚱뚱한 흑인여자가 나오는 장면 등으로 자꾸 서사의 진행을 차단시
킨다. 또한 극단적인 클로즈업 촬영과 후반작업 처리를 통한 형상의 완
전한 붕괴까지 덧붙여 영화의 전통적인 미학적 양식은 거의 찾아볼 수
없게 되어버린다(평론가 로저 에버트의 표현을 빌리면 「블레어 윗치」
〔Blair Witch〕 스태프들에 의해 찍힌 「프릭스」〔Freaks, 토드 브라우닝,
1932〕). 이때 우리는 코린에 대한 영향관계를 추적하기 위해 간혹 불려
나오는 존 카사베테스나 스탠 브래키지를 떠올려볼 수도 있을 것이다.
심지어 어떤 장면에서는 이미지상의 점프 컷과 더불어 사운드트랙에서
도 단절이 이루어져 아예 인물들이 주고받는 대사를 알아들을 수조차 없
게 되는 경우도 있다. 한마디로 코린은 도그마 그룹의 그 누구보다도 가
장 '도그마다운' 영화를 만듦과 동시에 한편으로는 도그마의 이상——이
른바 "순수의 서약"——자체를 조롱거리가 되게 해버린 것이다(그가 도그
마의 계율을 지키기 위해 영화 촬영 전 그의 애인 클로에 세비니를 실제
로 임신시키려 했으나 잘 되지 않아 어쩔 수 없이 할머니 집에 있는 베개
를 사용해야 했다고 밝힌 것은 그저 농담이라 치부해버리기엔 좀 날카로
운 구석이 있다. 그래도 그 베개는 현장에서 구할 수 있는 소품을 쓴 것
이었으니 계율을 크게 어긴 것은 아니라고 덧붙인다). 하모니 코린은 이
영화 제작 이후 구스 반 산트와 가진 대담에서 영화미학에 대한 자신의
견해를 다음과 같이 제시한다.

나는 「줄리앙: 동키-보이」가 영화에서의 리얼리즘 개념을 끝장내버
리기를 원했어요. 왜냐하면 나는 영화나 다큐멘터리에 리얼리즘이나
100퍼센트의 진실 같은 것이 있다고 생각하지 않거든요. 결국 영화란
거짓인 것이고, 당신이 훌륭한 거짓말쟁이라면 거짓말은 좋은 거지요.
베르너(헤어초크)와 나는 이에 대해 많은 이야기를 나누었어요. 영화
에는 기본적으로 진실 이상의 훨씬 대단한 무언가가 있는 거예요. 한

편의 영화 위를 배회하는 일종의 시적 진실(poetic truth), 거의 신적인 무언가가 있는 거예요. 내게 있어서, 위대한 예술작품들이란 당신이 거기서 감독이나 예술가가 관념들을 따라잡는 것을 알아볼 수 없는 어떤 수준에 존재하는 거예요. 어떤 면에선 일종의 성서적인(Biblical) 부분을 취하는 것이죠. ……(중략)……「사냥꾼의 밤」이나「잔다르크의 열정」(The Passion Of Joan Of Arc, 1928)을 볼 때……(중략)……그건 흡사 하늘에서 떨어진 영화처럼 보여요. 나는 그런 종류의 느낌을 지닌 영화를 만들고 싶었어요. 그리고 나는 그 영화를 다른 수준으로 가지고 가길 원했어요. 그래서 난 여러 대의 카메라를 사용했고, 몰래카메라를 가지고 배우들을 다루는 것에 대해 곰곰 생각해보기 시작했죠.

이는 헤어초크적인 관념—이를테면 '시적 진실' 같은—에 일부 물들어 있는 것으로, 그래서 다소 소박하고 신비적인 측면이 깃들어 있는 것으로 여겨지기도 한다. 그러나 한편으로는 산트가 코린의 영화는 관객을 단순히 관음증적인 위치에 머물게 하지 않고 하나의 참여자로 만든다고 지적하면서 언급한 "인물들 사이에 있는 무언의 존재"를 떠올리게 만든다는 점에서 흥미롭다. 서사의 진행과 캐릭터의 발전에 대한 거부, 친밀함을 넘어 때로 거의 폭력적인 느낌까지 불러일으키는 클로즈업과 줌 렌즈의 사용, 육체와 사물을 산산이 흩어진 채 스크린을 부유하는 입자들로 전환시켜버리는 디지털의 질감 등 사실상 코린은 흔히 회피되어야 할 것, '영화적' 아우라를 파괴하는 것으로 여겨져온 거의 모든 요소들을 끌어들여 일종의 반(反)미학으로 향한다. 그러니까「줄리앙: 동키-보이」를 감싸고 있는 묘한 아름다움과 슬픔은 마침내 디지털 시대에 다다른 영화의 시체로부터 마지막으로 빠져나오고 있는 독한 향내에 다름 아닌 것이다. 마치 어머니의 자궁 속으로 돌아가듯 이불 속에 들어가 누운 줄리앙이 안고 있는 죽은 아기의 시체로부터 풍겨나오는 죽음의 냄새. 한 가지 덧붙이자면, 옥타비오 파스는 현대의 예술은 우리에게 육체에 대한 이미지를 제공하지 않는다고 말하면서, 또한 육체의 이미지는 창조되는 것이 아니라 세계라는 실체의 한 열매처럼 움트고 시작되는 것이라고 보았다. '육체와 세계는 서로 포용하거나 떨어지며, 서로 반사되거나 거부되는 것'이기에, 실체를 지니지 못한 우리에게 코린의 영화는 그에 상응하는 육체의 이미지를 제시하는 묵시적인 악몽처럼 나타난 것이다.

「검모」와 「줄리앙: 동키-보이」 사이에 코린은 소설 『A crackup at the race riots』(1998)를 발표하였고, 2002년에는 클락의 신작 「켄 파크」(Ken Park)의 각본작업에 참여하기도 했다. 아직 젊은 이 작가가 앞으로 어떠하리라는 것에 대해 말하기는 너무 이르다. 다만 기대를 안고 기다릴 수 있을 뿐이다. 마지막으로, 다음과 같은 벤야민의 말은 흡사 이 과격한 형상파괴주의자를 위해 준비된 것인 양 보인다.

"파괴적 성격은 인생이 살 값어치가 있다는 감정에서 사는 것이 아니라 자살할 만한 값어치가 없다는 감정에서 살아가는 것이다."

유운성 서울대학교 물리교육과를 졸업했으며 재학시절 '영화연구회 얄라셩'에서 활동했다. 2001년 제6회 『씨네21』 영화평론상 공모에서 당선된 후 영화평론가로 활동하고 있다. 현재는 한국예술종합학교 영상원 영상이론과에 재학 중이며 영화사 및 영화이론을 공부하고 있다.

사건을 담는 영화

카메라를 들이대는 그 순간이 영화다

홍성남
영화평론가

영화적 모험은 아직 가능한가, 스와 노부히로

스와 노부히로의 영화 「듀오」(Duo, 1997)와 「엠아더」(M/Other, 1999)의 크레디트를 유심히 살펴보면 재미있는 사실 하나를 발견할 수 있다. 「듀오」의 경우에는 두 남녀 주연배우들의 이름이 다이얼로그에도 올라 있고 「엠아더」의 경우에는 주연배우들의 이름이 스토리에도 올라 있는 것이다. 이건 이 영화의 출연 배우들이 영화의 스토리 구성에 긴밀히 관여했음을 알려준다. 여기서 알 수 있듯이, 스와의 첫 두 영화들은 배우들의 능동적 참여가 상당한 비중을 차지한 것들이었다. 이 영화들은 영화의 전모를 보여줄 수 있는 미리 짜여진 설계도로서의 시나리오가 존재하지 않는 상태에서 시작되었다. 대신 스와는 배우들에게 대략적인 상황만을 미리 알려준 후 그들로 하여금 자기 캐릭터를 만들어나가는 데 능동성과 즉흥성을 적극 발휘할 것을 요구했다. 그렇게 해서 불안정한 하나의 과정이 펼쳐지게 되는데, 거칠게 말하자면 카메라로 그 과정을 따라가면서 기록한 것이 곧 스와의 영화가 된다. 영화란 것이 점점 더 통제 가능한 공정을 거친 상품으로만 인식되어가고 있는 지금 상황에서 스

▶ 스와 노부히로

와의 방식은 어쩌면 영화에 대한 일반적 사고와 태도를 감히 거스르는 '모험적 시도'라고 부를 만한 것이다. 그러니까 스와는 영화와 모험적 시도 사이의 관계가 점점 희박해지는 이 시점에 영화적 모험이란 것이 아직도 가능하다는 것을 보여주는 용감한 영화감독이라고 말할 수 있겠다.

1960년에 태어난 스와가 영화만들기에 뛰어들겠다고 생각한 것은 꽤 오래전으로 거슬러올라간다. 그는 고등학교에 다닐 때부터 이미 영화를 만들겠다는 생각을 했고 실제로 그 당시에 그런 생각을 현실로 옮기기도 했다. 고등학생인 스와는 대단한 영화광이었던 아버지에게 어느 날 영화를 만들고 싶다는 희망을 피력했다. 그런 아들에게 아버지가 해준 대답은 스와의 어깨를 떨구게 할 만큼 잔인한 것이었다. "영화를 만들려면 개성이 있어야 하는데 넌 개성도 없고 너무 평범해." 이것이 스와의 아버지가 아들에게 해준 조언이었다. 그러나 당시 스와가 영화에 매력을 느끼게 된 직접적인 동기를 들어보면 이 소년이 영화란 것에 대해 흥미를 가졌음직한 또래의 다른 소년들에 비해 결코 평범하지 않은 특별한 눈을 가졌음을 짐작할 수 있다. 소년 스와는 미국의 실험영화 감독

조나스 메카스(Jonas Mekas)가 쓴 영화 비평문을 모은 책을 읽고 자신이 알지 못하던 '다른 영화'의 세계가 존재한다는 것을 알게 된다. 그것이 스와가 스스로 영화를 만들어보겠다는 생각을 하게 된 시발점이었다. 그러고 나서 그가 만들어본 영화들도 극영화가 아니라 극히 사적(私的)인 실험영화였다니 스와가 일찍부터 전통적인 양식의 영화와는 멀찌감치 벗어난 길에서 무언가 범상치 않은 것을 모색하던 소년이었음은 틀림없어 보인다.

그후 미술대학에 들어갔지만 여전히 스와의 머릿속에는 미술 도구보다는 오히려 카메라를 통해 무언가를 찾고 싶다는 강력한 의지가 떠나지 않았다. 그는 야마모토 마사시, 나가사키 슌이치, 이시이 소고 같은 인디펜던트 감독들을 만날 기회를 갖게 되었고 그들의 작업을 도와주면서 영화를 만드는 일에 본격적으로 조금씩 깊게 발을 내딛게 되었다.

많은 뛰어난 영화감독들이 그래왔듯이 스와 역시 비평가들의 이목을 끌기에 모자람이 없는, 대단히 인상적인 장편 데뷔작으로 영화감독의 길에 성공적으로 진입했다. 스와의 데뷔작인 「듀오」는 배우가 되고 싶다는 꿈이 있지만 그게 자기 뜻대로 풀리지 않는 케이와 부티크에서 일하는 유, 작은 아파트에서 동거하고 있는 이 두 청춘 남녀의 이야기를 그린 영화다. 어느 날 단 두 마디의 대사밖에 없지만 그것만이라도 열심히 외우던 단역배우 케이가 촬영장에서 갑자기 자기 역할이 없어져버렸다는 통고를 듣고 허탈해져버린 다음, 케이는 유에게 청혼을 한다. 케이가 느닷없이 프로포즈를 하고 이에 유가 흔쾌히 응하지 않은 뒤로 케이와 유, 둘의 관계는 예전에 비해 영 어색해져버리고 결절점을 향해 다가가게 된다.

「듀오」는 타인을 알아간다는 것의 어려움(이건 현재까지 스와가 만든 장편영화 모두를 관통하는 중요한 주제 가운데 하나다)을 마치 현실의 한 단면에서 베어낸 듯 아주 리얼한 방식으로 이야기하는 영화다. 이 영

「듀오」는 타인을 알아
간다는 것의 어려움을
마치 현실의 한 단면에
서 베어낸 듯 아주 리
얼한 방식으로 이야기
하는 영화다.

화가 간직하고 있는 다큐멘터리적인 리얼리티라는 것은, 대부분 앞서 짧게 지적한 바 있는 스와 감독의 독특한 작업 방식에서 유래한다. 배우들은 자신에게 맡겨진 캐릭터들을 스스로의 자발성과 즉흥성을 최대한 살려내는 방식으로 현장에서 체현해내고 카메라는 그들을 따라간다. 충실히 따라가야 할 시나리오도 없고 또 카메라의 위치도 미리 정해져 있지 않았기 때문에 말 그대로 공간을 부유하는 카메라는 정말이지 전혀 예상못했다는 듯 종종 인물들의 움직임이 있고서야 뒤늦게 그들을 따라가기도 한다. 그렇게 해서 스와는 「듀오」를 픽션과 다큐멘터리라는, 도무지 대립적인 것처럼만 보이는 두 양식이 교차하는 대단히 흥미로운 영화로 만들어낸다.

작업 방식 면에서 서로 유사한 「듀오」와 「엠아더」는 굳이 이름 붙이자면, 시나리오가 없기에 미처 예상할 수 없는 인물들의 행로를 따라가는 '추적(pursuit)의 영화'다. 이런 자신의 영화를 가리켜 스와 감독 자신은 '사건(event)을 담는 영화', 또는 '사건으로서의 영화'라고도 정의한다. 스와의 설명에 따르면 전통적인 의미에서의 시나리오란 이미 쓰여져 있는 것, 즉 과거에 속한 것이기 때문에 그걸 토대로 만들어진 영화란 이미 행해진 어떤 것을 불러오는 영화라고 볼 수 있다. 반면 자신의 영화는 카메라를 들이대는 바로 그 순간에 일어나고 있는 지금(현재의 어떤 것을 기록하는 영화) 현재에 대한 영화라는 것이다. 스와는 그처럼 현재진행의, 예측할 수 없는 상황에 카메라를 들이대면서 그로부터 무언가 '발견'을 해내려 고심한다. 그런 면에서 스와의 영화는 '발견의 영화'라고도 부를 수 있을 것이다.

스와의 영화처럼 일단 카메라를 돌리기 시작하면 어쨌든 그것에 담을 만한 일이 생기고야 만다는 컨셉트를 갖고서 만들어지는 영화란 물론 영화사에서 그 유례를 결코 찾을 수 없는, 완전히 새로운 종류의 것이라고는 말할 수 없다. 예컨대 프랑스의 누벨 바그(Nouvelle Vague) 세대들이 이미 그런 식으로 영화를 만들었고, 또 그보다 이전에는 누벨 바그 감독들이 존경해마지 않던 장 르누아르(Jean Renoir) 같은 영화감독이 자신을 둘러싼 환경에 적극적으로, 그리고 자발적으로 대처하는 방식으로 영화를 만들기도 했었다. 당연하게도 스와는 자기가 만드는 영화가 누벨 바그의 연장선 위에 놓여 있는 것이 될 거라고 말한다.

적지 않은 수의 평자들은 스와의 영화가 혹 미국의 영화감독 존 카사베티스(John Cassavetes)의 직접적인 영향 아래 있는 것은 아닐까, 라고 말하곤 한다. 그러나 미국의 저명한 영화평론가 조너선 로젠봄(Jonathan Rosenbaum)은 「듀오」에 대한 리뷰에서 이런 지적은 카사베티스의 영화들이 즉흥성에 기초해 만들어졌다는 명백한 '오해'로부터 비롯된 것이라고 쓴 적이 있다. 그러면서 로젠봄은 언젠가 스와에게 프랑스 누벨 바그 세대의 멤버 가운데 하나인 자크 리베트(Jacques Rivette)의 이름을 거론했더니 그가 수긍하더라고 썼다. 하지만 2001년 광주국제 영화제에서 만난 스와는 리베트 한 사람만이 아니라 누벨 바그 자체가 자기 영화와 연관된다고 분명히 말했다.

스와가 보기에 카메라 앞의 세계는, 그 앞에서 벌어지는 것들은, 그 자체가 놀람의 연속이다. 그러니 그가 굳이 이 놀라운 세계를 제쳐두고 미리 예정된, 그래서 흥미가 덜한 허구의 세계를 카메라에 담을 필요는 없는 것이다.

누벨 바그 멤버들이 그랬던 것처럼 스와는 영화란 단지 (배우와) 카메라만 있으면 얼마든지 만들어질 수 있다고 생각하는 사람이다. 스와가 보기에 카메라 앞의 세계는, 그 앞에서 벌어지는 것들은, 그 자체가 놀람의 연속이다. 그러니 그가 굳이 이 놀라운 세계를 제쳐두고 미리 예정된, 그래서 흥미가 덜한 허구의 세계를 카메라에 담을 필요는 없는 것이다.

분명히 스와는 기존의 관례적인 영화 제작방식을 과감하게 거부하는 지적인 영화감독이다. 일례로 그의 영화는 두 사람 사이의 행위와 그 반응을 스크린에 담는 데 있어서 숏-리버스 숏(shot-reverse shot)의 방식으로 구축되는 전통적인 방식을 회피한다. 대신 「듀오」의 한 장면에서 보듯 예컨대 스와는 하나의 긴 숏 안에다가 한 사람의 표정만을 잡고 다른 한 사람은 내내 뒤통수만 보여주는 식으로 장면을 구성한다. 두 사람 사이의 대화를 포착하는 관례적인 영화적 방식은 한 사람의 모습을 보여주고 난 다음 카메라의 위치를 바꿔 다른 사람의 모습을 보여주는 것이다. 만약 영화를 처음 보는 사람이라면 이걸 보면서 두 사람이 서로 마주 보고 있다는 생각을 가질까? 결코 그렇지 않다는 것이 스와의 생각이다. 그래서 그는 이런 식으로 영화를 만드는 것은 단지 영화적인 습관일 뿐이며 더 심하게 말하자면 어쩌면 거짓말을 만드는 시스템일지도 모른다고 생각한다. 그런 방식의 영화 만들기는 픽션에 가담하는 것이라고 생각한다는 스와는 감연히 "내 카메라는 픽션에 가담할 생각이 없다"고 말한다.

스와는 전작에서 이미 이용해보았던 방식을 더욱 발전적으로 이어받아 감히 걸작이라고 평할 수 있는 두 번째 영화 「엠아더」를 만들어냈다. 레스토랑을 운영하는 중년의 이혼남 테츠로, 그와 동거하고 있는 디자이너 아키, 그리고 이들의 삶 속에 불쑥 끼어들게 된 테츠로의 아들 슌스케 (테츠로의 전 부인과 살고 있던) 사이의 이야기를 통해 (영화의 제목이 엄마와 타인을 조합한 것이듯) 엄마처럼 친밀한 관계를 맺을 수도 있는 사람과 영영 타인이 될 수밖에 없는 사람 사이의 깊지 않은 간극을 세밀하게 그려낸 이 영화는 칸 영화제에서 국제 비평가상을 수상하면서 본격적으로 스와를 비평적 스포트라이트 안에 들게 해주었다. 한편으로 일본에서 이것은 스와의 관례적이지 않은 작업 방식 때문에 논란을 불러일으키기도 했다. 「엠아더」는 2000년 초 마이니치(每日) 신문이 주최한 마이니치 영화 콩쿠르에서 시나리오 상을 받았는데, 정해진 시나리오도 없는 이런 영화가 시나리오 상을 받았다는 게 과연 '정당한' 처사인가를 두고 찬반논란이 벌어졌던 것이다(2000년 가을호 『영화예술』에서는 '시나리오는 영화 이전에 존재하는가, 영화가 완성된 뒤에 존재하는가'라는 특집기사를 실었다). 여기서 반론을 편 이들이 사람들이 흔히 생각하듯 시나리오를 독립된 하나의 작품이라고 본다면, 스와는 그렇지 않으며 시나리오란 영화를 만들기 위한 과정에 불과한 것이고 영화 제작에 소용되는 것이라고 생각한다. 그래서 그는 이렇게까지 말한다. "극단적으로 이야기하자면 (쓰여진) 시나리오 자체는 제도적인 습관의 산물일지도 모른다."

「듀오」와 「엠아더」만을 보면 혹시 스와가 제도적인 방식의 영화 만들

CANNES 2001 · UN CERTAIN REGARD · SELECTION OFFICIELLE

DENTSU, IMAGICA, SUNCENT CINEMAWORKS ET TOKYO THEATERS
PRÉSENTENT
UNE PRODUCTION SUNCENT CINEMAWORKS

H STORY

UN FILM DE NOBUHIRO SUWA

AVEC
BÉATRICE DALLE
&
KOU MACHIDA·
HIROAKI UMANO

스와 감독의 지극히 개인적인 방식으로 역사와 기억과 영화, 그리고 커뮤니케이션 등에 대히 질문을 던지는 「H 스토리」는 어찌 보면 아주 당혹스런 영화이고 또 그래서 오히려 매혹적인 영화이기도 하다.

기를 거부하지만 그런 한편으로 자기 식의 영화만을 고집하는 또 다른 유형의 교조주의자가 아닐까 하는(다분히 정당하지 않은) 의심을 가질 사람들이 있을지도 모르겠다. 하지만 그는 처음부터 스스로에게 이런저런 제약을 부과해놓고 영화를 찍는 도그마(Dogma) 그룹의 작업 방식에 대해 그건 너무 바보 같고 그저 블랙 조크일 뿐이라고 단호하게 말하는 사람이다. 그는 어떤 틀 안에 무턱대고 갇히기를, 그 안에서 유희하면서 안심하고 있기를 거부하는 영화감독으로 보인다.

앞선 두 영화와는 다소 상이한 작업 방식으로 만들어진 스와의 세 번째 영화 「H 스토리」(H Story, 2001)는 스와의 그런 '유연성'을 보여주는 사례가 될 만하다. 스와 자신의 말에 따르면 「H 스토리」는 촬영 당시에 일어난 즉흥적인 일들을 어느 정도 포용했음에도 불구하고 기본적으로는 텍스트와 연기에 기초해서 만들어진 영화다. 그리고 이것은 타자들 사이의 관계라는 스와의 기본적인 관심사를 끌어들이면서 그 안에 더욱 복잡한 관계망들을 그려보려는 노력이라는 점에서도 스와의 '새로운 영화'라 평가할 만한 작품이다.

「H 스토리」는 스와가 자기가 태어난 도시 히로시마에 대한 영화를 만들면 어떤 영화가 될 것인지에 대해 고민한 끝에 나온 산물이다. 스와는 히로시마에 대한 영화를 생각하면 할수록 알랭 레네(Alain Resnais)의 「히로시마 내 사랑」(Hiroshima mon amour, 1959)으로 돌아갈 수밖에 없었다고 말한다. "내가 생각하기에 레네의 이 영화는 현실 그대로의 히로시마를 묘사하는 데 성공한 유일한 영화이다." 그래서 스와는 자기 영화 속에 정말로 레네의 영화를 끌고 들어와버린다. 「H 스토리」는 스와 자신이 프랑스 여배우와 일본인 남자 배우를 데리고 레네의 「히로시마 내 사랑」을 대략 40년이 지난 후 그대로 리메이크하려 하는 것을 보여주면서 시작하고는 결국에는 그렇게 옛것을 그대로 복원하려는 시도가 불가능하다고 말하는 듯한 장면으로 끝을 맺는다. 그 사이에 스와는 기억이 불가능하게 되어버린 세대, 또는 역사적 기억을 상속받지 못한 세대가 응당 가질 수밖에 없는 기억의 불가능성, 영화 만들기의 실체 등과 같은 이런저런 이슈들을 흩뿌려놓는다.

스와 감독의 지극히 개인적인 방식으로 역사와 기억과 영화, 그리고 커뮤니케이션 등에 대해 질문을 던지는 「H 스토리」는 어찌 보면 아주 당혹스런 영화이고 또 어찌 보면 그래서 오히려 매혹적인 영화이기도 하다. 그리고 이것은 그 모든 질문들을 요령 있게 관련 짓지 못하는 '불완전한 영화'처럼 보이기도 한다. 「H 스토리」의 불완전해 보이는 면모에 대해서는 스와 감독 스스로가 아주 재미있는 예화를 들려주었다. 그가 이 영화의 레퍼런스가 되는 「히로시마 내 사랑」을 만든 레네에게 「H 스토리」의 비디오테이프를 보내주었을 때, 레네는 왜 완성된 영화를 보내지 않았냐고 얘기했더라는 것이다.

스와의 영화 「H 스토리」는 평자들로부터 대체로 너른 찬사를 받지는 못했다. 그럼에도 「H스토리」가 예전과는 다른 모험적 시도를 보여주고 있다는 건 분명해보인다.

홍성남 연세대 신문방송학과와 중앙대 영화학과(석사)를 졸업했다.『씨네 21』을 비롯해 여러 매체에 영화 관련 글을 쓰고 있는 영화평론가이다. 엮은 책으로『로베르 브레송의 세계』와『오슨 웰스』가 있고 그밖에『알랭 레네』『베르너 헤어조크』『장 르누아르』『구로사와 아키라』등의 집필에도 참여했다. 영화의 역사에 특별한 관심과 애정을 갖고 있다.

대중의 호응을 얻은 예술영화

악마성, 고통만이 관객을 유혹한다

김봉석
영화평론가

데이비드 핀처, 할리우드에서 예술적 욕망을 그려내다

할리우드의 목표는 단 한 가지, 높은 수익을 올리는 영화를 만드는 것이다. 예술영화를 지향하는 제작자나 독립 프로덕션이 있기는 하지만, 할리우드를 좌지우지하는 메이저 스튜디오의 단 한 가지 동력은 수익률이다. 예술영화도 수익을 올릴 때 가치가 있다는 것이 할리우드의 불문율이다. 할리우드에서 살아남는 방법은 위대한 영화를 만드는 것이 아니라, 많은 돈을 벌어들이는 영화를 만드는 것이다. 위대한 걸작으로 칭송되는「블레이드 러너」(Blade Runner, 1982)를 만든 리들리 스코트(Ridley Scott) 감독은 연출한 영화들의 연속된 실패로 한동안 침묵을 지키다가「글래디에이터」(Gladiator, 2000)로 재기한 후 "앞으로는 대중들이 좋아할 영화를 만들 것이다"라고 공언했다.「시계태엽 오렌지」(A Clockwork Orange, 1971),「2001 스페이스 오딧세이」(2001: A Space Odyssey, 1968),「샤이닝」(The Shining, 1980) 등 영화사에 남을 걸작을 만들어낸 스탠리 큐브릭(Stanley Kubrick)은, 톰 크루즈의 개인적인 야심으로 제작된「아이즈 와이드 셧」(Eyes Wide Shut, 1999)을

▶ 데이비드 핀처

만들 때까지 10여 년 간 할리우드로 돌아오지 못했다. 자신의 예술적 욕
망을 일관되게 구현한 영화를 할리우드에서 만든다는 것은 쉬운 일이 아
니다. 할리우드 내에서 자신의 영화를 마음대로, 정말 자신의 의지와 욕
망대로 만들 수 있는 감독은 스티븐 스필버그(Steven Spielberg)와 제
임스 카메론(James Cameron) 등 손에 꼽을 정도다. 그 누구도 제작자
의 요구와 시장의 검열에서 벗어나기는 힘들다. 미리 두 개의 엔딩을 찍
어놓고 시사회 반응에 따라 하나를 결정하는 경우도 허다하다. 할리우드
에서 예술가는 살아남기 힘들다. 그것은 진리다.

그러나 데이비드 핀처(David Fincher)의 경우는 다르다. 「에이리언
3」(Alien 3, 1992)로 데뷔한 데이비드 핀처는 「세븐」(Seven, 1995)으로
할리우드를 뒤집어놓았다. 「세븐」시나리오를 보았던 할리우드의 제작
자와 감독들은 이 영화가 절대 성공할 수 없을 거라고 생각했다. 지독하
게 음울한 이야기이고, 비극적이며 절망적인 엔딩은 할리우드 상업영화
의 모든 공식에서 벗어나 있었다. 누구나 뛰어난 시나리오라는 것에는
동감했지만, 「세븐」은 수많은 제작자의 손을 떠돌 수밖에 없었다.

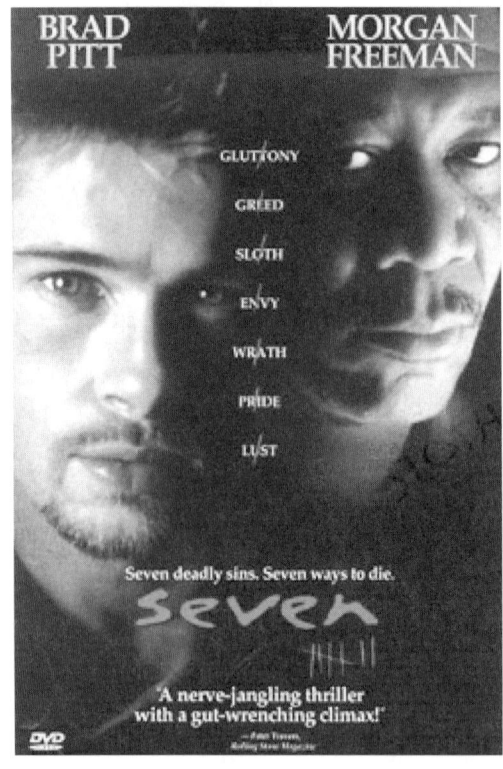

영화 「세븐」은 핀처의 예술
적 욕망을 재현하면서 관객
의 호응까지 얻은 보기 드문
영화가 되었다.

아놀드 코펠슨(Arnold Kopelson)이 마침내 제작을 결정했을 때에도, 「세븐」이 많은 수익을 올리리라고는 생각하지 않았다. 「세븐」은 모든 것에서 일탈적이었다. 백인 주인공은 연애를 하지 않고, 흑인은 백인의 조수가 아니라 스승이다. 사건은 점차 증폭되는 것이 아니라 빗물에 쓸려나가듯 희미해지고, 반전은 엉뚱하게 범인이 자수하면서 일어난다. 결말은 할리우드가 극단적으로 싫어하는 비극, 그것도 도저히 끝을 볼 수 없는 절망이다. 어떤 희망이나 설레임도 가질 수 없는 극단적인 절망. 하지만 「세븐」은 북미에서만 1억 달러를 넘는 흥행기록을 세웠고, 평단에서는 '네오 누아르'의 시작이라며 극찬을 보냈다.

PHANTASY FILMS PRESENTS "OF LOVE
AND SHADOWS" WES BENTLEY
ELIZA DUSHKU JAY HERNANDEZ
RACHEL WEISZ BRUCE CAMPBELL
WRITTEN AND PRODUCED BY RICHIE STEVENS
DIRECTED BY DAVID FINCHER

고통 또는 희열이라는 것에
동의한다면 핀처의 영화는
극단적이지만 황홀한 기쁨을
안겨준다.

　「세븐」은 핀처의 예술적 욕망을 그대로 재현하면서 관객의 호응까지
얻은 보기 드문 영화가 되었다. 세기말에 만든 「파이트 클럽」(Fight
Club, 1999) 역시 논쟁은 극심했지만, 핀처와 관객 그리고 평론가까지 행
복하게 공유할 수 있었던 걸작으로 탄생했다. 「파이트 클럽」은 할리우드
스튜디오 시스템에서 탄생할 수 있는 극히 드물지만, 최상의 결과물이 된
것이다.

내 안에는 악마가 살아 있다
　핀처의 영화를 보는 일은 고통의 시간으로 들어가는 것이다. 그의 영

화는 육체와 영혼의 고통으로 가득하다. 「세븐」과 「파이트 클럽」의 인물들은 상처받고, 빼앗기고, 좌절한다. 어디에도 도망칠 곳이 없다. 지독하고 잔인한 운명의 굴레에서 누구도 벗어날 수 없음을 비극적으로 드러내는 범죄물 「세븐」과 주먹에 맞아서 이빨이 부러지고 선지피를 토해내는 성인들의 과격한 동화 「파이트 클럽」은 가장 암울하고, 지나치다는 생각이 들 정도로 폭력적이다. 핀처는 자신의 영화를 보러오는 관객에게 통상의 오락영화가 그렇듯이 즐거움을 안겨줄 생각 같은 것은 아예 하지 않는다. 그는 스스로 "나에겐 결코 당신이 상상하지 못할 악마가 있다"고 태연하게 말하는 사람이다. 그 '악마성' 덕택에 핀처는 현재 가장 미래를 촉망받는 할리우드 감독이며, 스튜디오 시스템이 배출해낸 이상한 작가가 되었다. 할리우드에서는 거의 찾아볼 수 없는 정글의 '야수'(野獸)가 급작스럽게 튀어나온 것이다.

문명의 행복과 안정에 물들어 있는 우리가 야수의 매력을 찾아내는 가장 빠른 방법은, 야수의 룰에 동참하는 것이다. '고통 또한 희열'이라는 것에 동의만 한다면, 핀처의 영화는 극단적이지만 황홀한 기쁨을 안겨준다. 그것은 또한 고통이다. 핀처의 영화에는 시각적인 충격이 던져주는 아찔한 아픔이 있다. '이미지의 시인'이라고 불리는 데이비드 핀처의 영화는 우리들 인간의 감각에서 아직 미지의 영역을 찾아내고, 자극하고, 확장한다. 관객의 기대를 충족시키고, 뒤섞어버리고, 이내 부숴버린다. 사상이든, 테크닉이든 핀처는 언제나 첨단과 경계의 아슬아슬한 스릴을 즐긴다. 그는 어디에도 속하지 않고, 누구의 비난과 칭찬에도 구애받지 않는 천재적인 무정부주의자다. 「세븐」과 「파이트 클럽」은 할리우드영화만이 아니라, 영화라는 예술 장르의 극한에 서 있는 영화이다. 사상적으로는 극단적인 무정부주의와 비관주의를 드러내고 있고, 기술적으로는 현실의 어둠을 가장 예리하게 담아내면서 촬영과 조명의 기술적 한계를 돌파해냈다. 핀처의 영화는 사상적으로 극단적이고, 기술적으로도 기존

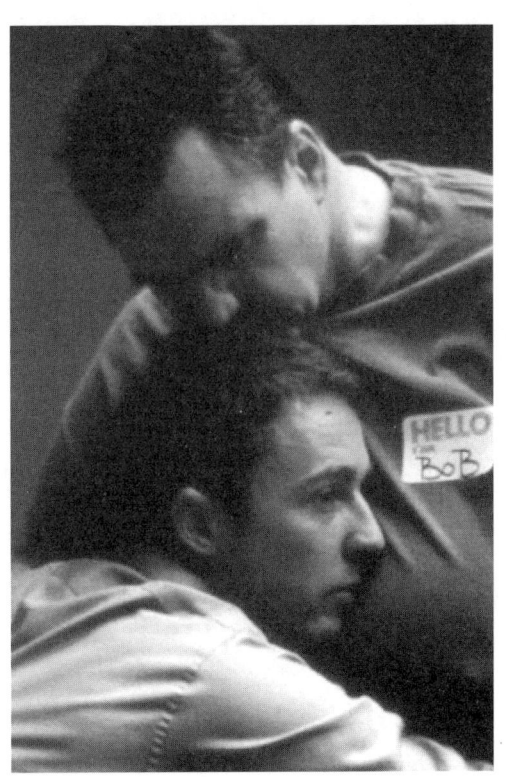

영화 「파이트 클럽」의 한 장면. 마초이즘과 파시즘의 경계에 아슬아슬하게 놓여 있는 이 영화는 한 남자의 자기 분열적 욕망과 초월에 관한 이야기다.

의 한계를 뛰어넘기 위하여 모든 시도를 아끼지 않는다.

촬영 스태프에서 일급 흥행 감독으로

핀처는 1962년 덴버에서 태어났다. 영화계로 뛰어든 것은 18세 때였다. 1981년부터 83년까지 조지 루카스(George Lucas)가 설립한 특수효과 회사 ILM에서 일하며 「스타 워즈 에피소드 6: 제다이의 귀환」의 미니어처와 시각효과에도 참여했다. 한때 루카스 이외에 「스타워즈」 시리즈를 만들 가능성이 있는 감독들이 거명되었을 때, 핀처의 이름이 오른 것은 그러한 경력 때문이다. 1984년에는 볼프강 페터슨의 「네버 엔딩 스토리」, 스티븐 스필버그의 「인디아나 존스」 등에서 매트 촬영 스태프(푸른 색의 매트를 뒤에 두고 배우들의 연기를 담은 실사촬영분과 그림이나 모형으로 만든 특수효과를 촬영하여 합성하는 일)로도 일했다.

영화사의 특수효과 부서에서 주로 일하던 핀처는 1980년대 후반 광고와 뮤직비디오 제작사로 들어간다. 후일 영화판에서 같이 일하게 된 도미닉 세나(「칼리포니아」와 「60세컨즈」의 감독), 나이젤 딕(B급영화인 「죽음의 음모」와 「라이트 아웃」의 감독), 그렉골드 등이 당시의 동료다. 이 시기에 핀처는 나이키, 코카 콜라, 버드와이저, 하이네켄, 펩시, 리바이스, 샤넬 등의 상업광고와 마돈나, 스팅, 롤링 스톤스, 마이클 잭슨, 에어로스미스, 조지 마이클, 이기 팝, 월플라워스 등의 뮤직비디오를 찍었다. 광고에서는 클리오 상을 받고, 뮤직비디오에서도 열렬한 찬사를 받는 등 그의 도발적인 영상감각은 실험적인 영상이 얼마든지 가능한 광고와 뮤직비디오에서 활짝 피어났다. 핀처는 스토리에 구애받지 않고, 자신이 원하는 '영상'을 자유롭게 표현할 수 있는 뮤직비디오를 지금도 끊임없이 만들고 있다.

광고와 뮤직비디오를 만들면서 인정받은 데이비드 핀처는 1992년 「에이리언 3」의 감독에 발탁된다. 리들리 스코트에 이어 카메론이 2편을 찍으며 최고의 프랜차이즈로 떠오른 「에이리언」 시리즈의 감독으로 신인이 발탁된 것은 이례적인 일이다. 핀처의 발탁은 우선 뮤직비디오에서 보여준 영상 감각이 탁월했고, 특히 마돈나의 「보그」와 「익스프레스 유어셀프」 등에서 여성의 신체를 '파워풀'하게 잡아낸 것이 이유였다. 제작사인 20세기 폭스는 여전사 리플리와 에이리언의 '전투'를 그려내는 최적의 감독이 데이비드 핀처라고 판단한 것이다.

정작 만들어진 「에이리언 3」는 묘하다. 에이리언과의 전투를 마치고 수면에 들어갔던 리플리는 감옥행성 플로리나 161에 불시착한다. 함께 도망친 동료들은 우주선에 숨어들어온 에이리언 때문에 모두 죽어 있다.

리플리만 살아 있는 것은, 그녀가 에이리언의 숙주가 되었기 때문이다. 영화의 배경인 플로리나는 어둡고, 척박하고, 음울하다. 벌레 때문에 모두 머리를 밀어야 하기 때문에 시고니 위버도 대머리로 나온다. 「에이리언 3」는 지나치게 우울하고, 관객이 좋아하는 액션도 별로 없고, 리플리는 에이리언의 아이(원죄)를 몸속에 품고 자살하는 최악의 엔딩이다. 표범을 모델로 다시 디자인한 형상의 에이리언이 좁은 동굴을 쏜살같이 달려가는 장면은 핀처의 영상 감각을 훌륭하게 드러내는 것이지만, 호쾌하거나 신나는 게 아니라 우울하다. 그러나 역으로 그 모든 '우울함'을 핀처가 의도한 것이란 점에서 「에이리언 3」는 의미를 갖는다. 핀처의 극단적으로 절망적인 세계관은 「세븐」 이전에 이미 데뷔작인 「에이리언 3」에서 시작된 것이다. 핀처는 데뷔작부터 일관되게 비관적이고 우울한 지옥도를 그려낸다.

우아하면서도 정신병적인

「에이리언 3」로 불안한 출발을 했던 핀처는 「세븐」으로 전인미답의 영토에 발을 들여놓는다. 언제나 비가 내리고, 형사들이 집 안에 들어서면 전등이 아니라 플래쉬를 켜는 이상한 도시. 시간과 공간이 멈추어버린, 전진이나 변화가 절대 불가능한 것처럼 느껴지는 눅눅한 도시. '네오 누아르'라고 명명된 「세븐」의 영토는 이전의 어떤 영화에서도 감히 경험하지 못했던 현실의 지옥도다. 그런데 보고 있으면 그 도시가, 지금 우리가 살고 있는 도시라고 착각하게 된다. 핀처는 현실이라고는 도저히 믿기지 않는 도시에서, 우리가 일상을 살고 있음을 일깨워준다. 시나리오 작가 케빈 앤드류 워커가 쓴 「세븐」은 지독하게 가라앉은 암울한 정서와 극단적인 엔딩 때문에 메이저에서 제작하기는 힘든 영화였다. 예를 들어 워커의 시나리오 「8밀리」는 조엘 슈마커 연출로 만들어졌지만, 암울하고 비관적인 결말은 해피 엔딩으로 바뀌었다. 대부분의 할리우드 제작사와

"우리 시대에는 불황도 없었고 전쟁도 없었어. 우리의 전쟁은 영적인 것이고 우리의 불황이 우리의 삶이지.", 「파이트 클럽」 중에서.

감독은 워커의 '비극'을 받아들이지 않는다. 핀처만이 그의 의도를 훌륭하게 살려내면서, 위대한 걸작으로 승화시켜냈다.

「세븐」의 '힘'을 감지한 제작자 아놀드 코펠슨은 「세븐」의 제작을 결정했고 과감하게 인기 스타인 브래드 피트를 영입했다. 단지 잘생긴 미국 남자에 불과했던 브래드 피트도 「세븐」과의 만남으로 그림자를 얻었고, 진정한 연기에 눈을 뜨게 되었다.

일곱 가지 대죄를 저지른 사람을 찾아, 성경의 말씀대로 살인을 저지르는 남자. 그 죄악이란 게으름 · 질투 · 탐욕 · 폭식처럼 우리 모두가 일상에서 저지르는 것이다. 그러니 우리 모두가 「세븐」의 희생자들이 되어야 할 이유는 충분하다. 핀처는 우리들이 고통받아야 한다고 생각한다. 관객들이 고통받고, 그 고통의 의미를 느끼기를 간절하게 원한다. "영화가 꼭 사람을 즐겁게 해야 한다고 생각하지 않는다. 관객에게 과자를 던져주는 것에는 흥미가 없다." 데이비드 핀처는 관객이 불편하고, 영화를 보면서 피를 흘리기를 원한다. "나는 영화가 남겨주는 상흔에 더 관심이 있다. 내가

데이비드 핀처는 우리들이 고통받아야 한다고 생각한다. 관객들이 고통받고, 그 고통의 의미를 느끼기를 간절하게 원한다.

「죠스」를 사랑하는 이유는, 그 영화를 보고 난 후 절대로 바다에서 수영을 하지 못하기 때문이다."

핀처의 말처럼 「세븐」은 시종일관 관객을 괴롭힌다. 단지 극단적인 내용만이 아니다. 그는 자신만의 영상을 원한다. 새로운 테크닉을 과감하게 도입하여, 새로운 영상을 만들어낸다. 핀처의 영화에서는 카메라가 거의 신처럼 움직인다. 「파이트 클럽」에서는 사람의 피부와 내장 속을 자유롭게 활보하고, 「패닉 룸」에서는 벽과 기둥을 마구 넘나들고 열쇠구멍을 통과하기도 한다. 인간이 볼 수 없는 것을 보여주는 핀처의 카메라에서 인간이란 제한되고 나약한 존재다. 핀처의 종횡무진하는 카메라는,

그 자체로 감독 자신의 철학을 증명한다. 「세븐」은 보는 것만으로 절망감이 몰려든다. 인간이란 결코 도망칠 수 없는 존재라는 것을, 내용이 아니라 영상을 보면서 직감한다. 기껏 도착한 오아시스가 인간의 시체들로 끔찍하게 더럽혀져 있는 광경을 목격한 듯한 기분이다. 핀처는 「패닉 룸」에 대해 "어떤 초자연적인 힘이 사람을 공포로 몰고가는 것이 아니라, 집 안에서, 스스로 최악으로 끌려간다"고 말했다. 그 말은, 그의 모든 영화에 적용된다. 우리를 공포로 몰아가는 것은, 바로 우리 자신 혹은 운명이다. 결코 핀처의 영화와 우리가 살고 있는 현실에서 도망칠 수 없고, 핀처는 잔인한 신이 되어 우리들을 괴롭게 한다.

「세븐」의 다음 작품인 「더 게임」(1997)은 조금 이상하다. 음모에 말려든 백만장자, 누구도 믿을 수 없고 나 자신마저 믿을 수 없는 상황은 결말에 가서 단지 하나의 '게임'이었음이 밝혀진다. 그렇다면 핀처의 암울함도 단지 게임에 불과한 것일까? 하지만 「더 게임」은 그냥 영화, 핀처식으로 말한다면 '무비'였을 뿐이다. 다음 작품인 「파이트 클럽」은 '필름'이다. "필름과 무비는 큰 차이가 있다. 무비는 관객을 위해서 만들고, 필름은 관객과 창작자 모두를 위해서 만든다. 「더 게임」은 무비이고, 「파이트 클럽」은 필름이다. 「파이트 클럽」은 모든 부분을 합한 것 이상이 존재하지만, 「패닉 룸」은 부분들의 합 그 자체다." 핀처의 말처럼, 「패닉 룸」도 무비다. 관객을 고려하여 적당히 가볍고, 적당히 해피엔딩으로 만들어낸다.

하지만 '무비'를 만들 때에도 핀처는 단지 관객의 기호와 요구에만 복종하여 영화를 만드는 것은 아니다. 핀처 자신의 원칙이 있다. 「패닉 룸」에 처음 캐스팅했던 니콜 키드먼이 부상을 당하여 배우가 조디 포스터로 바뀌자, 핀처는 영화의 분위기 자체를 바꿨다. "만약 니콜 키드먼이 이 영화를 계속 찍었다면 그레이스 켈리를 기용한 히치콕의 작품처럼 되었을 것이다. 우아하면서도 정신병적인. 그러나 조디 포스터란 배우는 분

영화 「패닉 룸」은 주인공이 니콜 키드먼에서 조디 포스터로 바뀜으로써 강인한 여성의 치열한 전쟁터가 되었다.

명히 정치적으로 보인다. 오랜 세월 동안 그녀가 쌓아온 이미지가 있다. 그녀는 누구의 애완동물도, 전시용 부인도 아니다." 그 결과 「패닉 룸」은 강인한 여성의 치열한 전쟁터가 되었다. '가정이 붕괴하는 이야기이고, 원하는 것과 실제로 가질 수 있는 것의 차이가 얼마나 되는지에 대한 이야기'인 것은 변함없지만 단지 배우가 바뀐 것만으로 영화의 톤 자체가 바뀐 것이다.

핀처는 무비와 필름을 자유롭게 넘나든다. 핀처는 명명백백한 작가이지만, 상품의 질과 특성에 따라서 자신의 역할을 분명하게 조정할 수 있는 장인이기도 하다. 작가이건, 장인이건, 어떤 경우에도 핀처는 적당히 물러서지 않는다. 핀처는 자신이 생각하는 목표에 도달하기 위해서 모든 것을 쏟아 붓는다.

핀처의 걸작 하나를 꼽아야 한다면, 「파이트 클럽」을 들 수 있을 것이다. 여전히 어둡고, 여전히 심오한 묵시록의 세계, 「파이트 클럽」은 스파

핀처의 의도된 '우울함'이
에이리언을 품고 자살하는
최악의 엔딩으로 표현된 영
화「에이리언 3」.

이크 존스의「존 말코비치 되기」와 함께 지난 10년간 메이저 스튜디오
에서 만들어진 가장 논쟁적이고, 위대한 작품 가운데 하나로 꼽힌다.
「파이트 클럽」은 한 남자의 자기분열적인 욕망과 초월에 관한 이야기
다. 불면증에 시달리던 남자는 불치병에 걸린 사람들의 모임에서 '고
통'을 느끼려 한다. 하지만 그건 진짜 고통이 아니다. 그는 무정부주의자
이며 도시의 게릴라인 타일러라는 남자를 만나고, 그의 매력에 흠뻑 빠
져든다. 진짜 '고통'을 느끼는 파이트 클럽을 알게 되는 것이다. 일 대
일로 싸우며, 한쪽이 패배를 시인할 때까지 주먹으로 치고 받는 파이트
클럽에서 비로소 자신을, 세상을 만난 남자들은 세상의 질서를 비웃으
며, 조직적인 테러에 들어간다. 그들은 안전과 평화로움을 과시하는 문

명의 위선을 혐오한다.

「파이트 클럽」이 '마초이즘과 파시즘의 경계'에 놓여 있는 것은 분명하다. 핀처는 "남자다움에 대한 우리들의 혼란과 복잡함에 대한 공격, 그리고 세련된 라이프 스타일을 추구하는 사람들에 대한 비난'이라고 말한다. 혹자는 '놀랍도록 무책임한' 영화라고도 평한다. 그렇게 「파이트 클럽」은 격렬하게 비난하고 싸운다. 선과 악을 판정할 수 없는 경계에서, 자신의 손가락을 베는 것을 두려워하지 않는다. 입 속에 총알을 쑤셔넣고 살아난 그 남자는, 역경을 헤쳐온 연인과 함께 마천루가 즐비한 야경을 바라본다. 후기 자본주의의 상징인 금융회사의 건물들이, 9·11의 무역센터처럼 하나둘 허물어져내리는, 그 황홀한 광경을.

「파이트 클럽」의 마지막 장면을 보고 나면, 사상적으로나 표현 방식으로나 이토록 극단적인 영화가 할리우드의 스튜디오에서 만들어졌다는 점이 믿기지 않는다. 데이비드 린치가 그토록 조롱하는 몽상의 세계는 바로 그가 일하는 할리우드인 것이다. 핀처는 할리우드의 중심에서 극단적인 운명론을 설파하면서, 상업적 성공을 거두어온 것이다. 그럴 수 있었던 한 가지 이유를 찾자면, 게임 자체를 거부하지 않는 그의 자세에서 비롯된다고 할 것이다.

핀처는 상업주의의 첨단인 광고와 뮤직비디오를 만들며 성장해왔다. 「파이트 클럽」의 인상적인 장면 하나는 에드워드 노튼이 자신의 아파트를 거닐며 독백을 하면 카탈로그에 있는 상품들이 설명과 함께 자리를 잡는 환상적인 풍경이다. 우리가 상품들로 이루어진 거대한 환영의 세계에서 살고 있음을 보여주는 직접적이고도, 가장 파격적인 장면이다. 「파이트 클럽」은 우리의 삶을 조작하는 상품을, 잘 꾸며진 라이프 스타일을 공격한다. 1980년대의 핀처는 바로 그, '광고'를 만들어왔다. 잘 꾸며진 라이프 스타일을 선전하는 광고를 통해 대중을 현혹시킨 것은 바로 핀처 자신이었다. 그는 그런 전력을 부인하지 않는다. 다만 한마디만 덧붙인다. '뛰어난 광고는 상품을 초월한다'는 한마디.

그 고통에서 자신을 찾는다

데이비드 핀처의 명성은 '상품'을 만들면서 더욱 드높아졌다. 할리우드영화는 기본적으로 상품이다. '블록버스터를 만드는 작가'의 경지에 오른 핀처는 '필름'인 「세븐」과 「파이트 클럽」으로 흥행에서 탁월한 성공을 거두었다. 리들리 스코트처럼 '이제는 관객이 좋아하는 영화를 만들겠다'고 허리를 굽히지도 않는다. 그는 '주류이면서도 개인적이었던' 히치콕의 영화 같은 작품을 원한다. 핀처는 '나는 내가 원치 않는 것은 결코 한 적이 없다'고 자신 있게 말하는 종류의 인간이다. 그는 경계와 비난을 두려워하지 않으며, 그의 영화는 철학적·사회적 경계와 기술적 경계에서 흔들리지 않고 자신의 자리를 잡고 있다. 그것은 완벽주의 성향 덕에 더욱 빛을 발한다. 「파이트 클럽」은 일반 영화의 세 배인 1,500릴의 필름을 사용했다. 한 장면을 열 번 촬영하는 것은 기본이고, 「패닉 룸」에서는 100번이 훨씬 넘는 장면도 있었다. 배우들의 부상도 잦다. 「세븐」에서 브래드 피트가 팔에 감고 나오는 붕대는 진짜다. 촬영 중에 당한 부상 때문에 실제로 깁스를 하고 찍었다. 「패닉 룸」의 니콜 키드먼은 다리 골절 때문에 중도하차했다. 「패닉 룸」의 한 배우는 '핀처는 배우들을 실제로 공포에 질리게 한다'고 말할 정도다.

완벽주의적으로 만들어지는 핀처의 영화는 불특정 다수의 관객을 사로잡는다. 동시에 소수에게도 열광적인 찬사를 받는다. 핀처의 영화는 감각을 뒤흔들어놓는 도발적인 영상이 관객에게 조응한다. 하지만 단지 영상만이 아니다. 근저에 깔려 있는 에너지가 과격하게, 동물적으로 분출한다. "날것의, 도발적인 폭력의 양상을 좋아한다"는 말처럼 데이비드 핀처의 영화는 폭력적이고 관객을 불편하게 만든다. 하지만 그것은 꼭 필요한 일이다. '감독이란 자학적인 노력'이란 말처럼, 영화를 찍는 일

역시 불편한 것이고 고통이기 때문이다.

핀처가 좋아하는 영화도, 「차이나타운」처럼 그를 불편하게 만들었던 영화다. 그 불편함에서, 그 고통에서 핀처는 자신을, 세계를 찾아간다. 「파이트 클럽」의 사내들이, 육체의 고통에서 자신을 발견했던 것처럼. 육체의 고통을 넘어서면 어느 순간 가해자와 희생자가 구분되지 않는 「세븐」과 「파이트 클럽」의 세계가 찾아온다. 매혹적이고 황홀경을 느끼면서도 불편하고 기분이 우울해지는 영화. 할리우드 메이저에서 만들어지는 가장 논쟁적인 영화는 앞으로도 그의 몫일 것은 분명하다.

김봉석 대학 졸업 후 가극 『금강』의 대본을 쓰는 등 잡다한 글을 쓰는 자유기고가로 활동하다가 이후 영화잡지 『시네필』을 시작으로 『씨네21』 『한겨레』의 기자로 일했다. 일본의 대중문화에 관심을 가져 일본의 영화, 애니메이션, 만화, 대중소설, 대중음악 등을 꾸준하게 즐기면서 지켜보고 있는 중이다. 주된 관심 분야는 대중문화 전반이고 특히 호러와 SF, 스릴러 등 대중 장르에 대해 연구하고 있다. 저서로는 『클릭! 일본문화』(공저) 『18금의 세계』(공저), 『컬처 트렌드를 읽는 즐거움』이 있다.

3u ubiquitous, universal design, UI
3u는 필자 한상돈(108쪽)이 새롭게 정
리한 개념으로, 유비쿼터스, 유니버설
디자인, UI가 점차로 현대사회에서 중
요해지고 또 일반화하는 것을 간략한
단어로 상징화해본 것이다. 3u는 많은
분야에서 연구되고 있으며, 우리가 일
상에서 접하면서도 개념적으로는 쉽게
인지하고 있지 않다. Wibro, LTE 등이
일반화되고 생활화됨으로써 우리 주변
에 실재하는 개념이라고 해석하면 그
인지가 가능하다.

**CAD/CAM Computer Aided Design/
Computer Aided Manufacturing**
컴퓨터를 이용한 상공업용 디자인을
뜻하는 것으로 자동차, 선박, 비행기,
건축물 등의 설계가 그 대표적인 분야
이다. 엔지니어링 내부의 설계부분, 즉
기본설계(basic design), 상세설계
(detail design), 생산설계(produc-
tion design) 등의 설계 및 도면 제작
에 이용되는 CAD와 생산부분, 즉 생
산 및 지원체계를 형성하는 생산설계,

고정설계, 가공정보작성, 가공조립, 검
사 등의 업무를 수행하는 데 필요한 기
계제어 등의 기능을 제공하는 CAM 부
분으로 구분된다. 플로터로 2차원 평
면으로 자동 작도되는 것부터 컴퓨터
에 연동된 자동 공작기에 의해 입체모
형으로 만들어지는 것까지 다종 다양
하다. 일반적으로 CRT를 사용하여 인
터랙티브한 과정을 거쳐 모델링하는
것이 보통이다.

CGI Computer Generated Imagery
컴퓨터로 공간에 입체모형을 만들어
내거나 조작하는 방법. 컴퓨터에서 생
산된 추상적이거나 반현실적인 그래픽
디자인을 말한다. 컴퓨터로 색깔을 바
꾸고, 장면을 재합성하며, 애니메이션
을 재사용한다.

MPV
Multi Purpose Vehicle의 약자. 다기
능 차, 다목적 차량.

RFID Radio Frequency IDentification
우리가 주로 접하고 있는 바코드의 진화적 개념이라 생각하면 된다. RFID는 칩의 형태로 제작되기 때문에 바코드보다 더 많은 정보를 저장할 수 있어 더 유용하다. 다만 RFID가 일반화되기 위해서는 제작과 유통 비용이 많이 발생하기 때문에, 이 문제가 주요 해결과제로 떠오른다.

RV Recreation Vehicle
Leisure Vehicle이라고도 하는데 그 정의가 명확한 것은 아니다. 1970년대 초 구미에서 발달한 auto-camp용 캠핑카가 RV의 대표적인 것이지만 근래에는 레저문화의 다양화에 따른 One-box-Cab over Type 차나 픽업 트럭, 4wd MPV 등도 다용도의 특성으로 RV의 범주에 포함시키기도 한다. 실용 가치만을 추구해서 만들어진 것과는 다른 외관·내장·내장품 등 다양한 기능의 옵션으로 디자인되어 있다.

SAV
Sports Activity Vehicle의 약자.

SUT
Sports Utility Truck의 약자.

SUV
Sports Utility Vehicle의 약자.

UI User interface
'사용자 인터페이스'로서 UI가 일반화되어 있는데, 영어를 모국어로 하는 국가에서는 인터랙션(Interaction)이라는 용어를 더 많이 사용한다. 이를 가장 쉽게 이해하려면 우리의 일상에서 늘 접하는 휴대폰을 연상하면 된다. 휴대폰 화면의 그래픽, 키 버튼 등 우리가 그 기기를 사용할 수 있게 해주는 모든 장치를 UI라 칭한다. 최근에는 터치스크린 방식이 등장했는데 이것은 햅틱(Haptic)이라 부른다.

VFX Visual Effects
시각적인 효과를 지닌 모든 효과 작업을 총칭하는 용어이다. 촬영 종료 후의 필름이나 비디오에 2차적인 효과를 가하는 것으로 고전적인 광학효과와 영상효과, 최신 디지털 기술인 컴퓨터 그래픽스(CG) 등을 포함한다. 작업 범위가 특수 효과(SFX:촬영 현장에서 실제로 행해지며 실시간으로 촬영되는 효과) 영역까지 확대되는 경우에는 특수 시각 효과(SVFX)라고 한다.

개념미술 Conceptual Art
미니멀아트 이후의 현대미술의 한 경향으로 언어에 의한 기술(記述) 혹은 종래의 예술가적 의식을 버리고, 완성된 작품 그 자체보다는 사진이나 도표로 드러나는 제작의 아이디어나 과정이 바로 예술이라고 생각하는 반미술적 제작 태도를 가리킨다.

게릴라 광고
기존의 4대 매체를 버리고 일상의 새로운 미디어를 활용한 대안 광고를 말한다. 그 형태를 칭하는 용어도 앰비언트(ambient)에서 스텔스(stealth), 버즈(buzz), 바이럴(viral), 그래스루트(grassroots), 앰부쉬(ambush), 스턴트(stunt), PPL(product placement), 브랜디드 컨텐트(branded content), 브랜디드 엔터테인먼트 (branded entertainment), 애드버게이밍(adver-gaming), 와일드 파이어(wildfire)에 이르기까지 다양하다. 이 수많은 어휘는 대안 커뮤니케이션이 얼마나 많은 형태를 띨 수 있는가를 알려준다.

게임 프롤로그 애니메이션
게임의 타이틀 화면에서 캐릭터들이 등장해 작품의 내용이나 작자의 의도 등에 관한 해설을 보여주는 애니메이션이다.

게임세대
대부분 게임과 더불어 성장기를 보낸 세대를 말한다.

공공미술 public art
1967년 영국의 존 윌렛이 처음 사용한 개념. 대중에게 공개된 장소에 설치·전시되는 작품을 지칭하는 것으로 지정된 장소의 설치미술이나 장소 자체를 위한 디자인까지를 포함하는 개념이다. 전통적 공공미술이 공공의 개념을 장소와 관련시켜 작품을 만들고 소통하는 데 머물렀다면 최근의 공공미술이 장소를 물리적 장소로만 보지 않고 사회적·문화적·정치적 소통의 공간으로 간주한다. 그래서 작품 자체가 공간에 침입하는 방식 외에 지역공동체와 관람객의 참여를 통해 맺는 관계와 과정까지 작품의 의미로 담아낸다. 이는 작업이 이루어지는 물리적 장소만을 뜻했던 공간이라는 개념이 대중의 일상적 삶과 관심사까지 포괄하는 것으로 확장되었음을 의미하는 것이다.

그래픽보드
그래픽카드, 그래픽 어댑터 등으로 불리며, 모니터로 영상을 보내주는 역할을 담당한다. 텔레비전으로 영상신호를 보내주는 방송국으로 생각하면 된다. 그래픽카드는 모니터의 성능과 잘 어울려야 하며 근래에는 PCI방식과 AGP방식의 그래픽카드가 혼용되고 있다.

기능주의 Ecole Fonctionaliste
프랭크 로이드 라이트, 르 코르뷔지에, 미스 반 데어 로에 등에 의하여 제2차 세계대전 이후, 일반화되었던 디자인의 사조이다. 우리나라는 한국전쟁 이후 상황과 맞물리면서 자연스럽게 일상화되었다. 지금의 시기는 기능주의 이후, 즉 포스트모더니즘이라 칭하는 시대를 영위하고 있다. 지금의 시기를 일각에서는 매너리즘(Mannerism)이라고 별칭하기도 한다.

기쿠유와 뭄비
기쿠유와 뭄비는 기쿠유 농민들의 창세설화이다. 기쿠유는 하늘신 그리고 뭄비는 땅을 주관하는 모신, 즉 어머니신을 상징한다. 기쿠유인들은 이 창세설화를 동요 형태의 노래로 만들어 부르기도 했다. 기쿠유와 뭄비 설화는 마우마우 투쟁시 케냐 농민들의 단일한 정체성을 강화시켜주는 기제로 활용되기도 했다.

기타가와 Fram Kitagawa
1946년 니가타현 타카다 출생. 도쿄대에서 미술과 음악을 전공한 기타가와는 출판, 뮤직 프로듀서, 도시와 건축 프로젝트, 공공미술 프로젝트, 미술비평 등 전방위적인 활동을 하는 기획자이다. 일본의 13개 도시를 순회하며 일본에 가우디 열풍을 만든 '안토니오 가우디전'(1978~79), 77개의 학교를 순회한 'Prints Show for Children'(1980~82), '에치고-쓰마리 트리엔날레'(2000), '일본과 유럽 건축의 뉴트랜드'(2001) 등의 전시를 기획했다.

내포적 의미 connotation
내포적 의미란, 어떤 특정한 문맥 속에서 독자가 외연적 의미 이외에 파악·감지하는 의미들을 말한다. 말의 일상적·사전적 의미가 아니라, 그 단어, 어구가 창조하는 일종의 분위기 또는 감화적인 의미를 가리킨다. 외연(denota-tion)의 반대어이다.
외연적 의미를 표시적 의미로, 내포적 의미를 함축적 의미라는 말로 바꾸어보면 더 알기 쉬울 것이다. 한 낱말이 단일한 의미만을 나타내도록 쓰여졌을 때, 그 의미는 그 낱말에 의해 표시되었다고 볼 수 있다. 즉, 한 낱말의 외연이란 바로 그 낱말이 표시하고 있는 가장 기본적인 의미이며, 여기에서 나아가 한 낱말이 문맥상으로 보아 동시에 다른 여러 뜻을 암시하거나 내포할 때, 즉 함축할 때에 이를 내포하는 것이다.

네그리튀드 Négritude
1920년대 프랑스 파리에서 유학하던 마르티니크 출신의 시인 에이메 세자르와 세네갈 출신의 시인 레오폴드 생고르가 '흑인성의 부활'을 꿈꾸며 공동으로 주창한 운동이다. 식민주의 시절 유럽 열강들에 의해 왜곡되고, 악마화되었으며, 타자화되었던 '흑인성의 원형'을 문화적으로 회복하자는 일련의 흑인문화부흥운동이다.

노클린 Linda Nochlin
현재 뉴욕대학교의 교수로서, 1972년 출판된 저서, 『Sex Object: Studies in Erotic Art』로 미술사와 미술비평에 페미니즘을 기반으로 한 관점을 소개한 것으로 유명하다.

누벨 바그 Nouvelle Vague
'새로운 물결'이란 뜻을 가진 누벨 바그는 프랑스에서 1950년대 후반에 등장해 대략 1960년대 중반까지 지속된 새로운 영화적 경향을 일컫는다. 영화사의 이 중요한 한 순간을 주도한 것은 프랑수아 트뤼포(Francois Truffaut, 1932~84), 장 뤽 고다르(Jean-Luc Godard, 1930~), 에릭 로메르(Eric Rohmer, 1920~), 자크 리베트(Jacques Rivette, 1928~), 클로드 샤브롤(Claude Chabrol, 1930~) 같은 젊은 영화감독들이었는데, 이들은 내러티브 구조화 방식의 개방성을 적극 확대하고 기존의 관례적인 형식을 의식적으로 벗어나는 식의 영화들을 만듦으로써 영화사에 '현대 영화'(modern cinema)라는 개념을 본격적으로 끌고 들어오게 된다.

뉴에지 디자인 New-Edge Design
1990년 이후부터 시도되고 있는 자동차 외관 스타일 트렌드를 지칭하는 말로 전반적 스타일에서 풍만한 볼륨을 기본으로 하고 면과 면이 만나는 부위에 샤프한 조형적 스타일을 적용한 각지고 간결한 이미지의 디자인을 말한다.

닌텐도DS
닌텐도가 개발, 판매하는 휴대용 게임기이다. 두 개의 화면과 터치 패널, 마이크에 의한 음성 입력 등의 사용자 환경이 특징이다.

도그마 영화
덴마크 영화감독 라스 폰 트리에와 토마스 빈터베르크가 1995년 3월에 이른바 '순수의 서약'(the vow of chastity)을 발표하고 영화 본연의 순수성을 되찾기 위해 영화창작에 있어서 이를 엄수할 것을 공표하면서 시작되었다. 이 서약은 다음과 같은 조항들로 이루어져 있다. 촬영은 반드시 로케이션을 통해 이루어져야 하며, 사운드는 이미지와 분리되어서는 안 되고, 삼각대 없이 촬영되어야 하며, 옵티컬 작업과 필터 사용을 금한다 등등. 토마스 빈터베르크의 「셀레브레이션」과 라스 폰 트리에의 「백치들」이 1998년 칸 영화제를 통해 동시에 공개되면서 세간의 주목을 끌게 된다.

독립 큐레이터 Independent Curator
'전시기획자'로 번역되는 큐레이터는 기획은 물론, 진행 및 홍보, 마무리까지 전시에 관한 모든 일을 전담하는 직업을 일컫는다. 화랑이나 미술관에 소속되지 않고 전시 프로젝트 별로 일을 맡아, 미술 전반에 대한 미시적 · 거시적 이해를 바탕으로 작가를 선정하는 일부터 작품을 전시공간에 배치하는 일까지 책임지는 프리랜서를 '독립 큐레이터'라 칭한다.

뒤샹 Marcel Duchamp
인상파 · 후기 인상파 · 야수파 등의 영향을 받으면서 입체주의 그룹에 참여한 뒤샹(1887~1968)은 미술에 대한 개념 자체에 혁신을 가져온 미술가이다. 1913년 「계단을 내려가는 누드」를 뉴욕의 '아모리 쇼' 전시회에 출품하여 센세이션을 불러일으켰으며, 이후 뉴욕을 중심으로 이른바 '반예술적' 작품을 발표하여 현대미술에 큰 영향을 끼쳤다. 눈에 보이는 사물이나 풍경을 그림으로 옮기는 미술에서의 '재현' 행위를 전면 부정하고 예술가가 예술이라고 말하는 어떤 것이든 예술이 될 수 있다는 뒤샹의 반전통적인 사상은 미술에서 '레디메이드'(ready-made)란 용어와 개념을 탄생시켰다.

드림카 Dream car

새로운 메커니즘이나 디자인을 갖춘 차를 시험 삼아 미리 만들어 일반에 공개하여 반응을 조사하기 위한 시작차 (experi-mental car).

디시인사이드
http://www.dcinside.com

1999년 10월 디지털 카메라 정보 제공 사이트로 시작하여 종합 콘텐츠 포털 사이트로 성장하였다. 국내 최대의 UCC 커뮤니티와 디지털 콘텐츠를 보유하면서 대한민국 인터넷 트렌드를 창조하고 있다. 현대 1,000여 개의 갤러리와 게시판, 2,000만 장 이상의 디지털 이미지, 2만여 개의 전문 콘텐츠를 바탕으로 1일 방문자 100만 명, 페이지뷰 1억 2,000회를 기록하고 있다. 'DC폐인', '개죽이', '행자', '아햏햏' 등의 신조어를 비롯하여 '폐인 문화'라는 독특한 문화를 만들어냈다.

디아스포라 Diaspora

그리스어에서 온 말로 분산(分散), 이산(離散)의 뜻이다. 팔레스타인 외역에 살면서 유대적 종교규범과 생활습관을 유지하던 유대인 또는 그들의 거주지를 가리키는 말이다. 내용적으로는 '이산 유대인', '이산의 땅'이라는 의미를 갖는다. 디아스포라의 현재적 의미는 영토적 이동이나 기한부 고용, 강제이주 혹은 자발적 이민의 의미를 포괄한다. 최근에 들어서는 새로운 정체성의 구축과 재배치 문제, 혼성, 틈새의 정치학, 추방과 귀환, 초국가적

개념, 신식민주의와 탈식민주의 등의 쟁점을 드러내는 장치로 사용된다.

디지털기술 Digital Technology

컴퓨터를 기반으로 하는 기술을 통칭한다. 안드레아스 구르스키에 대한 글 '사진기는 무자비하게 비낭만적이다'에서는 주로 그래픽 프로그램 포토샵(Adobe Photoshop)을 사용한 사진의 조작과 변형에 관한 뜻으로 쓰였다.

랜드 Paul Rand

미국의 그래픽 디자이너로 1914년 뉴욕에서 출생하였다. 플랫 인스티튜트 등에서 공부하고, 23세 때 『에스콰이어』지의 아트디렉터가 되어 두각을 나타내었다. 제2차 세계대전 후에는 독자적인 밝은 작풍에 바우하우스의 합리성을 가미해 미국 그래픽 디자인의 황금시대를 구축하였다. 1956년부터 예일대학 교수가 되어 디자인 교육에도 공헌하였다. 저서에는 『디자인 사고』 (*Thoughts on Design*, 1947)가 있다.

레네 Alain Resnais

프랑스의 거장 영화감독인 알랭 레네는 주로 시간과 기억을 중심 주제로 삼은 영화를 만들어 명성을 얻은 인물이다. 그는 장편 데뷔작인 「히로시마 내 사랑」(Hiroshima mon amour)으로 이미 영화 역사의 중요한 분기점을 이뤄냈다는 평가를 받았다. 즉 레네는 영화 만들기의 새로운 자의식을 보여준 이 영화로 사운드영화 시대에 처음으로 '현대영화'를 만들어냈을 뿐 아니라

영화사에서 거의 최초로 영화라는 매체가 '사고'(think)할 능력이 있음을 보여주었다.

레트로 디자인 Retro Design
1930~60년대 과거에 유행했던 자동차의 고전적인 스타일이나 이미지를 기본으로, 거기에 현대 디자인의 새로운 기술이나 조형성을 적용하는 최근의 디자인 트렌드의 하나.

로드스터 Roadster
2~3인승 자동차로 지붕을 컨버터블로 디자인한 자동차. 스포츠카와 모양이 비슷해서 스포츠카라고도 부른다.

르누아르, 장 Jean Renoir
많은 영화감독과 평론가들이 영화사상 가장 위대한 영화감독 가운데 하나로 주저않고 꼽는 인물. 유명한 인상주의 화가 오귀스트 르누아르(Auguste Renoir)의 아들로 태어난 장 르누아르 (1894~1979)는 「위대한 환상」(La Grande illusion, 1937), 「게임의 규칙」(La Regle du jeu, 1939) 등을 비롯해 다수의 걸작을 만들어냈다. 지치지 않는 혁신에의 열정과 인간에 대한 애정 어린 관심을 보여준 그는 특히 누벨 바그 감독들에게 영화적 아버지 같은 존재라고 할 수 있다.

리모델링 remodelling
리모델링이란 건축물을 기능적·기술적으로 원래의 수준 이상으로 한 차원 끌어올리기 위해 행하는 물리적 개조 행위를 말한다. 곧, 리모델링은 기존 건축물의 기본적인 골격을 유지하면서 사용상의 요건에 맞도록 부위를 선별하여 보완·개조하는 것을 의미한다. 기존 건축물이 노후화되었거나 본래의 용도와 다른 용도로 사용하고자 하는 경우, 과거에는 건물을 철거한 후 재건축하는 일이 많았으나 최근에는 리모델링하는 것이 경제적·환경적 측면에서 바람직하다는 생각이 확산되고 있다. 특히, 전통과 근대 시기의 건축물을 리모델링하여 활용함으로써 자원의 소모를 줄이고 도시의 역사성을 유지하려는 시도들이 나타나고 있다.

리무진 Limousine
운전석과 뒷좌석 사이에 유리로 칸막이를 한 VIP용 호화 자동차. 미국에서는 스트레치드 리무진(Stretched Limousine) 또는 줄여서 리모(Limo)라 하며, 독일에서는 풀만(Fullman)이라 부른다. 참고로 독일에서는 세단을 리무진이라 부른다.

리베이로 Aileen Ribeiro
영국 Courtauld Institute of Art의 미술사학과의 교수인 동시에 초상화 및 인물화 등에 나타나 있는 의상분석의 의상 컨설턴트로 유명한 복식학자이다.

리베트 Jacques Rivette
프랑스 누벨 바그 멤버 가운데 하나로 현재까지도 녹슬지 않는 창작력을 보여주는 거장 영화감독. 리베트의 영화들은 무대와 연기를 중심에 두고서 예술 창작의 과정과 삶의 비밀에 대해 탐구하는 경우가 많다. 데뷔작은 「파리는 우리의 것」(Paris nous appartient, 1960)이며, 대표작으로는 「수녀」(La Religieuse, 1965), 「셀린느와 줄리 배 타러 가다」(Celine et Julie vont en bateau, 1974), 「오 바 프라질」(Haut bas fragile, 1995) 등이 있다.

린든랩
3D 가상현실 웹사이트 세컨드 라이프를 만든 미국의 인터넷 업체.

마우마우
1950년대부터 케냐가 독립을 쟁취할 때까지 기쿠유 농민들을 중심으로 한 케냐 농민들이 영국의 식민주의자들을 대상으로 벌인 일종의 게릴라 투쟁이다. 마우마우 투쟁의 중심에는 자신들의 얼이 서려 있는 땅을 이방인들에게 빼앗긴 케냐 농민들의 상실 의식이 놓여 있다.

말로 André Malraux
프랑스의 소설가이자 미술사가. 문화부 장관으로 다양한 활동을 하였다. 수많은 글을 남겼으며, 야수마사 모리무라에 대한 글 '미술관은 미술작품의 무덤이다'에서 그가 1952~54년에 집필한 글 『상상의 박물관』(the imaginary museum)을 언급하였다.

맥루안 Herbert Marshall Mcluhan
1911년 7월 캐나다 앨버타주의 에드먼턴에서 태어났다. 캐나다의 대학에서 영문학자로 강단에 선 뒤부터는 미디어 이론가 및 문화비평가로 변신하여 미국 미디어팝 문화의 대부로 불리고, 학자로서는 예외적으로 시사전문지 『뉴스위크』의 표지인물로 나오기도 했다. 1955년 미국 교육방송협회 미디어 프로젝트 주임을 지냈으며, 1963년 토론토대학교 문화기술연구소 소장으로 취임해 1980년까지 활동했다.

1964년 『미디어의 이해』라는 저서를 통해 '미디어는 메시지다', '미디어는 인간의 확장'이라는 견해를 밝혀 현대 미디어이론에서 사용하는 '미디어'라는 단어와 가장 근접한 개념을 제시하였으며, 미디어의 발전과 인간존재의 관계를 연구하여 근대의 인쇄혁명과 텔레비전으로 대표되는 전자미디어가 서구문명에 미칠 영향을 예견하여 오늘날 미국을 비롯한 서구에서 그에 대한 새로운 평가작업이 활발히 진행되고 있다.

멀티-소스, 멀티-릴리즈 Multi-Source, Multi- Release
여러 편의 광고물을 제작하여 한 편씩 순차적으로 방영하지 않고 동시에 여러 편을 방영하는 방식. 2005년부터 본격화되기 시작한 이 방식은 다양한 내용을 동시에 또한 여러 번에 걸쳐 볼 수 있다는 성격 때문에 일부 자본이 많은 대기업의 광고가 화면을 지배하는 일종의 미디어 패권주의를 형성하게 된다. SK텔레콤의 '현대인의 생활백서', '영상통화 완전정복', '사람을 향합니다', KTF의 '쇼를 하라', 네이버의 '세상의 모든 지식' 시리즈 등이 이 예에 속한다.

메더 Edward F. Mader

미국 로스앤젤레스 카운티 미술박물관의 의복과 텍스타일 큐레이터와 캐나다 토론토의 바타 신발 박물관의 관장을 거쳐 2000년부터 매사추세츠 주의 Historic Deerfield 박물관의 텍스타일 큐레이터로 재직 중이다.

그는 전 세계적으로 40개가 넘는 전시회를 디자인하고 기획하였다. 대표적인 전시회로는 'Hollywood and History : Costume Design in Film', 'An Elegant Art : Fashion and Fantasy in the Eighteenth Century' 등이 있다.

메카스 Jonas Mekas

조나스 메카스는 1922년 리투아니아에서 태어나 독일에서 교육을 받고 1949년 뉴욕으로 건너가 그후 여러 면에서 미국 아방가르드 영화의 중심인물 역할을 톡톡히 해냈다. 그는 1955년 미국 인디영화 잡지인 『필름 컬처』(Film Culture)를 창간했고 1970년에는 인디영화들을 상영하고 보관하는 역할을 하는, 뉴욕 아방가르드 영화의 중심인 앤솔로지 필름 아카이브(Anthology Film Archive)를 창설했다. 1960년대 초반부터 실험적인 영화들을 만들었으며 최근까지도 독립영화 작업을 계속해오고 있다.

명암대조법과 공기원근법 chiaroscuro/sfumato

명암법, 또는 명암대조법으로 번역되는 'chiaroscuro'는 공간감과 입체감을 표현하기 위한 원리다. 반면, 공기원근법 또는 대기원근법이라고 번역하는 'Sfumato'는 색채의 농담, 명암을 이용하여 대상의 거리감을 표현하는 방법을 말한다. 멀리 있는 풍경이 공기 중의 먼지나 수증기에 의해 흐릿하게 보이는 현상을 그림에 사용한 것, 또는 물체와 공간과의 관계에서 자연스럽게 번지는 효과를 말한다. 입체적인 효과를 위해 사용한다는 점에서 본문(297쪽)에서는 함께 사용하였다.

모션 캡처 motion capture

몸에 센서를 부착해서 인체의 움직임을 디지털 형태로 기록하는 작업을 말한다. 1970년대 말부터 알려지기 시작한 기술로 1980년대 들어 컴퓨터를 이용하면서 인간의 동작분석이 학문적으로 시작됐다. 신체 여러 부분에 센서를 부착한 뒤에 센서의 위치 값을 통해 가상캐릭터가 같은 동작으로 움직이게 하는 것이 이 기술의 핵심이다.

영화의 등장인물을 나타낼 때도 쓰이는데, 「반지의 제왕」에 등장한 골룸이 한 예다. 영화에서 골룸의 얼굴 표정과 동작 등을 실제 배우의 연기를 여러 대의 적외선 카메라로 찍어 컴퓨터로 기록한 다음 그 움직임을 컴퓨터 그래픽으로 만든 골룸 캐릭터로 표현하도록 합성하는 것이다. 또한 병원 재활의학과에서 환자의 보행을 교정하거나, 체

육선수들이 자세를 교정할 때도 이용되고 있다.

문화권 Cultural Rights

문화 환경은 인간 삶의 환경에서 기본적으로 존재하는 조건이다. 따라서 인간 각자는 문화적 삶의 수혜를 누리고 즐길 권리가 있으며, 이런 차원에서 '문화주권'의 개념이 도출된다.

문화기술 CT, Culture Technology

문화산업기술이라고도 하고, 영문의 머리글자를 따서 CT라고도 한다. 그 의미는 좁게는 문화콘텐츠를 디지털화하는 기술을 뜻하며, 넓게는 문화예술·인문사회·과학기술이 융합하여 인간의 삶의 질을 향상시키고 더 나은 방향으로 변화하게 하는 기술을 뜻한다. 문화기술과 관련된 산업은 소프트웨어·인터넷·무선통신·컴퓨터 분야는 물론 영화·방송영상·게임·음악 분야의 콘텐츠, 패션·완구·공예·스포츠 등의 생활문화, 시각예술·공간예술·공연예술 등의 예술산업, 문화유산 및 관광산업, 의료산업 및 복지산업 등으로 광범위하다.

문화다양성 협약

1995년 세계무역기구(WTO)출범 이후 문화 분야를 일반 공산품과 같은 차원의 교역으로 다룰 수 없다는 인식에 기반하여 문화다양성 기구들이 결성되었다. 이를테면 문화다양성 국제연대(INCD), 문화다양성연대(CCD)와 같은 민간 분야를 비롯하여 문화정책 수장들의 모임인 세계문화부장관회의(INCP) 등이 있다. 이들은 2001년 11월 파리에서 '세계문화다양성 선언'을 채택하고 이후 문화다양성 보호와 증진을 위한 국제법적 효력을 갖는 '문화다양성 협약'을 준비하게 된다. 이런 노력의 결실로 2005년 유네스코 제33차 총회에서 회원국 절대 다수의 동의로 협약이 통과하였다.

이 협약은 각 나라마다 가지고 있는 문화 표현의 다양성을 보존하고 증진시키는 제도와 정책 등의 자주권을 보장하고 있다. 그러나 이미 체결한 다른 국제협약과의 관계에 있어서 이 협약이 다른 협약보다 우선시된다는 보장이 없기에 이 협약의 실질적 구속력이 모호한 상태로 남아 있다는 논쟁점이 존재한다.

문화산업

프랑크푸르트 학파의 두 학자, 테오도르 아도르노와 막스 호르크하이머가 1947년 처음으로 사용한 말이다. 이들은 예술적 창조행위에 가하는 문화적 재화의 대량생산을 비난하기 위해 이 용어를 사용하여, 깊이 있는 문화를 전달하지 못하고 모방, 가짜 그리고 천박한 표준화로 환원되고 마는 부정적 측면들을 부각시켰다. 하지만 이들은 문화산업이 만들어내는 새로운 문화적 지형의 의미를 당대적 조건에서 충분히 설명하지 못했다.

그러나 이제 문화산업의 특징은 다음과 같이 정립되었다. 첫째, 문화산업은 많은 자본을 필요로 한다. 둘째, 문화

산업은 대량재생산 기술, 즉 영화·음반·출판을 비롯하여 케이블·텔레비전·위성과 같은 기구들을 활용한다. 셋째, 문화산업은 시장을 위해 봉사한다. 다른 말로 표현하자면 문화를 상품화한다. 넷째, 문화산업은 자본주의적 형식의 노동조직을 바탕으로 한다. 다시 말해 문화산업은 창조자를 노동자로, 문화를 문화적 생산품으로 변화시킨다고 설명된다.

미장-카드르 mise-en-cadre
프랑스어로 여기서 'cadre'는 액자, 틀 등의 뜻인데, 화면에 보이게 될 것을 선택하고 구성하기 위한 프레이밍(framing)을 의미한다.

바우하우스 Bauhaus
1918년 독일의 발터 그로피우스에 의해 설립된 건축·디자인·공예운동을 주도한 교육기관이다. 바우하우스에서는 그로피우스가 예술의 모태인 건축과 관련 있는 것으로 보았던 여러 가지 수공예를 가르쳤다. 바우하우스는 예술과 숙달된 기능을 동시에 학생들에게 가르침으로써 이 두 가지의 분리를 막으려고 시도했다. 이후 바우하우스는 미국과 유럽의 디자인에 커다란 영향을 주어 현재에 이르기까지 건축·디자인·공예 분야의 중요한 시발점으로 평가되고 있다.

바이럴 마케팅 Viral Marketing
바이럴 마케팅은 UCC와 같은 새로운 메시지 전달 경로를 통해 퍼뜨리는 '인터넷 입소문'이다. 입소문이라는 아날로그적 마케팅을 디지털 형식으로 전환한 것이다. 배너와 같은 단순한 인터넷 광고를 벗어나 웹2.0 환경의 가장 큰 특징인 상호참여 커뮤니케이션을 절묘하게 상업화했다는 점에서 의미가 크다. '인터넷 킬 더 비디오 스타(Internet kill the video star)'의 패러다임을 본격적으로 구현한 것이다.

박스형카 Boxstyle
소형버스 형태의 자동차가 주로 여기에 속하며 하나의 상자 형태로 생긴 차를 말한다. 변형된 형태로 1박스카, 1.5박스카가 있다.

밴 Van
주로 짐 싣는 기능 위주로 만든 차로 지붕이 고정된 상자 모양의 화물칸을 구비하고 있는 트럭을 말한다.

베니스 비엔날레
La Biennale di Venezia
비엔날레는 격년제라는 의미로, 미술 분야에서는 2년마다 열리는 전람회 및 그밖의 행사를 가리킨다. 비엔날레 중에서 가장 역사가 길고 권위가 있는 것으로 알려진 것이 바로 베니스(베네치아) 시에서 짝수 해마다 개최되는 베니스 비엔날레이다. 국제적인 행사로서 각국의 예술가들이 모여 솜씨를 겨루는 대결의 장이 되고 있으며 현대 미술의 발전에 커다란 자극을 주고 있다.

베르토네 Bertone

이탈리아 카로체리아(자동차 본체 제작 및 디자인 전문 업체) 중 가장 오래된 90여 년의 역사와 전통을 자랑하며 카로체리아의 신화를 만들어왔던 베르토네는, 1912년 이탈리아의 피에몬테주 토리노에 지오바니 베르토네에 의해 마차와 자동차 차체 제조 및 정비회사로 설립되었다.

프랑코 스칼리오네, 조르지오 쥬지아로, 마르첼로 간디니와 같은 세계적인 디자이너를 배출한 자동차 디자이너의 사관학교와도 같은 곳으로, 현재는 디자인센터인 스틸레베르토네, 자동차 생산시설인 그루글리아스코공장, 자동차 디자인을 담당하는 테크노디자인, 부품 공급과 자동차 및 건물용 유리를 생산하는 SOCAR I.C.S 등 네 개 계열사에 총 1,500여 명의 직원들이 있으며 각 회사는 독립적으로 운영되고 있다.

벤야민 Walter Benjamin

1892년 베를린에서 태어났다. 좌익 학생운동을 하였고 나중에 시오니즘운동에 관계하였다. 교수 자격 취득을 위한 박사학위논문 「독일 비극의 기원」(1928)이 프랑크푸르트대학에서 거부됨으로써, 교수를 단념하고 문필생활로 들어갔다. 보들레르, 프루스트에 심취하여 그들의 작품을 번역하는 한편, 1925년부터 마르크스주의 연구에 몰두하였다.

매우 개성적인 그의 사상은 당시의 현상학(現象學)과 신(新)헤겔주의와는 현저한 대조를 이루고 있었으며, 그의 유저(遺著)인 『역사철학의 테제』에는 종말론적 역사관이 보인다. 나치스에게 쫓겨 망명 도중 자살하였다. 저서로 『괴테의 친화력』(1924~25), 『기술복제시대의 예술작품』(1936), 『계몽』(1961) 등이 있다.

보이스 Joseph Beuys

백남준과 함께 20세기 미술의 혁신을 추구한 작가로 꼽히는 보이스는 예술의 역할이 단지 예술이라는 제한된 영역 속에서 물질화된 어떤 대상을 생산해내는 일이 아니라, 거대한 사회구조의 짜임과 흐름 속에서 더 인간적인 삶을 이루기 위한 각 구성원들 간의 상호소통을 촉진시키는 것이라고 정의하였다. 따라서 정신과 물질 사이를 넘나들었던 보이스 예술 사상의 중심은 자유·평등·박애에 입각한 휴머니즘의 실현에 있었으며 실제로 그는 자신의 예술적 생애를 통해 이러한 개념을 온몸으로 실천하려 했던 이상적 행동주의자였다고 말할 수 있다.

복합 문화기업

언론-영화-음반-인터넷 미디어등을 통합하는 복합 문화기업의 전조는 1970년대 말 미국의 할리우드 메이저 영화사와 다국적 미디어 기업, 일반 공산품 대기업간의 합병과 인수로 촉발되었다. 이를테면 'AOL-타임워너'는 대표적인 할리우드 메이저 영화사(워너브러더스), 대표적인 잡지(타임, 포춘, 스포츠일러스트레이티드), 24시간 뉴스방송을 대표하는 위성방송(CNN),

유료 케이블 채널(HBO), 음악(워너 뮤직), AOL, 인터넷 서비스업체(컴퓨서브), 웹브라우저 넷스케이프 등을 소유한 최대의 복합 문화기업이다.

브라이슨 Norman Bryson
현재 런던대학교 교수이다. 시각예술 전반을 폭넓게 연구하고 있다. 저서로는 『Vision and Painting: The Logic of the Gaze』 『Word and Image: French Painting of the Ancient Regime』 등이 있다.

브랜디드 엔터테인먼트 Branded Entertainment
다양한 미디어 채널을 통한 광고활동을 펼침으로써 브랜드가 중심이 되는 하나의 종합 엔터테인먼트 상품을 기획, 제작하는 것을 뜻한다. 애니클럽, 애니모션, 애니밴드에 이르는 애니콜의 일련의 뮤직비디오 작업이 그 좋은 예이다. 애니콜은 뮤직비디오를 회자시키면서 동시에 배경음악은 mp3나 컬러링으로 활용하고 시사회, 파티 등의 프로모션 활동을 펼치는 원소스 멀티유즈(One Source Multi Use)의 마케팅 기법을 선보이며 엔터테인먼트 브랜드로 자리잡았다.

브랜슨 Richard Branson
버진 어틀랜틱 항공사를 중심으로 철도·금융·음료·음악·이동통신·레저·운수·주류·출판·예복에 이르기까지 200개 이상의 회사를 거느린 버진 그룹의 회장. 다른 CEO와는 달리 긴 머리에 덥수룩하게 수염을 기르고, 열기구를 타고 대서양을 횡단하는 등 괴짜 행동으로 잘 알려져 있는 그는 '새로운 것에 도전한다'는 좌우명을 마케팅에도 그대로 적용하고 있다.

비디오게임
마이크로칩과 컴퓨터 기술을 결합하여, 게임팩이나 게임 CD를 텔레비전 스크린과 연결하여 장착할 수 있는 게임기 하드웨어를 기반으로 진행하는 게임.

사이버 캐릭터
3차원 컴퓨터 그래픽 기술과 애니메이션 기술을 이용해 제작한 로봇·동물·사람 등을 가리키는 것으로 이름·나이·성격·행동반경·취미 등 각각의 개성 및 특성을 가졌다.

사회 조각 Soziale Plastik
보이스의 작품에 등장하는 개념 중의 하나인 사회 조각은 거대한 전체와의 관계 또는 소통 속에서 그 충실한 의미를 갖는다고 할 수 있다. 예를 들면, 피아노와 같은 조각 작품뿐만 아니라 자질구레한 오브제, 드로잉, 유리 진열장 등을 암시적이고 논리적인 관계로 사용함으로써 의미와 느낌을 전달하는 동시에 에너지를 전달하고 차단시키는 그의 작품은 하나의 사회 조각이라 할 수 있다.

삶의 질 Quality of Life
우리나라가 선진화되면서 더욱 중요한

사회적 이슈가 되고 있다. 이를 경제학적으로 분석해보면, 경제학에서 말하는 양(陽)의 경제효과라 이해하면 된다. 우리가 즐겁고 유쾌한 것을 인지하면 할수록 '삶의 질'은 높아진다. 이런 측면에서 디자인의 분야가 현대사회에서 더욱 중요한 위치를 차지하게 되는 것이다.

상품미학 warenaesthetik

볼프강 하우크(Wolfgang Fritz Haug)가 『상품미학비판』이라는 책에서 논의한 개념으로, 예술미와 반대되는 상품의 미학을 다루고 상품미학의 첨병인 디자인과 광고를 비평한다. 심층적인 미적 체험을 불러일으키는 예술미와 대량생산되는 상품을 둘러싼 상품미의 등장에 유물론적으로 접근한다.

기술복제와 대량생산의 발달로 등장한 상품미학은 좀더 신선하고 충격적인 이미지를 전달하는 환상산업이다. 하우크는 상품미학의 등장은 인간 욕구체 사용가치와 교환가치의 모순에서 출발하였으며 상품의 가치가 교환가치에 의해 기능적으로 결정된다고 지적한다. 상품미학의 영역은 상품, 상품의 전시와 연출, 판매 장소의 디자인, 건축, 조명, 색채, 음향, 향기, 판매원과 그의 외관 및 행동거지, 판매행위까지 포괄하며, 시, 음악, 미술, 무용, 영화, 드라마 등 모든 예술형식과 환상산업을 혼합, 모조하거나 패러디한다고 한다.

생물다양성과 문화다양성의 관계

생물다양성(Bio-diversity) 개념은 지구에 사는 하나의 종(species)에 불과한 인류가 지구생태계를 구성하는 다양한 종의 생물을 해치며 지구생태계를 파괴하는 것에 대한 인식으로부터 시작되었다. 이에 기반한 생물다양성 보호운동이 다각도로 전개되었고, 마침내 1987년 유엔환경계획이 지구상 생물의 종보호를 위한 전문가 회의를 소집했다. 이후 지속적 논의를 거쳐 1992년 리우회의에서 158개국 대표가 국제법적 효력을 갖는 생물다양성협약을 채택하였고, 1993년 12월 29일부터 발효되었다. 한국도 회원국이다.

문화다양성운동이 문화다양성협약을 이끌어낸 과정은 생물다양성운동에 힘입은 바 있다. 문화 역시 인간 삶의 핵심이란 점에서 문화다양성의 지속적 생존이 절실한 과제이며, 그런 필요성이 국제사회의 동의와 지원 속에서 협약을 통해 구체화되어야 한다는 점을 중심에 두고 문화다양성협약이 이루어지게 되었다.

세단 Sedan

3박스형으로 고정된 지붕과 앞뒤로 1열의 좌석을 갖추고 칸막이가 없으며 2~5개의 도어가 있고 4~6명 정도의 승객이 탈 수 있는 일반적인 승용차를 말한다. 세단의 주된 목적은 승객의 수송이므로 형태의 정의는 그다지 엄밀하지 않다. 일반적으로 2도어, 4도어, 5도어 등 도어의 수로 전체의 모양을 나타낸다.

세단은 미국에서의 이름이며 영국에서는 살롱, 독일에서는 리무진, 프랑스에

서는 베르리느, 이탈리아에서는 베르
리나라고 불린다.

세컨드 라이프

온라인 게임업체 린든랩사가 개발한
세컨드 라이프는 현실세계의 일상을
그대로 인터넷에 구현한 3D 가상현실
웹사이트이다. 사용자들은 자신의 분신
인 아바타를 만들고 이 아바타를 '거주
자'라고 부른다. 거주자의 수는 2003년
개설 이래 현재 250만 명을 돌파했고
특히 최근에는 월평균 40퍼센트라는
폭발적인 증가세를 보이고 있다.

세컨드 라이프에서는 현실에서 일어나
는 모든 일들이 일어난다. 거주자들은
상점을 돌아다니면서 물건을 구매하고
기업들은 판매활동 뿐만 아니라 현실
세계와 같은 홍보활동을 하기도 하는
가 하면 심지어 부동산투기까지 한다.
린든달러라는 통화가 통용되기 때문에
경제활동이 가능하다. 270린든달러는
현실세계에서 1달러로 환전이 가능하
기 때문에 이용자들은 세컨드라이프에
서의 행동들을 더욱 실제처럼 받아들
이게 된다.

셋톱 박스 set-top box

일반적으로 주문형 비디오(VOD), 영
상판 홈쇼핑, 네트워크 게임 등 차세대
쌍방향 멀티미디어 통신 서비스를 이
용하는 데 필요한, 가정용 통신 단말기
기능을 갖춘 텔레비전 세트 위에 놓고
이용하는 상자를 말한다. 쌍방향 텔레
비전이나 전화 회사의 영상 전송 서비
스 등의 망과 접속하여 가정 내에서는
텔레비전 모니터 등에 연결하여 이용
한다. 셋톱 박스는 전화회사나 종합 유
선 방송(CATV)국에 설치되어 있는 비
디오 서버 등과 통신하는 외에, 기본
기능으로서 영상신호의 수신·변환 기
능을 구비한다. 또한 전화와 PC 통신
등 데이터 통신 서비스도 동시에 이용
할 수 있도록 전화 인터페이스나 PC와
의 접속 인터페이스를 갖는 것 등 다양
한 규격이 검토되고 있다. 대화형 텔레
비전 시장을 선점하기 위해 통신·컴퓨
터·가전제품 제조업체들이 셋톱 박스
의 제품화 및 판매 경쟁을 벌이고 있다.

손택 Susan Sontag

1970년대에 미국 문화에 지대한 영향
을 끼친 작가로 연극을 연출하고 영화
를 감독하기도 하였다. 근대문화와 포
르노그래피, 파시스트 미학, 사진, 혁
명 등이 그녀가 다루는 소재이다. 저서
『사진론』(*On Photography*), 『은유로
서의 질병』(*Illness as Metaphor*) 등
이 있다.

스타일링 Styling

디자인 컨셉트가 결정된 후 차의 외형
및 내장을 구성하는 디자인 작업으로,
공학적 설계나 기술보다는 미적조형
성, 기능적 디자인의 측면이 강하다.
생산기술적 측면과 시장 또는 소비자
의 추세와 요구, 설계개념과의 부합 등
을 고려하여 계획, 기본설계, 선행설계
와 밀접한 관련을 가지며 그 과정은 대
개 다음과 같다.

디자인컨셉트 → 아이디어스케치→ 렌

더링 → Tape drawing 및 렌더링(1/1 또는 2/5축소 스케일) → 축소형 Clay 모델제작 → 1/1 Clay모델제작 → 3차 원측정 → 하드모델제작(FRP 또는 Resin) → styling결정.

스톤 Sandy Stone=A. Rosanne Stone
현재 텍사스대학교 교수이다. 퍼포먼스 작가이며 설치작가이고 소설가이기도 하다. 신체와 성에 관한 문제, 재현에 관한 문제, 성전환의 문제 등이 그녀가 다루는 소재다. 예술과 기술문명에 관한 연구를 진행하고 있다.

스틸 Valerie Steele
미국의 대표적 패션 교육기관인 뉴욕의 Fashion Institute of Technology (F.I.T) 박물관의 수석 큐레이터(Chief Curator)이자 박물관장대리(Acting Director)이다. 『패션이론』(Fashion Theory)의 편집장으로서 복식학자들의 비판적 연구에 대한 노력을 하고 있다.

스포츠카 Sportscar
스포츠카는 편리함이나 경제성보다 달리기 성능을 위주로 만든 차로서 쿠페나 컨버터블형이 많다.

스포티카 Sportycar
스포츠카를 본뜬 모델로 모양이나 성능에서 일반차보다 날렵하지만 스포츠카보다는 뒤떨어진다.

스핀오프 spinoff
이전에 출간되었던 책의 등장인물이나 상황에 기초하는 소설, 혹은 많은 인기를 끌었던 프로그램의 등장인물에 근거해 새로 만들어내는 라디오나 텔레비전 프로그램을 말한다.

신화 myth
바르트(Bartes)에게 신화는 사회적 통념이나 가치, 신념 또는 이데올로기 등과 같이 한 문화가 그것이 갖는 사회적 현실을 이해하고 설명하는 방식을 말한다. 신화의 개념을 레비-스트로스에게서 빌려왔다. 레비-스트로스에 있어서 신화는 무의식의 전언내용을 전달하는 집단의 기호체계였고, 또 인간존재의 모순을 상상적으로 해결하려는 시도이다. 신화는 환상적인 동화가 아니며 현존하는 삶과 죽음, 자아와 타자, 문화와 자연, 시간과 영원 등 일상경험의 대립과 모순을 상징적으로 해결하는 하나의 방편 또는 집단적 계략이었던 것이다. 바르트는 바로 이러한 계략을 부르주아 이데올로기와 동일시한다.
원시사회의 신화가 천지창조의 신들과 하늘과 땅, 불과 물, 동물과 사람, 선과 악에 관한 것이라면 보다 세련된 현대의 신화는 부와 명예, 출세, 남성적인 것과 여성적인 것, 가족, 결혼, 행복, 국가 경창 등에 대한 가치체계나 믿음, 신념 등과 같은 것으로 바뀌었을 뿐이다.

실버만 Kaja Silverman
현재 버클리 소재 캘리포니아주립대학교 교수이다. 현상학, 정신분석학, 페미니즘, 사진 및 시각 예술 전반에 걸친 연구를 한다. 주요 저서로는, 『The Subject of Semiotics』『Male Subjectivity at the Margins』『The Threshold of the Visible World』 등이 있다.

쐐기형 Wedge Shape

차를 옆에서 보았을 때 앞부분이 쐐기처럼 뾰족하거나 낮게 처리되어 공기역학적으로 유리하고 스피드한 이미지를 주는 형상.

아바타 avata

가상사회(virtual community)에서 자신의 분신을 의미하는 시각적 이미지. 아바타는 분신(分身)·화신(化身)을 뜻하는 말로, 사이버 공간에서 사용자의 역할을 대신하는 애니메이션 캐릭터이다. 아바타는 그래픽 위주의 가상사회에서 자신을 대표하는 가상육체라고 할 수 있다. 현재 아바타가 이용되는 분야는 채팅이나 온라인게임 외에도 사이버 쇼핑몰, 가상교육, 가상 오피스 등으로 확대되었다. 최근 가장 각광받는 분야는 온라인 채팅 서비스로 아이콘 채팅, 3차원 그래픽 채팅 등의 아바타를 이용한 채팅 서비스가 도입되었다.

아이커 Joanne B. Eicher

미국 미네소타대학교 생활과학대학의 석좌교수로 비언어적 커뮤니케이션으로서의 의상에 관한 전문가. 특히 아프리카와 아시아에 대한 실지조사를 통하여 복식에 대한 질적 연구방법의 선구자 역할을 하고 있다. 또한 그는 의류학의 연계학문과 관련되어 있는 연구를 위하여 『의복, 인체, 문화』의 편집장으로서 문화와 복식 간의 관련성 규명에 매진하고 있다.

『아트포럼』 Artforum

뉴욕에서 매월 발간되는 국제적인 미술잡지로서 1963년부터 발간되기 시작하였다. 수많은 미술 비평가들과 작가들이 이 잡지를 통해 소개되었고 현재에도 미술계에서는 가장 영향력 있는 간행물이다.

아프리카 쟁탈전

1890년대부터 유럽 열강들 사이에 불기 시작한 아프리카 내에서의 영토전쟁을 일컫는 말이다. 1884년 독일의 비스마르크가 유럽의 재상들을 모아놓고 아프리카 땅을 분할하기 시작하는데, 이후 유럽의 열강들은 조금이라도 더 많은 땅을 차지하기 위해 아프리카 대륙을 놓고 서로 쟁탈전을 벌였다.

애니메트로닉스 Animatronics

애니메이션(animation)과 일렉트로닉스(electronics)의 합성어로 기계적 뼈대나 전자회로를 가지고 제작한 실물과 흡사한 캐릭터를 원격 조정을 통해 움직이는 기술. 애니메트로닉스로 제작된 모형은 배우와 함께 같은 시공간에서 실제 존재하는 장면을 연출하며, 실물과 똑같으면서도 미세한 움직임까지 원격으로 조정이 가능하여 위험한 장면에 주로 활용된다. 컴퓨터 그래픽스(CG)와 달리 사실감이 뛰어나다.

에듀테인먼트 edutainment

교육용 소프트웨어에 오락성을 가미하여 게임하듯이 즐기면서 학습하는 방법이나 그 프로그램. 교육(education)과 오락(entertainment)의 합성어로, 일반적으로 멀티미디어 영상을 바탕으로 한 입체적인 대화형 오락을 통해 학습효과를 노리는 소프트웨어를 가리킨다. 게임 형태이므로 사용자가 쉴 새 없이 프로그램에 참여해야 하고 그에 따라 결과가 달라진다는 것이 특징이다.

에어로다이나믹 Aerodynamic, 공기역학

물체가 움직이면서 공기저항을 받거나 공기의 흐름으로 양력(차가 공중으로 뜨려는 힘)이 생기는 현상을 해소하는 학문. 이와 관련해서 공기저항을 적게 받는 스타일의 디자인 및 에어댐, 프런트·리어 스포일러, 언더 커버 등이 개발되고 있다.

오리엔탈리즘 Orientalism, 東洋主義

오리엔트, 즉 동양에 관계하는 방식으로 근대화과정의 식민지 전쟁을 통해 서양이 동양문화를 처음으로 접하면서 갖게되는 시선을 말한다. 동양숭배라고 해석될 수 있으나, 사실은 유럽 강국들과 연관되어 뒤얽힌 동양에 대한 이데올로기적인 담론을 말한다. 서양인의 경험 속에 동양이 차지하는 문화적이고 이데올로기적인 모습을 제도나 어휘·학문·심상·강령, 심지어 식민지 관료체제나 식민지 스타일에 도움을 받아 하나의 양식으로 표상하는 것이다. 즉 동양을 지배하고 재구성하며 권위를 내세우려는 서양의 스타일이다.

미술사에서는 이러한 담론을 가시화한 작가들을 오리엔탈리스트 화가라고도 부른다. 동양에 관한 인물이나 사물을 서양인의 구미에 맞는 형태로 변화시켜 환상화하는 경향이 특징이다.

오타쿠

1984년 『만화 부릿코』지상에서 만화와 아니메(일본 애니메이션), SF 등의 팬 중에서 사귀고 싶지 않은 특수한 타입의 매니아를 나타내는 말로서, 나카모리 아키오(中森明夫)가 명명했다. 상대를 부를 때 '댁'(お宅)이라고 부르는데서 왔다. 처음에는 타인과의 대화에 익숙하지 않으며, 세부적인 것이나 정보에 집착하는 칙칙한 타입을 일컬었으나, 1990년대경부터는 만화, 아니메, 게임 등의 마니아 전반을 일컫게 되었다. 게다가 집착하는 타입, 지식이 있는 사람, 콜렉터 등 모두를 ○○오타쿠라고 부르게 되었다.

장발, 안경, 티셔츠 차림의 뚱뚱한 캐릭터가 오타쿠로 그려지는 경우가 많다. 1995년에는 도쿄대의 강좌에 오타쿠학(お宅學)이 개설되고, 스스로를 오타킹(オタキング)이라고 자처하는 오카다 토시오(岡田斗司夫)가 매스컴에 등장하며 지금은 오타쿠라는 말이 해외에서도 통용되는 말이 되었다. 세뇌 정보사회에 있어서의 크리에이티브한 뉴타입으로서 받아들여지는 경우도 있고, 어디에 집착한다는 정도로 사용되는 경우도 있다.

─堀內克明,『現代用語の基礎知識2001

年版』, 自由国民社, 2001 (조홍미, 「오타쿠에 관한 연구」, 성신대학교 대학원 일어일문학과 선사학위 논문, 2004, 6~7쪽에서 재인용).

옥시덴탈리즘 Occidentalism, 洋夷主義

오리엔탈리즘에 대응하는 서양에 대한 담론이라 할 수 있다. 그러나 일반적으로는 서양을 숭배하는 경향을 말한다.

외연적 의미 denotation

외연적 의미란, 사전에 정의된 대로의 말의 일반적 의미를 말한다. 다시 말하면 외연은 사전적 의미로서 객관적으로 공인된 의미이다. 외연은 성질상 개관적인 지시의 정확성을 강조하게 되므로 지시된 언어에 의해서 환기될 수 있는 함축적 표현, 태도나 정서적 감도의 효과를 철저하게 제거한다. 바르트의 분류에 의하면 1단계 의미작용에 의한 지시 의미를 표면적으로 드러내는 것이 외연적 의미이다. 2단계 수준의 의미작용에 의한 부가 의미를 내포적 의미라고 한다.

원 박스 타입 One box type

자동차 디자인에서 엔진룸 실내, 트렁크 룸을 1개의 박스로 디자인한 것.

원소스 멀티유즈
One Source Multi Use, OSMU

하나의 소재를 서로 다른 장르에 적용하여 파급효과를 노리는 마케팅 전략. 이 전략은 문화산업상품의 온라인화와 디지털콘텐츠화가 급진전되면서 각 문화상품의 장르간 장벽이 허물어지고 또한 매체간의 이동이 용이해짐에 따라 하나의 소재(one source)로 다양한 상품(multi use)을 개발, 배급할 경우에 시장에서의 시너지 효과가 크다는 판단에 따른 것이다.

웹툰 webtoon

인터넷 홈페이지를 통하여 등장인물의 대사, 배경음악 등을 곁들인 동영상 만화. 기존의 종이만화를 그대로 인터넷에 올린 것보다 실감나게 만화를 즐길 수 있으므로 독특한 엔터테인먼트 장르로 각광받고 있다. 1초당 24~30컷의 화면을 그려야 하는 애니메이션에 비해 제작비가 훨씬 저렴하여 만화작가의 등용문 역할을 하기도 한다.

유니버설 디자인 Universal design

로널드 메이스(Ronald Mace)가 베트남 전쟁 이후 미국에서 새로운 사회적 이슈가 된 전쟁부상자들을 위하여 고안한 디자인의 개념이다. 노인들의 복지에 많은 노력을 경주하는 북유럽에서는 오래전부터 일반화되어왔다. 북유럽 중심으로 하는 것과 미국 및 북미를 중심으로 하는 것이 유니버설 디자인의 양대 축을 이루고 있다.

유비쿼터스 ubiquitous

마크 와이저(Mark Wiser)가 그 개념을 일반화시켰으며, 라틴어로 '어디에나 있다. 편재(遍在)하다'라는 의미를 갖고 있다. 조용한 기술(Calm technology)이라고도 불리우며, 컴퓨터와 인터넷 기술이 발달하며 생겨난 새로운 의미의 신조어이다. 우리가 연구실이며 집을 오가며, 편하게 일할 수 있는 일에 대한 쉬운 접근성(easy access)을 제공하였다. 아이러니컬한 것은 북미에서 통계를 내서 비교연구해보니, 유비쿼터스가 가능해지면서 실제 인류의 노동시간은 전에 비하여 더욱 증가하였다고 한다.

이롱주택 里弄住宅
상하이지역에서는 골목을 이롱이라고 한다. 이롱주택은 직선형의 골목에 면해 지어지는 연립주택으로, 19세기 후반 상하이가 근대도시로 발전되는 과정에서 나타나 오늘까지 상하이, 톈진(天津) 등의 도시에 분포하는 도시 집합주거 유형이다. 본래부터 이롱주택에는 석재 문틀과 검은 칠을 한 두꺼운 목재 문짝의 대문, 곧 석고문(石庫門)이 설치되었다. 이에 따라 이롱주택을 석고문이라고도 부른다.
1850~60년대 상하이 조계(租界)의 인구가 증가하자 영국상인 등 부동산업자들은 측벽을 맞댄 2층의 목조가옥을 지었다. 그후, 1870년경 화재를 방지하기 위하여 목판을 벽돌벽으로 개량한 것이 이롱주택이라는 유형으로 자리잡았다. 이같이 이롱주택은 상하이에 조계가 출현한 이후에 나타나 1949년 중화인민공화국 건립에 이르는 한 세기에 걸쳐 집중적으로 지어진 도시주거 유형이다. 1949년 상하이의 이롱주택 수는 약 20만 호로, 도시주택 총수의 60~65 퍼센트를 차지했다.

이롱주택은 당시의 정치·사회경제적 조건상 서양주택의 영향을 받은 것으로 보이나 기본적으로는 중국의 강남, 곧 장쑤(江蘇)와 저장(浙江) 지방의 삼합원(三合院)이라 불리는 전통민가에 뿌리를 두고 있다. 삼합원은 천정(天井)이라는 이름의 안마당을 중심으로 전면을 제외한 세 면을 둘러싸는 폐쇄적인 구성을 하고 있다. 이롱주택은 그러한 전통민가를 횡적으로 연립시켜 형성된 것으로 볼 수 있다. 또한 주거지를 조직하는 골목 곧 이롱의 배열방식이 강남지역 도시주거지의 그것과 유사한 점으로 미루어볼 때, 주거지의 구조도 전통주거지의 영향을 받은 것으로 추정된다.

이접적 내레이션 disjunctive narration
화면에 보이는 이미지들을 직접적으로 설명하거나 관련을 맺지 않는 내레이션. 이때 관객은 이미지와 사운드(내레이션) 사이의 부조화 내지는 불일치, 충돌로부터 실제로 '보여지는/들려지는 것' 이상의 의미를 구성할 수 있을 것으로 생각된다.

익스테리어 Exterio
자동차의 외관. 외장의 바깥쪽을 장식하여 이미지 향상을 도모하고 부가가치를 높이는 부위의 총칭. 차에서는 범퍼, 라디에이터 그릴, 사이드몰딩, 가니쉬, 마크 등을 말한다.

인간-환경 상호작용
Man-Environment Interaction

환경디자인이 일반화되면서 필자 한상 돈(108쪽)이 정리한 개념이다. 이것의 원형은 영국의 런던도시디자인위원회 (Great London Council)의 연구결과 들에서 가져왔다. 인류는 태생적으로 모태와 분리되면서부터 환경디자인과 접하고 일생을 환경디자인과 함께하게 된다는 이데아가 그 근간이다. 오감을 통하여 환경과 교류하는 일상을 통해 우리는 우리의 환경과 교류하며 '인류 의 삶의 질'(Quality of life)을 결정하 게 된다.

인터넷 만화방

기존에는 오프라인 방식에서만 감상할 수 있었던 만화를 무료나 또는 일정한 금액을 지불하고 온라인상에서 제공받 을 수 있는 서비스를 말한다.

인터랙티브 interactive

텔레비전 프로그램을 시청할 때나 책 을 읽는 경우에는 보는 사람(사용자) 에게 일방적으로 정보가 주어지지만, 이와 달리 컴퓨터의 프로그램이나 게 임 또는 제품의 조정 판넬 등과 같이 화면에 나타나는 내용을 사용자가 조작 할 수 있으면 상호작용성(대화형)이 있 고, 인터랙티브하다고 한다.

인포테인먼트 infotainment

정보(information)와 오락(entertain-ment)의 합성어로 정보의 전달에 오락 성을 가미한 소프트웨어 또는 미디어

를 가리키는 용어. 학습을 위한 CD-ROM, 인터넷상의 학습전문 사이트 등 에 이런 유형이 많다.

정체성

정체성은 자신이 일정한 사회집단에 속해 있음을 인식하게 만드는 행동과 언어, 문화의 집합을 말한다. 하지만 한 사회집단의 구조와 성격, 문화적 맥 락이 역사적 과정 속에서 변화를 겪게 되므로 정체성이란 결코 '배타적' 개념 이 아니다. 오히려 문제는 정체성이 폐 쇄적인 민족주의와 인종주의로 고착될 경우이다. 그럴 경우 문화의 다양성과 차이를 존중하지 않고 공격적으로 배 제하게 되며, 결과적으로 문화의 열성 화(劣性化)를 초래할 것이다.

제3세계 탈식민주의

제3세계 탈식민주의란 아프리카, 중 동, 라틴 아메리카 그리고 아시아 등지 의 과거 식민지 국가들이 독립 이후에 도 남아 있는 과거 식민종주국의 전방 위적인 흔적들을 탈식민화하는 총체적 인 과업을 일컫는다. 특히, 동시대 탈식 민주의가 지나치게 제1세계의 체제 내 적문제로 매몰되면서 그 담론사의 실천 적 전통을 상실하자 현 세계체제의 주 변부 내지는 반주변부 국가들이 그 전 통의 복권을 주창하기 위해서 부각시킨 탈식민주의 운동의 한 유형이다.

지속 가능성, 지속 가능한 예술
Sustainability, Sustainable art

지속가능성은 공동체의 지속가능한 발

전을 위해 공공미술의 영역에서 중요한 이슈를 제공하는 것을 뜻한다. 세계 환경 및 개발위원회(WCED)에서 1987년에 발표한 브룬트란드 보고서 '우리 공동의 미래'에 나온 '지속가능한 개발'(Sustainable Development)이란 개념으로부터 만들어진 것이다. 지속가능한 예술은 지속가능성의 법칙들과 조화를 이루는 것을 의미하는 것으로 생태학, 사회 정의, 비폭력 그리고 풀뿌리 민주주의 등과 조화를 이루는 예술적 태도를 의미한다.

역사적으로는 1960년대 말과 70년 초에 예술의 비물질화를 강조하고 예술계(system of art)에 반발한 개념적 작업인 대지미술이나 환경미술을 들 수 있지만, 이들은 현대미술의 한 장르로서 환경파괴에 대한 직접적 고발이나 환경 캠페인을 위한 직접적인 도구로 파악되는 반면 예술에 있어 지속가능성은 전체적인 사고 안에서 현대미술의 모든 이슈들을 문제 삼는다.

2006년 헝가리 센트럴 유러피안 대학교(Central European University)에서 환경주의자, 예술가, 철학자 등이 모여 '지속가능성과 현대예술(Sustainability and Contemporary Art)'이란 주제로 첫 심포지엄을 가진 바 있다.

초상권

개인의 얼굴·이름·목소리 등을 포함한 인격적·재산적 권리를 말한다. 연예인 등 유명인사의 초상은 기업홍보 및 캐릭터 상품 등의 이미지로 사용될 수 있으며, 경제유통에서 정당한 권리를 찾을 수만 있다면 최고의 부가가치를 창출할 수 있는 무한한 잠재력을 지닌 신(新)지적재산권이다.

카로체리아 Carrozzeria

일명 코치빌더(Coachbuilder)라고도 부르며 자동차 디자인, 엔지니어링 용역뿐 아니라 스포츠카, 컨버터블 등의 소량생산도 하는 소규모 자동차 회사를 말한다. 20세기 초 이탈리아의 자동차공방에서 유래한 말로 자동차 제작업자들의 호칭이었다. 이후, 자동차 제작이 대기업화되며, 거대자동차 회사들이 가질 수 없는 좀더 유연하면서도 창의적인 아이디어를 제시하는 디자인 업체의 형태로 바뀌어갔다.

현재는 페라리 디자인으로 유명한 피닌파리나, 쥬지아로가 이끌고 있는 이탈 디자인, 베르토네 등이 유명하다.

카사베티스 John Cassavetes

카사베티스(1929~89)는 미국 독립영화의 아버지라고 불리는 영화감독이다. 그의 첫 영화인 「그림자들」(Shadows, 1960)이 스와 노부히로의 영화에 영향을 미친 것 같다고 보는 사람들이 있는데, 사실 그건 카사베티스의 영화가 즉흥성에 기초해 만들어졌다는 오해에서 비롯된 것이다. 실제로 우리가 현재 볼 수 있는 「그림자들」은 널리 퍼져 있는 오해와 달리, 완전히 즉흥성에 기대어 만들어진 영화는 아니다. 실은 1957년에 촬영되고 그 다음 해 말에 공개된 러닝타임 60분 가량의 최초 버전만이 즉흥성에 기대어 만들어진 것이다. 지금은 완전한 형태로 존재하지 않는 그 버전에 카사베티스는 매우 불만스러워했다. 그래서 1959년 중반쯤에 그는 시나리오를 가지고 더 찍은 45분 정도의 필름을 최초 버전에서 가져온 40분 정도의 필름에 붙여서 재편집을 했다. 1959년 말에 공개된 그 재편집본이 우리가 현재 볼 수 있는「그림자들」이다.

카셀 도큐멘타 Kassel Documenta

독일 카셀에서 개최되는 유럽의 대표적 미술전람회인 카셀 도큐멘타는 서구 미술계에서 가장 중요한 미술 축제 중 하나로 손꼽히고 있는데 이 행사는 최초 1955년 카셀 아카데미의 교수인 아놀드 보데에 의해 추진된 것으로 알려져 있다. 초창기 제2차 세계대전의 혼란기 속에서 청년 작가들에게 모더니즘 양식을 알리기 위해 시작된 이 미술 행사는 혁신적이고 진취적인 것으로 인식되고 있다.

칸 광고제 카테고리

Film(TV광고), Print(인쇄광고), Outdoor(옥외 빌보드), Cyber(온라인 광고), Media(효과적인 미디어 전략을 활용한 광고), Direct(소포나 다이렉트 메일 같은 도구를 활용하여 목표 타깃에 직접 다가가는 광고), Titanium(집행 매체에 상관없음), Promotion(효과적인 판매촉진 활동)의 여덟 분야가 있다.

컨버터블 Convertible

지붕(roof)을 임의대로 덮거나 접을 수 있는 자동차를 말한다. 지붕이 부드럽고 질긴 캔버스천이나 가죽 등으로 되어 개폐가 가능하므로 소프트 톱이라고도 불린다. 유럽에서는 카브리올레라 부르며, 로드스터(roadster)는 컨버터블 전용으로 디자인되었다.

컨셉트카 Concept car

자동차를 만든 회사의 철학이나 이미지 등이 담겨 있는 미래형 자동차. 기술적인 문제나 비용 등을 생각하지 않고 만들어 현실성이 없는 차들도 많다. 모터쇼 등에 선보이기 위해 한 대밖에 만들지 않는 경우도 있다.

컨텍스트 context

모든 문학과 예술작품이 그렇듯이 수용자는 텍스트를 해독해 그것의 의미와 재미를 자신의 일부로서 재생산한다. 수용자가 재생산한 의미와 재미는 텍스트에 기반한 것이지만, 그렇다고 그것이 텍스트 생산자가 애초에 의도한 것과 반드시 일치하지는 않는다. 그것은 수용자의 사회적 위치(계급, 성, 소속집단, 사회경제적 지위 등등), 욕망과 욕구, 텍스트 해독 능력, 수용 당시의 구체적 상황, 상품 자체의 사회적 의미, 기구성된 상품의 사회적 의미들(1, 2, 3차 의미) 등등 맥락에 따라 수용자는 상이한 해독을 하게 된다. 텍스트 해독은 컨텍스트 해독과 병행되어야 한다는 것이 학자들의 공통적인 견해다.

컴팩트카 Compact car

간결하게 제작된 소형자동차를 말한다.

코스프레

원래의 명칭인 '코스튬플레이'(cos-tume play)를 일본식으로 줄여서 '코스프레'라 부른다. 코스튬플레이는 'costume'(복장)과 'play'(놀이)를 합친 조어로 만화 주인공과 같은 의상을 입고 분장을 해서 만화 캐릭터를 흉내 내는 것을 말한다.

코스튬플레이(코스프레)는 영국에서 죽은 영웅들을 추모하는 뜻의 예식에서 시작되었다고 한다. 그것이 미국으로 건너가 만화 캐릭터들의 의상을 입는 축제로서 유행하게 된 것이, 또 다시 일본으로 건너가면서 만화 · 게임 · 영화 · 연예인 등 여러 가지 장르의 캐릭터들의 의상을 만들어 입는 것으로 확대되었다.

우리나라의 코스프레는 일본에서 넘어온 것으로 대부분 일본의 그것과 비슷한 성향을 보이는데, 현재는 직접 옷을 디자인하고 만드는 창작 코스튬플레이도 늘어나고 있는 추세이고, 코스튬플레이에 필요한 옷, 장신구 등을 만들어서 파는 전문매장도 생겨나고 있다.

콘솔게임 console game

전용 게임기를 텔레비전이나 모니터의 화면에 연결시켜 작동하는 게임을 말한다. 흔히 오락실이라고 불리는 일정한 게임장에서 즐기는 아케이드게임, 개인용 컴퓨터(PC)에서 CD 등의 저장장치에 수록된 게임물을 작동하여 즐기는 PC게임, 통신망을 통하여 서버에 접속하여 다수가 동시에 즐기는 온라인게임과는 구별된다.

쿠페 Coupe

전후 2열의 좌석이 있고 좌우에 각각 대형 도어가 있는 스타일로 뒷좌석의 천장을 짧고 경사지게 만들고 앞좌석의 기능을 중심으로 한 차로서 세단 가운데에서도 엔진파워나 차량성능을 향상시키고 뒷부분을 바꾸어 쿠페로 만든 것이 있다. 모양상으로 트렁크가 있는 노치드(notched) 쿠페와 끝부분까지 가파르지 않게 되어 있는 패스트백(fastback) 쿠페가 있다.

쿤스트할레 Kunsthalle

독일의 실험적 미술관인 쿤스트할레는 소장품 없는 미술관으로서 미술관의 주요 기능인 수집 · 분류 · 복원 · 관리 등의 활동을 수정 또는 삭제한다는 측면에서 전통적인 미술관과 차별성을 갖는다.

크라우스 Rosalind Krauss

현재 컬럼비아대학 교수이다. 20세기 미술을 연구하고 있으며, 주요 저서로는 『The Originality of the Avant-Garde and Other Modernist Myths』가 있으며, 미술 비평과 전시 기획을 다양하게 벌인다. 1960년대에 『아트포럼』의 편집부에서 활동하였고, 1975년 이후 MIT대학에서 출판하는 비평전문지 『October』를 담당하고 있다.

크로스오버 비클 Crossover Vehicle

최근 점차 보급률이 급격히 증가하고

있는 인기 차종으로 서로 다른 아이템이나 스타일을 조합한 차를 말한다. 세단 · 픽업 · SUV · RV · MPV 등 서로 다른 두 가지 개념 및 기능, 형상을 접목시킨 복합개념차를 말함.

일명 '퓨전차량'이라고도 불리우는 크로스오버차량은 승용차, 트럭, 미니밴, 스포츠 유틸리티차량의 컨셉트를 허물어 기존의 분류 체계로는 구분하기조차 힘든 새로운 기능과 성능을 보이고 있다.

크로스플랫폼게임

PC용으로 개발된 게임을 콘솔, 모바일 기기 등 다른 기종의 단말기에서도 그대로 상호 연동해 즐길 수 있도록 한 게임을 말한다.

크리매스터 Cremaster

근육 이름으로 매튜 바니의 영화 사이클의 타이틀이기도 하다. 이것은 남성 생식기, 고환의 높이를 조절하는 근육으로서 온도에 따라 변화한다. 가령 몸 온도가 올라가면 이 근육도 올라가고 내려가면 같이 내려가는 식이다. 말하자면 외계의 온도가 차가우면 이 생식기의 근육은 자신을 따뜻하게 하기 위해 몸통에 달라붙는다.

키치 kitch, kitsch

속악한 것, 가짜 또는 본래의 목적에서 벗어난 사이비 등을 뜻하는 미술용어. 키치라는 용어가 처음으로 유행하기 시작한 것은 1870년대 독일 남부에서였는데, 당시에는 예술가들 사이에서 '물건을 속여 팔거나 강매한다'는 뜻으로 쓰이다가 갈수록 의미가 확대되면서 저속한 미술품, 일상적인 예술, 대중 패션 등을 의미하는 폭넓은 용어로 쓰이게 되었다.

트리엔날레 triennale

3년마다 열리는 국제적인 박람회나 미술전을 일컫는 말. 대표적인 트리엔날레로는 1923년에 창설되어 세계 디자인의 트렌드를 선보이는 이탈리아 밀라노 트리엔날레(La Triennale di Milano), 1968년 창설되어 12회째를 맞이한 국제미술전인 인도 트리엔날레(India-triennale), 호주 브리즈번에서 1993년에 창설되어 아시아와 호주 중심의 국제미술전으로 거듭나고 있는 아시아 태평양 현대미술 트리엔날레(Asia-Pacific Triennial of Contemporary Art), 2001년에 시작한 현대미술전인 요코하마 트리엔날레(Yokohama triennale) 등이 있다.

팝아트 Pop Art

1960년대 초기에 미국에서 발달하여 미국 화단을 지배했던 구상 회화의 한 경향으로 통속적인 이미지, 다시 말해서 일상생활에 범람하는 기성의 이미지에서 제재를 취하는 미술경향이다. 1950년대 초부터 리처드 해밀튼, 에두아르도 파올로치 등의 작가들이 모여 대중사회의 문화 · 예술 · 매스미디어와 같은 문제들을 토론하고 전시회를 개최함으로써 팝아트라는 명칭을 얻게 되었다.

펜진 행사

일본의 코미케(Comic Market)에서 개인적으로 만든 저작물(만화, 애니메이션, 비디오게임 등)을 전시하거나 무료 지급 및 판매하는 행사이다.

폐인

본디 폐인(廢人)이란 '병 따위로 몸을 망친 사람'을 일컫는 말이나, 오늘날에 이르러서는 어느 하나에 지나치게 몰두하여 일상생활에 심각한 장애를 받는 사람을 통칭하고 있다.

이것이 오늘날과 같은 의미를 지니게 된 것은 디지털카메라를 애용하는 사람들의 사이트인 디시 인사이드를 통해서이다. "한시라도 일을 떠나지 못하는 당신, 당신은 메인(Main)입니다"라는 통신업체의 광고를 패러디한 "한시라도 인터넷을 떠나지 못하는 당신, 당신은 폐인(Pain)입니다"(www.dcinside. com/graphic-info/dc_user.htm)라는 문구가 바로 그것. 이들 폐인은 밥을 먹는 순간조차도 컴퓨터 모니터 앞을 떠날 수 없을 정도로 24시간 컴퓨터와 함께한다. 이와 같이 출발한 '폐인 문화'는 하나의 문화적 코드로 자리 잡아 수많은 폐인을 양산했다.

포스트모더니즘

포스트모던 건축이라는 용어는 1945년 조지프 허드넛(Joseph Hudnut)이 "Post-modern House"(Architectural Record 97)라는 글에서 처음 사용했다. 철학에서 포스트모더니즘은 리오타르가 처음 사용한 개념으로, 그는 이성에 의한 인식의 객관성을 거부하고 인간지식의 형성을 역사적으로 조건지어진 임의적인 것으로 간주한다. 그에 의하면 서구문명을 이끌어온 진보와 인류의 해방에 대한 믿음은 허구적인 것이다. 따라서 미디어에 의해 인간의 인식이 지배받게 되고 궁극적으로는 현실세계가 사라질 것이라는 비관적 태도를 갖고 그 속에서 즐거움을 추구할 것을 강조한다. 이러한 류의 철학적 입장은 푸코나 데리다의 저작에서도 드러난다.

포스트모더니즘 건축가

로버트 벤추리와 찰스 무어는 미국 포스트모더니즘 건축의 가장 연장자로서 대변인 격이다. 그 다음 세대로 로버트 스턴이나 마이클 그레이브스를 들 수 있다. 벤추리와 무어는 전환기적 인물이라고 할 수 있는데, 그들의 이론적 작업은 포스트모더니즘 건축으로의 이행에 중요한 역할을 했지만 그들 다수의 초기작품은 근대적 원리에 뿌리를 두고 있다. 그러나 벤추리의 브란트 주택이나 무어의 번스 주택, 이탈리아 광장은 완전한 포스트모더니즘 건축의 예이다. 포스트모더니즘 건축은 미국에서 시작되었지만 지금은 세계적 현상으로 널리 퍼져 있다. 유럽에서는 프랑스의 리카르도 보필(Ricardo Bofill)이나 오스트리아의 한스 홀라인(Hans Hollein)이 특히 양식적 포스트모더니즘 건축과 관련되어 있다.

포스트휴먼 Post Human

1992년 제프리 다이치(Jeffrey Deitch)가 기획한 전시의 제목이자 주제로 상당한 반향을 일으켰다. 여기서 '포스트'란 접두어는 모더니즘/포스트모더니즘의 양분구조와 마찬가지로, 이전의 인체미술이 '휴먼'의 상황이라면 20세기 말 특히 할리우드 스타들의 성형의 일반화, 컴퓨터칩 테크놀로지와 생명·유전공학의 급속한 발전으로 인한 불안한 징후들을 내용으로 한 새로운 인체예술의 양태를 추적한 전시였다.

포스트휴먼적인 인체예술의 양태는 결코 아름답지도 평화롭지도 않고 오히려 불안하고 변태적이며 동물적 잔인성으로 점철된 충격적인 인간상의 모습으로 표현된다. 로버트 고버(Robert Gober)는 신체의 일부분, 특히 발이라든가 손목과 같이 사지의 끝부분을 몸통에서 절단하고 그 끊어진 부분들을 그대로 제시해 내재한 폭력성과 절단된 감정들의 새롭고 무시무시한 현실을 제시하고 있으며, 조지 라파스(George Lappas)는 신체의 부분들을 해체한 다음 재조립하여 일종의 공시적 시간개념을 드러내고 있다. 마이크 켈리(Mike Kelly)의 인체는 인체와 동물을, 찰스 레이는 인체와 마네킨, 폴 매카시는 인간과 기계를 용접하여 인공성과 천진성, 동물성이 혼합된 불안한 '포스트 휴먼'상의 비전을 그려내고 있다. 매카시가 제시하고 있는 '포스트휴먼'들의 낙원은 모든 인간적인 열정이 결여되어 오직 제어할 수 없는 성욕적 편집에 사로잡혀 있는 로봇 껍질에 불과한 사이보그의 세계다. 여성작가인 키키 스미스(Kiki Smith)의 여체는 대변을 질질 흘리고 있는 가죽이 벗겨진 신체의 모습으로 플라스틱 표면(성형) 아래 곪은 상처에서 비롯한 감정적·신체적 파멸의 예시에 다름 아니다. 여기서 미술가들은 그들이 전망하고 있는 포스트휴먼 상황에서의 현실에는 테크놀로지의 발전을 압도할 비이성적인 전도된 감정들의 저장고가 도사리고 있다는 무서운 경고를 우리에게 제시하고 있는 것이다. 한편 카렌 킬림닉(Karen Kilimnik), 제프 쿤스(Jeff Koons)나 매튜 바니는 환상과 픽션, 신화와 실재를 혼용하거나 자신과 유명인의 모델을 중첩시켜 보여줌으로써 개인의 정체성의 복합성과 나아가 자아의 재창조를 시도하고 있다.

프로토타입 Prototype

시험제작 차량을 말하는데, 새로운 모델의 차의 설계가 완료되었을 때 그 차의 스타일링, 성능, 인간공학적 요소, 생산성 등을 검토하기 위해 만드는 시작차이다. 이 시작차에 의한 각종 검토 및 개선과정을 거쳐서 대량생산에 옮겨진다. 설계디자인 완료시점에서 대량생산에 앞서서 각종 테스트를 위한 목적의 차를 말한다.

플럭서스 Fluxus

'플럭서스'는 흐름, 끊임없는 변화, 움직임을 뜻하는 라틴어로 1960년부터 70년대에 걸쳐 일어난 국제적 전위예술운동이다. 이 용어는 1961년 뉴욕의 갤러리 A/G에서 행한 일련의 강연회를 알리는 초청장 문구에서 조지 마키우나스가 처음 사용하였다. 플럭서스 미술은 대중문화에 의존하지 않고 아방가르드 미술가와 음악가와 시인들이 창조해나갈 새로운 문화를 추구하면서 성적 충동과 무정부주의를 보여주는 게릴라 극장과 거리 공연, 전자음악 연주회 등의 형식으로 나타났다.

해치백 Hatchback
세단이나 쿠페의 뒷부분에 문을 단 승용차로 트렁크 부분의 뒷문을 열면 바로 실내와 연결되어 여러 용도로 쓸 수 있다. 그러나 대부분은 칸막이를 두어 뒷좌석을 트렁크로 쓴다.

핸드헬드 hand-held
카메라를 삼각대 위에 고정시키지 않고 손으로 들고 찍는 촬영방식을 지칭하는 영화용어.

형태는 기능을 따른다
Form follows function
기능주의를 한 문장으로 표현한 유명한 말이다. 기능주의가 자본주의와 결합되고부터는 이 파생어로 형태는 경제를 따른다(Form follows finance.)라는 신조어가 생기기도 하였다. 1세기 정도에 걸쳐, 전 세계의 디자인 사조를 풍미하였던 기능주의를 대표하는 이 말은, 현대사회에서는 점차 정서적인 것이 부각되면서 '형태는 정서를 따른다'(Form follows emotion)로 바뀌고 있다.

호명 interpellation
알튀세르의 「이데올로기와 이데올로기적 국가장치」에 의하면 호명(interpella-tion)은 이념적 기구가 개별 '주체'를 불러내는 과정이다. 등뒤에서 누군가 '이봐, 당신'이라고 부를 때 돌아선다는 것은 이미 부름에 응한 것이고 그 순간 주체로 형성된다. 학생으로서, 군인으로서, 아줌마로서, 부름에 응하면서 자신의 주체를 인식하고 그에 걸맞는 행동을 하는 것이다. '주체'는 옥스퍼드 사전에 의하면 '의식이 있는 자신'이다. 그러나 알튀세르와 라캉은 주체가 선험적인 존재라기보다는 사회적으로, 언어적으로 형성되는 것이라고 주장한다. 모든 이데올로기는 주체의 범주기능을 통해서 구체적인 주체로서 개인들을 부르거나 호명한다. 이데올로기는 호명의 작용을 통해 개인들 사이에서 주체를 불러모으는 방식으로, 또는 개인들을 주체로 변환시키는 방식으로 작용하거나 기능한다.

환경디자인
환경디자인은 디자인이 중요한 분야로 떠오르고 분야가 다양해지고 넓어짐으로써 생겨난 분야이다. 점차로 환경디자인이 디자인의 주요 덕목으로 자리잡고 그 중요도가 커지고있다.
최근에는 실내환경디자인, 준 실내환경디자인, 준 옥외환경디자인, 옥외환경디자인 등으로 그 분야를 스케일 순으로 나누기도 한다. 아직은 이에 대한 규정이 명료하게 규정되지 않아 환경디자인 분야에 대한 좀더 많은 연구

(further study)가 요구되고 있다.

환경친화 디자인
Environment friendly design

현대사회에서 환경파괴로 인한 부작용이 인류의 삶의 질을 낮춘다는 인식이 팽배하면서 떠오른 것이 친환경디자인이다. 우리에게는 태안 앞바다에서 허베이 스프릿호가 기름을 유출시켜 그 지역의 환경에 재앙을 초래하면서 사회적인 주요 이슈로 떠올랐다. 디자인의 재료, 과정, 결과물까지도 모두가 환경을 파괴하지 않도록 하는 디자인의 개념이며, 점차로 환경에 대한 중요도가 부각되면서 새로운 블루 오션(blue ocean)으로 인지되고 있다.

후기구조주의

구조주의는 시스템의 전체구조로부터 전체를 구성하는 요소의 기능을 밝히려는 언어학과 문화인류학, 그리고 문학이론의 방법이다. 후기구조주의는 구조주의가 주장하는 시스템의 보편성을 부정하고 그것의 역사성과 임의성을 밝힌다. 대안적 진리를 제시하기보다는 그 지배적 시스템에 의해 억압된 요소를 드러내고자 하는 비판적 입장에서 포스트모더니즘 철학과 일맥상통한다.

■ 더 읽을 만한 책과 자료들

제1부 새로운 기술로 생활을 디자인한다

컴퓨터로 생각하고 예술을 창조한다 | 컴퓨터 공학과 그래픽 디자인의 결합 · 22쪽
John Maeda, *Design By Numbers*, MIT Press, 1999.
_____, *John Maeda: MAEDA@MEDIA*, London ICA, 2001.

존 마에다의 작품 목록
「John Maeda: Paper and Computer」, Ginza Graphic Gallery 123rd
  Exhibition, 1996.
「John Maeda: Post Digital」, Cristinerose Gallery, 2000.
「John Maeda: Coded Blue」, CCAC Logan Galleries, 2001.
「John Maeda: Towards Post Digital」, NTT InterCommunication Center,
  2001.

보이지 않는 디지털의 실체를 보이게 한다 | 디지털 디자인의 등장과 가능성 · 32쪽
이현수, 『디지털 디자이너』, 학문사, 1996.
조르주 장, 이종인 옮김, 『문자의 역사』, 시공디스커버리총서, 시공사, 1995.
브뤼노 블라셀, 권명희 옮김, 『책의 역사』, 시공디스커버리총서, 시공사, 1999.
로이 베렌스, 명계수 옮김, 『시각디자인의 접근』, 형설출판사, 2001.
폴 젤란스키 외, 김현중 · 이명기 옮김, 『디자인 원리』, 도서출판 국제, 2000.
데케 맥클랜드 외, 이재우 옮김, 『웹디자인 그 비밀을 캔다!』, 비앤비, 1999.
김지현 편역, 『타이포그래픽 커뮤니케이션』, 창지사, 1999.
야하타 히로시, 나상억 옮김, 『프리젠테이션박사』, 21세기북스, 1996.
랜달피 해리슨, 하종원 옮김, 『만화와 커뮤니케이션』, 이론과실천, 1989.

Allen Hurlburt, *The Design Concept*, Watson & Guptill Co, 1981.

- http://modelbank.viewpoint.com 또는 http://www.viewpoint.com
  3D 모델 데이터의 온라인 판매 및 제작대행 전문업체인 뷰포인트(Viewpoint)
  사의 홈페이지.
- http://www.3dcafe.com
  3D 메시데이터(mesh data)를 중심으로 각종 맵핑소스, 질감재료, 영문서체,
  사진, 음향 등 다양한 형태의 데이터들이 카데고리별로 잘 정리되어 있다.
- http://www.deespona.com
  viewpoint.com과 더불어 인터넷상에서 3D모델 전문 사이트로 손꼽히는
  DE ESPONA 3D ENCICLOPEDIA의 홈페이지.
- http://www.renderosity.com
  3D 인체 렌더링 전용 프로그램인 Poser4 사용자를 위한 사이트.
- http://www.adobe.com/
  2D 그래픽 프로그램의 대명사인 어도비 포토샵, 일러스트레이터를 제작한
  미국 어도비사의 공식 홈페이지.
- http://www.neosoftware.com/
  멀티미디어 제작용 소프트웨어인 네오북, 2D페인팅 프로그램인 네오페인트
  로 유명한 회사의 공식 홈페이지.
- http://www.designdb.com/kidp/
  한국디자인진흥원 : 정부에서 운영하는 한국디자인진흥원의 공식 홈페이지.
- http://www.designez.co.kr./gallery/gallery.asp
  디자인이지 : 현직 디자이너, 예비 디자이너, 학생 등의 갤러리로 각 디자인
  의 분야별 포트폴리오를 감상할 수 있으며, 프리랜서 디자이너들의 개성 있
  는 갤러리가 수록되어 있다.
- http://www.design.co.kr/
  디자인하우스 : 월간 『디자인』지를 발행하는 디자인하우스의 공식 홈페이지.
- http://dasan.sejong.ac.kr/~kimh/
  세종대학교 산업디자인학과 김훈 교수의 홈페이지.

예술과 과학, 디자인으로 만나다 | 자동차 디자인의 현재 · 42쪽

Giorgetto Giugiaro, *Car Styling, GIUGIARO DESIGN*, San'ei Shobo
  Publishing Co. 1985.

_____, *Car Styling, GIUGIARO DESIGN II*, Car Styling Publishing Co.
  1997.

21세기 패션계의 3인방 | 패션의 모더니즘과 포스트모더니즘 · 54쪽

Gerda Buxbaum, *Icons of Fashion the 20th century*, Munich: Prestel Verlag, 1999.

Trudy Schlachter and Roberta Wolf, *Millennium mode*, Rizzoli international Publications Inc., 1999.

Mark Holborn, *Issey Miyake*, taschen, 1996.

Farid Chenoune, *UNIVERSE OF FASHION Jean Paul Gaultier*, universe publishing, 1998.

장 폴 골티에 작품전

Jean-Paul Gaultier retrospective in Los Angeles, in aid of AIDS research, AMFAR.

Jean-Paul Gaultier retrospective in Vienna, Austria, in aid of AIDS research, Life Ball.

이세이 미야케 작품전

Body and Soul in Cloth show, at invitation of Holland Art Directors' Club, Amsterdam.

Issey Miyake Spectacle Bodyworks exhibition, La Forêt likura Museum, Tokyo: Otis/Parsons Gallery, Los Angeles and San Francisco: Museum of Modern Art.

Issey Miyake A-UN exhibition Musée des Arts Décoratifs, Paris.

Issey Miyake Meets Lucie Rie exhibition, Sogetsu Gallery, Tokyo and the Museum of Oriental ceramics, Osaka.

Issey Miyake Pleats Please exhibition, Touko Museum of Contemporary Art, Tokyo.

Ten Sen Men exhibition, Hiroshima City Museum of Contemporary Art on the occasion of the first Hiroshima Art Prize.

후세인 카라얀 관련 도서

Claire Wilcox, *Radical Fashion*, London: V&A Publications, 2001.

Gerda Buxbaum, *Icons of Fashion the 20th century*, Munich: Prestel Verlag, 1999.

Francois Baudot, *A Century of Fashion*, London: Thames & Hudson Ltd., 1999.

정흥숙, 『서양복식문화사』, 교문사, 2000.

정흥숙, 『근대복식문화사』, 교문사, 1989.

杜維運, 권중달 옮김, 『역사학연구방법론』, 일조각, 1999

질 리포베츠키, 이득재 옮김, 『패션의 제국』, 문예출판사, 1999.

John A. Walker, *Design History and the History of Design*, Pluto Press, 1989(존 워커, 정진국 옮김, 『디자인의 역사』, 까치, 1995).

Aileen Ribeiro, *Fashion in the French Revolution*, Holms & Meier Publishers, Inc., 1988.

Valerie Steele, *Paris Fashion*, Berg Publishers, 1988.

James Laver, *Costume & Fashion*, Thames and Hudson, 1995.

Valerie Steele (ed.), *Fashion Theory: The Journal of Dress, Body & Culture Vol. 2*, Issue 4, Berg Publishers, 1998.

Philippe Perrot, *Les Dessus et les Dessous de la bourgeoisie : Une historie du vêtement au XIX si cle*, Librairie Arth me Fayard, 1981.

Anne Hollander, *Seeing through Clothes*, University of California Press, 1993.

Christopher Breward, *The Culture of Fashion*, Manchester University Press, 1995.

Richard Martin, *Fashion and Surrealism*, Rizzoli, 1996.

Ruth Barnes & Joanne B. Eicher (ed.), *Dress and Gender*, Berg Publishers, 1992.

Linda Baumgarten, John Watson and Florine Carr, *Costume Close Up: Clothing Construction and Pattern 1750~90*, Costume & Fashion Press, 1999.

• http://dha.che.umn.edu/jeicher/Default.html
미국 미네소타 대학의 세계적 복식학자인 조엔 아이커 교수의 홈페이지(영문).

• http://www.metmuseum.org/collections/department.asp?dep=8
뉴욕 메트로폴리탄 박물관 내 의상연구소의 홈페이지로서 약 75,000여 점의 복식 관련자료를 보유하고 있다(영문).

• http://www.fitnyc.suny.edu/asp/content.asp?menu=FutureGlobal : Museum
뉴욕의 대표적 패션 교육기관인 Fashion Institute of Technology의 박물관 홈페이지로 18세기부터 현재까지 5만여 점의 복식 관련자료를 보유하고 있으며 세계적 복식학자 발레리 스틸이 이곳의 수석 큐레이터로 있다(영문).
- http://www.lib.colum.edu/costwais.html
  뉴욕 컬럼비아 대학 도서관의 복식사 관련 이미지 데이터베이스 사이트.
- http://www.artslynx.org/theatre/costume.htm
  복식사 및 연구자료 소개 사이트.
- http://www.ksc.or.kr
  한국복식학회 홈페이지.
- http://www.ksct.or.kr
  한국의류학회 홈페이지.

제2부 내 주위의 환경이 변화한다

글로컬 시대의 한국 건축 | 세계화시대 지역 건축에 대한 관심 · 90쪽

강인호 · 한필원, 『주거의 문화적 의미』, 세진사, 2000.
김봉렬, 『김봉렬의 한국건축이야기 1~3』, 돌베개, 2006.
임석재, 『우리 옛 건축과 서양 건축의 만남』, 대원사, 1999.
한필원, 『한국의 전통마을을 가다 1 · 2』, 북로드, 2004.
황두진, 『한옥이 돌아왔다』, 공간사, 2006.
William S. W. Lim and Tan Hock Beng, *The New Asian Architecture*, Periplus Editions, 1998.

- http://ata.hannam.ac.kr
  ATA(아시아건축연구실): 한남대학교 건축학부 한필원 교수 연구실인 ATA 의 홈페이지로, 우리나라를 비롯한 동아시아의 전통건축, 주택, 마을, 도시, 정원에 관한 논문과 슬라이드를 제공한다. 또한 아시아의 예술 영화들이 촬영된 로케 현장을 둘러볼 수 있다.
- http://www.ocp.go.kr
  문화재청: 문화재로 지정된 전통건축물에 대한 개요와 간단한 설명, 그리고 사진자료가 제공된다.
- http://www.orientalarchitecture.com
  Asian Historical Architecture: 아시아 여러 나라들의 전통건축을 지역별로 소개하는 사이트이다.

억압에 저항하는 건축을 추구한다 | 건축에서의 포스트모더니즘 · 100쪽

Charles Jencks, *The Language of Post Modern Architecture*, New York, 1978(찰스 젱크스, 『현대 포스트모던 건축의 언어』, 태림문화사, 1991).

Paolo Portoghesi, *After Modern Architecture*, New York : Rizzoli, 1982.

Jeffey Horowitz (Ed.), *Beyond the Modern Movement : Harvard Architectural Review*, Spring 1980.

"Beyond Modernism", *Progressive Architecture No. 10*, October 1981.

Jurgen Harbermas, "Modernity—An Incomplete Project", *Anti Aesthetics : Essays On Postmodern Culture*, Port Townsendbay Press, 1983(할 포스터, 윤호병 옮김, 『반미학』, 현대미학사, 1993).

Demetri Porphrios (Ed.), "Classicism is Not a Style", *Special Issue, Architectual Design 52*, 1982.

Ray C. Smith, *Supermannerism : New Attitudes in Post Modern Architecture*, New York, 1977.

Tom Wolfe, *From Bauhaus to Our House*, New York, 1981.

Heinrich Klotz, *The History of Post Modern Architecure*, Cambridge : The MIT Press, 1988.

• http://www.greatbuildings.com/types/styles/post_modern.html
대표적 포스트모던 건축물과 건축가에 대한 소개와 자료(영어).
• http://library.thinkquest.org/26491/db-style.php3/browser
=3&styleIndex=13
포스트모더니즘 건축에 대한 개괄적 설명과 함께 포스트모던 건축가와 건축을 집대성해놓은 사이트(영어).
• http://www.infed.org/biblio/b-postmd.htm
포스트모더니즘과 관련된 기본개념에 대한 설명(영어).

u-Korea, 무엇을 디자인할 것인가 | 유비쿼터스 시대의 환경디자인 · 108쪽

양재수 · 전호인 지음, 『유비쿼터스 홈 네트워킹 서비스』, 전자신문사, 2004.

노무라총합연구소, u-네트워크연구회 옮김, 『유비쿼터스 네트워크와 시장창조』, 전자신문사, 2003.

아라카와 히로키 · 히다카 쇼지, 성호철 옮김, 『손에 잡히는 유비쿼터스』, 전자신문사, 2004.

정창덕 · 이기혁, 『유비쿼터스 컨버전스』, 진한 M&B, 2004.

이성국 · 김완석, 『세계 각국의 유비쿼터스 컴퓨팅 전략』, 전자신문사, 2003.

하원규 · 김동환 · 최남희, 『유비쿼터스: IT혁명과 제3공간』, 전자신문사, 2004.

권오병 · 정기욱, 『유비쿼터스 시스템의 이해』, 신론사, 2004.

Nikolaus Pevsner, *Pioneers of Modern Design*, A Pelican Book, 1979.

Van den Broek en Bakema, *Architecture-Urbanisme*, Stuttgart : Karl Kramer Verlag, 1981.

Amos Rapoport, *Human Aspects of Urban Form*, Pergamon Press, 1977.

C. Ray Smith, *Supermannerism*, A Dutton Paperback, 1977.

Richard P. Dober, *Environmental Design*, Van Nostrand Reinhold, 1969.

Charles Jencks, *Late Modern Architecture and Other Essays*, Academy Edition, 1980.

Kenneth Frampton, *Modern Architecture*, Thames and Hudson, 1980.

Kevin Lynch, *City Sense and City Design*, Tridib Banerjee and Michael Southworth, London, 1990.

Ulrich Franzen & Paul Rudolph, *The Evolving City-Urban Proposal for New York City*, The American Federation of Arts, 1974.

Charles K. Hoyt, *Public, Municipal and Community Buildings*, Mcgraw Hill Inc, 1980.

John W. Wade, *Architecture, Problems and Purposes*, John Wiley and Sons, 1977.

Clovis Heimsath, *Behavioral Architecture*, Mcgraw Hill Book Co., 1977.

K. F. Jackson, *The Art of Solving Problems*, Heinmann, 1975.

Edward & Lucie Smith, *Cultural Calendar of The 20th Century*, Plaidon Press, 1979.

- http://www.nist.gov/smartspace
  미국 매릴랜드 주에 위치한 미국립기술표준연구소.
- http://oxygen.lcs.mit.edu
  미국 매사추세츠주에 위치한 MIT 공과대학 인공지능 연구실.
- http://www-2.cs.cmu.edu/~aura
  미국 펜실바니아 피츠버그 시에 위치한 카네기 멜론 대학의 유비쿼터스 컴퓨팅 특별연구 프로젝트.
- http://robotics.eecs.berkeley.edu/~pister/SmartDust
  미국 캘리포니아 버클리 대학 내에 위치한 로보틱스와 가상현실 특별연구실.
- http://www.media.mit.edu
  MIT 공과대학의 미디어 연구실.

- http://www.etnews.co.kr

  우리나라 IT 기술의 최대언론 매체인 '전자신문' 웹사이트.
- http://www.io2technology.com

  미국 캘리포니아 샌프란시스코에 위치한 IT 전문회사. 빛(광파)과 관련된 IT 기술에 대하여 주로 연구하고 상업화한다.
- http://www.asu.edu/aad/catalogs/2001-2002/graduate/environmental-design.html

  미국 애리조나 주립대학의 환경디자인과 플래닝 개설과정 중 학제적(Inter disciplinary) 접근방법(Approach)에 관한 웹사이트.
- http://www.lib.berkeley.edu/ENVI/Allgds.html

  미국 캘리포니아 버클리 대학 내의 환경디자인, 건축, 조경 관련 전문자료실 웹사이트.

제3부 하고 싶은 이야기, 듣고 싶은 이야기

이야기는 어떻게 살고 있는가 | 디지털 시대의 스토리텔링 · 122쪽

장 보드리야르, 하태환 옮김, 『시뮬라시옹』, 민음사, 1992.

크리스 로젝, 최석호 · 이진형 옮김, 『포스트모더니즘과 여가』, 일신사, 2002.

롤프 옌센, 서정환 옮김, 『드림 소사이어티』, 한국능률협회, 2000.

에티엔 바랄, 송지수 옮김, 『오타쿠─가상세계의 아이들』, 문학과 지성, 2002.

마이클 J. 울프, 이기문 옮김, 『오락의 경제』, 리치북스, 2000.

로제 카이와, 이상률 옮김, 『놀이와 인간』, 문예출판사, 1994.

스코트 래쉬 · 존 어리, 박형준 · 권기돈 옮김, 『기호와 공간의 경제』, 현대미학사, 1998.

스튜어트 유엔, 백지숙 옮김, 『이미지는 모든 것을 삼킨다』, 시각과 언어, 1997.

자크 데리다, 김성도 옮김, 『그라마톨로지』, 민음사, 1996, 24쪽.

앙드레 고드로 · 프랑수아 조스트, 송지연 옮김, 『영화 서술학』, 동문선, 2001.

제랄드 프랭스, 최상규 옮김, 『서사학: 서사물의 형식과 기능성』문학과 지성, 1988.

최혜실, 『문화콘텐츠 스토리텔링을 만나다』, 삼성경제연구소, 2006.

최혜실, 『문자문학에서 전자문화로』, 한길사, 2007.

George P. Landow, *Hypertext 2.0*, The Johns Hopkins University Press, 1997.

언제, 어디서나, 느닷없이 | 4대 매체를 떠나 게릴라 광고로 · 134쪽

톰 힘프, 김홍탁 옮김, 『크리에이티브 게릴라: 생각의 스위치를 올려라』, 디자인
하우스, 2008(Tom Himpe, *Advertising is dead, Long live advertising!*).

조엘 살츠먼, 김홍탁 옮김, 『머리 좀 굴려보시죠』, 김영사, 2007(Joel Saltzman,
Shake That Brain).

서지오 지먼, 이승봉 옮김, 『마케팅 종말』, 청림출판, 2003(Sergio Zyman, *The
End of Advertising As We Know It*).

당신은 이미 상품의 공간에 들어와 있다 | 광고기호학과 광고 비평 · 148쪽

강준만 · 박주하 · 한은경, 『광고의 사회학』, 한울, 1994.

김경용, 『기호학의 즐거움』, 민음사, 2001.

김영찬, 「광고의 기호학: 컨텍스트에 충실한 텍스트 비평을 향하여」, 광고학보,
2001.

김홍탁, 『광고 대중문화의 제1원소』, 나남, 2004.

마정미, 『광고로 읽는 하이브리드문화-지루한 광고에 도시락을 던져라』, 문예
출판사, 2000.

마정미, 『광고, 거짓말쟁이』, 살림, 1997.

주디스 윌리엄슨, 박정순 옮김, 『광고의 기호학』, 나남, 1998.

박정순, 『대중매체의 기호학』, 나남, 1995.

볼프강 F. 하우크, 김문환 옮김, 『상품미학 비판』, 이론과 실천, 1991.

아더 아사버거, 한국사회언론연구회 옮김, 『대중매체비평의 기초』, 이론과 실
천, 1990.

앤드류 밀너, 이승렬 옮김, 『우리 시대 문화이론』, 한뜻, 1996.

이냐시오 라모네, 주형일 옮김, 『소리없는 프로파간다』, 상형문자, 2002.

원용진, 『대중문화의 패러다임』, 한나래, 1996.

원용진, 『광고문화비평』, 한나래, 1997.

Judith Williamson, *Decoding Advertisments: Ideology and Meaning in
Advertising*, London: Marion Boyars, 1978.

_____, *Consuming Passions: The Dynamics of Popular Culture*,
London: Marion Boyars, 1986.

_____, *Deadline at Dawn*, Marion Boyars, 1993.

디지털 캐릭터가 영화배우를 대신한다 | 영역을 확장해가는 3D애니메이션 · 158쪽

고미숙 · 이진경 외, 『이것은 애니메이션이 아니다』, 문학과 경계, 2002.

김재영, 『애니메이션은 산업이다』, 대원씨아이, 2002.

김준양, 『애니메이션, 이미지의 연금술』, 한나래, 2001.

리처드 윌리엄스, 한창완 외 옮김, 『애니메이터 서바이벌키트』, 한울, 2004.

리처드 테일러, 한창완 옮김, 『애니메이션 제작기법의 모든 것』, 한울, 1999.

모린 퍼니스, 한창완 외 옮김, 『움직임의 미학: 애니메이션 역사와 미학연구』, 한울, 2001.

박기수, 『애니메이션 서사구조와 전략』, 논형, 2004.

박성수, 『애니메이션 미학』, 향연, 2005.

베르나르 제넹, 윤학로 옮김, 『애니메이션』, 이화여자대학교 출판부, 2007.

샤무스 컬헤인, 송경희 옮김, 『애니메이션 제작』, 커뮤니케이션북스, 2002.

송경희, 『프로그램 제작비 지원제도: 현황 및 성과』, 한국방송영상산업진흥원, 2002.

에릭 스무딘, 노광우 옮김, 『할리우드 만화영화』, 열화당, 1998.

유재석, 『만화영화 기획에서 제작까지』, 영진출판사, 1996.

이마무라 다이헤이, 황왕수 옮김, 『만화영화론』, 다보문화사, 1990.

정보통신정책연구원, 『한국 애니메이션 산업의 IT개발을 통한 육성 방안』, 1999.

제인 필링, 김세훈 외 옮김, 『21세기 애니메이션의 혁명가들』, 한울, 2003.

존 할라스, 황선길 외 옮김, 『세계 애니메이션 작가와 작품』, 범우사, 2002.

존 할라스, 이일범 옮김, 『애니메이션의 이론과 실제』, 신아사, 2000.

존 할라스, 한창완 옮김, 『존 할라스의 유럽애니메이션 이야기』, 한울, 1999.

존 할라스, 황선길·박현근 옮김, 『세계 애니메이션 작가와 작품』, 범우사, 2002.

크리스토퍼 보글러, 함춘성 옮김, 『신화, 영웅 그리고 시나리오 쓰기』, 무수, 2005.

키트 레이번, 나원호 옮김, 『애니메이션 북』, 민음사, 2003.

폴 웰스, 한창완 외 옮김, 『애니마톨로지@애니메이션 이론의 이해와 적용』, 한울, 2001.

한창완, 『애니메이션 경제학2004: 애니메이션산업의 대안적 비즈니스 연구』, 커뮤니케이션 북스, 2004.

한창완, 『저패니메이션과 디즈니메이션의 영상전략』, 한울, 2001.

한창완·넬슨 신, 『애니메이션 용어사전』, 한울, 2002.

헬렌 매카시·조너선 클레멘츠, 『저패니메이션 하드코어』, 현실문화연구, 2004.

허인욱, 『한국 애니메이션 영화사』, 신한 미디어, 2002.

황선길, 『애니메이션 영화사』, 범우사, 1999.

황선길, 『애니메이션의 이해』, 디자인하우스, 2000.

Peter Weishar, *CGI : The Art of the 3D computer-Generated Image*, Harry N Abrams Inc, 2004.

Catherine Winder and Zahra Dowlatabadi, *Producing Animation*, Facal Press, 2001.

Chris Patmore, *The Complete Animation Course*, Barron's, 2003.

Chris Webster, *Animation the Mechanics of Motion*, Focal Press, 2005.

Eric Smoodin, *Disney Discourse*, London & NewYork, 1999.

Kathy Merlock Jackson and Walt Disney Jakson, *Walt Disney Conversations*, Mississippi, 2006.

Jayne Pilling, *Cartoons & the Movies*, Dreamland, 1997.

Jerry Beck, *Animation Art*, HDI (Harper Design International), 2004.

John A. Lent, *Animation Asia and the Pacific*, Indiana University Press, 2001.

John Canemaker, *before the Animation begins*, Hyperion, 1996.

Julius Wiedemann, *Animation Now!*, TASCHEN, 2005.

Isaac V. Kerlow, *The art of 3D Computer: Animation and Effects*, Wiley, 2003.

Jeff Lenburg, *The encyclopedia of Animated Cartoons*, Facts on File, 1999.

Linda Williams, *Hardcore*, University of California Press, 1998.

Liz Faber and Helen Walters, *Animation Unlimited*, Laurence King, 2004.

Pascal pinteau, *Special Effects*, ABRAMS, 2003.

Robert Russett and Cecile Starr, *Expermetal Animation*, A da capo Paperback, 1976.

Robin Allam, *Walt Disney and Europe*, JL, 1999.

- http://www.awn.com 애니메이션 월드 네트워크
- http://www.koreananimation.org ASKO : 사단법인 한국 애니메이션학회
- http://www.kaaa.org 사단법인 한국 애니메이션 예술인협회
- http://www.character.or.kr 사단법인 한국 캐릭터협회
- http://www.taekwonv.org 로보트 태권브이 팬클럽
- http://kofic.or.kr 영화진흥위원회
- http://www.animationmuseum.com 춘천 애니메이션박물관
- http://www.gdca.or.kr 경기 디지털콘텐츠 진흥원

애니메이션 정보 및 감상
- http://www.topani.com
- http://www.ygenie.com
- http://www.zeromovie.com/MA/main.asp

온라인게임으로 가상세계와 만난다 | 게임에 미치는 인터넷 네트워크의 영향력 · 168쪽

마크 살츠먼, 박상호 옮김, 『Game Design 이것이 게임기획이다!!』, 민프레스, 2001.

가와베 가즈토, 김태완 옮김, 『WELCOME TO 게임 시나리오』, 시나리오친구들, 1999.

게임기획디자인연구회, 『게임기획전문가 필기』, 박문각, 2005.

김덕호, 『게임 기획과 디자인』, 피씨북, 2001.

김원보 · 최유찬, 『컴퓨터 게임과 문화 : 컴퓨터 게임, 인류 최후의 혁명은 시작되었다.』, 이룸, 2005.

김정남 · 김정현, 『게임의 운명을 결정하는 상상력과 기획』, 사이버출판사, 2006.

김정남 · 김정현, 『세계 최고의 게임 크리에이터 9인의 이야기』, 대림, 2006.

김종혁, 『게임 시나리오 개론』, 사이버출판사, 2002.

김종혁, 『대박 터지는 게임 시나리오』, 북마크, 1999.

데이브 모리스 · 앤드류 롤링스, 한쿨임 팀 옮김, 『Game 아키텍처&디자인』, 제우미디어, 2004.

데이비드 버그, 황혁기 옮김, 『생생한 게임 개발에 꼭 필요한 기본 물리』, 한빛미디어, 2002.

러셀 드마리아 · 조니 윌슨, 송기범 옮김, 『게임의 역사』, 제우미디어, 2002.

류현주, 『컴퓨터 게임과 내러티브』, 현암사, 2003.

리차드 루즈, 최현호 옮김, 『게임디자인 이론과 실제』, 정보문화사, 2001.

문만기, 『디지털 영상콘텐츠 기획론 : 게임/애니메이션 창작의 이론과 실제』, 정보와사람, 2006.

미첼 웨이드 · 존 백, 이은선 옮김, 『게임세대 회사를 점령하다』, 세종서적, 2006.

민용식 · 신현철 · 서종한, 『게임매니아를 위한 게임 제작하기』, 정일, 1999.

박상우, 『게임, 세계를 혁명하는 힘』, 씨앤씨미디어, 2000.

서민철, 『게임 시나리오 작법』, 컴피플, 2000.

스티브 켄트, 이무연 옮김, 『게임의 시대-재미를 쫓는 천재들의 숨은 비즈니스 찾기』, 파스칼북스, 2002.

아사쿠라 레이지, 이종천 옮김, 『소니를 지배한 혁명가』, 황금부엉이, 2003.

아카기 텟페이, 『웃는 닌텐도 달리는 세가』, 제우미디어, 1993.

유형오, 『게임 비즈니스 엔진』, 테크북, 2001.

유형오 · 이준혁, 『게임기 전쟁』, 진한M&B, 2002.

이노 켄지, 정윤아 옮김, 『게임』, 뜨인돌, 2000.

이수인, 『게임 회사이야기』, 2005.

이재현, 『멀티미디어와 디지털 세계 : 뉴미디어란 무엇인가?』, 커뮤니케이션북
　　스, 2004.

이재현, 『인터넷과 온라인 게임』, 커뮤니케이션북스, 2001.

이재홍, 『게임 시나리오 작법론= Making a game scenario』, 정일, 2004.

이정엽, 『디지털 게임, 상상력의 새로운 영토』, 살림, 2005.

전경란, 『디지털 게임의 미학 : 온라인 게임 스토리텔링』, 살림, 2005.

최유찬, 『컴퓨터 게임의 이해』, 문화과학사, 2002.

한국게임산업개발원, 『게임산업 정보화 구축방안』, 정일, 2003.

한국게임산업개발원, 『게임산업의 기술참조모델과 표준프로파일 구축』, 정일,
　　2004.

한국특허정보원, 『디지털 컨텐츠산업의 게임분야』, 진한M&B, 2006.

기관 및 단체
- http://www.kogia.or.kr　한국 게임산업진흥원
- http://www.gamek.or.kr　한국 게임산업협회
- http://www.gitiss.org
　지티스: 한국 게임산업진흥원 운영 게임산업지식 포털서비스
- http://www.gameacademy.or.kr
　게임아카데미: 한국 게임산업진흥원 교육기관
- http://www.culturecomplex.or.kr　문화콘텐츠 센터

게임 관련 뉴스 사이트
- http://www.eitimes.net　전자정보신문
- http://www.gamechosun.co.kr　게임조선: 게임 관련 온라인 일간지
- http://www.khgames.co.kr　경향게임스: 경향플러스 운영 게임뉴스
- http://www.fighterforum.com　e-스포츠 뉴스
- http://www.gdaily.co.kr　지데일리 게임뉴스

게임 웹진
- http://www.gamedonga.co.kr

- http://www.mud4u.net
- http://www.onlife21.net
- http://www.gdmag.com
- http://www.gameshot.net
- http://www.gameabout.com
- http://www.gametime.co.kr
- http://www.gameshot.net

게임 포털사이트
- http://www.gdibooster.com　게임 개발자 전문 포털사이트
- http://cafe5.ktdom.com/gamess
- http://www.next-gen.biz(영어)
- http://www.watch.impress.co.jp/game/(일본어)
- http://ruliweb.empas.com
- http://www.gamemeca.com
- http://www.gameshot.net/down/
- http://www.thisisgame.com
- http://www.ensoda.com
- http://www.cyfren.com
- http://www.qmud.com

게임 정보 사이트
- http://www.playstation.co.kr　플레이스테이션 공식 사이트
- http://www.isuka.net　동인문화 육성 개발 프로젝트
- http://www.rth.co.kr　오프라인 게이밍 파티 홈페이지
- http://www.gamechart.co.kr　게임차트: 게임 데이터 리포트 제공
- http://www.ggemguide.com
- http://www.비디오게임.kr
- http://www.gamespot.co.kr
- http://www.gomgame.co.kr
- http://www.inven.co.kr
- http://me-korea.wikispaces.com

창조산업의 시작, 만화의 가능성 | 만화와 다양한 미디어 장르의 연계 · 180쪽
권경민, 『기호학적 만화론』, 심포지움, 2007.

니시무라 시게오, 정재훈 옮김, 『만화 제국의 몰락』, 스튜디오본프리, 2007.

랜슬롯 호그벤, 김지운 옮김, 『동굴 벽화에서 만화까지 : 그림으로 읽는 커뮤니케이션사』, 커뮤니케이션북스, 2007.

로저 새빈, 김한영 옮김, 『만화의 역사』, 글논그림밭, 2002.

박석환, 『잘가라 종이만화-디지털만화 비즈니스』, 시공사, 2001.

박석환, 『코믹스 만화의 세계』, 살림, 2005.

박인하, 『장르 만화의 세계』, 살림, 2004.

박종성, 『한국성인만화의 정치학』, 인간사랑, 2007.

박창석, 『미술 속 만화 만화 속 미술』, 다빈치, 2004.

박홍규, 『오노레 도미에 : 만화의 아버지가 그린 근대의 풍경』, 소나무, 2000.

성완경, 『성완경의 세계만화탐사』, 생각의나무, 2001.

성완경, 『세계만화 : 상상력으로 빚어낸 새로운 언어의 세계, 만화이야기』, 생각의나무, 2005.

안드레아스 크니게, 김원익 옮김, 『만화 : 종이 위에서 살아 움직이는 꿈과 환상, 세계 걸작 만화 50』, 해냄, 2005.

오오쯔카 에이지 · 사사키바라 고, 최윤희 옮김, 『망가 · 아니메: 아톰에서 미야자키 하야오까지』, 열음사, 2004.

이명석, 『만화, 쾌락의 급소 찾기』, 시지락, 2002.

이수진, 『만화 기호학: 기호학으로 만화읽기의 본격 시작, 만화기호학을 위한 첫 걸음』, 씨엔씨 레볼루션, 2004.

임청산, 『만화영상예술사: 세계만화영상사 · 한국만화영상사』, 대훈닷컴, 2004.

임학순 외 공저, 『만화와 문화산업 그리고 도시』, 북코리아, 2007.

정하미, 『눈동자의 빛으로 일본만화를 본다: 아톰에서 교과서 문제까지』, 지식산업사, 2005.

정현숙, 『일본만화의 사회학: 만화사적 접근을 통해 본 경쟁력의 기반』, 문학과지성사, 2004.

조정래, 『세계만화 그 정체성과 다양성을 뒤집어 보다』, 비전코리아, 2007.

츠지 슈이치, 김이랑 옮김, 『슬램덩크 승리학』, 대원씨아이, 2001.

프랑시스 라까쌩, 심상용 옮김, 『제9의 예술 만화』, 하늘연못, 1998.

프레드릭 L. 쇼트, 김장호 외 옮김, 『이것이 일본만화다-망가, 그 곁 이야기와 속 이야기』, 다섯수레, 1999.

한국문화콘텐츠진흥원, 『만화 콘텐츠 비즈니스』, 한국문화콘텐츠진흥원, 2005.

한상일 · 한정선, 『일본, 만화로 제국을 그리다 : 조선병탄과 시선의 정치 』, 일조각, 2006.

한재규, 『한국만화 원형사』, 이다미디어(이토), 2001.

Franklyn Ajaye, *Comic Insights: The Art of Stand-Up Comedy*, Silman-James Press, 2001.

T. Campbell, *The History of WebComics*, Diamond Comic Distri, 2006.

Gary Groth, *The Comics Journal*, Fantagraphics Books, 2004.

P. Gravett, *Graphic Novels*, Bt Bound, 2008.

Paul Gravett, *Manga: 60 Years of Japanese Comics*, Harper Design International, 2004.

Phil Jimenez (Ed.), "DC Comics", in *The DC Comics Encyclopedia: The Definitive Guide to the Characters of the DC Universe*, Dorling Kindersley, 2004.

Mark Salisbury, *Artists on Comic Art*, Titan Books, 2002.

Scott McCloud, *24 Hour Comics*, About Comics, 2004.

Shirrel Rhoades and Steve Geppi, *A Complete History of American Comic Books*, Peter Lang Pub Inc., 2008.

Roger Sabin, *Comics, Comix & Graphic Novels*, Phaidon, 2000.

Joseph Witek, *Comic Books As History*, Lightning Source Inc., 2007.

Robin Varnum and Christina T. Gibbons, *The Language of Comics: Word and Image*, University Press of Mississippi, 2002.

- http://www.comicsmuseum.org 한국 만화박물관
- http://www.kcomics.net 만화 규장각: 국내외 만화 데이터베이스 구축 사업
- http://www.cartoonmuseum.co.kr 한국만화자료원
- http://www.comicw.co.kr 아마추어 만화 행사 코믹월드 홈페이지
- http://www.tozma.co.kr 일반인의 순수창작물 게시, 감상
- http://www.comixest.com 만화 감상 공유 커뮤니티
- http://www.paraban.x-y.net 만화에 대한 정보 및 감상 공유 개인 홈페이지

웹툰 연재 개인 홈페이지
- http://www.manamong.com
- http://cafe.daum.net/MISSmm
- http://www.marineblues.net
- http://www.bburn.net

국내 만화 출판사
- http://www.haksanpub.co.kr

- http://www.daiwon.co.kr
- http://winklove.jumps.co.kr

대형 포털사이트에서 운영하는 만화 사이트
- http://comicmall.naver.com/webtoon.nhn
- http://webtoon.chollian.net
- http://comic.paran.com
- http://comic.hanafos.com
- http://comics.khan.co.kr/_default76.htm
- http://cartoon.stoo.com
- http://cartoon.media.daum.net

인터넷 만화방
- http://www.ensoda.com
- http://www.muryomana.com
- http://www.mangazzang.co.kr
- http://www.bestanime.co.kr
- http://www.kacl.co.kr
- http://comics.nate.com/main/
- http://www.nowcartoon.com
- http://cartoon.ezday.co.kr
- http://comic.dreamwiz.com
- http://www.comic19.com
- http://www.mana.kt.to

인터넷 만화 서점
- http://book.interpark.com
- http://www.auction.co.kr
- http://www.manabank.co.kr
- http://www.booksaetong.co.kr
- http://www.ecomixshop.co.kr
- http://www.dreamcomics.co.kr
- http://www.ariuf.co.kr
- http://www.anibook.co.kr
- http://www.bvmart.co.kr

- http://www.cmhouse.com
- http://www.manastory.co.kr
- http://www.kbmana.com
- http://www.jafan.com
- http://www.parabook.co.kr
- http://www.comictoon.co.kr
- http://www.goodmorningbook.com
- http://www.moabook.co.kr
- http://www.toonian.co.kr
- http://www.anizoon.co.kr
- http://www.sevenbook.co.kr
- http://www.anipop.co.kr
- http://www.toonk.com

제4부 작은 문화들이 위대하다

삶을 치유하는 예술, 에치고–쓰마리 트리엔날레 | 지역을 위한 공공미술 · 190쪽

맬컴 마일즈, 박삼철 옮김,『미술, 공간, 도시』, 학고재, 2000.

John Willett, *Art in a City*, Methuen, 1967.

권미원, *One Place After Another*, MIT Press, 2003.

Maja Fowkes and Reuben Fowkes, "Principles of Sustainability in Contemporary Art", *Praesens: central European contemporary art review*. 2006.

- http://www.echigo-tsumari.jp
  에치고–쓰마리 트리엔날레 공식 홈페이지.
- http://www.triennale.it
  트리엔날레 중 가장 대표적인 행사인 밀라노 트리엔날레 홈페이지.
- http://www.publicartfund.org
  뉴욕 공공 미술 프로젝트의 과거와 현재를 볼 수 있는 공공미술펀드 홈페이지.
- http://www.citygalleryproject.org
  서울시에서 2010년까지 추진하고 있는 공공미술 프로젝트 홈페이지.
- http://apap.anyang.go.kr
  안양시에서 2005년부터 비엔날레 형식으로 추진하고 있는 안양 공공미술 프

로젝트 홈페이지.

누구나 다양한 문화를 누릴 권리가 있다 | 세계화와 문화다양성 · 200쪽

강상구, 『신자유주의의 역사와 진실』, 문화과학사, 2000.

헤롤드 제임스, 이헌대 · 이명휘 · 최상오 옮김, 『세계화의 종말-대공황의 교훈』, 한울, 2002.

안또니오 네그리 · 마이클 하트, 윤수종 옮김, 『제국』, 이학사, 2001.

리처드 세넷, 조용 옮김, 『신자유주의와 인간성의 파괴』, 문예출판사, 2002.

Deuxiemes Rencontres Internationales des organisations professionnelles de la culture, fevrier February febrero, 2003.

Joost Smiers, *Arts under pressure*, Zed books, 2003.

헬레나 노르베리-호지 외, 「세계화에서 지역화로」, 『녹색 평론』 75호, 2004.

『WTO 시대의 문화-교역인가, 교류인가』, 세계문화기구를 위한 연대회의.

『무역과 문화다양성』, 스크린쿼터 문화연대.

리스본 그룹, 채수한 옮김, 『경쟁의 한계-리스본 그룹 보고서』, 바다출판사, 2000.

권혁범, 『국민으로부터의 탈퇴』, 삼인, 2000.

제레미 리프킨, 이영호 옮김, 『노동의 종말』, 민음사, 2005.

흑인, 이 지혜롭고 당당한 존재들 | 아프리카 탈식민주의 문학 · 212쪽

Chinua Achebe, *Things Fall Apart*, 1958.

_____, *No Longer at Ease*, 1960.

_____, *Arrow of God*, 1964.

_____, *A Man of the People*, 1966.

_____, *Anthill of the Savannah*, 1988.

_____, *The Sacrificial Egg and Other Stories*, 1962.

_____, *Girls at War and Other Stories*, 1973.

_____, *Beware, Soul-Brother and Other Poems*, 1971.

_____, *Christmas at Biafra and Other Stories*, 1973.

_____, *The Flute*, 1975.

_____, *The Drum*, 1978.

_____, *Morning Yet on Creation Day*, 1975.

_____, *The Trouble with Nigeria*, 1984.

_____, *Hopes and Impediments*, 1988.

_____, *Home and Exile*, 2000.

썩지 않는 언어, 기쿠유어의 수호자 | 모국어로 창작하기의 신념 · 222쪽

Ngugi Wa Thiong'o, *Weep Not, Child*, 1964.

_____, *The River Between*, 1965.

_____, *A Grain of Wheat*, 1967.

_____, *Petals of Blood*, 1977.

_____, *Caitaani Mutharaba-ini*, 1982.

_____, *Matigari ma Mjimruumgi*, 1987.

_____, *The Black Hermit*, 1968.

_____, *The Trial of Dedan Kimathi*, 1976.

_____, *Ngaahika ndeenda*, 1980.

_____, *Maitu njugira*, 1982.

_____, *Homecoming*, 1972.

_____, *Detained: A Writer's Prison Diary*, 1981.

_____, *Writers in Politics*, 1981.

_____, *Decolonising the Mind*, 1986.

_____, *Moving the Centre: The Struggle for Cultural Freedom*, 1993.

_____, *Penpoints, Gunpoints and Dreams*, 1998.

제5부 현대미술의 가장 치열한 쟁점

세계화시대, 뒤섞임이 정체성이다 | 문화 혼성과 현대미술 · 234쪽

고길섶 외, 『문화 읽기-삐라에서 사이버문화까지』, 현실문화연구, 2000.

릴라 간디, 『포스트식민주의란 무엇인가』, 현실문화연구, 2000.

「Korean Diaspora」, 월간 『아트 인 컬처』 특집기획, 2002. 2, 64~108쪽.

'코리아메리카코리아' 전시회 카탈로그, 아트선재센터, 2000년 5. 27.~8. 8.

- http://www.shanghart.com
  상하이 소재의 갤러리 사이트로서 중국현대미술에서 나타나는 문화의 혼성 양상을 다양하게 접할 수 있다.
- http://www.asiasociety.org
  뉴욕 소재의 아시아소사이어티 갤러리의 사이트로서 아시아 현대미술에 나타나는 혼성과 문화적 이행의 양상을 접할 수 있다.
- http://www.arts.uci.edu/studioart/
  캘리포니아 대학(어바인)에서 디아스포라와 관련하여 워크숍 프로그램을 운

영하고 있는 재미작가 민영순 교수의 사이트로서 한국의 이산문제를 예술담론으로 풀어가고 있다.

경험되지 않는 경험 | 미디어아트의 시간개념 · 246쪽
- http://www.ntticc.or.jp
  일본 도쿄 소재, ICC 미디어 아트 센터.
- http://on1.zkm.de/zkm/e/
  독일 칼스루헤 소재, ZKM 미디어 아트 센터.
- http://rhizome.org/
  RHIZOME: 1996년에 설립된 미국 뉴욕의 뉴뮤지움의 뉴미디어 아트 온라인 분관. 2003년 개장.

상상 속의 미술관, 세상 밖으로 | 전시의 주체, 큐레이터 · 258쪽

하랄트 제만의 주요 개인전

Francis Picabia(1962), Louis Nevelson(1964), Giogio Morandi(1965), Constant(1966), Roy Lichtenstein(1968), Soto(1968), Sigma Polke(1984), Cy Twombly(1987), Piet Mondrian(1989), Richard Serra(1990), Walter de Maria(1992), Wolfgang Leib(1992), Joseph Beuys(1993), Bruce Nauman(1995), Yve Klein(1999), Marcel Duchamp(2002) 등.

주요 단체전

Light and Movement: Kinetic Art(1965), White on White(1966), 12 Environments(1968), When Attitudes Become Form: Live in Your Head(1969), Happening and Fluxus(1970), The Thing as Object, Art of Seventies(1980), Aperto 80(1980), Unexpected Swiss(1992), d?per-tutto(1999), Plateau of Humankind(2001) 등.

주요 테마전

Painters Poets/Poets Painters(1957), Science Fiction(1967), Grand Father (1974), Bachelor Machines(1975), Monte Verita-Mountain of Truth(1978), In Search of Total Art Work(1983), Visionary Switzerland(1991), SPEED/Water(1997), Money and Value/The last taboo(2002) 등.

중국미술, 세계자본을 삼키다! | 중국 현대미술의 현재 · 268쪽

지아우딘 사르다르, 이영아 옮김, 『문화연구』, 김영사, 2002.

제임스 커런 외 엮음, 백선기 옮김, 『대중문화와 문화연구』, 한울, 1999.

마크 포스터, 조지형 옮김, 『포스트모던 시대의 새로운 문화사』, 이화여대 출판
  부, 2006.

도나 해러웨이, 민경숙 옮김, 『유인원, 사이보그, 그리고 여자』, 동문선, 2002.

아리프 딜릭, 정남영 옮김, 『전지구적 자본주의에 눈뜨기』, 설준규, 창비, 1998.

사스키아 사센, 남기범 등 옮김, 『경제의 세계화와 도시의 위기』, 푸른길, 1998.

리우 춘, 『중국 회화사』, 중국 청년 출판사, 2005.

윤재갑, *Absolute Images*, ARARIO, 2006.

윤재갑, *Hungry God : Indian Contemporary Art*, ARARIO, 2006.

Wu hong, *Chinese Art at the Crossroads*, New Art Media, 2001.

Geeta Kapur, *When was Modernism*, Tulika Books, 2000.

Fei Da Wei, *85 New Wave*, UCCA, 2007.

Gayatri Sinha, *Indian Art : An Overview*, Rupa, 2003.

제6부 예측할 수 없는 예술가들의 발상

성기에 더이상 편집하지 않는 신체 | 인체에 대한 새로운 관심 · 278쪽

매튜 바니의 주요 전시 목록

The CREMASTER Cycle, Museum Ludwig, Koeln, 2002~2003.

「CREMASTER 4」 and 「CREMASTER 2」, 2000.

Media Art 2000, Media_City Seoul 2000 Inaugural Exhibit, Seoul, 2000.

CREMASTER 2 : The Drones Exposition, Walker Art Center, Minneapolis,
  1999.

CREMASTER 5, Fundacio La Caixa, Barcelona, 1998.

CREMASTER 5, Portikus, Frankfurt, 1997.

Transexuals and REPRESSIA, CREMASTER 1 and CREMASTER 4, San
  Francisco MoMA, San Francisco, 1996.

CREMASTER 4, Barbara Gladstone Gallery, New York, 1995.

Portraits from CREMASTER 4, Regen Projects, Los Angeles, 1994.

APERTO 93, 45th Venice Biennale, Venice(Prize), 1993.

Matthew Barney : New Work, San Francisco Museum of Modern Art,
  1991.

Field Dressing, Payne Whitney Athletic Complex, Yale University, New Haven, 1989.

미술관은 미술 작품의 무덤이다 | 이분법의 경계에 선 예술 · 292쪽

Yasumasa Morimura, Morimura Yasumasa ten: bi ni itaru yamai: joyu ni natta watakushi(The Sickness Unto Beauty), Yokohama-shi: Yokohama-shi Bijutsukan, 1996.

_____, Appearance, Bologna: Charta, 2000.

야수마사 모리무라 작품 목록
'Actress Series' (1996~98)
'Art History Series' (1985~98)

사진 안에 그녀가 있다 | 여성에 관한 고정관념을 고발하다 · 304쪽

Cindy Sherman, *Cindy Sherman*(with an introduction by Peter Schjeldahl; and an afterword by I. Michael Danoff), New York: Pantheon Book, 1984.

_____, *Cindy Sherman: untitled film stills*(with an essay by Arthur C. Danto), New York: Rizzoli, 1990.

Rosalind E. Krauss, *Cindy Sherman 1975~1993*(text by Rosalind Krauss; with an essay by Norman Bryson), New York: Rizzoli, 1993.

New York, *N. Y. Museum of Modern Art, Circulating Film Library*(distributor), c1981~1982. 1 videocassette (ca. 23 min.): sd., col.; 1/2 in.

Cindy Sherman, *Cindy Sherman: specimens*(editor in charge, Edit deAk), Kyoto: Kyoto Shoin International, 1991.

신디 셔먼의 작품 목록
'Untitled, Film Stills' (1977~80)
'Centrefolds' (1981~83)
'Fashion' (1983~84)
'Disgust, Bulimia' (1987~91)
'History Portraits' (1988~90)
'Sex Dolls' (1993~)

사진기는 무자비하게 비낭만적이다 | 기록사진과 상업사진의 결합 · 312쪽

Zdenek Felix (ed.), Rudolf Schmitz, *Andreas Gursky: photographs, 1984~1993: Deichtorhallen Hamburg*, 4 February~10 April 1994, De Appel Foundation, Amsterdam, 20 May~4 July 1994, Munich: Schirmer Art Books, 1994.

Andreas Gursky, *Fotografien 1994~1998: Kunstmuseum Wolfsburg*, Wolfsburg: Kunstmuseum Wolfsburg; New York, N.Y., 1998.

Peter Galassi, *Andreas Gursky*, New York: Museum of Modern Art, 2001.

Lynne Cooke, Rupert Pfab and Marie Luise Syring, *Andreas Gursky: photographs from 1984 to the present*, New York: TeNeues, 2000.

제7부 스크린이 새 세상을 예언한다

디지털은 사유의 도구다 | 디지털 시대의 영화 · 324쪽
「키즈」(Kids, 1995)
　감독: 래리 클락/각본: 하모니 코린/제작: 캐리 우즈/촬영: 에릭 앨런 에드워즈
　편집: 크리스토퍼 텔프슨/출연: 레오 피츠패트릭, 클로에 세비니, 로사리오 도슨
「검모」(Gummo, 1997)
　감독, 각본: 하모니 코린/제작: 캐리 우즈/촬영: 장-이브 에스코피에
　편집: 크리스토퍼 텔프슨/출연: 제이콥 시웰, 닉 서튼, 제이콤 레이놀즈, 클로
　　에 세비니
「줄리앙 동카-보이」(Julien: Donkey-Boy, 1999)
　감독, 각본: 하모니 코린/제작: 캐리 우즈, 로빈 오하라, 스코트 맥콜레이
　촬영: 안소니 도드 맨틀/편집: 발디스 오스카스도티르
　출연: 이웬 브렘너, 클로에 세비니, 베르너 헤어조크
「켄 파크」(Ken Park, 2002)
　감독: 래리 클락, 에드워드 라흐만/각본: 하모니 코린/제작: 키스 커샌더, 장 루
　　이 필
　촬영: 래리 클락, 에드워드 라흐만/편집: 존 드미오
　출연: 제임스 랜손, 티파니 리모스, 스티븐 재소

카메라를 들이대는 그 순간이 영화다 | 사건을 담는 영화 · 338쪽
「듀오」(Duo, 1997)
　감독: 스와 노부히로/각본: 스와 노부히로, 니시지마 히데토시, 유애리

촬영: 다무라 마사키/출연: 니시지마 히데토시, 유애리

「엠아더」(M/other, 1999)

감독: 스와 노부히로/각본: 미우라 토모카즈, 스와 노부히로, 와타나베 마키코

촬영: 이노모토 마사미/출연: 미우라 토모카즈, 와타나베 마키코

「H 스토리」(H Story, 2001)

감독: 스와 노부히로/각본: 스와 노부히로/촬영: 카롤린 샹프티에

출연: 베아트리스 달, 마치다 고

악마성, 고통만이 관객을 유혹한다 | 대중의 호응을 얻은 예술영화 · 348쪽

「에이리언 3」(Alien 3, 1992)

감독: 데이비드 핀처/제작: 고든 캐롤, 월터 힐, 시고니 위버/각본: 데이비드 가
일러, 월터 힐

촬영: 알렉스 톰슨/편집: 테리 롤링스/출연: 시고니 위버, 찰스 더튼, 랜스 헨릭슨

「세븐」(Seven, 1995)

감독: 데이비드 핀처/제작: 아놀드 코펠슨/각본: 앤드류 케빈 워커/촬영: 다리
우스 콘지

편집: 리차드 프랜시스 브루스/출연: 브래드 피트, 모건 프리먼, 케빈 스페이시

「더 게임」(The Game, 1997)

감독: 데이비드 핀처/제작: 스티브 골린, 숀 채핀/각본: 존 브란카토, 마이클 페
리스

촬영: 해리스 사비드스/편집: 짐 헤이굿/출연: 마이클 더글라스, 숀 펜, 데보라
웅거

「파이트 클럽」(Fight Club, 1999)

감독: 데이비드 핀처/제작: 로스 그레이슨 벨, 숀 채핀/각본: 짐 울스 제프 크로
넨위스편집: 짐 헤이굿/출연: 브래드 피트, 에드워드 노튼, 헬레나 본햄 카터

「패닉 룸」(Panic Room, 2002)

감독: 데이비드 핀처/제작: 숀 채핀 각본 데이비드 코엡/촬영: 콘래드 W 홀, 다
리우스 콘지/편집: 짐 헤이굿/출연: 조디 포스터, 포레스터 휘태커, 드와이트
요캄

■ 글쓴이 소개

김봉석 대학 졸업 후 가극『금강』의 대본을 쓰는 등 잡다한 글을 쓰는 자유기고가로 활동하다가 영화잡지『시네필』을 시작으로『씨네21』『한겨레』의 기자로 일했다. 일본의 영화, 애니메이션, 만화, 대중소설, 대중음악 등을 꾸준하게 즐기면서 지켜보고 있는 중이다. 주된 관심 분야는 대중문화 전반이고 특히 호러와 SF, 스릴러 등 대중 장르에 대해 연구하고 있다. 저서로는『클릭! 일본문화』(공저),『18금의 세계』(공저),『컬처 트렌드를 읽는 즐거움』이 있다.

김영삼 중앙대 의류학과를 졸업한 후, 뉴욕대학에서 석사를 마치고 중앙대에서 박사학위를 받았다. 현재 중앙대 의류학과 교수로 재직 중이며 같은 대학 연극학과 공연의상을 총괄하고 있다. 뉴욕 메트로폴리탄 박물관 내의 의상연구소 인턴 연구원, 뉴욕 F.I.T(Fashion Institute of Technology) 박물관 인턴 연구원, 사단법인 한국복식학회의 편집국장 등을 역임하였으며, 현재 사단법인 한국복식학회 미래위원, 아시아연극교육센터(Asia Theatre Education Centre, 베이징) 위원, 2008 세계연극학회 집행위원으로 복식과 공연예술분야의 학문적 융합을 교육 및 현장에서 진행하고 있다. 또한, 연극「동승」「혜초」뮤지컬「시카고」「렌트」「백일천사」등 국내외 공연의상 분야의 의상수퍼바이저, 의상디자이너등 현장활동을 하고 있다.

김지윤 한양대학교 응용미술학과와 같은 대학 대학원을 졸업했다. 로체스터공과대학 디자인대학원에서 멀티미디어 디자인으로 석사학위를 받았으며, 정보기술대학원에서 인터랙티브 멀티미디어 전문자격증을 취득하였다. 현재 건국대학교 예술문화대학 커뮤니케이션디자인학부 교수로 있다. 저서로는 『웹디자인』『디지털 영상 편집』이 있다.

김홍탁 제일기획 크리에이티브디렉터이자 광고평론가이다. 삼성전자의 글로벌 광고 프로젝트를 주관해왔으며, 『중앙일보』『동아일보』『월간디자인』『광고정보』 등의 지면을 통해 대중문화로서의 광고를 알리는 데 힘써왔다. 고려대 대학원, 이화여대 대학원 등에서 강의했으며 국민대학교 언론학부 겸임교수를 역임했다. 광고평론집 『광고, 대중문화의 제1원소』『광고, 리비도를 만나다』 등의 저서와 『머리 좀 굴려 보시죠』『크리에이티브 게릴라: 생각의 스위치를 올려라』 등의 역서가 있다. 세계광고제인 'New York Festival', 'Adfest'의 심사위원을 역임했으며 광고전시회 '안티광고전', 사진전시회 '豪氣 또는 虛氣전'을 기획했다.

김훈 서울대 미술대학 응용미술학과를 졸업하고 같은 학교 대학원에서 석사·박사학위를 받았다. 인피니트 그룹의 아트 디렉터를 맡은 바 있으며, 세종대학교 교수를 거쳐 현재는 성신여대 산업디자인과 교수로 있다. 제6회 CS Design Award 국제부문 금상을 수상하였으며, 개인전도 연 바 있다. 저서로는 『그래픽디자인의 새로운 패러다임 ─ 디지털디자인』이 있다.

마정미 광고평론가·문학평론가로, 한남대학교 정치언론국제학과 조교수로 재직하고 있다. 주요 저서로 『최진실 신드롬』『광고, 거짓말쟁이』『지루한 광고에 도시락을 던져라』『광고로 읽는 한국 사회문화사』 등이 있다.

박경미 이화여대 영문과와 같은 학교 대학원 순수미술학과를 졸업(M.F.A.)한 후 일리노이 주립대학원(UIC) 회화과에서 수학하였다. 1989~99 국제 갤러리 디렉터, 제49회 베네치아 비엔날레 한국관 커미셔너(2001)를 거쳐 현재 PKM 갤러리 대표를 맡고 있다. '구림마을 프로젝트'(2000), '요제프 보이스 전'(1996), '세계의 환경 조각전'(1995) 등 국내외 작가 전시 70여 회를 기획했다.

박선형 숙명여자대학교 의류학과를 졸업하고, 연세대학교 대학원에서 석사학위

를 받았다. 석사 논문은 「웨어러블 컴퓨터 개념을 기반으로 한 의류상품 디자인의
가능성 탐색」이며, 현재는 연세대 의류환경학 박사과정 중에 있다.

박신의 이화여대 대학원 미술사학과를 수료하고, 파리 4대학(소르본) 대학원 미
술사학과에서 석·박사과정을 수료하였다. 1988년 동아일보 신춘문예 미술평론
부문 당선 이후 활발한 평론활동과 전시 기획을 해왔다. 제2회 광주비엔날레 어시
스턴트 큐레이터와 '미디어시티서울2000'의 큐레이터를 지냈고, 2003년 대통령
자문 정책기획위원, 문화중심도시조성위원 등을 역임하였으며, 현재는 한국문화
예술위원, 경희대학교 경영대학원 문화예술경영학과 교수로 재직 중이다.

송미숙 한국외대 불어과를 졸업하고 오레곤대학교에서 미술사 석사(1971), 펜실
베이니아 주립대학교에서 미술사 박사학위(1980)를 받았다. 석사논문에서는 20
세기 초현실주의 계열의 신낭만주의작가 첼리체프(Tchelitchew)의 다중상 연구
를, 박사논문에서는 19세기 미술행정가이자 비평가인 샤를 블랑(Charles Blanc)
의 미술론을 연구했다. 현재 성신여대 서양화과 교수로 재직 중이며, 2003년 3월
부터 성신여대 박물관장을 맡고 있다. 『공간』『계간미술』『월간미술』『가나아트』
『미술세계』 등에 상당수의 비평문을 게재해왔고 1987년에 문예진흥원과 서울신
문사주최 문화예술평론가상을 수상했다. 또한 '바우하우스의 화가들', '암스텔담
스테델릭미술관 소장품', '사진예술 160년사', '한국현대미술―시간' 등 다수의
전시를 기획했다.

유운성 서울대학교 물리교육과를 졸업했으며 재학시절 '영화연구회 얄라셩'에서
활동했다. 2001년 제6회 『씨네21』 영화평론상 공모에서 당선된 후 영화평론가로
활동하고 있다. 현재는 한국예술종합학교 영상원 영상이론과에 재학 중이며 영화
사 및 영화이론을 공부하고 있다.

유지나 이화여대에서 불문학과 철학을 공부한 후 한국영화아카데미 연출 과정을
거쳐 프랑스 7대학에서 마르그리트 뒤라스의 영화글쓰기에 대한 논문 「빈 공간 위
의 텍스트」로 박사학위를 받았다. 문화다양성 확산 운동을 하고 있으며 젠더폴리
틱을 실천하는 영화평론을 해왔고, 현재 동국대학교 영화영상학과에서 영화사와

시나리오 등을 가르치고 있다.

윤재갑 홍익대 미대 예술학과를 졸업하고 중국 중앙미술학원에서 중국미술사를 공부했으며, 인도 타고르 미술대학에서 인도미술사 석사 과정을 수료하였다. 한국·중국·일본·인도를 아우르며 수십 차례의 현대미술 전시를 기획했으며, 대안공간 LOOP의 디렉터를 거쳐 지금은 아라리오 갤러리의 디렉터로 있다.

윤준성 숭실대학교 IT대학 글로벌미디어학과 교수로 재직하고 있다. 첨단 멀티미디어를 사용하는 현대예술매체의 비평/문화이론 적용과 사이버네틱스에 관한 공학적인 실험을 토대로 정보과학과 사진을 비롯한 현대예술의 유기적인 관계를 유도하기 위한 연구를 한다.

이명기 서울대학교 미술대학 응용미술학과를 졸업하고 영국 왕립예술원(Royal College of Art)의 Industrial Design Department에서 운송기기디자인(Vehicle Design Course)으로 석사학위를 받았다. 쌍용자동차 디자인실 실장을 역임(무쏘, 뉴 코란도, 이스타나, 체어맨 및 모터쇼 컨셉트 모델 디자인 등 디자인 총괄)하였으며 연구논문으로 「자동차 디자인의 미래트렌드 예측에 관한 연구」「Retro Design 동향고찰」「소형 SUV 컨셉트카 디자인연구」 등과 번역서로 『디자인 원리』가 있다. 현재 세종대학교 예체능대학 산업디자인학과 교수로 몸담고 있으며, 한국디자인학회 및 한국디자이너협회 정회원으로 활동 중이다.

이상헌 서울대학교 건축학과와 같은 대학 대학원을 졸업하였다. 미국 MIT대학 건축과에서 역사이론비평을 전공하고 유럽 근대건축사에 관한 논문으로 박사학위를 받았다. 일건, 정림건축, Woo & Williams에서 실무를 쌓았고 인우건축의 설립 파트너로서 소장을 역임했으며, 미국과 한국의 건축사 자격을 가지고 있다. 1996년 창원 시립 가음정도서관 현상설계에 당선한 바 있고, 1998년부터 건국대학교 건축전문대학원 교수로 건축설계와 역사, 이론을 가르치고 있다. 『플러스』(PLUS)지에 「철 건축의 발전과 근대건축사상의 발전」을 연재했고, 「근대건축의 개념에 대한 비판적 소고」「한국적 모더니즘을 위한 서설」「현대건축의 담론과 공간의 정치학」「건축의 공공성과 유사아방가르드」 등 다수의 논문과 글을 발표했다.

이석호 1963년 서울에서 태어나 1996년 한국외국어대학교 영어과에서 아체베에 관한 논문으로 첫 박사학위를 받는다. 그후 아프리카 문학을 본격적으로 공부할 요량으로 남아공의 케이프타운 대학교(University of Cape Town)로 건너가 2002년 여름 응구기에 관한 논문으로 두 번째 박사학위를 받는다. 쓴 글로는 「민족문학과 근대성」「파농의 민족문학론과 근대성」「영어 공용화론에 부치는 몇 가지 단상」「소잉카 연극의 탈주와 상상」「남아공의 탈식민주의 작가 루이스 응코시와의 대담」「문학과 영화의 상호텍스트성」외 여러 편이 있다. 역서로는 『검은 피부, 하얀 가면』『탈식민주의와 아프리카 문학: 정신의 탈식민화』『제3세계 문학과 식민주의 비평: 희망과 장애』『남아프리카 문학 단편선』『아프리카 탈식민주의 문화론과 근대성』『식민주의에 관한 담론』등이 있다. 현재 사단법인 아프리카문화연구소의 소장 및 국제게릴라극단의 대표로 일하고 있다.

이주현 뉴욕시 소재 He-Ro group 산하 Bill Blass사 등의 디자인실에서 근무했으며, 현재 연세대학교 의류환경학과/인지과학 협동과정 교수로 있다. 의류환경학과에서는 의류디자인 및 의류상품기획 분야를 담당하며, 인지과학 협동과정에서는 디자인과학 분야를 담당하고 있다. 연세대학교 '웨어러블 컴퓨터 리서치 콤플렉스'에서 착용형 컴퓨터를 연구 개발하고 있다.

정용도 고려대 영문과와 홍익대 대학원 미학과, 뉴욕주립대 대학원 미술경영학과를 졸업하였고, 1998년 조선일보 신춘문예에 미술평론 부문에 당선된 바 있다. 삼성미술관 현대미술 큐레이터를 지냈고, 현재 경희대학교 경영대학원 문화예술경영학과 강사로 재직하고 있다.

정형탁 홍익대학교에서 예술학을 전공하고 월간 『미술세계』 편집팀장을 거쳐 덕원갤러리 큐레이터, 갤러리 벨벳 디렉터를 지냈다. 'Sliding Doors', '톨스토이-살아 있는 톨스토이를 만난다', 'mass mass mass-전국광 15주기전' 등을 기획했다. 현재 전시 및 출판 기획자로 활동하고 있으며 부산 비엔날레 조각프로젝트 전시팀장이다.

최혜실 서울대 국어교육과를 졸업하고 같은 대학원에서 석사 · 박사 학위를 받았다. 카이스트 인문사회과학부 및 문화기술 학제전공 교수를 거쳐 현재 경희대 국어국문학과 교수로 있다. 현재 인문콘텐츠학회 부회장, 문화콘텐츠기술학회 부회장, 사회비평 편집위원, 기업도시 위원회 위원, 간행물 윤리위원회 심의위원을 맡고 있다. 저서로 한길사에서 나온 『문자문학에서 전자문화로』를 비롯하여 『문화콘텐츠 스토리텔링을 만나다』 『호모 비르투엔스 루덴스』 『문학과 대중문화』 『디지털 시대의 영상문화』 『디지털 시대의 문화읽기』 『모든 견고한 것들은 하이퍼텍스트 속으로 사라진다』 등이 있다.

한상돈 서울대학교 산업디자인학과를 졸업한 후 프랑스 리옹대학교 대학원에서 환경디자인 및 도시설계로 석사학위를 받았으며 리옹의 국립응용과학원에서 환경디자인 및 도시공학으로 박사과정을 수료하였다. 또한 프랑스 문부성 장학생으로 파리 국립도시공학과학원에서 박사과정을 수학하였다. 현재 상명대학교 디자인학부 산업디자인 전공 환경디자인 교수로 재직 중이다. 「환경디자인의 학제성에 관한 연구」 「환경디자인, 새로운 패러다임에 관한 연구」 「라데팡스의 환경디자인」 등 환경디자인과 관련한 다수의 논문이 있다. 『지식의 최전선』 『미래한국 2020』 『유럽의 도시, 공공디자인을 입다』 등 환경디자인 관련 공저서를 저술하였다. 단독 저서로는 『환경디자인 원론』이 있다.

한창완 서강대학교 대학원에서 신문방송학(미디어경제학)으로 박사학위를 받았으며, 1994년 「한국만화산업연구」라는 석사논문을 시작으로 만화와 애니메이션의 이론 및 산업분석을 연구해오고 있다. 최근에는 박사논문 「디지털애니메이션 제작 파이프라인의 시스템적합화에 관한 연구」를 중심으로 게임과 캐릭터산업으로 연구 영역을 확대하여, 통합되어가는 디지털콘텐츠의 새로운 전략을 연구하고 있다. 2000년부터 세종대학교 만화애니메이션학과 부교수(학과장)로 재직 중이며, 세종대학교 만화애니메이션산업연구소장과 학내기업인 (주)세종에듀테인먼트의 대표이사를 맡고 있다. 주요 저서로는 『한국만화산업연구』 『저패니메이션과 디즈니메이션의 영상전략』 『애니메이션 용어사전』 『애니메이션 경제학 2004』 등이 있고, 역서로는 『애니메이션 제작기법의 모든 것』 『애니마톨로지』 『애니메이터즈 서바이벌 키트』 『저패니메이션 하드코어』 등이 있다.

426

한필원 서울대학교 건축학과를 졸업하고 같은 대학원에서 석·박사학위를 받았다. 건축설계 실무 및 중국의 칭화대학(淸華大學) 건축학원 연구학자, 미국의 뉴욕주립대학 방문교수를 거쳤다. 1996년부터 한남대학교 건축학부 교수로 있으면서 아시아건축연구실(ATA, http://ata.hannam.ac.kr)을 이끌고 있다. ATA에서는 한국의 전통공간에 대한 연구를 바탕으로 중국, 일본 등 동아시아 지역으로 연구의 범위를 넓혀가고 있으며, 연구에 토대를 둔 도시·건축 설계도 진행하고 있다. 저서로『한국의 전통마을을 가다 1, 2』『주거의 문화적 의미』『한국의 전통생태학』등이 있다.

홍성남 연세대 신문방송학과와 중앙대 영화학과(석사)를 졸업했다. 『씨네 21』을 비롯해 여러 매체에 영화 관련 글을 쓰고 있는 영화평론가이다. 엮은 책으로는 『로베르 브레송의 세계』와『오슨 웰스』가 있고 그밖에『알랭 레네』『베르너 헤어조크』『장 르누아르』『구로사와 아키라』등의 집필에도 참여했다. 영화의 역사에 특별한 관심과 애정을 갖고 있다.